The Antitrust Paradigm
Restoring a Competitive Economy

反垄断
新范式

恢复竞争性经济

[美]乔纳森·贝克尔　著
Jonathan B. Baker

杨明　译

中信出版集团｜北京

图书在版编目（CIP）数据

反垄断新范式：恢复竞争性经济 /（美）乔纳森·
贝克尔著；杨明译 . —北京：中信出版社，2023.1
书名原文：The Antitrust Paradigm: Restoring a
Competitive Economy
ISBN 978-7-5217-4921-2

I. ①反… II. ①乔… ②杨… III. ①反垄断 – 研究
IV. ① F014.9

中国版本图书馆 CIP 数据核字（2022）第 221433 号

The Antitrust Paradigm: Restoring a Competitive Economy by Jonathan B. Baker
Copyright © 2019 by the President and Fellows of Harvard College
Published by arrangement with Harvard University Press through Bardon-Chinese Media Agency
Simplified Chinese Translation copyright © 2023 by CITIC Press Corporation
ALL RIGHTS RESERVED
本书仅限于中国大陆地区发行销售

反垄断新范式：恢复竞争性经济
著者：　　[美]乔纳森·贝克尔
译者：　　杨明
出版发行：中信出版集团股份有限公司
　　　　　（北京市朝阳区东三环北路 27 号嘉铭中心　邮编　100020）
承印者：　宝蕾元仁浩（天津）印刷有限公司

开本：787mm×1092mm 1/16　印张：26　　　字数：362 千字
版次：2023 年 1 月第 1 版　　　　印次：2023 年 1 月第 1 次印刷
京权图字：01-2020-1264　　　　　书号：ISBN 978-7-5217-4921-2
　　　　　　　　　　　　　　　　 定价：79.00 元

版权所有·侵权必究
如有印刷、装订问题，本公司负责调换。
服务热线：400-600-8099
投稿邮箱：author@citicpub.com

献给苏珊、丹尼、艾利克斯

目录

"CIDEG 文库"总序 …………………………… Ⅲ

导　论 ………………………………………………… 1

第一篇
市场势力的阵痛与反垄断范式

第 1 章　反垄断时代的市场势力 ………………… 10
第 2 章　支持反垄断的政治共识正在瓦解 ………… 35
第 3 章　阻止反垄断中的政治滥用 ……………… 61
第 4 章　错误成本与推定的矫正 ………………… 82
第 5 章　反对执行的错误论据 …………………… 94

第二篇
反垄断规则和信息经济

第 6 章　协议及算法协同的推断 ………………… 114

第 7 章　支配型平台的排他行为 ·················· 138
第 8 章　竞争削弱后对创新的威胁 ················ 176
第 9 章　供应商、从业者与平台用户的损害 ········ 206

第三篇
展望未来

第 10 章　恢复竞争性经济 ························ 228

注　　释 ·· 244
参考文献 ·· 351
致　　谢 ·· 404

"CIDEG 文库"总序

作为 CIDEG 文库的主编，我们首先要说明编纂这套丛书的来龙去脉。CIDEG 是清华大学产业发展与环境治理研究中心（Center for Industrial Development and Environmental Governance）的英文简称，成立于 2005 年 9 月的 CIDEG，得到了日本丰田汽车公司提供的资金支持。

在清华大学公共管理学院发起设立这样一个公共政策研究中心，是基于一种思考：由于全球化和技术进步，世界变得越来越复杂，很多问题，比如能源、环境、公共卫生等，不光局限在科学领域，还需要其他学科的研究者参与进来，比如经济学、政治学、法学以及工程研究等，进行跨学科的研究。我们需要不同学科学者相互对话的论坛。而且，参加者不应仅仅来自学术圈和学校，也应来自政府部门和企业界。我们希望 CIDEG 像斯坦福大学著名的经济政策研究中心（Stanford Institute for Economic Policy Research, SIEPR）那样，对能源、环境问题进行经济和政策上的分析。我们认为，大学应该关注基础研究，大学的使命是创造知识，在深层知识的产生上发挥作用。而产业部门的任务是把技术成果商业化，大学和产业之间的连接非常重要。但与此同时，我们不应忘记政府的角色，特别是对于一个发展中的转轨国家，政府职能的定位和边界至关重要。CIDEG 的目标是致力于以"制度变革与协调发展"、"资源与能源约束下的可持续发展"和"产业组织、监管及政策"为重点的研究活动，为的是提高中国公共政策与治理研究及教育水平，促进学术界、产业界、非政府组织及政府部门之间的沟通、学习和协调。

2005 年 9 月 28 日，CIDEG 召开了首届国际学术研讨会，会议的主题"中国的可持续发展：产业与环境"正是中国当时的产业和环境状况。

中国的改革开放已经有几十年历程，它所取得的成就令世人瞩目，它为全世界的经济增长贡献了力量，特别是当其他一些欠发达国家经济发展停滞不前的时候。不过，中国今后是否可持续增长，却是世界上许多人关注的问题，因为在中国取得巨大成就的同时，还面临诸多挑战：资源约束和环境制约，腐败对经济发展造成的危害，不完善的金融服务体系，远远不足的自主创新能力，以及为构建一个和谐社会所必须面对的来自教育、环境、社会保障和医疗卫生等方面的冲突。这些挑战和冲突正是 CIDEG 将开展的重点研究课题。

中国发布的《国民经济和社会发展"十一五"规划纲要》提出了对发展模式的调整，号召用科学发展观统领经济社会发展全局，坚持以人为本，转变发展观念、创新增长模式、提高发展质量，把经济社会发展切实转入全面协调可持续发展的轨道。这也为 CIDEG 的研究工作的开展提供了一个更有利的前景。

中国对环境治理方面的研究才刚刚起步，中国近年来能源消耗的速度远高于实际经济增长速度，这种增长是不可能长时间持续的。最近《京都议定书》开始生效，哪些公共政策措施可以控制二氧化碳和其他污染气体的排放？建立一个排放权交易市场是否对控制温室气体排放有效？如何资助新环境技术的进步？这些问题不仅需要技术知识，也需要经济学素养。而建立一套环境监管体系，就不仅涉及法律问题和技术问题，更需要对广泛社会问题的考量。环境污染背后的实质是社会成本和价值的重新分配问题，因而要从社会系统的角度考虑环境监管。从发展的角度来看，中国环境污染的源头正在发生改变，监管体系也应该随之改变。

还有公共卫生问题，比如 SARS、疟疾、艾滋病等，这是全球化的另一面。人口流动性的增加加快了疾病传播，如何控制这些疾病的流行，不仅需要医生的合作，而且涉及许多移民的工作、生活和环境等问题。我们会面对许多类似的公共政策问题，解决方法要看历史因素和经济发展水平，因此要进行国际比较研究。

中国是独特的。但是，由于中国也曾经是一个中央计划经济国家，有些研究需要与过去同是计划经济的中欧和独联体国家相比较。与此同时，日本、韩国、中国有一些共同的特征，在开始阶段农村人口都占很大比重，传统社会规则是农业社群中的人际关系生发出来的。这些社会关系不可能一夜之间改变，这种发展形式和西方经济的发展很不一样，也与俄罗斯等国不太一样。所以，在面对这些既有共同点又有独特性的问题时，比较研究会很有意思。虽然受制于不同的制度框架，但问题是共同的，比如社会保障、养老金、环境问题等。关于社会保障制度的设计，我们可以从新加坡、瑞典和其他国家学到许多经验。在经济高速增长带来的与环境的社会冲突方面，我们可以从日本 20 世纪 60 年代后期的环境立法、产业发展协调中学到许多教训和经验。所以，对产业发展和环境治理的研究应该是全球化的。

比较经济制度分析是一种概念工具，有助于理解不同经济制度如何演化。不同制度可能会融合，可能会继续保持差异。产业发展和环境治理政策不一定是普遍适用的，在某些国家可能容易实施，在其他国家也许不行，但不同国家之间的交流非常重要。充分利用国际上已有的研究成果，收集和整理这些成果以做进一步的交流，是十分可取的途径。

正是在这一意义上，比较、借鉴和学习也成为 CIDEG 学术活动中的一项重要内容。根据 CIDEG 理事长陈清泰的倡议，我们决定翻译并出版这套"CIDEG 文库"，介绍不同国家是怎样从农业国家发展为现代国家的；在经济高速发展阶段，是如何处理与环境的矛盾的。这套丛书的内容选择非常宽泛，从学术的到非学术的都在其内，目的就是给中国的读者——学生、学者、官员和企业家以及所有对此感兴趣的人提供更多的信息与知识。CIDEG 理事和学术委员为文库提供了第一批书目，并成立了编委会，今后我们还会陆续选择合适的图书编入文库。为此，我们感谢提供出版书目的 CIDEG 理事和学术委员，以及入选书籍的作者、译者和编辑们。

青木昌彦

吴敬琏

2006 年 4 月 10 日

导 论

20世纪70年代末，罗伯特·博克（Robert Bork）和理查德·波斯纳（Richard Posner）分别出版了有关反垄断法律和政策的专著，被认为是该领域两部最具影响力的著作。[1] 一如波斯纳在法和经济学中的广泛涉猎，他们特别看重的是，法律不能阻碍商业实践的有效运行。他们认为，反垄断法通过系统性地阻碍企业提高效率，损害了整体经济。他们坚持主张，反垄断支持者过分夸大了市场势力（market power）带来的危险，并且为预防这种危险付出了过高的代价。这两位芝加哥学派的法学家提议应彻底摒弃一些规则，同时对另一些规则进行调整，以削弱它们的限制。[2]

博克和波斯纳在撰写这两本著作时，政治环境有利于他们推动管制的解除。罗纳德·里根的知名度正在上升，并且他承诺将从政府的扼制中解救美国经济，这让他即将赢得总统选举。无论是从内在的认知还是从缩小政府管制范围的角度出发，选民、政客、官员以及法院逐渐接受了博克和波斯纳的效率观点。这两位法学家著书立说不仅是为了说服制定反垄断规则的法官（除了少数议会介入的情况），同时，他们也是为了说服制定联邦反垄断执行决策的司法部反垄断局和联邦贸易委员会（FTC）。他们在这两个目标上皆获得了成功。甚至在里根上任前，芝加哥学派便已经打入法院和执法部门。

对博克来说，"反垄断悖论"（其著作的书名）就在于，尽管在他看来反垄断法是"一项自相矛盾的政策"（其著作的副书名），但其实施仍然获得了广泛的支持。博克称，当时实施的反垄断法是基于理论上不一致的两个前提，即促进竞争和保护主义，其法理只能用自相矛盾来形容，即有时维护竞争，有时压制竞争。[3] 他的对策是，通过放松反垄断规则及其执行来消除它们造成的矛盾与无效率。

当然，博克和芝加哥派人士并不知道他们的议题能否产生预期的效果。他们期待放松反垄断规则可以提高企业的效率。企业会降低它们的成本，也许可以将节约的成本转化为更低的价格。它们也会优化产品与服务，更快速、更广泛地进行创新，由此助推经济增长。但芝加哥派人士是在押宝，赌注便是效率提高足以弥补企业行使市场势力导致的风险增加。如果该措施奏效，消费者将获得长期福利收益，这些收益能够弥补反竞争行为带来的损失而有余。

现在我们知道芝加哥派人士输掉了他们的赌注。解除反垄断管制使市场势力得以扩张，但并未伴随消费者福利的长期增长。取而代之的是经济活力和生产率增长速度的持续下降。行使市场势力的危害范围超出了直接受影响的买方与卖方，甚至导致经济增长放缓和财富分配扭曲。无论经由芝加哥学派启发的变革带来了怎样的效率提高，也未能弥补他们致力于解除管制带来的市场势力效应。

市场势力的扩张有多重原因。原因之一是芝加哥学派对反垄断法本身进行了改革，原因之二是经济中的技术格局发生了改变。在博克和波斯纳撰写他们的著作时，现在金融市场估值表上名列前茅的信息技术（IT）巨头并不存在。而目前所有领域的企业都在投资信息技术。信息技术经济的增长引发了大量具有挑战性的新竞争性问题，尤其是与创新相关的竞争性问题。妥善解决这些问题具有非比寻常的重要性，因为信息技术领域在不断创新，而生产率增长总体上在放缓。

信息技术使许多产业实现了优化，但也给企业提供了限制竞争和行使市场势力的新方法。商家可以利用计算机算法与对手协同制定高价。借由网络效应和规模经济在竞争中给予的潜在保护，谷歌（Google）与脸书（Facebook，现改名为 Meta）在互联网广告方面获得了支配性地位，亚马逊（Amazon）在在线购物市场中拥有领先份额，这些企业有能力从寻求触及潜在客户的制造商和服务商身上榨取过高的费用。信息技术巨头可以在潜在竞争对手成为市场对手之前收购它们，以此避免来自新竞争对手的挑战，正如脸书当初收购照片墙（Instagram）那样。

鉴于此，加强反垄断执法的必要性在政治上变得更加突出。"在我们经济中的每一个角落，竞争正在被逐渐扼杀，"参议员伊丽莎白·沃伦（Elizabeth Warren）在 2017 年说道，"民航、银行、医疗健康、制药、农业、电信、技术，一个产业接着一个产业，少数几家巨头的控制范围越来越大，竞争越来越少……是时候采取西奥多·罗斯福的做法了，那就是再度捡起反垄断的大棒。"[4] 奥巴马政府则指出了竞争受到谦抑的各种迹象。[5] 在 2016 年大选期间，候选人希拉里和特朗普都抛出了反垄断的主题。[6] 特朗普宣布计划阻止一起大型的媒体合并，这显然是出于竞争方面的原因，同时他声称亚马逊在反垄断上存在问题。[7]与竞争政策上次受到如此广泛的关注已相距数十年。

今天的反垄断悖论并非如当初博克所言，而是两个方面的奇怪结合，一方面是强大的市场势力，另一方面是成熟全面的反垄断制度。一度被认为足以保护竞争的反垄断学说和执法行动，如今被证明并不足够。解决这个问题迫在眉睫。反竞争的做法持续越久，对经济的伤害就越大。我们的反垄断制度越是鞭长莫及，将来解决这个问题的政治难度就越高。相反，公众会赞成更加严苛的监管，例如在有效竞争可能存在的情况下，尽量将更多经济领域内的企业划入公共事业。但这可能会导致效率大幅度下降，而这正是反垄断试图避免的。

芝加哥学派的失策渐渐将我们的反垄断制度推向一个尴尬的处境。博克、波斯纳及其同僚试图通过重构反垄断来提升经济表现，为达成此目标，他们采用了经济分析的方式，这一方式是合适的。问题在于他们开出的具体"药方"。

本书解释了如何通过加强反垄断来促进经济竞争。我将解释为什么反垄断法应当并且确实采用了技术与经济导向的分析为政治和经济目的服务。我利用一个经济分析框架，识别占支配地位的信息技术平台和现代经济的其他典型特征所带来的潜在竞争危害。我将说明，为什么我们可以期望反垄断阻止垄断者滥用其市场势力，从而带来经济效益，而非如芝加哥学派指责的那样，反垄断扼杀了经济效益。

本书第一篇的五章构建了问题。第1章展示了强大且日益扩张的市场势力方面的证据，并认定行使市场势力对经济造成的损害。

本章还解释了有效的反垄断执行制度如何通过引导企业追求质量更好、价格更优的商品和服务使整体经济获益。

经济分析和历史都表明了这一点。正如第 2 章所示，20 世纪中叶开始盛行的反垄断制度解决了一个核心政治问题：如何应对工业化发展带来的垄断势力的影响。由此形成的政治共识已经持续了 70 多年，甚至包括芝加哥学派激发的放松反垄断管制时期。

但是，第 2 章也解释了，我们当代的反垄断悖论会从根源上破坏这一政治共识。这一章还说明了保守的最高法院在反垄断执法上的松懈将如何在无形中拒斥反垄断的思路。反垄断的政治共识可能会很快瓦解，自由放任的思路会有效取代反垄断思路，允许企业在很少或完全没有政府监管的环境下经营，从而诱使市场势力大行其道。这最终会为政治反冲创造有利条件，导致对大型企业更加严苛的管制，而不是恢复反垄断。

目前，我们不能指望政府部门出面干预最高法院。主政美国白宫的是倡导轻度干预主义经济政策的政党，国会中也存在很大的分歧。不干预主义会继续获得最大份额的竞选资助，因为大捐赠者及其企业会从不受监管的市场势力中获益。

美国现任总统似乎在力促政府和单个企业达成协议。[8] 第 3 章提出，无论是哪个政党执政，这种行为都可能会给反垄断带来三种政治威胁：党派权力滥用、特殊利益保护，以及裙带资本主义的恶性循环，因为拥有市场势力的企业会利用市场势力来稳固有助于其保护或拓展市场势力的政治权力。这会进一步侵蚀反垄断，造就更强大的市场势力，如此循环往复。因此，维护那些反对政治直接干预反垄断执法的规范至关重要。

第 4 章探讨了反垄断规则如何平衡两组成本，即未充分阻止反竞争行为带来的成本，以及过度抑制促进竞争行为带来的成本和行政成本。我认为，美国日益扩张的强大市场势力为更多的干预规则和司法推定提供了理由。随着反垄断规则制定中责任转移的重要性日益增加，法院可以越来越多地利用推定来构建反垄断分析。本章阐述了如何通过强化和扩充法院在审查横向合并时采用的推定方法来修订反垄断规则，以提高它们对有害行为的威慑力。

第5章讨论了几个反对反垄断干预的错误论据，其中包括市场自我纠正、不明智的司法判例的危害大于市场势力的危害，以及反垄断机构受诉方竞争者操控等假设。当这类论据在最高法院和执法机构中得到认同，为放任大企业的反竞争行为提供正当理由时，就会造成切实的损害。

本书的第二篇探讨了反垄断规则如何处理信息经济带来的四个新竞争问题（competitive concern），或者说因信息经济而恶化的四个竞争问题：算法协同、支配型平台的排他行为、对创新的威胁，以及对平台供应商及客户的损害。互联网巨头被指控大范围地垄断了在线市场[9]，以及企业的信息技术投资，即使非信息技术企业的信息技术投资，也可能与利用市场势力相关。[10] 鉴于这些竞争问题，以及信息技术行业带来的经济效益，本章建议法院应采用几种推定方法来更有效地阻吓市场势力。

第6章提出，我们目前掌握的人工智能技术可能会带来的反竞争后果，即企业可能利用价格算法协同其行动。本章将说明，在企业提高价格时，这种算法协同的前景会如何改变反垄断法根据间接证据对竞争者之间的协议做出的推断。本章同样会阐明算法协同问题对横向合并政策的影响。

第7章关注信息技术平台的排他行为。本章考察了平台采用的一系列可能损害竞争的机制，其中有一些已为人熟知，另外一些是新近借助大数据生成的。例如，获取个别买方与卖方的详细信息，然后通过定向折扣实施的排他行为。由于最高法院已经提高了起诉掠夺性定价的门槛，所以将价格作为排他性工具格外令人担忧。本章建议法院应采纳或修正司法推定，以抗击这种排他行为。

信息经济的前沿性质要求反垄断关注对创新的竞争危害，而不仅仅停留在价格、产出和质量这些已经常见的维度上。如果商业行为阻碍了新型商业模式、技术或产品出现，从而抑制了竞争，就应该诉诸反垄断执法，但反垄断执法者必须保持警惕，因为对任何研发企业采取的行动，都可能抑制创新。第 8 章指出了法院和执法者可以采用的方法，这些方法既能更有力地阻吓创新产业中的竞争威胁，又能限制反竞争行为。本章关注支配型企业（dominant firm，又译主导企业）利用合并和排他行为对创新竞争和未来产品竞争造成的威胁。

第 9 章考虑了反垄断应允许用某些经济主体之获益来抵消另一些主体之受损的情形。随着信息技术平台的地位日益突出，这个问题变得越来越重要，即某一群经济主体遭受的竞争损害，也许是给卖方或从业者支付低于竞争水平的价格，或者是买方支付了高于竞争水平的价格，这些损害是否可以被其他最终用户的相关收益抵消。本章解释了反垄断法允许同一市场内的损益相抵消，但不允许跨市场的损益相抵消，然而合并审查中的起诉裁量权除外。因此，平台不能以它为一侧用户带来收益为由，来证明那些损害另一侧用户的反竞争行为是正当的。这项规则合理地使法院避免参与极度复杂的分析，并有助于维护对反垄断法的政治支撑。为了防止这项规则阻碍经济增长，可以允许有个别例外情形的存在，即收益远远大于损害的情形。

尽管强大的市场势力还在不断扩张,暗地里拒绝反垄断的隐患未除,还有信息技术经济给竞争带来了新挑战,但仍有一线希望。第三篇只有一章,即第 10 章。因为最高法院的多数法官受芝加哥学派影响而不支持改变现有方针,本章为我们在这样的大环境下复兴反垄断事业提供了指南。

想做到这点并不容易,需要在多方面取得进展,包括逐渐建立认知,即强大且不断扩张的市场势力是有害的;通过政治动员重振反垄断;反垄断执法机构的引领;发起诉讼,以利用下级法院愿意质疑芝加哥学派而创造的司法空间;以及,利用经济学论据。最高法院奉行经济路径,只有在多数人确信这样做具有经济意义的情况下,才会改变其反垄断立场。

本书写给持不同观点的读者。一个目的是挑战现在盛行的芝加哥路径。另一个目的是表明应如何改革反垄断以改善经济结果。此外,我试图证明,尽管反垄断法随着政治优先事项的变化而演变,但反垄断争议可以而且应该在经济分析的基础上得到解决。最后,我希望那些因为相信反垄断不足以克制大企业的政治影响而倾向于反对反垄断的读者,能够看到反垄断是向正确方向迈进的一步。它并不会消除经济势力集中化的潜在政治危害,但是通过加强竞争,它减少了这种威胁。

在过去几十年中,竞争已经在慢慢衰落,这一趋势因信息技术的发展壮大而恶化。在这种趋势下,整体经济增长放缓,同时也出现了巨大的不平等。反垄断有助于逆转这一趋势。它确保无论从事何种业务的企业均在竞争的市场环境中经营,从而帮助我们的社会获得经济不断变化带来的收益。

第一篇

市场势力的阵痛与反垄断范式

第1章　反垄断时代的市场势力

当你走到一家商店的啤酒货架前时，看似你有无数的选择。实际上，百威（Budweiser）和米勒（Miller）的所有权人控制着众多受欢迎的品牌，销售着美国市场内近3/4的啤酒。[1]在一定程度上，由于这些企业拥有行业支配地位，它们可以行使其市场势力，制定高于竞争水平的价格。[2]近年来，大部分精酿啤酒的制造商进入了市场，使这个行业看起来充满活力和竞争，但扩大规模需要高昂的成本，因此精酿啤酒在削弱大型啤酒企业的市场势力上作用甚微。[3]

同样的故事也在其他行业上演。大企业既单方面又集体地行使市场势力。它们以协同、排他行为、合并和其他方式获取、巩固并扩张市场势力。行使市场势力的企业抬高了价格，减缓了创新率和质量提升率，并削减了它们支付给员工的薪酬和供应商的费用。

市场势力的表现方式发生在一个竞争本应受到强大而又全面的反垄断制度保护的经济中。以下各章将会深入发掘这些奇怪现象发生的原因。首先，让我们思考美国目前的竞争状态以及为什么我们会得出市场势力呈上升趋势的结论。与此同时我们必须记住，虽然市场势力有利于拥有它的企业，但对社会是有害的。市场势力以牺牲社会利益为代价，让少数人发财致富。

反垄断时代的市场势力阵痛

反垄断时代

美国在制度上致力于反垄断。美国的商业规范支持竞争，并认为反竞争行为普遍有害于整体经济和国家。法院发展出了一系列丰富的反垄断司法判例并以此来实施这些商业规范。两个联邦执法机构，司法部反垄断局和联邦贸易委员会，分别雇用了大量专业的职员。自20世纪40年代以来，它们的预算普遍提高，与经济增长保持一致。[4] 最特殊的例外是在20世纪80年代出现的紧缩，但也在接下来的十年中恢复。此外，通信、交通、能源及金融领域的权威监管机构，通常寻求在执法过程中依靠反垄断原则和反垄断执法机构来促进竞争。

这种强大的反垄断能力并没有处于休眠状态，它的执行是强有力的。例如，20世纪90年代的赖酸氨（lysine）卡特尔诉讼对Archers-Daniels-Midland（ADM）公司开出了1亿美元的刑事罚单，高级管理人员被判监禁。[5] 美国政府诉微软的垄断案是近几十年内最突出的一起反垄断纠纷。[6] 一些观察家认为，这起高调的案件在垄断势力下保护了新兴的互联网[7]，为亚马逊、易贝、谷歌、雅虎和其他互联网公司的欣欣向荣创造了空间。[8] 政府成功阻止了美国电话电报公司（AT&T）对 T-Mobile 的收购[9]，保护了无线移动通信领域的竞争[10]，这是近期另一个重要的例子。

这些都是联邦层级的案例，但反垄断执法也发生在州一级，在这种情况下官员会同时执行联邦和州的竞争成文法。受反竞争行为侵害的消费者和企业也可以提起私人诉讼，这得益于活跃的原告方反垄断律师的专业知识。尽管私人诉讼的数量在 20 世纪 80 年代曾急剧下降，但此后逐渐增加。[11]

反垄断规范，尤其是反对合谋行为，得到了执法者和法院的一贯认同和支持，无论其政治派系为何。[12] 在日益壮大的全球反垄断团体的帮助下，这些规范已经在全世界范围内传播，尤其是 20 世纪 90 年代以来。美国律师协会（ABA）反垄断分会的春季会议是该领域最高级别的集会，其年度出席人数已经超过 3 000 人，比 20 世纪 80 年代后期的低潮期增加了 3 倍。若干致力于反垄断法、经济学和政策研究的新兴学术期刊在过去 10 年内纷纷创刊。

反垄断执法无疑阻止了一大批反竞争行为。[13] 相反，当执法不严时，随之而来的便是市场势力的强大和长期滥用。[14] 最具说明性的例子便是 19 世纪晚期至 20 世纪初期联邦反垄断执法不力的时期。1895 年，最高法院在《谢尔曼法案》中留下了一个漏洞，在之后的仅仅五年间便引发了一大波工业整合浪潮。横跨众多制造产业的竞争者组成了行使垄断势力的支配型企业。[15] 有研究显示，标准石油公司（Standard Oil）和美国烟草公司（American Tobacco）在钢铁、溴、铁路和石油精炼行业中成功地（即便是不完美地）采取了协同行动和具有危害性的排他行为。[16]

同样的情况也发生在大萧条时期，当时，国会实际上中止了反垄断法。1933 年中期至 1935 年中叶生效的《国家工业复兴法案》，允许产业界制定《公平竞争准则》(Codes of Fair Competition)。实际上，这些准则为商业解除了反垄断限制。[17]包括钢铁业和酿造业在内的许多产业都从事了合谋行为，企业以设定最低价格、禁止在平均成本以下销售、禁止产能扩张、禁止保密及选择性降价的方式，来固定价格。[18]这种协同行动在该法案被判违宪后仍持续了很长时间。[19]

显著而又不断扩张的市场势力

尽管反垄断规范、先例和制度拥有一定的广度和深度，但仍有很多理由认为卖方现在正在行使其强大的市场势力，而且最近几十年来这种市场势力的行使范围还在扩大，即延伸至更多的市场，或在市场中的重要性不断提升，又或者这两种现象兼而有之。[20]

作为卖方，企业通过提价或对其他交易条款做出不利于买方（客户）的变更，而非采用竞争市场中的通行做法，在产品市场中发挥市场势力[21]，卖方市场势力也被称为卖方垄断势力。[22]卖方垄断势力可以在一系列竞争维度上行使，最明显的方式是提价，但也可以是降低质量或便利性、更改产品特性、变更服务的地理位置与产品范围等。

买方市场势力的定义与此类似。企业通过提价或针对其他交易条款做出不利于卖方的变更，而非采用在竞争市场中的通行做法，在要素市场中发挥市场势力。买方市场势力被称为买方垄断势力。尽管关于卖方市场势力的研究更为广泛，但很多人们担忧卖方行使市场势力的原因同样适用于买方。第9章将深入探讨买方垄断的问题。[23]

下文将提供九个理由，说明市场势力正在美国增长并将成为美国经济面临的一个问题。这其中任何一个单独的理由都不是决定性的，但它们都有各自不同的潜在局限性。因此，它们共同构成了一个令人信服的证据。

对反竞争的协同行为威慑不足

美国司法部发现违法的价格固定和划分市场的卡特尔每年都会以稳定的比率出现。[24]一方面，这代表了执法的成功；另一方面，这也表明尽管付出了巨大的执法努力，卡特尔仍在形成。到底是哪一种情况？有证据表明，对合谋行为的惩罚，包括对受害方三倍的损害赔偿，系统性地偏低。[25]同时，几乎没有证据表明，反垄断执法系统性地抑制了促进竞争行为，或导致在反垄断合规方面的过度支出。因此我们可以得出结论，卡特尔诉讼以稳定的比率出现表明它们受到的威慑仍不足。[26]执法行动正在开展，这一切都是好的，但它们的威慑力太小，远不足以阻止越来越多的合谋行为。

卡特尔应该受到更严格的审查，因为从竞争的角度看，它们毫无抗辩的余地。它们几乎没有或者根本没有促进竞争的正当性。最近的一项研究得出的结论是，1990—2010年被处罚的75个卡特尔对美国的消费者造成了1 820亿美元的超额收费，平均每年超额收费87亿美元。[27]由于每个卡特尔平均持续8.1年[28]，所以这些数据意味着，如果样本具有代表性，卡特尔以一个平稳的比率出现，而且每年发现卡特尔的概率也是稳定的，那么任何时候都会有28.9个卡特尔处于活跃状态；每个卡特尔对美国消费者的年均超额收费约3亿美元；每年有3.6个卡特尔被发现；在受处罚的既有卡特尔和新形成的卡特尔，每年仍会继续超额收费87亿美元。[29]

更麻烦的是，被司法部起诉的卡特尔也许只是寡头垄断协同行为产生的巨大市场势力的冰山一角。比起导致价格上涨的默示合谋行为，阻止那些明目张胆的价格协同和市场划分可能要容易得多，因为后者属于刑事诉讼范畴。因此，从卡特尔诉讼以稳定的比率出现可以合理地推断，在寡头垄断市场内通过反竞争的协同行为行使市场势力的情形十分普遍。一个相关的案例是，最近的研究表明，自2008年Miller和Coors合并以来，酿造业巨头MillerCoors（现由Molson Coors Brewing Co.持有）和Anheuser-Busch InBev SA/NV的协同行动，使啤酒价格上升了6%。[30]

对反竞争的合并威慑不足

最近一项针对1998—2006年制造业竞争企业合并的研究显示，这些交易在没有降低成本的情况下系统性地提高了被收购工厂的"价格成本盈余"（price-cost margins）。这表明横向合并带来的竞争损失，即同一市场内一家企业收购另一家企业，通常会导致更高的价格。[31]近期对横向合并的另一项研究支持了这个结论，该项研究涉及制作"现用现混"混凝土的临近工厂的横向合并。研究发现，被并购工厂更高的生产率无法抵消价格上涨带来的损害。[32]其他的研究表明，那些被两个联邦反垄断执法机构认为是打擦边球的横向合并，通常会损害竞争。[33]

收购方企业系统性地夸大了并购交易带来的效率[34]，这可能解释了为什么竞争对手之间许多损害竞争的并购仍在发生。例如，一项篇幅长达一本书的研究表明，媒体大亨们"持续地进行本质上愚蠢的并购交易，或者为那些本可以支付合理价格的并购交易支付了过高的价格"。[35]这种趋势也表明，平均而言，执法机构过于相信合并企业提出的促进竞争的理由。

对反竞争的排他行为威慑不足

今天的反垄断规则不足以威慑那些以提高竞争对手成本或限制

竞争对手接触消费者的方式来损害竞争的排他行为。这些行为包括：摧毁竞争者的分销设施；欺诈性获取专利；重新设计上游产品使之与下游竞争对手的产品不兼容；从事虚假诉讼或操纵监管计划；拒绝向下游竞争对手销售关键的投入品或分销竞争对手的产品；与重要的投入品销售商和分销商订立合同，禁止它们与竞争对手交易；拒绝与那些提供或分销竞争对手的产品的企业进行交易；收购供应商与分销商，以此阻碍竞争对手获得投入品；在竞争对手的产品无法集成时搭售互补产品；与供应商订立合同，获取供应商提供给竞争对手的折扣（从而阻止竞争对手获得竞争优势）；对一个市场中的进入做出过激反应，阻吓其他市场中的进入。[36]

许多排他行为是通过纵向协议实施的，也被称为纵向限制（竞争对手间的协议是横向的，而企业的供应商、分销商或客户之间的协议是纵向的[37]）。的确，指控反竞争的排他行为的大部分反垄断案件都作为纵向协议或垄断被起诉，这类协议常常是通过纵向行为达成。所以与纵向行为和垄断相关的反垄断规则反映了对待排他行为的司法态度。

20世纪70年代末期至90年代初，最高法院将规制排他行为的反垄断规制作为放松规制的目标。法院的一系列判决放宽了与非价格纵向限制相关的规则，为试图证明掠夺性定价的原告设置了障碍，使他们更难质疑维持转售价格，也使竞争对手更难提起反垄断诉讼。[38]下级法院遵照这些提示调整了规制排他性交易的规则。[39]这些改变大部分仍然有效。无论先前的规则是否过于严苛，从20世纪70年代末开始的一系列判决都在放宽规制的道路上走得过远了[40]，给当时的排他行为赋予了事实上的合法性。[41]

有证据表明，在允许维持转售价格的美国各州，销售价格更高而产出更低,这一事实支持了排他行为未受到足够威慑的结论。[42]有些州对纵向行为的反垄断审查遵循合理原则(rule-of-reason),也就是说以此原则评估被指控的纵向行为对竞争产生的实际或潜在影响,相对于那些彻底禁止维持转售价格的州,这些州的消费者处境更加糟糕。[43]有些人把以往针对纵向行为的系统性实证研究解读成反对执法的建议,但是,就像第5章详细阐述的,这种解读是错误的,它一定程度上基于对非寡头垄断市场的研究,而这些市场并非反垄断执法的主要目标。更重要的是,这些研究没有考虑到被以往的反垄断规则阻吓而反竞争地使用纵向协议的可能性。与以往的分析不同,维持转售价格的研究令人信服地排除了有关威慑的解释。而且,对排他行为威慑不足的结论与一项证据一致,该证据表明,超过四分之一的国际卡特尔使用了纵向限制来支持其合谋行为:这些限制帮助卡特尔成员在对其横向合谋协议保密的同时,阻止了欺骗行为或市场进入。[44]

市场势力的持久性

市场势力令人担忧,并不仅仅因为它普遍存在,也因为它是持久存在的。由反垄断执法终结的卡特尔在瓦解前平均持续超过8年。[45]一些卡特尔甚至持续长达40多年。[46]同样地,垄断和近似垄断通常也会持续数十年。20世纪著名的例子包括通用汽车(General Motor)、IBM、柯达(Eastman Kodak)、美国无线电公司(RCA)、美国钢铁(U. S. Steel)和施乐。支配型企业和合谋企业经常设置障碍排除新的竞争对手,从而维持自己的地位。总的来说,这类证据表明企业会长期维持反竞争行为,以此阻止卡特尔成员的欺骗,而市场进入者和其他竞争对手会争夺垄断利润。

通过分散化的金融投资增持竞争对手的股权

大型机构投资者，例如贝莱德（BlackRock）、保诚（Fidelity）、道富银行（State Street）和先锋（Vanguard），从 1980 年持有美国上市公司三分之一的股份增长至今，现持有约三分之二的股份。[47]如果前三名金融投资者是一个单独的主体，那么它们将是标准普尔 500 指数中约 90% 公司的最大股东，以及 40% 上市公司的最大股东，约占股市资本的 80%。[48]所以，现在的情况是，相互竞争的企业由共同的金融投资者所有是一种普遍现象。这也许会不利于竞争。

近期对民航业及银行业的研究显示，当竞争对手公司拥有相同的大股东时，它们可能会避免激烈的竞争，从而导致价格升高。[49]这些研究是谨慎地开展的，其结果显示了一个普遍且严重的问题。但是该结论必须也被视作试验性的[50]，因为经济学文献尚未确立该问题在整体经济中的严重程度和范围。我们也不确定在许多可能的机制中，到底是哪种机制导致表现为共同所有权的企业在这些被作为研究对象产业中提高了产品价格。这些研究也没有考虑金融投资者持有互补品所有权产生的潜在抵消性影响。尽管如此，这项证据，再加上竞争公司间共同所有权的增长和广泛存在，引发了一种令人不安的可能性，即金融投资者正在创造一个无处不在的市场势力来源。

支配型信息技术平台的崛起

近几十年内迅速发展起来的众多信息技术企业，例如亚马逊、苹果、Bloomberg、脸书、Alphabet（谷歌母公司）、微软和 Oracle 能够取得其市场地位[51]，都可能或多或少地是通过结合网络效应、知识产权保护、内生性沉没成本和统一的技术领导的方式（在分散的技术领导下，不同的企业在提供和改进重要的互补平台构成要素时各自为政）。这些特征或许将许多平台同一些它们的主要市场内的竞争隔离开来，使它们可以针对买方和供应商行使市场势力。

当支配型企业因更高的客户转移成本，或锁定客户的其他来源而获益时，网络效应也许就会阻碍进入。如果发明创造必须基于竞争对手的知识产权保护，那么它也可能会阻碍进入。当支配型企业已经付出大笔的沉没支出时，市场可能无法在可行范围内支撑更多的企业，分散技术领导的缺乏往往会阻碍技术进步，因为控制关键平台构件的企业不愿意让这些构件与其他公司开发的互补构件协同工作。[52] 面对这些难题，进入者也许可以成功地瞄准新开发的利基市场，一些进入者也许会在此成功的基础上力求增强与支配型企业类似的能力。尽管如此，支配型企业的优势仍可使其长期行使市场势力，无论支配型企业是否也从事排他行为或抢先收购新生的竞争对手。

莫迪凯·库尔兹（Mordecai Kurz）表明，自20世纪70年代以来，整个经济的超额财富（surplus wealth），即企业的金融市场价值与资本资产价值间的差额，增长显著，这或许是因为大量投资于信息技术的企业的市场势力增强了。[53] 超额财富最多的七家企业包括苹果、Alphabet、亚马逊、脸书、微软，还有两家是大型电信供应商美国电话电报公司和威瑞森。[54]

简·德·罗伊科（Jan De Loecker）和简·埃克豪特（Jan Eeckhout）对所有上市公司进行了研究，也发现了信息技术投资与市场势力增长之间的联系。他们从产业组织的角度对美国经济中的市场势力进行了迄今为止最精密的实证分析。研究结果令人瞩目：美国经济中的平均价格—成本差在1990年后大幅提升。[55] 在此前40年中，平均可变成本（可作为边际成本的一个度量指标，以销量进行

第1章 反垄断时代的市场势力　　19

加权）以上的加价额通常为 1.2~1.3。除了在 2008 年的大衰退期间有所下降，平均加价额从 1990 年开始大幅提升，于 2014 年达到 1.67。德·罗伊科和埃克豪特通过可变生产成本计算出企业的产出供给弹性与其销售收入的比率，从而推断出企业的加价趋势。[56]他们发现，在其选取的半个世纪内的样本采集期间平均产出弹性长期持平，所以他们推断加价额度大幅上升主要来自销售成本与销售收入比的大幅下跌。[57]

该研究的一个明确结论是平均加价率自 1990 年起有所增长，该结论是有说服力的。但有三个理由可以用来质疑该研究测算的加价率上升的准确性。[58]首先，从反垄断角度看，这些产业的定义是高度加总的。[59]因此，生产函数估值不能说明企业之间的差异，特别是各产业内的企业差异，包括信息技术投资对企业生产方式的影响。[60]其次，采用不同方法的其他研究人员发现平均加价涨幅较小。[61]再次，如果低利润企业被非上市公司（private equity buyers）收购，系统性地退出上市公司的样本，研究可能会过分夸大加价额。[62]

对德·罗伊科和埃克豪特的研究结果最合理的解读是，就那些在信息技术领域注入巨额固定投资的企业而言，其市场势力已然增长。[63]企业的信息技术投资遍布整个美国经济。例如，批发商可能会大量投资于信息技术以支持其物流和附属投资，从而更加有效地运用这项技术。它们或许可以通过标记和追踪产品来更好地管理订单，使用消费者需求信息来减少库存；将它们的信息技术系统与消费者的信息技术系统整合起来，方便下单，并在仓库内安装分拣和包装设备；以及，重新配置仓库空间以便有效地使用新设备。

加价率急剧上升的推断尤其与控制信息技术和互联网平台的大型企业的增长相关。此类企业所售产品的收入往往高于成本。它们中的许多平台是自 1990 年创建的，因此，其销售加权平均加价额所占的比例随时间上升。但其他产业的平均加价率也在增长，这表明信息技术投资也与信息技术产业以外的高加价率有关。[64]

大型信息技术和互联网平台给消费者带来了可观的收益。它们降低了搜索成本，使朋友间的沟通更加容易，也使消费者能够买到小众产品。即便它们行使市场势力，其行为也并不一定违反反垄断法。此外，控制这些平台的企业并未与所有的竞争相隔绝。它们在一些产品领域互相竞争，包括云计算服务、智能助手，以及智能手机平台。

但是，如果这些平台能够面对更激烈的竞争，消费者及整个美国经济很有可能会获利更多。总的来说，基于下文讨论的原因，更强的竞争有望提高创新速率，推动公司更大幅度地降低经质量调整后的价格，并减少大型信息技术和互联网平台在其占支配地位的市场中采取反竞争的排他行为带来的潜在伤害。

寡头垄断普遍存在，且许多产业的集中度正在上升

许多产业是寡头垄断的，它们中的少数企业占据大部分销售。例如，航空公司和医院的集中度在近几十年内大幅上升。2005 年，美国共有九家主要航空公司，包括地区性和低成本的航空公司；如今，在经过数次合并后，只剩下四家。一些研究表明，医院集中导致更高的价格。[65]对因果关系的实证分析（casual empiricism）表明，那些对消费者很重要的其他产业，集中度也在升高。[66]

美国制造业的集中度也已经普遍提高了[67]，尽管提高的程度甚微，且许多业内集中度提高的产业相互之间并不集中。但有关整体经济集中化趋势的证据相对于具体行业集中度提高的证据，可信度较低。关于整体经济集中度的研究通常使用那些未必可以与反垄断市场相对应的产品定义和全国性总量。如果地理市场是区域性的或地方性的，而且许多企业并没有在全国范围内销售，那么与评估市场势力有关的集中度数据可能大幅度地高于或低于已报告的全国数据。[68]其他全国总量的证据也与集中度上升相一致[69]，但它实际上反映了大企业与横跨多个产品线或区域的大型竞争对手之间逐渐增强的竞争。任何一种解释都可能带来竞争问题：随着集中度的上升，多市场的联系会增加，因此可能会推动竞争对手之间的协同行动。

寡头垄断中的协同行为是一个严重的威胁，其原因如下：第一，寡头垄断者是为各自利益行动，因此可能会产生不积极竞争的激励。反复的互动可能有助于企业就协同行为的条款达成共识，并且可以通过加重对协同行为中的竞争对手方的惩罚来阻止欺骗行为。即使企业无法通过确认共识条款与承诺惩罚竞争对手的欺骗行为来确保高于竞争的价格，它们也可以通过无须事先达成谅解的协调配给行为（parallel-accommodating conduct）来实现类似的反竞争效果。例如，如果企业发现产能固定的情况下，通过数量竞争或价格竞争改变其产出水平是耗财或耗时的，那么即便没有反复的互动，竞争亦可能受到抑制。[70]

第二，企业学会了利用反垄断规则中的漏洞阻止市场进入，并在不违反这些规则的情况下从事协同行为。[71]

第三，实证经济学文献表明，高市场集中度会带来反竞争行为的风险增加。这篇文献将产业内集中度与价格而非利润联系起来，这也是有较大争议的关注传统问题的文献。[72]这种风险会在寡头垄断市场中产生，无论集中化是不是反竞争的排他行为、规模经济、需求变动或其他因素的产物。

集中度及其相关的市场势力带来的威胁不仅限于产品市场。如果产品市场的集中化是企业运用其垄断势力的结果，那么雇用员工的企业集中度则会是企业单方面或协同运用其买方垄断势力的结果。无论企业是否在集中化的产品市场中销售，劳动力市场都可能集中化。[73]近期的证据表明，有许多员工在集中化的劳动力市场中被雇用，而且在制造业中，劳动力市场的集中度可能也在升高。[74]这一证据带来了以下可能性：企业在许多劳动力市场内行使其买方垄断势力来压低工资。[75]

政府增强对竞争的限制

市场势力的另一个源头是政府不断增强对竞争的限制，包括更广泛的执业许可[76]、不断扩大可专利的范围，以及专利申请审查不足导致的专利授予过量。[77]同样地，"有偿延迟"（pay-for-delay）协议带来的竞争损害，即行业特有的规制框架解决专利纠纷使仿制药延迟进入市场，从而导致药品高价，随着时间推移而加剧。[78]这种趋势在2013年得到遏制，当时，最高法院使有偿延迟协议的反垄断诉讼变得更加容易。[79]尽管其影响不是很大，但已初步显现，并且将长期持续。

企业为限制竞争和增加超竞争利润而展开的游说和其他政治寻租行为也在增加，这类现象可能是政府限制竞争的先兆。[80]一个例子是制药公司利用公民请愿对美国食品药品监督管理局施压，以延迟竞争对手进入市场。自2003年以来，请愿的数量"基本上翻了一番"。[81]

经济活力的下降

近几十年来美国经济出现了两大令人担忧的趋势，商业投资长期放缓[82]以及GDP（国民生产总值）中的利润份额逐渐上升，其中的一个主要原因是市场势力的扩张[83]：市场势力的扩张也可能导致企业与工厂在生产率提高时反而放缓扩张速率[84]、初创企业的比率连续下降了 40 年[85]，以及利润最高的企业与利润最低的企业之间会计利润差不断扩大。[86]

这些趋势与市场势力相关联，是因为当生产性企业与竞争隔绝时，它们的扩张、投资和创新激励就会变弱。相反，它们可以阻碍竞争对手的扩张、进入、投资和创新，从而维持其自身优势。[87]毫不奇怪，经济增长越来越多地来自现有企业对现有产品的改良，而不是用更优质的产品来取代现有产品，或创造新的产品种类。[88]

市场势力与其他解释

以上九个因素解释了市场势力的强大和不断扩张，那是否会有一种相反的善意解释呢？最合理的替代解释是不断增长的规模经济与首批采用新型信息技术的企业获得的回报相结合，导致市场势力的强大和不断扩张，但这些都不太可能完全解释市场势力。

的确，技术变革可能提高了规模经济在不同经济部门的重要性。由于投资信息技术业需要高昂的固定成本[89]，网络效应、通信与交通技术优化导致地理市场的范围扩大、发达的物流系统以及国际贸易壁垒减少，许多产业中的企业有效规模逐渐随时间的推移扩大。

此外，首批投资新型信息技术的企业确实能获得可观的经济租金。[90]例如，工厂从水力与蒸汽动力转换到电力花费了数十年的时间，在转型过程中，同一产业中的企业在利用新技术优势获利方面便产生了差异。[91]一些企业因现有设备陈旧、工厂的平面布局、建筑物设计以及在有效使用旧技术方面的成功，而被锁定在以前的技术上。于是，便出现了先行者和落后者，前者能够提供更优质的产品或者以更低价格提供同样的产品，由此创造了盈利机会。就目前而言,并不是所有的产业或者所有身处这些产业中的企业都同时投资于信息技术,这就创造了新的盈利机会。[92]如果信息技术投资没有带来市场势力,这些租金就应该是暂时的。在一个动态竞争的市场,随着同一市场内的其他企业开始在技术上效仿,这些租金就会消失。[93]

企业在尝试各种商业策略时会涉及大量的沉没支出,这可能会增加需求,在这种情况下,通过信息技术投资[94],即使在竞争市场中,规模经济也可能会增加。[95]在那些规模经济巨大且边际成本不随产出增长的市场中,利润会很高。此时,竞争企业需制定高于边际成本的价格来弥补固定成本。[96]当它们无法这样做时,就会退出市场,因此,即便在竞争市场中,集中度也会提高。

我们可能并未实际观察到竞争性产业中不断增长的规模经济,以及较先采用信息技术带来的暂时回报。这一解释假定大型信息技术平台之间激烈的竞争、新兴企业的持续威胁、企业的地理扩张以及进入者容易获得金融资本等因素共同限制经济中的市场势力。但是,这个善意的解释无法与市场势力显著且不断扩张的九种因素中的六种相吻合。反竞争的协同行为、合并以及排他行为未被阻止,市场势力持续存在,金融投资者大幅增持相互竞争的企业的股权,政府对竞争的限制不断增强,所有这些都削弱了竞争。

关于其他三个因素,这一良性解释也不具说服力。我们是否将支配型信息技术平台的崛起全部归功于规模经济与先发优势?如果我们说是,就未能认识到这些平台通过排除对手而保护其地位的能力。集中度的提高是否全都是良性的?如果说是,就须无视精酿业、民航业和医疗业的企业行使其市场势力的实证证据。我们还必须无视如下可能性,即信息技术和其他投入的固定支出会增强规模

第1章 反垄断时代的市场势力

经济，提高集中度，从而阻碍进入并削弱竞争。[97]规模经济以及企业成功采用新技术获得的回报，可能是支配型信息技术平台的成长以及产业集中度提高的原因之一，也促成了企业可以运用市场势力的市场结构。

与最后一个因素，即经济活力丧失相关的一些证据，与规模经济增大、在竞争市场中尽早采用新技术带来的回报以及市场势力增强相一致。这其中包括GDP中利润份额的增加，以及最高与最低的企业之间会计利润率差额的不断增大。但是经济活力不断下降的其他方面与这种良性解释并不一致。

问题出在这一良性解释认为，利润上升的原因是市场活力正在不断提高，伴随着更高的进入率、投资以及商业失败率。它认为规模经济可以产生更高的利润，是因为当可以成功的企业越少时，进入者的失败风险越大，但信息技术产业中及早采用新技术的企业获得的利润是暂时的，随着新的或不断扩张的竞争对手也开始投资于新技术，这些利润就会在竞争中消失。但证据却显示出相反的情况：新企业的进入放缓、企业和工厂在生产率提高时放慢扩张步伐，以及商业投资长期放缓。[98]此外，近年来股票市场的高估值与公司债券的低利率并存，表明金融市场认为公司利润流的风险低于过去。然而，正如善意解释认为的那样，如果市场日趋活跃，那么这些利润就会面临更大风险。因此，考虑到所有证据，与规模经济和及早采用技术带来的租金这种替代解释相比，不断增长的市场势力可以更好地解释当前美国经济的趋势。[99]

不断增长的市场势力也与竞争的出现相吻合。即便是运用强大市场势力的企业通常也要在一些业务上开展竞争。[100]例如，当基础有线电视费的管制被部分放宽时，有线电视提供商便大幅提高了费率，直到来自卫星提供商的竞争会限制费率增长的那个点。[101]尽管有线电视和卫星提供商之间是有竞争的，有线电视提供商仍可以动用其市场势力。类似的效果是，观察到大型信息技术和互联网企业在某些业务领域内竞争，例如智能助手、云计算服务、视频节目制作、无人驾驶汽车的开发、搜索引擎，但并不排除它们在其他领域，甚至在竞争性业务领域中动用市场势力。

以上显示的九类证据表明，市场势力已经增长了几十年。但直到最近几年，让人们清楚地认识到这一点的原因才开始变得明显。[102]近期的经济学文献揭示了最主要的原因包括，对反竞争的横向合并和排他行为的威慑力不足、共同金融投资者所有权带来的竞争问题、经济中主要领域的集中度提高以及经济活力的下降。强大的市场势力与强有力的反垄断并存这一悖论在过去也许不明显，但现在不能再对它视而不见了。

市场势力会带来什么问题

显著且不断扩张的市场势力带来的有害结果首先在直接受其影响的市场内出现，随后则有可能以生产率和经济增长放缓以及不平等加剧的形式波及整个经济。

对受影响市场的损害

反垄断分析常常采用经济学家所说的局部均衡框架，分析垄断企业运用其市场势力对受此行为影响的市场会产生什么样的竞争损害。从这个角度看，卖方市场势力的行使会带来几方面的危害。它将财富从买方转移至卖方，并造成配置效率的损失。市场势力也会导致无谓寻租（wasteful rent seeking），并减慢创新和减缓生产率提升。

财富转移与分配效率损失

在产出市场中动用市场势力会造成财富从买方向卖方转移[103]：当价格上涨时，买方被要价过高，卖方则会赚取超竞争利润（supracompetitive profit）。市场势力也造成了分配效率损失或无谓损失，因为原本可能发生在一个竞争市场中的交易被放弃了。尽管买方对产品或服务的出价高于卖方制造或提供它们的成本，但不会有交易达成。所以这种经济牺牲了买卖双方原本可以通过贸易获得的财富，即贸易所得。

在以单一定价出售同质产品的市场中，比如粮食、原油、金属原料或工业用气市场，财富转移和配置效率损失的危害是最显而易见的。但在产品或服务存在差异且以不同价格出售，或竞争主要集中在质量、便捷度或其他非价格特征（例如品牌消费产品、专业服务或交通运输）上时，危害同样会发生。受害的买方可能会遭遇服务质量和便捷度下降等剥削：企业在竞争业务时可能会努力说服潜在的买方，但当买方较难将业务转移到其他地方时，客户服务就会受到影响。

买方实施市场势力（在投入品市场内，包括劳动力市场）带来的危害类似于卖方市场势力带来的危害。[104]当买方行使其市场势力时，对供应商（卖方）支付过少，所以财富转移至买方。而且，因为资源（投入品）可能没有用于对其估价最高的市场，所以，也可能会出现配置效率损失。如果一座城市的医院合谋将付给护士的薪水压至低于竞争的水平，正如美国各地都有这样的指控[105]，那么护士得到的薪酬就会过低，受雇的护士人数会少于原本该有的人数，

28　　　　　　反垄断新范式：恢复竞争性经济

一些护士会离开该行业，另一些则会更少投资于提升技能。投入品购买的减少会限制下游生产，从而造成额外的配置效率损失。在这一实例中，对病人的护理就会变差。

无谓寻租

当企业为了争夺行使市场势力而获利的机会时，就会产生因无谓寻租导致的社会效率损失。[106]当卖方花费资源进行游说以此巩固或保护法律赋予的反竞争特权时，社会效率损失就有可能发生。例如，反竞争特权可能是由相关的必需资格认证（certificate-of-need laws）赋予的，这类法律使医院服务社区时可以免于竞争。专利则是另一种反竞争工具。

还有非政府途径的寻租。例如，卖方可能会花费资源设立市场准入壁垒。此类支出是浪费性质的：它们不是为了开发更好、更便宜或更便捷的产品与服务，而是为了保护企业免于竞争。

创新和生产效率提升的放缓

企业行使市场势力可能会对生产率和创新产生不利的动态影响。[107]首先，行使市场势力降低了企业提升产品和生产工艺的速率，减少了降价的幅度。竞争的流失削弱了企业原本在竞争环境下会设法扩张市场并从对手处夺取业务的动力，这些举措包括削减成本和降价、提升质量和功能、开发新的和更好的产品及生产工艺，以及通过增加产品种类和提高服务质量来提升消费者可获得的价值。

竞争的消失同样会抑制可提升生产率的优胜劣汰，也就是说如果产品、技术[108]、商业模式、厂房和企业的定价没有竞争力，或者无法吸引足够多的消费者而被迫退出市场时，则拥有最好的产品和最高效率的生产者就会胜出。正如现代经济学和商学文献一直令人信服地表明的，促进竞争可以带来生产率的提高，而行使市场势力则会降低生产率。[109]

其次,由于企业有摆脱竞争压力而创新的激励,所以,受到准入保护而且长期拥有并行使市场势力的企业,往往创新程度较低。尽管在关于竞争与创新之关系的长期争论中,熊彼特学派强调这一关系的成立有理论上的限制条件,但激励机制仍然是重要的。[110]熊彼特学派指出,如果一家企业既有的市场势力降低了对手很快复制其新产品和工艺的可能性,那么市场势力的行使可能会提高对创新的激励。因此,缺乏市场势力的企业不会创新,因为它们担心会与模仿其创新的竞争对手展开非常激烈的竞争,以至于无法获得足以证明其研发投资具有合理性的利润。一些经济学家认为,这种危险在产品创新方面要比在生产工艺创新方面更加严重,因为新产品更容易被复制。

然而,在多数涉及反垄断问题的市场中,这种理论上的限制条件并不重要,因为即便有一些模仿,大量投资于研发的企业除了考虑既有的市场势力,通常也还有许多其他原因让它想要获得足够多的回报。这些原因可能包括知识产权的保护、快速的市场增长、规模经济、网络效应、互补产品的销售以及客户转换成本。

此外,即使更激烈的创新后竞争的前景意味着支配型企业预期创新带来的收入会有所减少,但由于担心输给竞争对手,它们可能仍被引导着继续投资于研发,因为许多竞争对手有强烈的寻求新产品和新生产工艺的激励,以便从支配型企业手中夺取业务。[111]实证经济学家一度认为,一定程度的市场势力可以促进创新,而跨行业研究证明了创新与市场集中度之间存在"倒 U 形"的关系。但是,这些研究并不可靠,因为它们未能成功地控制各行业在技术机会上的差异。[112]

鉴于市场势力有利于创新的论据缺乏说服力,以及竞争有利于创新的有力论据，我们可以放心地得出结论，更激烈的竞争通常会推动创新[113]，而行使市场势力往往会减缓创新及生产率的提高。

买方也可以通过行使市场势力来阻碍供应商投资于创新和改进生产工艺，从而导致动态损害。例如，如果有线电视提供商能够通过行使市场势力压低它们购买视频节目支付的价格，则内容提供商可能会减少开发新节目的投资。

有人可能会以丧失竞争不一定是坏事为由而反对此观点。确实，竞争可能是浪费性质的。相互竞争的企业通常会产生重复的固定支出。研发竞争通常会导致重复的研发努力。当支配型企业通过降低产量来应对市场进入时[114]，或者当金融市场受到"有利"选择（"advantageous" selection）的影响时[115]，以及当企业可以将诸如空气污染之类的社会成本外部化时，就会出现过度进入市场的情况。如果以上任何原因导致行业产出超过了竞争市场中的有效水平，那么行使市场势力带来的产出下降就可能会在一定程度上缓解效率损失。但完美的补偿并不存在。总福利最终可能会低于企业不行使市场势力时的水平，即使总福利有所增加，消费者福利仍可能会降低。

这些限制条件并不能动摇整体结论。总体来看，经济学文献强烈支持如下观点：在受影响的市场中，无论从静态效应看还是从动态效应看，市场竞争都是有利的，市场势力都是有害的。

对整体经济的损害

若我们将视线放到受市场势力影响的单个市场之外，可以看到市场势力的行使对美国整体经济是有害的。尽管各个市场和各个行业都有竞争，但市场势力的影响会波及整个经济。危害不仅限于竞

第 1 章　反垄断时代的市场势力　　31

争被削弱的特定市场中的参与者。市场势力的行使还可能导致经济增长放缓和经济不平等加剧。[116]

经济增长放缓

麦肯锡全球研究院开展了跨国和跨行业研究。这些研究表明，跨国产品市场中的竞争差异对解释生产率和经济绩效跨国差异的重要性，不亚于对解释宏观经济政策跨国差异的重要性。相比于劳动力和资本市场的跨国差异，竞争差异对生产率和经济绩效可能更为重要。[117]当竞争既"激烈"又"公平"时，国家经济会表现得更好，意味着竞争没有因政府补贴生产率低下的企业而扭曲。[118]哈佛商学院商业策略方面的顶尖专家迈克尔·波特（Michael Porter）在一项大型跨国研究中得出了相同的结论。波特发现，一个行业如果面对"激烈的国内竞争"，就有助于它"在国际上取得并维持竞争优势"。[119]此外，试图理解为什么一些国家能够持续变得富有的经济学家发现，妨碍竞争会阻碍创新、增长和繁荣。[120]

拥有市场势力的企业还可能利用政治制度来保护并增强其经济优势，从而放缓经济增长，这对国民经济是不利的。这种情况发生在企业和行业通过它们的规模及游说影响力来确保持久的政治势力时，第3章对此将做全面探讨。它们的经济和政治势力在恶性循环中相互加强。市场势力为企业构建和利用政治势力提供了资源，企业进而利用政治势力来保护和扩大它们的经济优势，然后再将一些由此得来的租金投资在维持或扩张政治势力上。[121]可以想见，它们可能会利用政治势力推动有效的变革，但是它们有强烈的激励优先考虑自身的利益，而不论更广泛的影响是什么。

不平等加剧

市场势力的行使很可能导致整个经济范围内的不平等，因为市场势力的回报大量流向了富人。[122]通过行使市场势力获得的生产者剩余的增加，即财富转移，首先由企业股东和高管获得，他们的平均财富水平高于中位数消费者。最近一年中，在按财富划分的人口比例中，最富有的1%人群持有股票市场及共同基金资产的50%。最富有的10%人群持有股票市场及共同基金资产的90%以上（将退休计划和类似账户中持有的资产计算在内以后，这个数字仍然高达80%[123]）。在过去，工会组织的从业者从行使市场势力中获得一些利润，但随着私营部门工会组织的衰落，这种能力的实际重要性有限。相反，在劳动力市场上行使买方垄断势力可能会进一步加剧不平等。[124]

一个严重的问题

市场势力可能会给受其影响的市场带来巨大的危害。在某些反垄断案件中，对买方的超额收费或被排除的卖方蒙受的利润损失总计达数亿美元。这些数字并没有计入配置效率的损失、无谓寻租的开支或生产率提升和创新放缓带来的危害。

市场势力对整体经济的不利影响很难被认定和衡量。但是，市场势力对整体经济的危害，即生产率和经济增长的放缓以及不平等的加剧，至少在量值上可与商业周期低迷的成本相比较，而且可以想见，前者会大得多。

强大而又不断扩张的市场势力导致了一个严重的公共政策问题，而全面的反垄断制度未能充分阻吓。[125]不断扩张的市场势力与完善的抗击反竞争行为的司法规范以及成熟的反垄断执法机构的奇怪并存，给我们提出了挑战，我们必须找到令法院、反垄断执法者和决策者可以更好地阻止反竞争行为的方法。接下来的各章将应对这一挑战。一系列其他的公共政策，包括努力改善新企业和小企业的融资渠道、通过公共采购支持竞争、针对竞争问题确定知识产权的范围，以及反思以牺牲边缘竞争对手和进入者来巩固支配型大企业地位的监管框架，可能有助于促进竞争并削弱不断增长的市场势力。我不会低估这些措施，但它们不是我要关注的重点。在其他人追求这些有价值的目标的同时，我的目标是利用反垄断执法来对抗和阻碍市场势力。

第 2 章 支持反垄断的政治共识正在瓦解

1796 年，一群私人投资者建造了查尔斯河大桥（Charles River Bridge），这是一座连接波士顿和查尔斯敦的收费桥。[1]32 年后，马萨诸塞州立法机关为另外一群投资者颁发了建造沃伦大桥（Warren Bridge）的特许状，该桥与查尔斯河大桥的跨度几乎相同。沃伦大桥起初也是一座收费桥，查尔斯河大桥能够与之竞争且保持盈利。但新桥的特许状要求其最终停止收取过桥费。当沃伦大桥免费通行后，查尔斯河大桥就不再能够负担其自身的维护成本。

查尔斯河大桥方向州法院起诉沃伦大桥的特许状。将近十年后的 1837 年，经多次上诉并引起大量的公众争议后，该案上诉至美国最高法院，该法院判决沃伦大桥方胜诉。

查尔斯河大桥方声称，立法机关于 1786 年颁发特许状[2]，赋予该桥的所有权人在 70 年内排他性地运营一座横跨波士顿与查尔斯敦的桥梁。作为原告，该方主张，立法机关在 1828 年给沃伦大桥颁发特许状的行为违反了此前的协议，因此也违背了宪法规定的各州不得损害契约权利的义务。

这一问题引发了一个法律解释（statutory construction）的问题：查尔斯河大桥最初的特许状是否赋予该公司其诉求的排他权？但是上述法律问题与一个重要的公共政策问题交织在一起，即促进企业间竞争是否会推动经济进步。这一政策问题对多数意见及反对意见而言至关重要。一位重要人物，大法官约瑟夫·斯托里（Joseph Story）维护了查尔斯河大桥及其垄断，另一位重要人物，首席大法官罗杰·塔尼（Roger Taney）则站在了沃伦大桥的一边。最高法院裁定，立法机关并未明确授予查尔斯河大桥避免竞争的权利。

斯托里担心不受限制的竞争会阻碍经济发展。如果该州允许其他人参与竞争而损害投资人的利润，那么谁还会对基础设施进行投资呢？"如果政府邀请它的公民……建造桥梁、收费公路、运河或者铁路，"斯托里写道，"就必须有保证该财产安全的承诺。"斯托里特别指出，各州允许竞争者复制那些已经被证明有价值的投资，实际上会造成对成功的惩罚。一种有益的产品可能就变成"（一家企业的）权利被侵犯、利润被夺走的信号"。[3] 斯托里无疑也担心如果桥梁争端中的财产权得不到保护，那么在其他诉求者，例如负债累累的债务人寻求法律救济时，会打开一扇更宽的罪恶之门。[4]

相反，塔尼则是竞争的拥护者。塔尼指出，如果允许查尔斯河大桥从沃伦大桥那里获得赔偿，那么在位的桥梁运营者将会阻碍创新型竞争对手的发展。对铁路而言，这一问题尤其突出。铁路通常不得不沿着现有运河与收费公路的交通路线重建。"你很快会发现老牌收费公路企业从沉睡中惊醒，呼吁法院镇压那些取代其地位的进步。"首席大法官塔尼预言道。[5] 理论上，如果市场运行良好，修建铁路本应无碍。铁路只需要与原来的收费公路协商，支付通行费。但实际上，协商可能没那么简单：它将充满延迟、僵局和诉讼。要求铁路从前任运营者那里获得通行权可能会严重阻碍经济发展。

在"查尔斯河大桥诉沃伦大桥案"的政策争论问题上，塔尼是正确的，其理由也同样正确。新投资、新产品、经济增长和科技发展是由竞争推动的。斯托里担忧利润降低的危险会导致投资者敬而远之，但他的担忧并未成为现实。法院在本案中的判决没有妨碍投资，没有造成贷款利率提高，也没有阻碍经济发展。相反，该判决降低了新兴企业和那些试图在已占领市场中发展新技术的企业的进入成本，从而促进了经济的增长。这样做必然是有益的。在人类历史进程中，经济增长已经大大改善了包括穷人在内的全人类的福祉。[6] 20世纪末的穷人可能比20世纪初的穷人在生活状况上好六倍，而中产阶级的生活水平则要提高得更多。[7] 如今，大多数美国人都能获得1900年时无法以任何价格购买到的有价值的商品和服务，包括现代药品及其带来的健康与寿命、计算机和智能手机、洗衣机、空调、汽车、农村电气化等。法院促进竞争的判决无疑有助于保证美国历来享有的经济活力与增长。

"查尔斯河大桥诉沃伦大桥案"中的政策争论在涉及反垄断执法范围的当代争论中得到了回应。根据塔尼的逻辑，反垄断法长期被用来阻止那些可能压制新技术、新产品和新商业模式的行为。[8] 直至20世纪中叶，法院才基本上接受了勒恩德·汉德（Learned Hand）法官在著名的美国"铝业（Alcoa）案"判决中表达的观点："没有竞争，产业的发展将处于麻痹状态，而竞争是产业发展的刺激物。"[9] 但斯托里的观点从未消亡，并在2004年"Trinko案"

的判决中重现。[10]该判决维护了收取垄断价格的机会,并视之为自由市场对创新的一种激励。法院认为,市场势力的诱惑会激发出促使经济增长的冒险精神。这一观点赞同不干预主义的反垄断执法,更别提广泛的知识产权保护。实际上法院是在说,它相信无论市场结构为何,私营企业都能产生对社会有益的结果。

关于市场的第三种观点则认为,如果没有广泛的政府监管,市场通常表现不佳。"查尔斯河大桥诉沃伦大桥案"和"Trinko案"均未提倡这种观点,但该观点在美国既有深厚的根基,又有当代的捍卫者。这一观点在美国的早期拥护者是亚历山大·汉密尔顿(Alexander Hamilton),他呼吁联邦政府要在发展经济方面发挥重大作用,尤其要在当时以农业为主的美国促进制造业发展。[11]汉密尔顿坚定地支持产业政策,这与当下支持规制支配型信息技术企业而非依赖反垄断执法来阻止他们行使市场势力的观点有相似之处。[12]

至少自1890年《谢尔曼反垄断法案》(Sherman Antitrust Act,以下简称《谢尔曼法案》)颁布以来,这三种明确的路线,即保护并促进竞争(反垄断)、企业自我规制(自由放任主义),以及通过产业政策进行规制,一并成为政策争论中交替登场的"明星"。该法案是以宽泛和笼统的措辞写成的,并将禁止哪种商业行为的问题留给法院决定。正因为此,针对这些基本问题的政治斗争持续到此后的数十年也就不足为奇了。

直到20世纪40年代,美国的政治体系才采取了竞争路线,通过反垄断执法解决了这一激烈的三面之争。在若干判决中,最高法院赞扬反垄断守护了美国最崇高的价值观。最高法院称颂这一"自由企业大宪章"(Magna Carta of free enterprise)并将《谢尔曼法案》形容为"旨在把维护自由和不受约束的竞争作为贸易规则的经济自由综合宪章"。[13]最高法院还指出,"我国经济政策的核心一直是信奉竞争的价值"。[14]

最高法院在20世纪70年代末开始沿着芝加哥学派的路线重新制定反垄断法时,并未推翻在竞争路线背后的政治共识。然而,如果当下不加强反垄断法的力度,那么同样的法律规则会导致自由放任主义政策被默认。这种可以预见的后果可能会带来强烈的政治反冲威胁,而钟摆可能会向另一个极端摆动:不是朝向反垄断,而是朝向一种激发进步主义想象的广泛的政府监管的路线。我们对此应当保持警惕。强大的市场势力和无谓的监管皆对整体社会无益。为了能在两难困境中行进,我们必须采取行动改革我们的反垄断规则。

本章将详细审视采用反垄断路线的共识以何种方式解决了数十年的政治争议。但就在最近,不断增长的市场势力正在唤醒曾经引人注目的政治争论。为了解如何应对强大且不断扩张的市场势力又不至于矫枉过正,我们将首先审视我们的政治系统采纳反垄断的原因。

反垄断解决了一个政治问题

在19世纪末和20世纪初期,美国政治体系开始与工业化催生的大型企业相抗衡。新的生产与交通运输技术需要大量的固定支出,并使企业能够服务于广阔的地理市场,从而增加了规模效益。尽管优势明显,其消极面也不容小觑。旧的生活方式被抛诸一边。许多农民、工人、家庭和小型企业感到无力抵抗那些看起来由经济力量人为集中导致的剥削。作为回应,国会通过了《谢尔曼法案》。

1895年，最高法院在反垄断法中为制造业企业的合并留下了一个巨大的漏洞，由此放大了企业扩大规模的自然趋势，为一波空前的产业合并浪潮创造了条件。虽然最高法院在1904年填补了这个漏洞，但没能赶在众多相互竞争的制造业企业已经合并成能够行使市场势力的支配型企业之前。[15]

标准石油公司及市场势力的争议

在美国，对促进竞争的关注至少可以追溯到连接波士顿和查尔斯敦的那两座大桥，但是直到19世纪末期，这种关注才作为工业化进程中一个广泛的政治争论出现。

一家颇具代表性的公司的反竞争实践最终激发了重大的法律变革，这就是19世纪末20世纪初石油精炼领域的支配型企业标准石油公司。[16]它将规模经济、范围经济同市场势力相结合，攫取了丰厚的利润。截至1872年，标准石油公司纵向收购了克利夫兰市所有的炼油厂，这些炼油厂占美国产能的四分之一。依仗这样的地位，标准石油公司便能够确保它在运输成本上的优势。标准石油公司是一个"卡特尔经营者"，与三家铁路公司合作操控石油运输价格。它将石油运输从降价的铁路上转走，以此阻止了铁路公司提供折扣，以致铁路运输价格保持在相对高位的水平上。但是铁路公司只对它们的其他客户收取高价。标准石油公司的石油运输业务则享有折扣费率。每当铁路公司为了确保提供折扣后仍然有利可图，而增加对其他炼油厂的运输承诺时，它们就需要向标准石油公司支付罚金，从而导致铁路公司不愿削减价格。总而言之，铁路公司只能向标准石油公司以外的其他企业收取更高的报酬，并且标准石油公司凭借它在运输成本上的竞争优势，可以补偿它用于阻止铁路公司违背石油运输卡特尔的支出。此后,这家公司便利用这一优势以低廉的价格收购了其竞争对手。直至 1879 年,标准石油公司控制了美国 90% 以上的炼油产能。

在 19 世纪 80 年代,标准石油公司取得了与铁路公司议价谈判的筹码。它建造的输油管道提供了铁路运输的替代方案,并控制了更大比例的石油运输份额以及用来运输石油产品的火车车厢。标准石油公司利用这一筹码阻止了新炼油厂的进入,从而保护了其垄断势力。

这些商业行为使标准石油公司赢得了高额利润,但也招致了严厉批评。"扒粪记者"(muckraker journalist)艾达·塔贝尔(Ida Tarbell)报道称,该企业通过实施秘密的歧视性铁路运输费率和其他不公正的手段打压竞争对手,取得了市场支配地位。[17] 她的指控得到了政府部门,即企业管理局(Bureau of Corporations)的认可。[18] 1906 年,西奥多·罗斯福政府采取了法律行动作为回应,根据《谢尔曼法案》起诉标准石油公司的行为。经过 15 个月的审判,政府最终获胜,审理该案的联邦地区法院下令解散标准石油公司。1911 年,最高法院维持了原判。

此后,"标准石油诉美国案"[19]在反垄断法中起到了举足轻重的作用。在该案的判决中,最高法院的多数意见创设了"合理原则",至今仍被用来当作解释《谢尔曼法案》的框架。这一判决还引发了一场酝酿几十年的政治争论。大法官约翰·马歇尔·哈伦(John Marshall Harlan)的部分赞同意见表明了《谢尔曼法案》背后的强烈情感,他将该法案描述成大众为了防止因"资本聚集"控制"全国的一切商业"导致"一种奴役"而努力的结果。[20] 1890 年,该法案通过后,反垄断情绪已经在农民[21]、小企业主,以及社区和

第 2 章 支持反垄断的政治共识正在瓦解 41

生活方式受到工业化特别是日益壮大的大型企业损害的其他人中蔓延。[22]当然彼时也有不同的观点，而在21年后，有关竞争与市场政策的政治问题仍未得到解决。它们在1912年的总统大选中成为焦点。

这场争论主要围绕大企业在经济中的角色而展开。[23]四位总统候选人，即时任总统的共和党人威廉·霍华德·塔夫脱（William Howard Taft）、以第三党席位竞选的罗斯福、民主党人伍德罗·威尔逊（Woodrow Wilson），以及社会党人尤金·戴布斯（Eugene Debs），在竞争问题上有着截然不同的看法。罗斯福对经济势力的集中怀有敌意，不过他也认为大企业对工业生产率和效率至关重要。因此，他主张容忍企业规模，但也应通过一个国家工业委员会对大企业进行行政规制。[24]威尔逊抨击罗斯福此举是在欢迎垄断，在他看来，垄断是非法的[25]，因此，他呼吁积极使用反垄断法来恢复竞争。[26]据威尔逊在反垄断方面最亲近的顾问，即后来的最高法院法官路易斯·布兰代斯（Louis Brandeis）称，威尔逊的观点意味着要肢解托拉斯。[27]戴布斯提倡国有化，要求联邦政府接管托拉斯的所有权。[28]最后，塔夫脱被默认为对自由放任的商业利益最善意的候选人。[29]塔夫脱强烈支持法院采用《谢尔曼法案》执行反垄断[30]，但他并没有接受产业政策、国有化或系统性去集中化。

最终威尔逊赢得了选举，但他的胜选并未终结这场争论。1914年，在持续的政治发酵中，国会通过了一部新的反垄断成文法，即《克莱顿法案》（Claydon Act），并建立了联邦贸易委员会，旨在防止不公平的竞争。但即便在那时，反垄断也未被确立为国家经济政策。激烈的争论持续了四分之一个世纪[31]，在20世纪30年代到达了白热化。[32]新政（New Deal）对竞争采取了某种分裂的路线，尝试了看似矛盾的政策。它开始允许主要产业在"国家复兴管理局"（National Recovery Administration）的主持下成立自我规制的卡特尔，最后以"国家临时经济委员会"（Temporary National Economic Committee）的成立告终（国家临时经济委员会是一个负责在诸多被允许卡特尔化的产业中调查竞争缺乏状况的特别小组）。新政的各项法律将联邦的直接规制从铁路和电力领域延伸至航空、金融服务以及通信领域。

一笔政治交易的浮现

到了20世纪30年代末，三种主要的替代政策仍在发挥作用，自《谢尔曼法案》通过以来，它们的纲要基本上没有改变。在反垄断路线下，即便大企业存在损害竞争的行为，它们仍被给予寻求利润的自由，但其行为需经过法律审查。在自由放任路线下，私营企业在很少或没有政府干预的情况下组织生产和贸易。在一种更具干预主义的监管路径下，大型企业将在价格和准入方面受到直接监管，它们必须遵守广泛的产业计划指令，或为了分散经济而被要求拆分。

基本的问题是如何在组织市场防止剥削的同时，促进可带来经济增长的效率。[33]每一种路线都伴随潜在的好处与消极面。自由放任可以确保规模经济，对大企业有利，但其代价是允许市场势力的行使。这样做会减少产出、投资和创新，使买方、供应商及被排除的竞争对手蒙受损失。直接管制将保护小企业、农民和消费者免受市场势力的影响，但代价是扭曲价格、阻碍灵活的商业决策及放弃规模经济。[34]相比之下，反垄断路线承诺促进一个动态竞争的经济，在这一经济中卖方会寻求效率，并将经济增长带来的收益与买方共享，从而使各方受益。这一立场最终在 20 世纪 40 年代获得全面胜利，在当时的政治体系内达成了一份非正式谅解，即某种政治交易（political bargain），据此竞争政策将成为经济规制的首要路线。[35]

瑟曼·阿诺德（Thurman Arnold）在 1938—1943 年领导司法部反垄断局期间，为促成这笔政治交易扮演了重要的角色。他通过严格审查集中化市场中的企业行为来加强反垄断执法。他希望以此阻止市场势力的行使，同时避免监管部门广泛且持续的监督，也不需要系统性地牺牲大企业带来的效率。他的方法结合了产业规划以及产业自我规制，这也与该方法主要依赖反垄断执法相一致。一方面，司法部会针对特定产业的竞争瓶颈，同时采取多项执法行动；另一方面，案件通常会通过同意令（consent decree）得到解决，从而使产业可以参与制定救济。[36]

在有了国家复兴管理局的不愉快经历之后，阿诺德的策略变得更具吸引力。随之而来的，是产业自我规制和广泛的政府规划的倡导者开始处于被动的守势，为阿诺德的反垄断路线创造了空间。其他政府部门很快批准了这一策略。1940 年，最高法院针对横向价格固定创立了本身违法原则（per se rule），该原则不要求证明企业实际行使了市场势力，而是直接禁止这类协议。[37] 五年后，一个特别成立的上诉委员会重新激活了《谢尔曼法案》对垄断的禁止。[38] 1950 年，国会加强了规制合并的反垄断成文法制定。[39]

我将这一时期称为反垄断的"结构性时代"，在此期间，法律原则与反垄断执法的重组均围绕着对市场集中的敌意展开。当时确立的规范，特别是毫不妥协地反对纯横向价格固定，以及对集中化市场中的竞争对手合并持怀疑态度，时至今日仍是反垄断的核心。[40]

在结构性时代政治共识不断加强的情况下,这场争论已至尾声。直到1964年,历史学家理查德·霍夫施塔特(Richard Hofstadter)写道,反垄断已成为"美国改革中逐渐消退的热情之一"。[41]随着这一政治交易达成,反垄断被留给了技术官僚和法院。[42]

所谓交易,应该作为一种比喻来理解,而非依其字面意义。[43]它并未包含明确规定的条款。它反映了某些群体间达成的非正式政治谅解,这些群体一直都明白他们各自的利益不同,但在对双方可能都有利的情况下能够达成某种妥协。

具体来说,这一交易的框架将对竞争政策的共识解释为消费者和生产者之间的协调,前者是一个历史上也包括农民和小企业的群体,后者也可以理解为大企业。[44]这当然是非常粗略的划分。很多人认为他们在家时是消费者,工作时则是生产者。同时,消费者、农民和小企业主的利益通常存在差异。在有关竞争的争论过程中,有些消费者赞成拆分大企业,另一些人则支持通过政府规划以驯化大企业。生产者的政治利益可能没有消费者的利益那么分散,这比将他们划分为两个不同阵营的情形更复杂。[45]

虽然有上述不足,但该政治交易框架合理地描述了围绕反垄断达成的共识性政治谅解。平民主义和进步主义将国内政治解释为"人民"与"利益"之间的斗争,这种论调反映了当时争论的重要一面。生产者和消费者群体必须在政治上动员他们的成员,实现各自的目标。可以合理预测的是,当这些群体失势时,他们会更有效地进行动员,因为相较于顺境,集体行动问题在逆境下可以更容易得到解决。[46]这要部分归功于那些鼓励分散的群体成员确定共同利益并为之行动的政治企业家,[47]同时也要归功于美国政治体系的某些特征,这些特征使获胜联盟很难改变政治竞争的规则,并很难锁定其

第2章 支持反垄断的政治共识正在瓦解 45

胜利的结果，因为他们很难让失败的群体不开展政治动员并将其拉下马。[48]

在竞争政策下，两组参与者群体，即消费者和生产者，实现了一个增加其剩余的政治均衡。自由放任主义和政府规制之间的拉锯战可能永不停歇，无论哪个结果都会阻止企业获取效率并限制经济增长。意识形态之争和利益之争都不会改变，因此，任何一方占了上风，另一方就必然会动员反对力量，把他们拽下来。[49]在这种状况下，增进整体福利的制度显然更具吸引力，尽管这并非政治竞争的必然结果。[50]

到20世纪40年代，这两个群体最终认识到，从长远看，双方分享不断做大的蛋糕要比从一个变小的蛋糕中分一大块更有利，因为对手有能力通过政治动员收回已分走的蛋糕。[51]每一个利益集团实际上都放弃了他们首选的政策，达成了政治和解，允许其他群体分享竞争带来的效率收益。[52]每个群体中都有一些坚定的拥护者不愿妥协，但中间派的反垄断路线仍占上风。[53]

共有福利收益（shared welfare gains）本身可能足以为这一政治交易赢得政治认可。[54]但可以合理地认为"单边转移支付"（side payments）也发挥了作用。这一交易兼带的两个特征有利于更分散的消费者群体，尤其是小企业及其雇员社群。[55]

主要的单边转移支付是同步发展且不断扩大的更强有力的社会安全网。[56]社会保险限定市场经济对消费者、雇员及其家庭带来的不利风险。这使反垄断政策变得更有吸引力，因为即便企业在竞争环境中起伏不定，反垄断也能保障个人不会在此过程中一无所有。这也减轻了要求直接规制大企业行为的政治压力。[57]

单边转移支付的另一个次要内容是将社会、政治乃至经济目标作为反垄断规则的基础。第 3 章中将对此做详细讨论。此外，如第 9 章解释的，反垄断禁止跨市场福利权衡（trade-offs），这也是对消费者、雇员、农民和小企业的单边转移支付。

由于这一政治交易是以非正式的方式达成的，所以"竞争"的定义并不精准。相应地，反垄断规则和制度并不针对特定的经济结果，而是对政治交易的落实、细化、保障和执行。政治共识意味着，反垄断规则通过给予企业们减成本、开发新产品和新商业模式的充分自由，促进它们之间的竞争，以及推动经济增长，进而达成一个普遍的经济目标。它没有限定反垄断应采用的具体福利标准，也没有决定反垄断学理规则的具体内容。这一政治交易制约的是作为一个整体的反垄断规则，而不是单个规则，也不强制执行个案的结果。

总之，法院被赋予了阐明细节的制度性角色。它们有很大的运作空间，可以在维持这一交易的同时改变规则。只要法院可以维护竞争带来的效率收益，反垄断路线便有望持久。只有当法院朝自由放任或政府规制中的任何一个方向推得太远时，我们才会预感到损害上述政治交易的政治动员。失败者试图推翻规则，而胜利者会试图保住规则。

法院从狭义和广义两个层面落实上述政治交易。首先，它们应用反垄断规则解决私人当事方之间以及政府机构和企业之间的纠纷。其次，法院解释并调整反垄断规则。当它们这样做时，它们保证对反垄断政策带来的修订整体上不会过度偏向企业自我规制或政府过度监管中的任何一方。当我们改变我们对商业实践带来的经济后果的理解、审视新型商业行为，以及改变我们对现行规则适用性的评价时，有一些变化是不可避免的。但是，如果规则发生了变化，法院就要确保反垄断政策与维持一个足以保障竞争能够规范企业行为的法律框架这一总体目标相一致。[58]

20世纪40年代至20世纪70年代采用的反垄断规则整体上与上述的政治交易相一致。正如下文将详细说明的，那时以芝加哥学派为导向的改革，也是与上述政治交易一致的。它们并未从根本上为支持自由放任而摒弃竞争[59]，而是推动了反垄断规则的改变，使这些规则尽可能地贴近不干预主义。[60]回顾历史，这就是为什么我们看到了市场势力日趋强大且不断扩张。因此，我们现在必须加强反垄断规则，以维护上述政治交易。不过，这并不是要求回归到在反垄断结构性时代盛行的规则上，稍后将清晰地说明这一点。

重构反垄断

芝加哥学派的反垄断观

自1958年创刊起，由芝加哥学派的开创者亚伦·戴雷科特（Aaron Director）和罗纳德·科斯（Ronald Coase）编辑的《法和经济学杂志》（Journal of Law and Economics），就开始征集并重点研发对反垄断案件进行保守批评的文章。[61]编辑们选择文章的目的是"在反垄断干预的重要性中掺入自由主义的信念"。[62]在此后的20年间，商业界对芝加哥学派的支持推动司法机构接受了该学派的观点。20世纪70年代初期，亨利·曼尼（Henry Manne）被认为是法学界中推动法和经济学运动的第一位"组织型企业家"（organizational entrepreneur）[63]，他向美国钢铁公司等主要企业为其教育计划募捐，美国钢铁公司将芝加哥经济学视为"唯一有可能使它们免于反垄断灾难的事物"。[64]著名的美国商会1971年备忘录的作者刘易斯·鲍威尔（Lewis Powell）概述了捍卫大企业和自由企业的政治策略[65]，成为支持芝加哥学派观点的第一位联邦最高法院法官。他一直在寻求改变反垄断法的机会，并在1977年的"Continental Television诉GTE Sylvania案"中如愿以偿。在鲍威尔撰写的判决意见中，芝加哥学派的批判在联邦最高法院初次登场。[66]

实际上，芝加哥学派认为，主张在结构性时代建立的反垄断规则将阻吓有害行为与抑制效率置于一个错误的平衡状态。[67]按照芝加哥学派的说法，纵向排他性分销区域并不是有害的市场配置或对品牌间竞争的反竞争限制，而是阻止交易者搭制造商进行营销投资的便车，因此是促进效率的一种手段。[68]降价不是一种危险的垄断策略，而是竞争的本质。[69]企业间大部分的合并与协议，即便发生在竞争对手之间，也都是降低成本或优化产品的机制，即企业间竞争的两种方式。[70]根据芝加哥学派的观点，只有当一个企业在一个受进入壁垒保护的市场中占有支配性份额时，或者当政府庇护企业免于竞争时，才会出现反垄断。否则，当市场缺乏竞争时，企业进入足以解决问题。[71]

在《反垄断悖论》中，博克精准地详细阐述了应如何尽量缩小反垄断法的范围。他辩称反垄断法只应防范三类行为：固定价格和划分市场的"赤裸裸"的横向协议[72]、产生双寡头垄断或垄断的横向合并；以及极为有限的一系列排他行为，主要包括以滥用政府程序的方式实施的掠夺性行为。[73]经过改革和重新定位的反垄断法将"不再关注有益行为，如小型横向合并、所有纵向和混合合并、维持纵向转售价格和市场划分、捆绑销售安排、排他性交易和附加条件的合同、'掠夺性'定价、价格'歧视'等"。[74]总之，博克的提议只要求约束合谋行为,实际上放过了排他行为。[75]

　　法院中的一些法官信奉芝加哥学派的观点,其他法官则由接受了芝加哥学派批判的政客任命,所以法院很快对结构性时代的反垄断规则进行了逐步修改。[76]联邦最高法院的判决放松了规制非价格纵向限制的规则[77],给试图证明掠夺性定价的原告竖起了障碍[78],推翻了近一个世纪之久的转售价格维持(resale price maintenance)本身违法的原则[79],限制了竞争对手试图向法院起诉有害行为的机会[80],收缩了横向限制本身违法的适用范围,现今这一规则仅适用于明显缺乏可信效率的横向限制协议。[81]下级法院从此类判决中受到启发,将联邦最高法院先前的判决解释为允许对排他性交易进行合理性分析,而不是只关注市场封锁效应的大小。[82]法院还允许用更多的理由来驳斥对横向合并导致集中度提高带来的损害所做的推定,久而久之,提高了推定的集中度水平。[83]联邦贸易委员会明确表示,一些先前被作为垄断认定依据的行为将不再被认为足以支持指控。[84]

　　尽管法院未宣称博克认为的"有益行为"本身是合法的,但其判决实质上缩小了这些行为承担潜在法律责任的实际范围。今天的原告几乎无法成功地打击非价格纵向限制;指控掠夺性定价;或者不诉诸事前的自愿交易原则来反对支配型企业单方面拒绝交易的行为。纵向合并几乎没有在法院受到挑战,政府尝试阻止美国电话电报公司收购时代华纳的尝试算是一个例外,但这一尝试未能成功,目前仍在上诉。尽管私人执行保持活跃,但政府基本上规避了《罗宾逊—帕特曼法案》(Robinson-Patman Act)下的价格歧视诉讼案。[85]

　　以芝加哥学派为导向的联邦最高法院关注反垄断的经济影响,摒弃了此前看重的社会和政治目标。[86]围绕法院在制定规则时应适用何种"福利标准"的争论被缩小到对经济目标的二选一：消费者福利或总福利。[87]前者通过阻止消费者剩余的减少来实现，后者通过阻止总剩余的减少来实现。这两种检验标准通常用于分析局部均衡（单一市场）情形下的商业行为，对大多数反垄断案例的审查也是以局部均衡为背景，但这两种检验标准与福利经济学中的其他常见方法，执法机构都很难执行。[88]

消费者剩余指的是一个市场中的买方集体获得的利益，以买方支付意愿减去实际花销来衡量。[89]假如我为一杯咖啡最多愿意支付5美元，而卖方收取2美元，我便从一次购买中获得了相当于3美元的收益。某一市场中的消费者剩余就是将所有买方的收益相加。生产者剩余等于所有卖方从市场中集体获得的利润，或等于卖方从买方那里获得的总支付额减去总可变生产成本。[90]如果一家咖啡店用来制作一杯咖啡所需的增量投入是1美元，它将这杯咖啡以2美元的价格卖给我，那么我的购买将为咖啡店增加1美元生产者剩余。总剩余等于买方获得的集体收益减去所有卖方支出的可变生产成本。因此，总剩余就是消费者剩余与生产者剩余之和。当买方并非消费者时，这些福利标准也同样明确。当产品是中间产品并出售给最终产品的生产者时，其直接购买者被视为消费者。理论上，这些福利标准可以说明现实市场的复杂性，如产品功能、服务质量、便利性或买方重视的产品差异化等其他方面，还包括生产者效率，例如产品质量的提高、创新前景以及成本节约。[91]在评估买方行使市场势力带来的损害时，福利标准的定义与此类似。在这种情况下，"消费者福利"指的是"供应商福利"。

在实践中，法院和执法者在选择容忍那些损害或可能损害某一类消费者的行为时，是十分谨慎的。它们倾向于和消费者福利标准保持一致[92]，尽管包括罗伯特·博克在内的许多芝加哥学派人士建议使用总福利标准。[93]在当前市场势力日趋强大且不断扩张的情况下，这种方法可以作为落实前文所述政治交易的一种方式。追求消费者福利目标往往有助于制定有利于阻吓反竞争损害的规则，而不是强调避免阻碍企业追求效率的规则。[94]如果企业可以在收益很高且消费者剩余损失很小的特殊情形（只要此类情形被理解为反常环境造成的罕见例外）下获得更多的生产者剩余，就不会破坏消费者福利目标。

目前，有关消费者福利与总福利之间的福利标准之争受到了一定限制，这表明芝加哥学派成功地将反垄断的关注点转移到经济学上。芝加哥学派正确地将经济分析视为制定反垄断规则、确定执法目标的关键。受他们影响，以及在同时代哈佛学派关于可管理性（administrability）问题的理论支持下[95]，最高法院拒绝接受非经济目标，并通过修改反垄断规则来降低错误定责的风险，解决以前对规则可能扼杀生产效率的担忧。这样的担忧并不奇怪。在那个年代，即便是罗伯特·皮托夫斯基（Robert Pitofsky）这位自由主义反垄断的代表性人物，也承认需要改革反垄断规则。[96]

不断变化的政治环境

上述政治交易取得的政策成果包括反垄断由结构性路线转向芝加哥学派的路线，我们最好将这些成果理解为由意识形态调停的利益集团竞争的产物。20世纪中叶，经济规制政策从中间派、不干预派（右派）和干预派（左派）之间的政治竞争中产生。[97]从这一概念框架看，中间派支持利用竞争政策和社会保险提供安全网，保守派则倾向于自我规制和私人保险，而进步派倾向于直接监管以及直接提供诸如医疗保健等社会服务。

在某种程度上，中间派一直在经济政策中占主导地位，他们通过与其他阵营的成员合作来做到这一点。新政结束后的最初几十年，中间派人士主要与进步派人士合作。例如，中间派联合进步派通过了医疗保险制度（Medicare），这是对安全网的重要扩张，而保守派人士则反对，认为这是政府对市场的不当干预。[98]在卡特执政期间，爱德华·肯尼迪（Edward Kennedy）参议员及其司法委员会顾问，即未来的大法官斯蒂芬·布雷耶（Stephen Breyer）将保守派拉入其阵营。右翼与中左翼联盟在解除航空管制方面站在了同一阵线。[99]但是当左派渐渐不再着迷于规制改革后，中间派便更换了其政治舞伴。

自里根政府执政以来，中间派便通过与保守派而不是进步派的合作在监管政策问题上得偿所愿。[100]这些改革仍旧延续中间主义而不是保守主义路线，因为它们在竞争不足以阻止市场势力带来危害的情形下保留了规制手段。[101]所以，虽然出现了一些放松规制的情形，但电力传输及其零售分销仍受制于费率管制。[102]通信领域的放松规制也未能使本地电话公司立即开始提供长途电话服务，直至长途电话市场开始变得有竞争性。[103]在放松管制八年后，众所期待的竞争局面仍未出现，于是国会在1992年放弃了对有线电视产业的放松规制，并在四年后重新完善了其规制计划。[104]航空业的放松规制仍然将安全规制留在联邦航空管理局（Federal Aviation Administration）手中，而非仅仅依靠市场激励措施来防止飞机从天上坠落。[105]

规制政策由中左联盟向中右联盟的转变主要归结于两个因素。首先，20世纪70年代的经济环境举步维艰。第二次世界大战后的

第2章 支持反垄断的政治共识正在瓦解　　53

大约 30 年中，各方达成的政治交易使美国梦得以实现，即为大多数人提供更多的经济机会和更好的生活水平。但自 20 世纪 70 年代开始的经济停滞使这一政治交易支撑美国梦的能力受到质疑。两次石油冲击、高通胀、三次经济衰退、生产率下降、工人收入增长缓慢以及外国竞争加剧，已经使公众对 20 世纪中叶达成的共识失去了信心。[106] 其次，执政政治联盟的转变也是对联邦政府在经济生活中的作用日益增强的一种反应，尤其是因为执行保障民事权利、环境以及工人安全方面的法律。[107]

尽管以芝加哥学派为导向的改革是由中右联盟推行的，但实质上它是在两党合作下开展的，而且他们并不拒绝政治上的交易。[108] 在 20 世纪 70 年代和 80 年代，国会以及各州不愿再为进一步监管做出努力，但任何关于反垄断法应该被废止的建议仍被排斥在主流范围之外。具有广泛跨行业视角的主要商业顾问继续支持竞争政策[109]，同时州际反垄断执法变得越来越重要。如本书第 10 章所述，哥伦比亚特区联邦巡回上诉法院全体一致驳回了微软对反垄断及其在高科技市场中的适用性公开提出的法律质疑。自 20 世纪 80 年代起，无论是在共和党执政期间还是在民主党执政期间，联邦反垄断执法机构的反垄断执法都大同小异[110]，尤其是对卡特尔的打击。在里根的第二个任期和小布什（George W. Bush）的任期中[111]，针对合并的反垄断执法确实异常松懈，与共和党相比，民主党更广泛地认识到排他行为的问题。[112] 但是，执法优先事项方面存在的差异并未使反垄断政治交易失效，这一项交易于 2007 年再次经由两党反垄断现代化委员会（Antitrust Modernization Commission，AMC）批准，该委员会认可了总体的反垄断执法状况。[113]

简而言之，中右翼的反垄断和政府规制议程是在反垄断政治交易内落实的,并未背离这一交易本身。以芝加哥学派为导向的反垄断法改革极大地改变了反垄断的格局,但没有颠覆性地动摇其根基。

向政治临界点迈进

现如今,政治交易的结果正在遭受着这些反垄断改革的威胁。正如我们在第1章中看到的那样,以芝加哥学派为导向的修正方案,纵容了市场势力在大范围内行使,带来了有害的后果。回顾历史,反垄断的现状朝着不干预的方向走得太远了。因此,在当今的反垄断规则下,强大且不断扩张的市场势力仍将继续增长。

即便执法机构已经修改了它们对某些类型的商业行为的评估方式,以响应新的经济学知识,最高法院也没有质疑当前的做法。[114] 反垄断保守派继续倡导他们对市场以及反垄断制度的错误假设,这些假设支持大企业被告的诉讼立场(我会在第5章中对此进行讨论)。这些立场会将法院推向更低程度的干预主义反垄断规则,同时迫使执法机构更少地开展执法活动。

以博克的最低限度干预路线为限制反垄断辩护的做法不再可靠。即使不考虑政治后果,而是纯粹从决策理论的角度看[115],市场势力的增长也意味着威慑不足(假阴性,false negatives)受到越来越多的关注,是时候采取更加严格的反垄断政策了。

此外,在政治上支持反垄断的单边转移支付也受到了攻击。共和党的保守派是国会派别中的一支重要力量,它对社会保险表现出一贯而彻底的敌意。[116] 在共和党执掌白宫以及国会存在严重分歧的情况下,社会安全网可能会破裂,因此,如果企业在市场上失利,它们的更多员工和小企业主就有可能陷入财务困境。

在整整一代人的时间里，经济未能实现持续和共享的经济增长与繁荣。[117]随着"美国梦"的承诺变得日益空洞，20世纪40年代得到解决的那场三方政治争论引起当代人的共鸣，也就不足为奇了。经济监管的中间路线，即反垄断与强大的社会安全网相结合，正面临着压力。

这一点在2016年大选之前就已经清晰可见，特朗普和伯尼·桑德斯出人意料的成功传奇揭示了对监管持不同意见的两方长期以来积蓄的不满。在奥巴马任职期间，保守派一再反对监管授权。共和党参议员阻止了"消费者金融保护局"（Consumer Financial Protection Bureau）新局长的任命，企图削弱该机构的权力和独立性。[118]在保守派的影响下，众议院试图推翻联邦通信委员会以网络中立（net neutrality）为基础的互联网开放规则。[119]《平价医疗法案》（Affordable Care Act）是共和党人曾经支持的基于市场的一系列改革[120]，但是该法案在2010年通过时却未获得共和党的一张投票。在2012年和2016年，整个共和党总统候选阵营都呼吁废除该法案。[121]

在左翼这方，"占领华尔街运动"指责多德-弗兰克（Dodd-Frank）金融改革幅度太小且太迟。[122]进步派拒绝接受2003年的处方药优惠提案，理由有二：第一，这是对制药商的昂贵施舍；第二，提案对保险公司的依赖是医疗保险私有化的第一步。[123]进步派对2010年《平价医疗法案》的支持也减弱了，只够通过国会立法，因为进步派更偏爱由政府运行的系统，例如医疗保险（Medicare），而不是像《平价医疗法案》那样采用以竞争为基础的方法。[124]

每种规制都不乏批评者，但奥巴马时代的乱局令人惊讶，因为奥巴马政府遵循的是自里根执政以来便赢得支持的同一份中间主义经济规制的"剧本"。标准剧本之所以失败，是因为中右翼联盟已经崩溃，同时又没有新的联盟取代它。保守派作为"大政府"的反对派，不再向中间派妥协，而左派也没有接过指挥棒，即使在白宫里的那位是民主党人。

2016年的选举加剧了这种不和。随之而来的主要经济规制动议，即2017年废除和取代《平价医疗法案》的失败尝试，完全是主要受保守党影响的党派努力，该动议几乎没有尊重中间派对保护竞争和社会安全网的关注。尽管许多民主党领导人已经认识到日益严重的市场势力问题，但共和党的领导人仍然没有建立此种认识。

中右翼联盟的路线可以说已经寿终正寝，因为其核心纲领已经基本过时。经过数十年的监管改革，进一步放松规制带来了企业行使其市场势力的风险，这会造成其他市场失灵，并破坏社会安全网，而社会安全网能够从一开始就防止扼杀竞争的规制。换句话说，放松规制无法实现中间派的目标，因为进一步放松规制既不会增强市场竞争，也无法加强社会保险。[125]

这意味着芝加哥学派的计划，即普遍放松规制，已经基本完成。[126]因此，在21世纪初，一些反垄断保守主义者似乎在独自前行，在避免与中间派妥协的情况下推进不干预主义的议程。在小布什政府执政期间，司法部发布了一份关于《谢尔曼法案》第2条的报告，并采取了"放手不管"的方针，更倾向于中间派的联邦贸易委员会明确地拒绝加入司法部的行列，随后奥巴马政府撤回了该报告。[127]在"Trinko案"中，斯卡利亚大法官的长篇大论完全否定了反垄断，他将垄断辩护为"自由市场体系的重要组成部分。"[128]斯卡利亚不厌其烦地说明：他的论述仅是附带意见（dicta）。[129]这对他的经济论证也并无必要，因为其经济论证本就承认独占性（appropriability）是对创新的一种刺激，而无须表示支持垄断。与"Trinko案"[130]以及联邦最高法院近期的其他判决包括对瑞士信贷（Credit Suisse）[131]、Twombly[132]、康卡斯特（Comcast）[133]和Italian Colors[134]的判决都表明，最高法院在有意削弱反垄断的私人执行。[135]尽管上述动议以及其他保守派的动议已被包裹在反垄断的语言中，表明了从过去至今的延续性，但它们仍有可能会破坏并最终颠覆政治交易。

虽然特朗普政府在减少经济规制方面体现了激进主义的态势[136]，但似乎并不热衷于放弃政治交易，也未认识到市场势力的强大和不断扩张。特朗普选举联盟由怀疑政府并认同自由放任的传统保守派人士与受教育程度较低、充满身份焦虑的非城镇白人选民构成，他们为阻止社会变革而支持一个小型联邦政府。不过上述的后一个群体中的选民未必会反对反垄断。他们可能会支持采取干预措施，保护当地企业或更普遍地保护美国企业免于来自全球企业的竞争，或者保护小型企业。但这些选民可能并不十分关心规制政策。

尽管特朗普总统的一些竞选言辞表明，他的政府将积极利用反垄断来修复一个被操纵的体制[137]，而且保守派分散的呼声皆主张加强对大型科技企业的反垄断执法[138]，但特朗普总统任命的反垄断执法者与小布什政府任命的许多反垄断执法者相似，这表明特朗普政府秉承了共和党政府过去的路线。由于这些执法者在保守的联邦最高法院之下工作，因此可以预料，他们执行的反垄断是按照芝加哥学派重构的，并根据20世纪80年代的经济学思想进行了一些调整。虽然这一过程将不动声色地拒绝政治交易并将转而支持自由放任,但无论是该政府或国会都不太可能会很快地解决市场势力强大且不断扩张的问题。

自2016年大选以来,左翼人士对现行反垄断规则的批评日益突出。[139]进步派的声音担心市场势力不断增长会带来不利的政治和社会影响[140],而不仅仅是经济危害。关于后者,他们呼吁要注意市场势力对供应商、从业者以及买方和消费者的损害。[141]许多人对大型信息技术平台的发展感到不安。[142]当他们对反垄断规则提出修改时,倾向于强有力的推定对横向合并、纵向合并、排他性交易的反竞争效果。[143]一些人还建议将公共事业规制扩展到支配型信息技术平台。[144]

今天,市场势力的受害者可以很好地被动员起来。[145]威廉·科瓦西奇(William Kovacic)在1989年就已预见了这一情形。他预计,人们对去集中化政治的兴趣会在三个条件下复苏:对有嫌疑的反竞争行为采取纵容路线、商业丑闻或经济危机后民众对大公司负面情绪的回潮,以及驳斥主流保守派正统思想的学术理论的出现。[146]目前这些先决条件已得到满足,预期的动员是否真的会发生还有待观察[147],如果真的发生了,中间派可能会发现他们有了进步派这个伙伴来组成一个更新的反垄断联盟,但也可能是预期的动员为达成目标采取了极端方式,因此不可能与中间派建立伙伴关系。

每一次全盘复辟芝加哥学派的纲领,每一次重新摒弃反垄断干预都是在提高后一种结果发生的可能性。保守派越是在意识形态上信奉自由放任并忽视市场势力的危害,钟摆的摆动幅度就越大。成功的左派政治动员如果脱离了中间派就无望恢复反垄断,而反企业的民粹主义者将谋求宽泛的政府规制。[148]长期以来人们一直在担心

第2章 支持反垄断的政治共识正在瓦解　　59

这种可能性。首先，这种担心是反垄断协议的基础。1937 年，未来的联邦最高法院大法官罗伯特·杰克逊（Robert Jackson）对此了然于胸，他写道："在任何领域削弱或中止执行反垄断法，抑或允许价格固定，除非是在未被察觉的情况下，否则必然会导向政府控制。"[149]杰克逊在联邦最高法院的继任者们更应该对此心怀警惕。

第 3 章 阻止反垄断中的政治滥用

反垄断执法是一台强大的机器，它既能维持竞争，又能提升控制其运作的政客们的利益。林登·约翰逊利用其总统职位，拖住了一起银行收购案的反垄断审查，直到一家报纸出版商同意改变该报针对他的编辑立场，因为这家报纸出版商本身就经营着这些待合并银行的其中一家。[1] 尼克松总统命令司法部不要对已败诉的"International Telephone & Telegraph 合并案"提起上诉，据传这是作为 ITT 对共和党全国大会大笔捐款的交换。[2] 尼克松还威胁要对三大电视台提起反垄断诉讼，借此压榨出更有利于 ITT 的新闻报道[3]，此外，据称尼克松还接受了霍华德·休斯（Howard Hughes）的竞选捐款，作为交换，尼克松阻止了一起针对拉斯韦加斯酒店收购计划的反垄断诉讼。[4]

与一般性的执法活动一样，寻求经济优势的企业可能会败坏反垄断，一如尼克松与 ITT、休斯之间的交易。政客们可能会出于维护党派目的而滥用反垄断，比如约翰逊和尼克松对记者的操控。

这些例子引起了众怒，因为它们违反了旨在隔离反垄断执法与直接政治影响的规范。这一规范有助于防止企业通过特殊利益保护和裙带资本主义操纵政治体系，进而行使其市场势力。它也防止政客们利用执法决议来增进自己的利益而无视公共利益。[5]

这些问题强化了隔离反垄断与政治的重要性，无论谁执政都是如此。反垄断法及其执法应当是非政治性的，但它们必然要在政治背景下运作。[6] 在当今被视为核心的经济目标之外，反垄断法也曾明确地追求社会与政治目标。此外，正是由于市场势力的负面政治后果，进步派对市场势力的顾虑较之前更深了。批评者试图系统性地利用反垄断打击企业集中，以便将政治势力从集中的财富中心内重新分配出去，进步人士希望借此增加经济机会。[7] 当今的反垄断机构面临着许多政治威胁，其中最重要的便是暗地里拒斥反垄断而支持自由放任。

然而，即便对反垄断政治化的担忧是合理的，但是与日益增长的市场势力相较量的政治动员，也可能会巩固已达成的政治交易。鉴于我在下文中将讨论的原因，这种动员不应提倡20世纪中叶的反垄断模式，因为该模式明确地追求政治目的，尽管只是把它作为一个次级目标。这些方法收效甚微，迫切地重新启用它将使动员的结果偏离更有前景的改革。

一场着重于打击市场势力的运动将强化已达成的政治交易：首要的一点是，市场势力已经成为一个严重的问题；其次，当前的反垄断执法能够阻止约翰逊和尼克松之流的政治诡计。在现代，这些诡计都是罕见的例外。大体上看，反垄断成功地摆脱了特殊利益集团和裙带资本家对其的滥用，市场势力的弱化将使这种滥用发生的可能性更小。

在这一章中，我详细阐述了反垄断面临的政治化威胁，并解释了与之呼应的法律制度是如何发展起来的。许多障碍，包括反对直接政治影响的规范和限制司法裁量权的规则，都阻止了反垄断的政治滥用。然而，尽管反垄断避开了政治，但它仍然与民意相连。它反映了政治与意识形态之间的一个重要区分，我将在下文对此做出详细阐述。反垄断执法合理地对意识形态变化做出反应，如果公众行动起来反对市场势力，反垄断执法将更加有力。但这并不意味着反垄断执法也会被滥用，从而损害人们对法律程序公平性的信任。

特殊利益保护主义与裙带资本主义

特殊利益保护主义和裙带资本主义是操纵政治体系行使市场势力的相关方式。特殊利益保护主义是指企业或其他狭隘的利益集团通过政府行为建立或巩固受保护地位的能力。特定的企业或行业可能会影响政府采取有利于它的行动，而不考虑公共利益，以便创造或保护市场势力。也许正是因此，国会和法院一再创立免于反垄断法的判例。[8] 特殊利益保护是19世纪研究宪法解释和20世纪研究公共选择的学者们的一个首要关注点。它与监管俘获密切相关，所谓监管俘获是指受监管的企业操纵监管机构。[9]

潜在的操纵动机是显而易见的。追求利润最大化的企业，无论是单独行动还是与其主要竞争对手一起，都可以通过投资于游说来获得市场势力。俯首帖耳的政府官员，无论是通过选举还是其他方式产生，都可能制造进入壁垒，或阻止边缘竞争对手获得客户或低成本投入品。即使那些以芝加哥学派为导向的反垄断评论者质疑反垄断对排他市场行为的关注，他们也承认利用政府程序进行掠夺可能是一个严重的问题。[10]

特殊利益保护主义是交易性质的，而且是不成体系的，而"裙带资本主义"则是系统性的，且根深蒂固。企业利用其个体规模或集体规模以及游说影响来保障持久的政治势力，并利用这种势力来获取或保护其市场势力。它们可能会制造进入壁垒，或许它们会用更腐败的方式为自己或其政治盟友（即他们的亲信）获取其他形式的财富。[11]当拥有市场势力的企业将由此产生的部分租金投到巩固有助于保护或扩大其市场势力的政治势力时，裙带资本主义就变得根深蒂固了。[12]它在恶性循环中进一步侵蚀反垄断的制约，制造出更多的市场势力，等等。

裙带资本主义不同于寡头政治，尽管它们也许是相关的。寡头政治是一种政治制度，在这种制度中，少数政治活动者控制着大量资源，他们利用这些资源提高或捍卫自己的个人财富和社会地位。在美国政治体系中，寡头政治的威胁来自富人俘获政治机构的能力，即改变这些机构以锁定其政治地位，并利用他们对机构的控制降低他们的税额等。[13]限制特许经营权、消除对企业政治捐赠的限制，或削弱可能向大企业提出政治反对的机构，例如工会，可能有助于他们锁定政治地位。这种威胁不仅仅是一种推断：最富有的人群对公共政策有极大影响力是有据可查的[14]，成功的政治联盟试图改变规则以保护他们的地位。这样的结合对政治和经济竞争来说同样危险。[15]如果大企业是由富裕家族拥有的，政治体系就可能会同时走向裙带资本主义和寡头政治。那么政治机构既可以保护大企业免于竞争，又可以系统地使富人致富。

特朗普的当选使人们更加担忧特殊利益保护主义、裙带资本主义和寡头政治。[16]特朗普的竞选声明大有让反垄断诉讼服务于政治目的的趋势[17]，他还在选举后会见了正在接受反垄断执法机构审查的发起收购的企业的高管[18]，并与某些企业达成协议，阻止工作机会流向国外[19]，他也经常批评他不赞成的执法决定[20]，再结合他广泛的个人和家族经济利益，都共同危及旨在反对直接政治影响的规范。这些情形鼓励企业通过直接游说总统来影响执法行动。这也增加了总统基于其政治或财务利益做出决定的可能性。商界已经识别出了特朗普的信号：美国电话电报公司首席执行官表示，美国政府对该公司收购时代华纳提出疑问，部分原因是他一直以来都是特朗普"公共政策的最大捍卫者之一"[21]。

即使特朗普的目标可能与公共利益有关，但在反垄断法下，这些目标是不可接受的。例如，根据《克莱顿法案》目前的解释，促进国内就业这个目标是不被认可的。除了违背反对政治产生直接影响的规范或违反《克莱顿法案》，总统敢于进行反垄断执法决策更可能违犯宪法。如果总统在司法部的合并或其他反垄断调查决定上发出指示，特别是在没有举行反垄断执法机构工作人员和其他利益相关方的听证会或没有对反垄断执法机构调查得到的详细事实记录进行审查的情况下，则很难相信该机构的执法决定是在不受总统的政治或财务利益影响的情况下，恰当地将法律应用于相关事实。此时，人们会质疑总统是否履行了宪法规定的"确保法律得到忠实地执行"的义务。[22]即使反垄断执法机构的决定不受总统的直接影响，仍有人担心这样会损害公众对执法行动服务于公共利益的信心，并削弱对反垄断机构和规范的政治支持。[23]此外，这也损害了反垄断执法机构的官员在法院和企业心中的信誉。

审慎的政府会隔离反垄断执法与总统的直接影响，这是现代的惯例，自水门事件以来这一惯例已经正式地制度化。[24]特朗普政府的反垄断高层执法者对此表示赞成。杰夫·塞申斯（Jeff Sessions）在其司法部长任职听证会上说道，在合并审查过程中"不会有政治干扰"。[25]司法部反垄断局助理检察长马肯·德尔拉希姆（Makan Delrahim）赞同对政治的考量不应影响反垄断案件处理的观点。[26]但是，特朗普政府是否会遵守这一规范还有待观察。我们并不清楚，特朗普任命的高级官僚是否在为他讲话，而且特朗普政府还对许多其他根深蒂固的政治和体制规范施加了压力。

如果我们担心反垄断执法的腐败，可能会试图重新引入结构性时代明确的社会和政治目标作为回应。理论上讲，这样做可能会更有效地限制企业中政治势力的累积，从而削弱其影响政客和反垄断决策者的能力。但这种方法也有弊端。

20世纪中叶反垄断追求非经济目标的经验教训

1979年，罗伯特·皮托夫斯基为反垄断法的政治价值全力辩护。皮托夫斯基是一位重要的反垄断学术评论者，也是未来联邦贸易委员会的主席。他解释说，反垄断的产生有以下几方面的原因：第一，对"经济势力的过度集中会孕育出反民主政治压力"的恐惧；第二，"一种缩小由经济领域中的少数人随心所欲地控制全体人福利的范围，从而促进个人和企业自由的愿望"；第三，"一种压倒一切的政治性担忧，如果允许经济中的自由市场部门在只顾经济问题而对其他经济问题无视的反垄断规则下发展，就有可能会导致一个由少数企业巨头主导的经济，国家也就不可能过多地干预经济事务"。[27]

20 世纪中叶的法院承认了这些政治价值。皮托夫斯基觉得有必要在芝加哥学派的包围下重申这些政治价值的重要性，因为芝加哥学派的势力在他撰写此评论时已经显而易见了。皮托夫斯基担心如果芝加哥学派如愿以偿，那么非经济目标将会被抛弃。

在 20 世纪中叶，反垄断的另一个主要非经济目标是为小企业提供切实的竞争机会。勒恩德·汉德法官在 1945 年的"美国铝业案"中做出了开创性的判决，从《谢尔曼法案》的立法史及后续的法院判决中引申出非经济目标。[28]而在 1962 年判决的"布朗鞋厂（Brown Shoe）案"中，联邦最高法院认为《克莱顿法案》1950 年修正案的立法史进一步增强了汉德判决的说服力[29]，最高法院认为，《谢尔曼法案》"保障了每一个企业竞争的自由，无论该企业多小"。[30]

但是，确保小企业自由竞争的目标与"布朗鞋厂案"的另一个基调之间存在着矛盾：整体上看，1950 年修正案的立法史"阐明了国会对保护竞争而不是保护竞争者的关注，以及仅在此类合并可能会减少竞争的情况下限制合并的愿望"。[31] 1964 年，博克和他的同事，芝加哥学派的沃德·鲍曼（Ward Bowman）抓住这一紧张局势辩称，以关注保护小企业来"描述国会的意图是有问题的，作为社会政策是可疑的，作为反垄断信条是不可能的"。[32]

赞同非经济目标的评论员对博克和鲍曼的反对做出了回应，认为这些是国会间接追求的目标。例如，哈兰·布莱克（Harlan Blake）和威廉·琼斯（William Jones）指出，反垄断通过防止排他行为来保护小企业。[33]在这一点上，反垄断首先是一套规则，它规定了与市场份额及市场集中度相关的责任，以及防止损害竞争的排他行为。正如皮托夫斯基解释的，反垄断的政治问题是"显然次要

第 3 章 阻止反垄断中的政治滥用　　67

的"。[34]尽管如此,如果大企业没有政治上的保障,强有力的反垄断执法将"在大公司使用不公平策略来获得与其优越技能或效率无关的优势时,保护小企业"。[35]

联邦最高法院对"布朗鞋厂案"中这一间接解释表示赞许。最高法院在根据新修订的《克莱顿法案》对拟议的横向合并进行评估时,其判决着眼于市场集中度和行业集中趋势;在评估拟议的纵向合并时,着眼于纵向一体化趋势产生的市场圈占效应。最高法院没有直接评估合并企业的政治势力,也没有评估单个小企业受损害的程度。[36]但是,最高法院确实承认了它的做法可能会阻止企业获得某些效率,这表明它考虑的不仅仅是经济问题。可见,最高法院倾向于认为《谢尔曼法案》会使小企业受益,尽管它的判决并非基于这一观点。[37]

皮托夫斯基认为,最高法院在集中化趋势初现端倪时对横向合并做出判决的意愿,显示出它有兴趣防止由经济势力集中导致的政治问题。[38]最高法院倾向于设计反垄断规则以限制支配型企业的行为,并限制由合并导致的集中,即使受影响的企业无法再从规模效益中获益。这是通过最高法院制定的横向合并法律实现的,这方面的法律对竞争对手间收购设定了推定损害的最低集中度。当企业以效率为由为合并辩护时,法院也对此表示怀疑。[39]

当前我们面临的问题是,在加强反垄断时是否应该回归这一视野。左派的愤怒主要集中在分散企业以降低其政治势力的愿望上。这样做将恢复20世纪中叶的做法,允许政治和社会的考量间接影响普适规则的发展。

但是经验提醒人们不要单单指望反垄断执法改变社会和政治。在20世纪中叶被公认的社会和政治目标,并没有证明对集中化政治势力（区别于集中化的经济势力）的直接攻击是正当的，这些目标也不是用来使小企业脱离苦海的，而只是为了确保它们有竞争的机会。在出现政府垄断案件时[40]，诉讼也合理地关注经济损害，而不是被告的政治势力。20世纪40年代至70年代，对政治和经济方面的关注刺激了系统性的去集中化运动[41]，但收效甚微。[42]

20世纪中叶的合并规则可能阻止了许多反竞争的合并，但它们并没有阻止大企业集团的成长。这些规则可能导致一些企业通过内部增长而非合并来扩张，同时，当内部投资比合并风险更大或成本更高又或者耗时更长时，则阻止了其他企业进行有竞争力的扩张。这些有争议的合并激励的最终结果尚不明确。小企业的收益可能是暂时的，这些收益能够减缓无效率企业消亡的速度，但并不能阻止其最终的消亡。

阐明非经济目标的主要好处可能在于有助于保护民众对反垄断法的支持。但是，这一效果在今天已经不那么重要。在20世纪中叶，社会保险受到的限制更大，因此需要向那些可能倾向于监管的人提供更多的单边转移支付。这些人不仅包括消费者、农民、小企业和从业者，还包括代表他们的中左翼联盟的政客，他们中那些监管意识更强的成员需要得到安抚。不过，如今伴随着社会保险的发展以及寻求较少干预的人对已达成的政治交易的主要威胁，投资于反垄断的政治和社会作用对挽救竞争法无济于事。

这样做不仅是徒劳的，而且很可能适得其反。与追求社会和政治目标获得的潜在利益相比，这需要付出巨大的成本。20世纪中叶，反垄断对非经济目标的重视程度很可能促使法院采用了那些会抑制有效率行为的规则，这些规则相较于将经济目标作为唯一考量因素的规则，对有效率行为的抑制程度更高。这种结果，无论是切实的还是被感知到的，都增强了对芝加哥学派的影响力，导致结构性时代在限制市场势力行使方面取得的成就逐渐消失。

也许我们会设想重新纳入社会和政治目标，将它们作为发展普遍适用的反垄断规则的基础，就像20世纪中叶那样。[43]但我们不必重演这一幕。本书第1章提出的证据表明，有必要基于经济基础制定更有力的反垄断规则：对反竞争行为加强威慑的社会效益几乎肯定超过（并且大幅超过）任何由此导致的竞争行为受到抑制而带来的社会成本。这些利益可以通过以经济为单一目标的规则来实现。在判定个案结果时，我们也不应纳入社会和政治目标。很难想象一种明确政治化的反垄断在实践中会如何运作。[44]我们可以根据什么标准，认定一家企业的政治势力而不是经济势力过大？政治势力是通过总收入、就业还是投资来显示？一个违法者的政治势力必须是全国范围的，还是可以在州一级或更小的管辖范围内运作？这些棘手的问题更可能激起的是敌意和分裂，而不是改革。

这些都不是为了说明市场势力是完全没有负面的社会和政治后果的。重点是，可以用非反垄断的方法来补充以经济为重点的反垄断法，从而更有效地解决这些问题，例如竞选活动改革、对员工不竞争条款施加限制的立法、网络中立监管[45]、确保数据受个人控制的规则或法律，以及对工会的立法和监管支持。这些方法可以提供适应新经济的单边转移支付，与重视经济考量的反垄断法很好地结合起来：在企业从事信息交易时保护个人自主权，确保企业在非歧视条件下进入数字市场，并通过与员工共享技术变革的效益来避免因自动化造成的失业。

将这些目标分离开来也将有助于保护反垄断，使其免受其意识形态的反对者的攻击。政治一旦被公认为一项重要的司法因素，它便产生了会直接影响个案判决结果的风险。[46]尽管这种情况在20世纪中叶并没有发生,但即便是这种可能性的存在也足以使人担忧。如果反垄断的批评者看到竞争政策被用于明确的政治目的,反对之呼声会变得更高。

因此,尽管需要重构反垄断以对抗市场势力,但模仿结构性时代的非经济目标也许并不是达到这一目的的最佳方法。

政治与意识形态的区别

尼克松和约翰逊的例子说明了政治对反垄断执法的不当影响。即便不是特别成功,20世纪中叶反垄断的社会和政治目标却是恰当的。这些目标被用来塑造普遍适用的规则,而不是直接用于解决个案。对政治而言,其作用可接受与否,取决于政治与意识形态之间的区别。理解政治与意识形态之间的区别,对确定相关行为是否违反了反对直接政治影响的规范是有必要的。我们将看到,只有在意识形态的调解下,政治在反垄断中的作用才是适当的。

政治

就我们的目的而言,政治可被定义为利益集团对决策的影响,目的是确保产生这些集团想要看到的结果。至关重要的是,这些集团关注的是结果,而不是法律和政策主张,除非这些主张是确保结果的工具。这个定义隐含在下文概述的民主政治的前景中。[47]

在一个拥有多数制政治制度的民主政体中,自利的行为人试图组建选民或利益集团联盟,以赢得多数票,从而将他们的观点付诸实践。政治联盟会制定其纲领,该纲领是立场的集合,与联盟成员的观点一致。这样的纲领无须反映思想上的逻辑一致或始终如一的偏好。[48]每个投票者和利益集团都追求自己的利益，无论是基于个人利益、群体利益，或对他人的同情，以此决定是否留在一个政治联盟中以及在谈判联盟纲领的时候坚持什么。[49]政治人物的工作就是在一个选民和团体的自我利益不断变化的世界中，组建和维护联盟并执行他们的计划。

联盟领导人通常会为自己的立场提供理由，尤其体现在对某一个机构或法院的倡导中，但也会体现在对立法的倡导中。这些理由通常都是精心设计的，为了在不使任何联盟成员离开的情况下向决策者提出申诉。例如，在对某一特定政策展开争论的时候，联盟领导人也可能承认一些限制性原则，这些原则保护那些担心受到该政策潜在影响的成员的利益。

若一家机构或法院基于这些原因做出决定，那么无论做出这些决定的人是何身份，该决定就这里提到的审议都不具有政治性。相反，决定可能基于法律、意识形态或成本效益分析。机构或法院应注意那些陈述原因的人是何身份，以便判断偏见，而不是为了决定哪些政治联盟可以从其想要的结果中受益（后者是立法者在与利益集团讨价还价时所做的事情）。[50]换句话说，当一个决策是基于倡导该政策的利益集团的身份而不是根据它提出的理由而做出的，那么这个决策就是政治性的。

从这个意义上讲，政治基本上与法院不相干，包括对反垄断成文法的解释。[51]在联邦反垄断执法机构，政治几乎永远不会直接与案件的选择和评估挂钩[52]，但偶尔会影响对所要调查的行业与行为的选择。[53]除了主要涉及约翰逊和尼克松政府这样的罕见例外情况，美国的反垄断执法自20世纪以来几乎完全不受政治直接的影响。[54]执法机构有时会在国会议员面前作证，或向其工作人员介绍已完成的事项和热点问题，但这基本上只是保障机构问责制的良好措施。[55]没有过多理由证实人们对"旋转门"问题的顾虑，即反垄断官员会利用职务之便使他们此前的私营部门雇主或客户受益，或改善其未来的就业前景。[56]

对现代美国反垄断执法基本上不受直接政治影响的判断，与企业在反垄断事务上开展游说的传闻是吻合的。[57]最近大部分游说案例中的主要目标是国会或部门监管机构，例如联邦通信委员会[58]，而不是反垄断执法机构或法院。有时，企业确实会开展大量且昂贵的游说活动，仅仅是为了影响司法部或联邦贸易委员会。[59]即使政治压力不大可能影响执法结果，企业这样做也可能是出于理性的。只要企业的律师认为游说不会适得其反，并且游说的成本小于避免执法带来的潜在效益，企业就有可能愿意投入长期的努力来说服执法机构。出于类似原因，相关企业的反对者可能会进行反游说。[60]需要注意的是，游说的发生并不意味着其有效。企业可能成功地游说了其他政府机构，而这可能导致高管们错误地认为反垄断游说也会获得同样的效果。

与此相关的是，当宣布有可能面临反垄断审查的并购企业也增加游说支出时，我们不必担心股票市场对此做出的积极反应。[61]企业在试图并购时会更加努力地游说，但这并不能表明反垄断游说会影响执法结果，最多只能说明投资人是这么认为的。另外一种更有可能发生的情况是，投资人将游说支出视为一个信号，即有一家企业也已经在反垄断游说方面进行了大量投资，因此基于该企业已知但未公开的信息，有理由相信该交易将能经受住反垄断审查。

根据我自己的经验，以及曾在联邦执法机构担任高级职务的同

第 3 章　阻止反垄断中的政治滥用

事们的经验，司法部和联邦贸易委员会的反垄断执法决策一贯基于法律和政策论点、证据强度以及制度因素（如资源限制），而非利益集团或偏好多元结果的政客身份。政治利益促使各机构展开公开调查，但这并不会影响它们对单个执法事件的正式判定。

我的判断也许过于武断，有人还是可以举出一两个游说影响了联邦反垄断执法机构决策的例子。如果是这样，反垄断执法机构的决策者在讨论这种可能性时会非常谨慎，这表明反对政治影响的规范是强有力的。

意识形态

政治在反垄断执法和决策中起到的重要作用是以意识形态为中介的。[62]这里的意识形态是指建立在促成某些政策偏好的一套逻辑一致的抽象原则之上的观点。[63]意识形态有助于解决利益集团成员及代表他们采取行动的政治领导人之间的委托代理问题。通过公开意识形态，政治领导人可以在选举后情况发生变化或出现意想不到的问题时，向利益集团成员发出信号，表明他将以符合集团利益的方式行事。[64]因此，利益集团成员至少是部分基于他们的意识形态承诺来选择领导人的。这样做也有助于利益集团成员监督领导者的决策。判断民选官员的决策是否符合意识形态，往往比判断这些决策是否对利益集团的成员有益更加容易。

在反垄断政治交易的范围内，执法者或法官的意识形态通常表现为他对如何平衡阻吓反竞争行为与竞争行为受抑制带来的风险做出的判断。对这一问题的另一种表述方法是，哪种做法会带来更高的社会成本：更多还是更少的执法？支持阻吓会导致更强的反垄断干预[65]，而支持避免寒蝉效应则会导致更强的限制。[66]意识形态上的差异可能会影响法院在制定和应用司法规则时如何平衡竞争涉及的各方面问题，以及执法机构在结案时如何做出决定。[67]

即使公共执法决定与直接的政治影响相隔离，且反垄断法的实质性规则也被适当地制定以遏制市场势力，但极其正直又有着强烈意识形态观点的地区法院法官在判决摆在他们面前的案件时，还是会带入这些意识形态观点。这些观点会影响案件的最终决定，特别是在由法官认定事实并得出法律结论的审判中。在执法机构行使自由裁量权提起诉讼时也可能出现这种情况。

这一结果在代议制政府体制中是合法的。[68]在这样的政治体制中，如果有特定意识形态的人由总统任命并经参议院批准成为联邦法官，由于总统和参议院代表了民意，那么我们就可以看到这些法官至少大体上反映了大众观点。如果大众的观点发生转变，新任命的法官将倾向于反映新的大众观点。政府执法者和私人原告将通过案件选择和他们提出的论点来强化这一结果。

在反垄断这样的法律领域，法院通过对宽泛和一般性的法定语言进行解释来确立大多数法律规则，新的意识形态视角将不仅仅影响法官如何根据现有规则判决案件。随着赞成新观点的法官人数增加，法院将修改实质性和程序性的法律规则，以反映新的意识形态框架。由此产生的法律及其对解决单个案件的影响是合法的，因为司法选择背后的政治过程反映了民众的意愿。

尽管日常的反垄断执法是技术官僚式[69]，即严重依赖经济分析来认定相关事实并通过经济视角来解释这些事实[70]，但从长期看，反垄断规则和反垄断执行便会对意识形态的变化以及新的经济知识、市场运作方式和企业行为的变化做出反应。[71]技术官僚式的执法既不是对意识形态的一种替代，也不是对某一特定学派的经济思想的认可。[72]相反,它是反垄断执法者和法院执行政治交易的手段。如果在法官和反垄断官员中盛行的意识形态变得足够极端,而这是民主体制可能产生的一个合法结果,那么技术官僚式的执法将不足以维系这一政治交易。

政治、意识形态以及反垄断机构的滥用或式微

反对政治直接影响反垄断执法的强有力的规范意味着政治的作用仅仅体现为它对意识形态的影响。这限制了特殊利益保护主义和裙带资本主义,但它并没有对政治滥用筑起一道不可逾越的障碍。[73]

即便有直接反对这样做的规范,寻求在政治上影响反垄断执法决策的企业,也可能为了其意识形态的支持者能够担任执法机构的高级官员和法官而展开游说。尽管企业意识形态的支持者会坚持个人操守,但通常他们不太可能批判性地评估那些反对反垄断干预的论点及这些论点所基于的假设。当这些错误论点在行使市场势力的大企业所支持的智库和其他机构的推广下而获得了可信度时,意识形态支持者的倾向可能会加剧。这种间接的游说努力主要通过选择而不是激励发挥作用:大企业支持那些赞同其观点的学者便足够了,而无须通过付钱来改变每个研究人员的立场。

国会和总统越看重那些行使市场势力的企业的利益,就越有可能任命在判决未来的反垄断案件甚至是在适用现行法律时,从政治交易的角度看待极度不干预观点的法官。[74]法官越是这样做,反垄断执法就越无法成功地阻吓市场势力的行使。我们可以看到,法院会制定能够反映大企业利益的反垄断规则,这些规则不再是为了执行政治交易。各政治派别也会减少对反垄断执法机构的支持。

政治滥用的制度障碍

限制司法裁量权的规则

限制司法裁量权的规则加强了反对政治直接影响反垄断执法的规范。这一规范弱化了法官和执法人员在决策时回应政治因素的激励，而限制司法裁量权的规则限制了他们这样做的能力。[75]这些规则既不是长期约束机制，也不会阻止政治影响在任命特定意识形态的支持者成为法官的过程中发挥作用，这种作用使规则随时间演变。但是，即使短期的约束也可能有助于阻止特殊利益保护主义、党派滥用和裙带资本主义。

随着反垄断诉讼中的经济证据变得越来越复杂，这种约束变得越来越重要。即使受益于交叉质询，司法教育（在庭审或更普遍的范围内）以及有时受雇的中立专家、法官仍有可能在评估经济证词方面遇到麻烦。一些出庭律师认为，法院没有能力解决经济专家之间的纠纷，因此往往基于其他理由对案件进行裁决。[76]

对比联邦第七巡回上诉法院在1986年和2016年就医院合并做出的两项裁决，可以看出证据如何变得更加复杂。[77] 1986年的案件着眼于竞争者的数量及其市场份额和市场特征，例如医生在选择医院中的角色、保险公司在支付医疗费用中的角色、各州必需资格认证的法律含义、医院之间价格和成本信息的常规共享、医院服务的复杂程度，以及技术和经济变化的速度。三十多年后，2016年的案件中同一家法院关注的不再仅仅是份额和市场特征。[78]这一案件的证词还包括一个基于现代议价理论的模型，该模型结合了对关键参数的计量经济学估算。联邦贸易委员会的专家使用该模型预测合并对价格的不利影响。

面对这样复杂的证词，法官可能不知道该采信哪一方。他可能无法独立评估证人的供述或反方证人的供述。这为意识形态导向的法官创造了空间，使他基本上忽视案件的事实真相而根据其偏好进行审理。但反垄断法通过采用略式分析裁判法（truncated condemnation）限制了这种自由裁量权。这种方法一度通过制定和执行本身违法原则来操作。如今，略式分析裁判法的实施更多地利用举证责任转移（burden-shifting）的框架来组织诉讼、权衡证据，并使用弹性标准（sliding scales）以及推定事实的采信。

略式分析裁判法

在结构性时代，反垄断规则主要有两类：非结构化的合理性分析或本身违法禁止（per se prohibitions）。本身违法原则通过将承担责任的条件限制在高度有限的事实上来限制司法裁量权，就像反对横向竞争对手之间的价格操纵和市场分割的传统规则一样。在20世纪80年代，法院普遍从本身违法原则转向合理性审查。后一种方法赋予法院更多考虑效率的自由裁量权，从而服务于芝加哥学派的政策目的。

反垄断决策规则一直在不断演变，如今通常采用举证责任转移的方法来构建合理原则（rule of reason），并将该原则与本身违法原则相协调。在这一方法下，原告通过提供反竞争损害的证据来满足举证责任（burden of production）的要求，从而对案件进行初步认定（prima facie case）。举证责任随后转移至被告方，被告必须为其行为提供合法的商业理由以证明其正当性，即证明其行为的效率。如果被告这样做了，举证责任就会转移回原告，而原告也承担着最终的说服责任（burden of persuasion）。在最后一轮中，原告必须证明被告对竞争的损害大于收益，或者在某些情况下，被告本可以用较少限制竞争的方式实现其合法目标。这种制度安排越来越多地被应用于《谢尔曼法案》第 1 条对待判决诉求的分析、该法案第 2 条对待判决案件中不良行为的质询、《克莱顿法案》第 7 条的合并审查以及第 3 条对搭售安排和排他性交易指控的评估。[79]

举证责任转移这种制度安排在许多依靠弹性标准来权衡证据的司法应用中已经被强化。这样做与推定的采信密切相关，本书第 4 章会对此做进一步讨论。一旦原告与被告各自履行其最初的举证责任，法院就可以通过弹性标准来评估证据，协调对推定事实的依赖与举证责任转移框架。[80]在弹性标准的路径下，原告的论据越强，被告就必须提供越多的证据来推翻它，反之亦然。

当原告对案件提供的初步证据相对确凿时，弹性标准允许在没有全面分析的情况下判定被告违法。只要有可信的证据证明被告的行为的确产生了相当大的反竞争效果，或根据市场环境、司法经验和经济推理能够证明被告的行为极有可能带来反竞争效应，即便反向的事实足以使被告能够履行其最初的举证责任，原告通常也会获得胜诉。此外，如果原告根据被告的行为性质及其市场势力证明竞争性损害确有可能，并证明的确存在实质性市场势力时，法院也同样可能站在原告的一边。被告会努力证明其行为的合法性是基于效率或特定的市场结构，例如低市场份额，或出示足以证明协同行动困难的证据或表明容易进入的证据，以示不太可能造成竞争性损害，但法院并不容易被此说服。[81]当原告的初步证据十分确凿时，法院可能会在接受这些证据前对原告提供的效率证明进行深入细致的司法审查。[82]相反，当原告的初步证据较弱时，法院更有可能相信被

第 3 章 阻止反垄断中的政治滥用

告的抗辩观点，在不做全面分析的情况下考虑免除被告的责任。

对于具备强有力初步证据的案件中的被诉行为，例如横向价格固定和市场分割，举证责任转移和弹性标准的结合能够产生使反对此类行为的规范得到严格执行的实际效果。这不是对司法裁量权的正式限制，但它可以成为一种事实上的限制。

通过对弹性标准方法的司法应用，大多数横向协议案件都转而强调不良后果的证据强度和分量。如果诉讼双方都履行了其初始举证责任，法院几乎不会从可量化的角度权衡损害与利益并以此来判决案件。[83]横向合并分析中的结构性推定与此类似。在涉及因合并造成双寡头垄断的案例中，被告辩称协同行动是困难的，哥伦比亚特区联邦巡回上诉法院指出，发起合并的企业必须证明，这种困难比在其他行业中"大得多"，足以推翻有关集中市场中协同效应的正常推定。[84]

正如本书第 4 章会更加详细解释的，反垄断对举证责任转移、推定和弹性标准的依赖，为制定判决规则中争议的错误成本权衡（error cost trade-off）问题提供了一个合理解决方案。这些工具及其推动的略式分析裁判法，也以限制司法裁量权的方式强化了反对直接政治影响的规范。

但是，法律规则的这种安排并不能形成对抗特殊利益保护主义、党派滥用和裙带资本主义的坚固堡垒。[85]具有创造性思维和强大意识形态且熟悉反垄断法的法官，也许能够发现相关事实并综合先前案件中的法律规则，做出一个不能以竞争为依据进行辩护的判决。[86]但举证责任转移、弹性标准以及对竞争损害推定的依赖仍降低了出现这种结果的可能性，尤其是考虑到实质性反垄断规则被认为是共识规范的情况。

私人执法制约政治滥用

如果大企业的政治影响使联邦执法者对被告过于友好，而且州执法者对此也不做进一步的积极回应，那么强有力的私人执法将继续维护竞争法。除了合并和卡特尔刑事执法外，大多数反垄断案件都是由私人原告提起的诉讼。这种行为在一定程度上限制了政治影响在反垄断中的潜在不利后果。然而，私人执法并不能完全替代公共执法。私人当事方拥有与政府机构不同的信息和激励，因此不能指望他们去挑战同样的行为或寻求同样的救济。私人执法的阻吓效果也可能小于公共执法。[87]

纵然有这些局限，我们仍有理由相信私人反垄断执法与公共执法一样，在遏制反竞争行为方面发挥着重要作用。因此，本书第5章讨论的联邦最高法院基于对反垄断执法机构的错误观点，而对私人执法增设程序性障碍的倾向，可能会削弱这种对抗特殊利益保护主义和裙带资本主义的制度性保护。

结论

限制司法裁量权的法律规则强化了反垄断执法中反对直接政治影响的长期规范，从而遏制了执法腐败。保护这一规范与欢迎政府采取政治动员打击不断扩张的实质性市场势力之间并不相悖，而且有助于防范市场势力悄悄地将反垄断拒之于经济监管政策之外。

第 4 章　错误成本与推定的矫正

当前，欧盟的反垄断执法有时比美国更加严苛，尤其是在排他行为方面。[1] 对谷歌的区别对待行为就是人们最为熟知的案例。[2] 欧洲议会针对这家科技巨头提起了多起关于不公平竞争的诉讼，并处以高额罚款，然而，美国联邦贸易委员会于 2013 年结束了对谷歌的调查，并未提起任何指控。

这一分歧可能令人惊讶。两个辖区都有着非常精密的反垄断机构，并采用了相似的经济学方法来评估商业行为。大西洋两岸的执法机构都在努力调和它们的分歧，以便公司可以期望在欧洲和美国获得类似的结果。美国的成文法和欧洲控制合并的执行法规是相似的，但在结构上有一些区别。美国的执法体制是建立在对抗性模式之上的，而欧洲的执法体制是建立在行政模式之上的。[3] 较少被提及的是，欧洲使用反垄断法来整合国民经济并保护竞争[4]，而且欧洲的执法受到独特的奥尔多自由主义*观念的影响。[5]但这些差异的影响通常很小。[6]在美国和欧洲，由执法者审查的案件很少有不同的结果，不过那些结果不同的案件通常都是备受瞩目的。

当欧洲的执法更加严格时，这一结果通常可以归因于对错误成本的评估差异。最近，美国官员批评欧洲官员没有充分注意到抑制促进竞争的企业行为带来的成本，特别是在评估排他行为时。[7]不过，有充分的理由让人们相信事实恰恰相反：不断扩张的市场势力表明，美国当局过于关照大企业，对其有害行为的代价不够重视。[8]

特别是在排他行为方面，美国可以向欧洲学习。事实上，反垄断机构在全球的分布从二战后的几个司法辖区扩展到今天的一百多个，许多机构在执法活动上有着丰富的经验，可以为美国的执法者和法院提供很多启发。[9]执法路径和实践发展的全球影响力不再主要来自美国的反垄断机构。[10]

与美国同行相比，欧盟执法人员能更好地平衡错误和成本。这一问题至关重要，因为法院对错误成本的看法会影响它们在采用反垄断规则时选择援引或放弃的事实推定，并可能导致它们对规则自身进行修改。本书第 2 章所描述的受芝加哥学派影响的改革，部分是基于对错误执法会抑制促竞争行为的高度担忧。但这些改革，无论其实施会带来什么好处，都不再适合市场势力显著而又不断扩张的环境。现在，美国的反垄断规则和推定使那些从事了太多反竞争行为的企业可以从反垄断执法中脱身。

本章解释了错误成本与执法中的推定之间的联系，并讨论了法

---

* Ordoliberal，即法国的秩序自由主义，以产生于 20 世纪 30 年代的弗莱堡学派为基本理论渊源和核心思想，主张自由经济原则和国家有限干预原则，强调依靠法治与国家政权的力量来实现并保障市场的竞争。——译者注

第 4 章　错误成本与推定的矫正

院应如何根据不断扩张的市场势力来运用这些推定。我将重点放在那些推定会发挥特别重要的作用的一个领域，即横向合并政策。合并审查可以有效预防在合并完成后难以被识别、挑战或补救的竞争问题。[11]因此，面对市场势力问题的司法管辖区在这一执法领域应当采取最佳实践。我认为，应采用两个附加的推定强化和补充横向合并执法中长期存在的结构性推定。本书其他章节探讨了其他方面的合并分析，包括第 6 章中的协同，第 7 章中的纵向合并，第 8 章中的合并对创新的危害，以及第 9 章中增加议价能力的合并。

错误成本与推定

错误成本分析

错误成本分析是经济学家称之为决策理论框架（decision-theoretic framework）的另一个术语。这种方法于 20 世纪 70 年代由理查德·波斯纳[12]在法和经济学文献中首先采用，并于 1979 年由保罗·乔斯科夫（Paul Joskow）和阿尔文·克廖维里克（Alvin Klevorick）[13]引入反垄断主流学界。弗兰克·伊斯特布鲁克（Frank Easterbrook）在 1984 年被广泛引用的文章《反垄断的局限性》更好地采用了错误成本框架。[14]

错误成本视角以反垄断规则是否将总社会成本降至最低为基础，对反垄断规则进行单独与整体的评估。[15]相关的成本包括假阳性（false positives，即行为实际上并不损害竞争却判定其违法）和假阴性（false negatives，即行为损害竞争却未判定其违法）的成本，以及运用法律程序相关的交易成本。交易成本包括诉讼成本，例如潜在诉讼当事方与制定决策规则的机构收集信息所需的成本。[16]交易成本不是字面意义上的错误成本,而是在规则的决策理论分析中亦须考虑的社会成本。

错误成本反映了错误执行规则导致的总体不利后果,承担这些后果的可能是卷入诉讼的企业、其竞争对手、客户、供应商以及将其作为行为指南的不相关市场中的企业。[17]相应地,错误成本的评估必须着眼于整个经济中企业受到的影响,而不仅仅是案件当事方受到的影响。[18]错误成本也可以在没有执法错误的情况下发生。例如,按计划适用的本身违法禁止可能会导致阻吓过度或不足。[19]最后,由于法律规则的不确定性会抑制有益行为,或者无法阻止有害行为,所以错误成本分析应将这些后果纳入考量。[20]

一个技术性的提醒是:假阳性和假阴性也许不能各自准确地反映阻吓过度和阻吓不足,因为法律错误的阻吓后果部分取决于这些错误如何影响根据法律采取的行为的边际成本和收益。[21]例如(也许是反直觉的),假阳性可能会降低遵守规则的价值,因而造成阻吓不足。[22]总的来说,这一提醒并非要否定错误成本分析。

尽管错误成本框架是一种中立的经济工具,但当代反垄断保守主义者还是利用它来倡导反对反垄断干预的规则。他们的立场基于对市场和反垄断执法机构的一系列错误假设,这些假设系统性地高估了假阳性的发生率和重要性,而低估了假阴性的发生率和重要性。概而言之,保守派批评者因夸大了各种规则的成本而低估了它们的净收益。第5章将进一步讨论这一点,找出这类假设并解释为什么它们是错误的。

推定

　　法院为判决反垄断案件制定的许多规则可以被解释为推定。一些人关注最终判决，即受审查的行为是否会损害竞争。这其中包括横向合并分析中的结构性推定，它从较高且不断上升的市场集中度中推断竞争损害；公开的价格固定（naked price fixing）会损害竞争的推定，它是指在缺乏合理效率依据的情况下，从价格协议中推断竞争损害；以及掠夺性定价案件中高于成本定价的避风港，即在折扣价格高于被告方的成本价时推定降价不会损害竞争。其他推定涉及受指控的间接要素。例如在垄断案件中，法院通常会推定市场份额较高的被告具有垄断势力，这是判定其违法的一个依据。

　　那些削弱了事实依据的证据可以反驳推定。例如，合并企业可以证明经正确衡量的集中度不会显著（non-trivially）升高，以此来反驳结构性推定。那些质疑法院推论的证据也可以反驳推定。例如，证明市场进入会抵消或制止竞争损害的证据，可以用来反驳将较高且不断上升的市场集中度与市场势力的行使联系起来的结构性推定。

　　法院为执行反垄断法的一系列合理性要求而制定的判定规则，包括推定，是各种非结构化标准和明线规则（bright-line rules）之间的连续体，前者如"芝加哥期货交易所（Chicago Board of Trade）案"中采用的全面合理原则，后者如"Socony-Vacuum案"[24]中针对价格固定采用的本身违法原则。相对于非结构化标准，明线规则限制了法院考量的证据及其权重。[25]越来越常用于评估合谋行为和排他行为的举证责任转移框架考虑到了介于这两极之间的混合规则。[26]

　　非结构化标准和明线规则以不同的方式降低了错误成本。非结构化标准允许法院考量所有相关信息并决定如何权衡这些信息。这样做往往会减少假阳性和假阴性的可能性,从而降低错误成本,但假如决策者对案件中提供的证据范围感到困惑,那么非结构化标准也会增加错误成本。明线规则通过减少诉讼的交易成本来减少错误成本,除非关于是否应用明线规则的决策本身成本很高。明线规则还可以为企业提供指导来降低其合规成本,从而减轻了其行为可能受到司法处理的不确定性。明线规则对错误成本的考量也表明对推定的依赖是合理的,但它们并未指出法院应援引哪些特定的推定。[27]

因为推定是以有限的与特定的事实陈述为依据的法律结论,所以其说服力与相关事实陈述的质量紧密相关。这些事实易于观察,且结论与事实紧密相关。企业为了不恰当地援引或避免推定而操纵事实陈述的代价也应该很高。[28]事实陈述与法律结论之间的关系越弱,适用该推定而产生错误司法判决并导致更高成本的可能性就越大。

因此,法院在决定是否使用、修改或放弃推定,又或者确立新的推定时,考虑错误成本的做法是恰当的。采用推定时,错误成本在决定推定的力度方面是至关重要的,推定的力度可以用反驳证据所需的说服力来衡量,而且是连续变化的:有些推定很弱,有些则很强,而另一些则是不可反驳的。

法院在构建推定时会考虑两种减少错误成本的方法:阻吓政策和推断结果(inferred effects)。[29]例如,可以仅根据合理的经验规律(推断结果)来捍卫高于成本定价的避风港:当价格高于支配型企业的成本时,折扣很少将竞争对手排除在外。高于成本的掠夺确有可能,但是,这削弱了推定的力度。采用这一推定并使其不受反驳(作为避风港)的司法选择主要关注阻吓(关于错误成本平衡的司法观点），而不是基本事实推论的力度。阻吓论是指，由于避风港抑制了竞争性降价行为，因此妨碍了对掠夺性定价的禁止，并且由于对阻止竞争损害持怀疑态度，所以错误成本是首要的考量因素。[30]但是，正如第 7 章解释的，就我们现在对错误成本平衡的了解而言，放弃或至少修改这一推定是合理的。

在某些情况下，可以针对信息更充足的当事方做出推定，以激励该当事方披露其所知。这可以为决策者提供更多信息以减少错误成本。在反垄断中，阻吓这个考虑因素已被用于举证责任的分配，例如要求合并企业提供效率方面的抗辩。[31]这一方法相当有效。但理论上讲，效率并不能证明集中市场内的合并具有合理性这个有力的推定，本就可以被用于举证责任的分配。

回想一下，某些推定为竞争分析提供了最终的解决方案，即受审查的行为是否会损害竞争。在诉讼中，这种类型的推定发挥了两方面作用。首先，它们可能是举证责任转移的基础。横向合并分析中的结构性推定表明，原告可以证明市场集中度已经很高并且会因拟议的合并而上升，从而为案件提供初步证据。[32]如果被告通过证明合并并未使集中度上升，削弱了推定的事实基础，那么竞争损害的推断就不能成立，因此也就不能以此推定为依据来认定案件有确凿的初步证据。[33]

其次，关于竞争分析的最终解决方案的推定影响了寻求反驳该推定一方的实际举证责任。证据优势（民事诉讼中常用的证据标准）是竞争中性的，即通过援引关于竞争分析的最终解决方案的推定来修改当事方在此标准下的实际举证责任。

尽管推定的性质和力度通常来自与错误成本相关的两个考量因素，即阻吓政策和推断结果，但它也可能取决于首要的政策目标。[34]

回顾本书第3章，法院在20世纪中叶证明了限制基于政治理由的合并规则是合理的。它们认为集中的经济势力制造了政治问题。在这些案件中，法官将首要政策目标纳入推定的构建和适用。

由于推定的结构取决于错误成本分析和首要的政策目标，因此，当对其中任一方面的看法发生变化时，法院都可能会修改或放弃现有的推定并构建新的推定。随着法院开始注意到显著而又不断扩张的市场势力，它们便可能会修改目前在反垄断分析中使用的推定。随后的章节会在此基础上建议并质疑几个推定，同时考虑如何更好地使用这些推定来遏制市场势力。现在，我转向横向合并分析中结构性推定式微的话题，并提出恢复该推定的方法。

逐渐式微的结构性推定

在过去几十年中，围绕结构性推定的法律理论已经发生了变化，减少了被告的实际反驳责任（rebuttal burden）。在20世纪60年代，联邦最高法院声明规定"证据必须能清楚地表明合并不太可能带来反竞争效果"[35]，才能反驳竞争性损害的推论。在实践中，这个高标准的反驳责任意味着"政府永远是赢家"。[36]到了1990年，这一推定的力度已经被削弱到极致，哥伦比亚特区联邦巡回上诉法院在其颇具影响力的"贝克休斯案"（Baker Hughes）的判决中，将市场集中度简单地描述为用于分析"整体情况"的"一个便利起点"，并明确否认要求被告给出"明确的证明"来反驳竞争损害的推论。[37]

同时，该法院指出，被告的实际反驳责任的力度是随弹性标准而变化的："初步证明越具有说服力"（可以根据市场集中度得出竞争损害的推定来证明)"被告就必须提供越多的证据才能成功地进行反驳"。[38]11 年后,在"亨氏案"(Heinz)中,哥伦比亚特区联邦巡回上诉法院采用弹性标准的方法,判定政府有权使用临时禁令(preliminary injunction)。[39]这意味着合并带来的市场集中度上升幅度越大且合并后的绝对集中度越高,合并后的企业用于反驳竞争损害推论的证据就必须越有力。但是,推翻竞争损害推定所需的反驳证据的力度可能会因司法观点的变化而有所不同。在 20 世纪 60 年代至 1990 年,司法观点的变化一定程度上削弱了横向合并诉讼中的结构性推定。根据我在这里使用的框架,有三个因素潜在地促成了结构性推定的式微:从不断上升的高集中度中得出竞争性损害的事实推论的经济学依据不足、与重要的错误成本平衡相关的司法观点发生变化,以及有关总体政策目标的司法观点发生变化。所有这些方面的变化导致了结构性推定的式微。

经济学依据不足以广为人知。20 世纪中叶,人们认为,理论和实证表明,更集中的市场竞争力会更低。作为一个理论问题,经济学家和反垄断评论人士中的一个主流且基本不受质疑的观点是,当只有少数企业参与一个行业的竞争时,它们很容易找到减少竞争、默契合谋以及将价格提升至竞争水平之上的方法。[40]当时的一篇实证文献通过发现集中度和企业利润之间的关系来支持这一理论。

到 1990 年,人们认为理论和实证的关系已经减弱。在理论方面,乔治·斯蒂格勒(George Stigler)证明,即使只有少数企业参与一个市场,寡头卖方垄断企业也很难就协同行动达成共识,而且每家企业都可能有很强的激励,以在这些条款上进行欺骗的方式展开竞争。[41]因此,在集中性市场上,超竞争价格(supracompetitive price)并非无法避免。经济学家不仅质疑集中度和利润[42]之间的实证关系，还怀疑虽然我们观察到了这种关系，但它是否真正反映了市场势力或效率。[43]

1990年，人们对错误成本平衡和总体政策目标的理解也不同于20世纪60年代。芝加哥学派坚信市场普遍可以自我纠正，这表明，阻止反竞争合并的失败成本较低。这将错误成本平衡移动到了对合并方有利的一边，因为抑制促竞争行为的已知成本高于遏制反竞争行为的成本。而且，正如我们在第3章中看到的，联邦最高法院摒弃了反垄断法的社会和政治目标，重点关注其经济目标，由此摧毁了曾经与经济势力集中相关的政策问题。这两种转变都削弱了结构性推定。[44]

如今，结构性推定的合理性比1990年时看起来更强。当代理论文献表明，更高的市场集中度会导致非合作的寡头提高价格，并发现更高的集中度使协同行为更有可能持续。而且，在有助于协同行为的市场中，支配型企业的数量越少，合并越可能通过使协同行为更有效率而损害竞争。[45]目前的实证文献（在下一章会引用到）发现，在集中化的市场结构与市场势力的行使之间存在相关性。

采用基于现代经济学文献的观点，即应该由更高的市场集中度推断出更大的竞争损害的可能性，并不意味着要返回过去的旧观念，即寡头垄断中的协同行动几乎是不可避免的。一方面，当代研究发现除了集中度以外，一系列行业及市场特定因素对合并的竞争效果有重要影响。因此，重新校准推论的力度并不意味着市场集中必然是反竞争的。另一方面，实证研究不能可靠地认定跨行业的"关键"集中度水平，而集中度会带来特定的竞争问题。

尽管有这些局限，但与芝加哥学派的观点相比，今天的结构性推定有更好的符合经济学的依据。[46]对错误成本因素的考量支持如今的结构性推定,因为阻吓反竞争行为是当务之急。[47]同时,发起合并的企业对其收购将产生的效率系统性地过度乐观,这缓解了阻碍合并会抑制促竞争收购的担忧。

令人欣慰的是,法院拥有重新校准结构性推定的工具,即"亨氏案"中的弹性标准方法。在市场集中度高并且会因拟议的合并而显著上升时,法院会援引更有力的推定。现代经济学关于将市场集中度上升与竞争损害相联系的事实推论看法,加上当今的错误成本平衡方法,要求对任何给定的集中度水平及其上升提供更有力的反驳证据。[48]

现代经济学研究也建议法院采用两个额外推定来补充横向合并分析的结构性推定。[49]第一,若差异化产品的卖方提供的产品是近似的替代(close substitutes),即当各企业的产品之间的转移率(diversion ratio)或需求交叉弹性(demand cross-elasticities)足够高时,法院应推定它们的合并会带来不利的单边效应。[50]与此观点一致的是,2010年《横向合并指南》建议使用基于转移率的价格上涨压力指标来评估单边效应。[51]第二,法院应推定收购一家特立独行的企业,即其特征和行为表明它将限制市场参与者采取更加有效的协同行为,会导致不利的协同行为效应。[52]2010年的《横向合并指南》也明确采用了这一推定。[53]第6章讨论了这一推定在诉讼中的作用。

结论

尽管显著且不断扩张的市场势力问题最近才被认识到,但它实际上已经发展了几十年。这个问题改变了法院在制定或修改推定和规则时应考虑的错误成本平衡。总体来说,今天的反垄断推定没有充分阻吓反竞争行为的必要性,却过分遵从了对抑制促竞争行为的担忧。为了纠正这一天平,反垄断规则和推定需要得到加强。本章探讨了在横向合并分析中这样做的方法。随后的章节将视角扩展到与经济中日益重要的信息技术和互联网相关的反垄断分析领域。

第 5 章　反对执行的错误论据

反垄断决策者适当地关注了围绕着错误成本而形成的论据。这些论据是正确的：它们使决策者的注意力集中在反垄断规则的收益与成本上。麻烦的是，反垄断保守主义学派给出的错误成本论据是基于对市场以及反垄断机构的错误假设。不干预主义者在意识形态上倾向于忽视这些错误假设，这将使我们面临着暗暗地拒斥反垄断的危险。[1]

当然，并不是所有的反垄断保守派人士都以同样的方式思考。有些人并非赞成这里批判的每一个假设。有些人则会选择性地反击这些批评，接受少数批评，拒绝其他批评，视它们为对自己观点的歪曲或者是多此一举。[2] 多年来，一些不干预主义者的观点发生了变化，因此，前沿学者可能会拒绝其前辈的一些观点。此外，一些被认为支持错误论据的人可能会抵制保守主义的标签，或者仅在某些问题上采取不干预立场。[3]

但这里讨论的所有九个假设都是反垄断右派（members of the antitrust right）所珍视的论据得以成立的基础。该派中的一些成员否定了其中某一个假设，而且其中一些假设是由反垄断右派之外的人提出的，但这些并不十分重要。我的目的是阻止任何有可能维持现行宽松执法范式的错误假设。无论是谁依赖这些假设，执法者和法院都应该对它们提出疑问。[4]

关于市场的错误假设

市场通过进入实现自我纠正

反垄断保守主义学者通常假定市场可以自我纠正。也就是说，如果企业行使其市场势力，即便在有寡头垄断背景特征的反垄断案件中，新企业的进入（entry）或现有企业的扩张也会倾向于迅速且自动地恢复竞争。根据这一观点，市场势力的社会成本是有限的，因此错误成本分析通常会倾向于宽松的反垄断规则。[5] 对市场自我纠正的信奉是保守主义反垄断学术研究基础工作的核心组成部分，这在伊斯特布鲁克和博克的论著中均有所体现。[6]

市场通过进入实现自我纠正的主张部分上基于一个毫无疑义的经济学前提。[7] 如果市场进入是容易的[8]，那么与行使市场势力相关的超竞争价格将促使新对手进入竞争。这种态势有望抵消任何市场势力的行使，而且可能会在第一时间就阻止市场势力的行使。[9]

但是，在经验主张（empirical claim）与其得出结论之间存在脱节：一方面，经验主张声称由于反竞争行为导致价格上涨，"新进入者将出现，从而缓解甚至根除这个问题"；另一方面，其结论却是"使反竞争行为逃脱反垄断制裁是一个市场自我纠正的问题"。[10]连接经验主张及其结论的是一个隐含的前提，即市场进入很可能在反垄断最关注的寡头市场中成功地监管市场势力。换言之，反垄断保守主义者假定，进入的频率、程度以及速度足以削弱市场势力，从而系统性地使假阳性的成本低于假阴性的成本。

然而，没有多少理由让人相信市场进入能够如此频繁、有效且迅速地解决市场势力的问题，以至于可以打消人们对假阴性的担忧。例如，有关进入可以使民航市场具有竞争性的主张[11]，曾一度被广为宣扬并用来支持限制该行业中的反垄断干预，而如今已不再有人认真地坚持这一点。[12]

戴维·埃文斯（David Evans）和豪尔赫·帕迪拉（Jorge Padilla）列举了那些近似垄断企业随着时间推移而被削弱的例子来支持自我纠正的主张，"例如通用汽车（汽车）、IBM（计算机）、美国无线电公司（电视机）、柯达（摄影胶片）、施乐（影印机）、美国钢铁公司（成品钢）和哈里-达维森（Harley-Davidson，摩托车）"。[13]值得注意的是，这些企业的支配性地位虽然不是永久性的，但也持续了数十年。反垄断判例法还提供了拥有持久市场支配力的支配型企业的其他案例，包括微软（操作系统）和标准石油（炼油）。[14]

判例法也提供了支配型企业和合谋型企业通过设置进入壁垒以及排除新对手（包括试图引入新科技的进入者）的方法损害竞争的例子。[15]例如，微软便是通过在其平台上排除其他的对手网络浏览器以及Java编程语言的方式，来维护其Windows操作系统的市场势力，这些竞争对手可能会侵蚀"应用程序市场的进入壁垒"。[16]另一个例子是《洛林日报》（Lorain Journal），它通过阻止使用无线电广播这项新技术的竞争对手进入新闻市场，以维护其垄断势力。[17]万事达卡（MasterCard）及维萨（Visa）卡同样制定相关规则禁止银行发行与其相竞争的具有创新功能的银行卡。[18]

同样清楚的是，市场进入通常无法迅速地解决市场势力的问题。一份针对美国及欧盟自1990年以来查处的81起卡特尔案件的研究（其中大部分被判定为反垄断）发现，卡特尔的持续平均期限大于8年。[19]确实，很多卡特尔甚至持续了数十年。[20]理论文献表明，市场势力的行使，既未必是暂时的，也未必能通过超竞争价格吸引来的新竞争对手予以纠正。[21]

市场自我纠正的假设显然是错误的，我们不能轻易地假定新竞争者的进入会纠正市场势力。

缘于寡头竞争和卡特尔不稳定性的市场自我纠正

即便市场只有少数参与者，甚至只有两三个参与者，但假若这些市场通常竞争性地运作，那么即使缺乏进入威胁，市场也可以自我纠正。博克也是这样认为的："寡头结构可能不会导致对产出的实质性限制"。[22]如果寡头垄断中的企业通常以扩大产出或更激烈竞争（即其速度和程度足以抵消或阻吓市场势力的行使）的方式回应其他参与者行使市场势力的努力，那么上述主张是有道理的。在这种情况下，卡特尔这样的协同安排会很快被瓦解，或者从一开始就不会形成。[23]

但现代经济学界并不支持这一主张。静态非合作寡头垄断模型表明，市场集中度与价格上涨之间存在相关性。[24]其他的理论文献则将市场集中度与卡特尔的稳定性联系起来。[25]从经验角度看，市场结构与市场势力的行使相关，这表明市场并不会自然而然地自我纠正。[26]同样，如果博克是正确的，卡特尔不会持续如此之久。无论是指控卡特尔的反垄断机构的经验[27]，还是经济学理论，都不支持如下论断：一个市场上有两三家企业便足以确保竞争。[28]

垄断企业的创新

如果支配型企业所在的市场通常比更具竞争结构的市场更富有创新性，那么寡头垄断市场以及垄断市场机制也可以运行良好。斯卡利亚大法官在 2004 年的"威瑞森通信公司诉柯蒂斯·特林科律师事务所案"的判决意见中支持了对垄断的这一辩护。[29]斯卡利亚大法官的判决意见表明，垄断是暂时性的，因此也是可以自我纠正的，而且因为垄断可以促进市场发展，所以垄断并不存在问题。[30]他在竞争方面采用了熊彼特的观点，认为行使市场势力的支配型企业通常会被提供优质产品或服务的创新型企业取代。他还认为，垄断企业也是创新的，而不仅仅试图排挤其竞争对手。[31]类似地，戴维·埃文斯和基思·海尔顿认为，反垄断对垄断的禁止，虽然是为了防止价格上涨对消费者造成的损害，却以垄断促进创新激励的好处为代价。[32]

对集中化市场和市场势力的这种动态竞争辩护无法令人信服。因为它忽视了更激烈的竞争能够促进创新激励的几种重要方式，我在本书第 1 章中已经指出了其中的一些方式。这一辩护并未考虑面临产品市场竞争的企业通过创新来逃避竞争的激励。它也未考虑相反的情况：如阿罗认为的，当创新侵蚀当前产品的租金时，企业从事创新的激励较小。这一辩护也未考虑创新竞争（competition in innovation）本身在开发更好或成本更低的新产品和新服务中的作用。它仅关注企业为了有能力独占创新收益而投资于研发的激励，却忽略了企业为了应对竞争对手更大的投资而增大研发投入的激励。[33]这一辩护也未考虑实证研究中得到的证据，即相比于垄断的更强的独占性，更强的竞争通常更能增强创新激励。[34]这一辩护还忽略了企业排他性行使市场势力的行为会限制、阻吓或消除新型竞争。[35]以一家企业足以使市场良好运行作为放宽反垄断规则的理由，看似保护创新激励，实则会破坏创新激励。

垄断者获得的收益不会超过"单一垄断利润"

博克认为，反垄断不应自动禁止某些排他性的商业行为，包括纵向合并、排他性交易合同，以及对纵向关联企业的其他限制[36]，部分是因为这样做会犯"重复计算相同市场势力的简单算数错误。"[37]他提出了一个与之类似的论点来主张搭售（要求一种产品的买方也购买其他产品）的本身合法性。[38]

拒绝对支配型企业的行为提出指控的基本理由一般被称为"单一垄断利润"理论。该理论颠覆了市场自我纠正的主张，并且认为不存在中间立场：如果只有一家企业设法行使市场势力，尽管市场有自我纠正的趋势，该企业也会攫取所有可能的垄断利润，并且其受审查的排他行为不会进一步损害竞争。这种主张就是说，垄断市场不会表现得更糟，所以应允许垄断者为所欲为。

美国一些法院已经引用单一垄断利润理论作为允许垄断者制定纵向排他协议的基础。[39]这一论据也被用来针对关于垄断杠杆（monopoly-leveraging）的主张，根据这一主张，如果一个垄断者利用它在一个市场中的垄断，在第二个市场，即第一个市场的相邻市场或互补市场中获得竞争优势，该垄断者则应被认定负有法律责任。[40]现代保守主义者意识到单一垄断利润理论存在例外，但是，他们认为这些例外并不常见，也不合理[41]，因此在实践中有效地接受了单一垄断利润理论。

然而，从逻辑上看，单一垄断利润理论只在一种极端情况下才成立。如果垄断者（或如垄断者一般达成协同行动的企业）实际上既没有竞争对手也不会面对潜在的进入者，而且购买者实际上除了垄断者的产品没有其他选择，那么该垄断者可能确实无法通过进一步采取排他行为行使市场势力而获得更多租金。但是，除了这种特殊情况，企业可以通过排他行为压制刚才假设排除掉的替代性选择，如边缘竞争、潜在进入或买方选择替代其他产品的能力，以此来获取、扩展或维持其市场势力。[42]所以，一家支配型企业或一组协同其策略的企业可以通过排除实际或潜在竞争对手、利用互补市场中的市场势力或阻止购买者以可变比例更经济地使用产品来行使额外的市场势力。[43]

与单一垄断利润理论的隐含推定相反，表现差的市场可能会变得更差。总之，我们应在援引那种认为支配型企业采取排他行为不会造成竞争损害的经济学理论时，保持警惕。

竞争性市场中普遍存在的商业行为不会损害竞争

保守主义学派评估反垄断规则的文献在评估商业行为（特别是排他行为）的可能竞争效应时，通常依赖有偏证据（biased evidence）。有问题的逻辑链条始于观察，无论它来自对因果关系的实证分析还是系统的实证研究，都发现某些形式的商业行为，例如搭售、排他性交易和其他纵向限制，在竞争性市场中普遍存在。[44]此类文献错误地推断，企业根本就不能轻易地利用这些行为来损害竞争或者在考虑效率后总体上看不会损害竞争。此类文献随后得出结论，反垄断规则不应禁止这些行为。[45]

但是，在有效竞争性市场中采取这些行为，并不排除企业会利用它们来获取或维持市场势力的可能性。我们也不应该就此假设行使市场势力的企业采取这些行为不会损害竞争。[46]事实上，最近一份关于当代国际卡特尔样本的研究得出的结论是，它们中至少三分之一使用了纵向限制来支持其合谋。[47]

此外，虽然竞争性市场中某些行为普遍存在，包括排他行为在内，但并不能由此推断同样的行为在寡头垄断市场中通常会产生效率动机，而反垄断执法会抑制这种效率的动机。例如，平行采用简化及通用的产品定义、价格清单以及向买方保证他们将获得卖方的最优价格，每一种都是企业用来达到效率和促进协同的方式。[48]仅仅由于竞争有时与这些行为相兼容，便推断竞争对手不能同时利用它们来固定价格或划分市场，或者他们未必频繁采取此类行为，因此认为放宽对合谋的反垄断关注是合理的，这一推断是不恰当的。

即使一种行为在大多数情形下是有益于竞争或竞争中性的，也并不意味着受到法庭审查的案件，通常会有利于竞争或是完全有利于竞争，事实表明竞争损害的可能性是存在的，当今的反垄断执法使原告难以在排他行为案件中胜诉，只有原告提出异常强大的论据，才有可能成功。被告关于其行为所产生之效率的主张可能也被夸大了，特别是当核实这些主张所需的信息主要掌握在被告手中时。[49]所有这些都表明，我们不应该根据未被成功指控的案件推断某一行为或另一行为是竞争性的。[50]

此外，支撑竞争性市场中普遍存在的行为不会损害竞争的经验证据，通常被误读了。这些证据大部分缘于法律规则，包括禁止相关反竞争行为的实质性反垄断规则对企业行为的影响。[51]那些证明某些行为经常促进了竞争的证据，在反垄断规则对企业采取此类行为的放松限制的情况下，几乎无法说明同样的行为是否会带来损害竞争的后果。

为了说明这些观点，请考虑一下那些关于执法和政策影响的研究，它们表明纵向限制导致竞争损害的发生率较低。假设这些研究正确地测算了发生率[52]，其结论可能成为执法者拒绝对其随机选择的纵向限制实例进行调查的正当理由。但是，较低的总体发生率并不能证明，以说明竞争损害的额外信息为由拒绝调查某些纵向限制的实例是合理的。

此外，样本中竞争性损害的较低发生率也无法为推定纵向限制有利于竞争或适用本身合法原则提供依据。这样的推定假设有害行为很少发生是因为公司不能轻易地使用纵向限制来损害竞争。但也许有害行为很少发生，恰恰是因为反垄断规则阻止了企业使用纵向限制来损害竞争。

除非实证研究能够比较有反垄断规则和没有反垄断规则这两种情况，或者为排除反垄断规则的阻吓作用提供其他依据，否则该研究无法"证明"（在计量经济学中使用"识别"这一概念）那些保守主义学派主张不适用反垄断规则的商业行为的竞争影响。有一些研究分析了某种行为的竞争影响，其中的所有观察结果均缘于企业采取该行为的方式受到反垄断规则的限制这一背景，它们并不能说明这些企业在没有反垄断规则的情况下将以何种方式采取该行为。因此，此类研究并不能支持应摒弃禁止该行为的反垄断规则的提议。

最近一项未发表的研究涉及这一方法论问题，并强调之后反垄断规则在阻止企业利用纵向限制损害竞争方面所起的作用。[53]该研究发生在"Leegin案"之后，它使用"尼尔森消费者面板"（Nielsen consumer-panel）数据，分析了1 000多种品牌的消费品在价格和销售量上的变化。[54]联邦最高法院判决，转售价格维持不再是本身违法的，而应在合理原则下对之进行审查。但有些州仍然认为转售价格维持本身是违法的。这项研究因此能够比较本身违法与合理原则审查的效果。[55]作者们发现，在最有可能适用合理原则标准的15个州，当价格变化时，它们的变化幅度通常比最有可能适用本身违法标准的9个州更高，同时产出更低。[56]在适用合理原则的州内观察到的产出大幅下降表明，转售价格维持通常会损害所研究产品样本的竞争。与行业价格相比，行业产出更能反映维持最低转售价格的竞争结果，因为无论是促进还是损害竞争，这种行为都可能导致价格上涨。[57]

这项研究表明，合理原则并不能如同本身违法原则那般能够阻吓转售价格维持的反竞争性运用。该研究没有系统地确定在那些并不一定禁止转售价格维持的州，消费品品牌的制造商是否也从事此类行为。不过，一些制造商可能确实从事了此类行为：该研究揭示了关于此行为竞争效应的一项传闻证据（anecdotal evidence），并提及样本中的一些产品是由曾采取转售价格维持的制造商销售的。[58]该研究结果符合如下观点：转售价格维持的反竞争效应较促竞争效应占优势。[59]这一结论与保守主义学派关于纵向限制行为，包括转售价格维持，可能产生竞争效应的观点相矛盾。[60]类似地，与反竞争效应相比，那些对啤酒分销中排他性交易之竞争效应的实证研究并未一致地支持促竞争效应。[61]

第 5 章 反对执行的错误论据　　103

关于竞争性市场中普遍存在的商业行为不会损害竞争的这一错误推论，已被用于分析这些行为的效应。保守主义学派的批评者用它来反对打击纵向限制（包括非价格限制和转售价格维持）的"激进执法政策"[62]，支持"在以某种方式搭售的合理原则分析中让原告承担更大举证责任"[63]，支持在掠夺性定价案件中对原告使用"难以满足"的反垄断测试[64]，以及支持本身合法原则适用于新产品的引入和无条件拒绝共享知识产权。[65] 这些分析因低估了排他行为的反竞争潜力而共同构成了有缺陷的论据，从而破坏了对反垄断的核心关注点。[66]

关于机构的错误假设

错误的司法先例比市场势力的行使更持久

当反垄断保守主义者在论证假阳性上的成本要大于论证假阴性的成本时，他们常常强调错误司法先例假定的持久性。伊斯特布鲁克写道："如果法院错误地谴责一种有益的行为，那么其好处可能会因为司法裁决的先例效力而永远丧失"。[67] 伊斯特布鲁克对最高法院的错误判决表示特别担忧[68]，这也许是因为下级法院的错误判决至少经常可以在上诉时得到纠正。[69]

很难相信错误的先例系统地要比支配性市场势力更持久的说法。[70] 错误的先例可能不会在一夜之间消失，但卡特尔和单一企业的支配地位也不会很快消失。联邦最高法院花费了七年时间，才含蓄地推翻了"阿巴拉契亚煤炭公司案"（Appalachian Coals）的错误先例[71]，该案中的煤炭生产商在大萧条期间实行卡特尔。最高法院花费了十年时间才明确推翻了"施文案"*[72]，该案判定同一品牌内的纵向非价格协议本身违法。然而，将这些时间长度与由反垄断执法机构缩短的卡特尔的典型时长相比，如果市场力量是唯一的纠正机制，则前者要短于卡特尔可能持续的时长。[73]

此外，即使在法院推翻错误先例之前，许多情况也可能限制该先例的实际效力。先例可能会被下级法院颠覆[74]，也可能因立法活动而被废止[75]，还可能被法院本身在程序上或实质上缩小其适用范围。[76]最高法院曾推翻其反垄断判决、纠正错误司法判决的各种可用机制以及全面采用对芝加哥学派的批评，所有这些情形都对伊斯特布鲁克的主张提出了质疑，即错误的司法先例，甚至最高法院的错误先例要比垄断和卡特尔更持久。[77]

控诉方竞争者对反垄断机构的操控

反垄断保守主义者还声称，至少在涉及违法排他行为以及代表消费者阶层提起的案件方面，反垄断执法机构造成假阳性的可能性和代价过高。据说，该问题的根源之一是原告企业通过指控反竞争的排他行为可以轻而易举地操纵反垄断机构。

根据伊斯特布鲁克的说法，"这些书中充满了竞争对手以减少竞争和提高价格为目的，或以达到这种效果为目的而提起的诉讼"。[78]这一观点认为，此类诉讼造成了不必要的成本，并且"鉴于在反垄断案件中无法避免的错误判决的数量，这些诉讼导致了对有效率行为的谴责"。[79]为了解决这个问题，他建议应以"尽可能的谨

---

* 施文（Schwinn）是美国最知名的自行车品牌，1895年由伊格纳斯·施文（Ignaz Schwinn）和阿道夫·阿诺德（Adolph Arnold）两人合伙创办。——译者注

慎态度"[80]来对待那些横向竞争者提起的诉讼,而且如果被诉行为促进了竞争,就应该普及反垄断损害原则[81],以此来减少那些可能受损的原告提起的诉讼。[82]

根据后一个药方,反垄断损害已随时间的推移不断扩张,为法院驳回大部分伊斯特布鲁克关注的那类诉讼提供了依据。伊斯特布鲁克特别担忧的是[83],终端经销商(terminated dealers)提起的诉讼受制于联邦最高法院关于约束终端经销商挑战转售价格维持能力的判决。[84]权威反垄断著作的作者赫伯特·霍温坎普(Herbert Hovenkamp)判断:"反竞争的判决曾经一度比较普遍,但如今它们已经很少出现"。[85]

但是,反垄断保守主义者仍坚持认为,大多数指控排他行为的案件,尤其是针对支配型企业的案件,缺乏严格的事实根据。他们这些案件通常是由无效率且不成功的竞争对手提起的,或者是在执法机构提起诉讼时由此类竞争对手煽动的。[86]他们的主要关注点是假阳性问题:如果此类诉讼实际上很普遍[87],并且如果提出不良案件的控诉方竞争对手比被错误指控的被告更能影响执法与司法程序,那么执法人员就会提起不必要的诉讼,而法院将在不应该判定违法的情况下系统性地判定违法。这样做的结果是抑制了支配型企业促进竞争的行为。此外,保守主义者还有可能说,如果法院不停止审判此类案件,即使有效率的竞争对手也有激励提起不必要的诉讼指控排他行为,以此来阻止它们与被告企业之间的激烈竞争。

反垄断保守主义者的这种关注试图补救一种充其量只能是牵强附会的假设。怀疑那些不成功的竞争对手系统性地比大企业被告更有机会接触执法机构,或者更能影响执法机构或法院,这是毫无道理的。相反,排他行为案件中的大企业被告往往拥有更多的资源向法院提起有效诉讼、营造有效的公关力量，并动员政治支持。关于控诉方竞争对手系统地操控执法机构的论断，也不适当地低估或忽视了执法机构内部的制度制衡，包括内部的各级审查以及机构经济学家和律师独立的制度性作用。同样被低估的是可能的司法审查对执法机构施加的外部制约。

不仅如此，怀疑执法机构和法院无法知晓竞争对手的可能偏见并且适当地削减其证词的证明力，这也是毫无道理的。执法机构会考量所有利益相关方的偏见，包括那些被指控从事排他行为的企业本身的偏见。[88]有鉴于此，诉讼的低成功率会妨碍不成功的竞争对手提起投机性或毫无根据的反垄断控诉。此外我们应该牢记，竞争对手的诉讼可以加强对反竞争行为的阻吓力，从而带来好处。竞争对手常常最能"在对消费者造成严重损害之前，及早发现和起诉众多反垄断违法行为"。[89]

如果法院受到控方企业的系统性操控，我们就不会看到它们采用对有害行为威慑不足的法律规则。但是，法院却这样做了。例如，在联邦最高法院介入之前[90]，下级法院一致裁定支持那些通过"有偿延迟"（pay-for-delay）协议来阻止生产仿制药品的竞争对手进入市场的药品企业被告，并采用了使此类协议基本上免于反垄断诉讼的法律标准。[91]此外，一些上诉法院认为，如果合同期限较短[92]，或者被排除的公司还有其他方式获得客户，尽管这些方式效率较低，但排他性交易也可被推定为合法。[93]如果法院和潜在诉讼当事人认为这些推定在实践中几乎不可能被推翻[94]，并将其等同于法律结论，反竞争行为仍将不受阻吓。然而，由于最近的上诉判决中原告证明了排他性交易安排的反竞争损害，这种危险似乎正在消退。[95]

第 5 章 反对执行的错误论据

法院无法分辨排他行为是损害竞争还是促进竞争

一些反垄断保守主义者以法院通常无法按照《谢尔曼法案》的要求做出详细的事实评估来判定行为是有害还是有益于竞争为由，质疑对反竞争行为的执法。[96]但保守主义者是有选择地采用怀疑态度，主要是质疑司法机构是否有能力应对垄断及其他排他行为的指控。[97]如果法院不能可靠地判定排他行为是促进竞争的还是反竞争的，那么它们在评估横向价格固定和市场分割等合谋行为的竞争效应方面也会有类似的困难，而这些行为也有效率方面的辩护理由。[98]保守主义者有选择地怀疑法院评估事实的能力，似乎反映了对排他行为案件的条件反射式的敌意，而不是对法院能力有限的一种冷静回应。[99]

也许我们应该将保守主义者对法院是否有能力运用合理原则的怀疑态度理解为普遍限制反垄断执法的一个论据，也即将反垄断执法限制在没有任何合理的效率理由或创造出很少甚至没有创造出促进竞争效应的企业行为上。如果是这样，保守主义就需要解释为什么他们认为延续芝加哥学派的理论改革（doctrinal reform）是失败的[100]，以及为什么有必要从根本上削弱改革后的现行反垄断规则，甚至在一个实质性市场势力不断扩张的时代中完全放弃反垄断。尽管保守主义者的方法似乎可以保留对纯卡特尔（naked cartel）的反垄断禁止，但它将有效地使合并免于反垄断审查并因此允许企业通过合并进行合谋，正如企业在20世纪初所做的那样。

一些保守主义者认为，受反垄断规制的企业需要广泛的避风港来限制与反垄断规则范围相关的不确定性，其原因可能在于难以从有益或中立行为中区分出有害行为。保守主义者认为这种不确定性带来了大量额外的合规成本、引发对假阳性的恐慌，以及抑制了促进效率的企业行为。[101]诚然，如第4章讨论的，反垄断必须经常平衡明线规则相对于结构性较弱的标准的优劣。[102]但是，如果一些规则提供的指引与可预测性不足，采用宽泛的避风港则相当于摒弃了反垄断执法，这并不是一个恰当的应对之策，毕竟恢复本身违法原则同样可以提供清晰的指引。[103]相反，适当的回应可能会赋予上述规则更多的结构性因素，例如采用推定。[104]

法院无法控制私人诉讼的成本

在美国，私人反垄断执法允许获胜的原告获得三倍的损害赔偿，增强了公共执法的阻吓效果，并为受害方提供了赔偿。[105]有时这种执法也通过集团诉讼产生，而后者也有很多的优势，它们避免了对单独诉讼中常见问题重复起诉的高社会成本。当集团诉讼不现实时，私人执法也能够在原告索赔过程中赋予其规模经济，以及在个人损害相对于诉讼交易成本较小的情况下，通过让私人执法简易可行，也可以达到阻吓效果。[106]

尽管私人执法有这些众所周知的社会效益，但联邦最高法院对私人反垄断诉讼权的效率提出了质疑。最高法院最近几次的反垄断判决表明了它对私人反垄断诉讼的交易成本的担忧，特别是集团诉讼的交易成本。[107]这些判决限制了私人反垄断原告诉诸法院的通道。有些人甚至要求反垄断纠纷在法院外由监管者或仲裁员来解决。[108]但最高法院采取这些措施时，几乎没有证据表明下级法院无法处理私人诉讼[109]，它也没有试图证明这些措施的好处，即降低交易成本带来的社会收益超过了限制私人以及公共（包括联邦及州）反垄断执法的社会成本。

在芝加哥学派时代,最高法院采取了一些措施限制反垄断进入司法程序的机会。[110]其中包括引入反垄断损害赔偿要求,在经销商证明其业务终止是因为制造商与其他经销商达成的转售价格维持协议时提高其举证标准(standard of proof)[111],限制间接购买者的损害赔偿要求[112],以及提高原告在即决判决(summary judgment)动议中必须满足的举证责任。[113]"特林科案"和"瑞士信贷案"更是将反垄断纠纷从法院转移到行政机构。

这些举措引起了一些担忧。限制私人原告诉诸法院的决定必然会挫败一些有价值的诉讼,并削弱反垄断的阻吓效力。将竞争执法从法院转移到监管机构的决定可能会导致优先考虑政府规制目的,并以反垄断为代价。这两种类型的决定都会阻碍政府执法人员在法庭上维护反垄断原则的努力[114],尽管反垄断保守主义者相信法院和政府执法机构在打击卡特尔方面能够有效发挥作用。[115]

最高法院最近的一些判决,尤其是"Twombly案"的判决,提及了私人诉讼的社会成本。该案中的多数意见将私人反垄断执法,特别是消费者集团诉讼,视为鼓励那些提出无事实根据诉求的原告利用昂贵的诉讼进行威胁,设法达成无谓和解。[116]此外,"瑞士信贷案"中的多数意见认为,私人反垄断诉讼通过给法律带来混乱而增加了额外的社会成本。[117]丹尼尔·克莱恩认为,最高法院深受斯蒂芬·布雷耶法官的影响,是在回应有关全才型法官和陪审团评估复杂反垄断案件的能力,以及有关私人诉讼可能背离正轨的制度性问题。[118]

尽管最高法院一直渴望减少私人反垄断诉讼,但它几乎没有分析过这些成本的量级。[119]也很少有人比较私人反垄断带来的社会诉讼成本（指上文增加的额外社会成本）与社会收益并承认私人反垄断诉讼可以通过提高威慑力来实现竞争政策的目标。在"Twombly案"中，多数意见与反对意见之间的争论在于案件管理工具在多大程度上允许法官控制发现违法行为的成本。换句话说，争论的唯一问题是私人诉讼的成本量级，而不是其成本与收益之间的平衡。[120]

总体而言，反垄断执法的好处肯定会大幅度地超过其成本[121]，从而得出一个支持强有力执法的推论。为了证明限制私人反垄断执法的合理性，最高法院必须证明以下两点：第一，证明私人执法的效率总体上大大低于公共执法的效率，不仅在威慑反竞争行为方面非常低效，而且在抑制有益行为方面非常有害，并且其成本要比公共执法高得多，从而反驳上述强有力执法的推论；第二，最高法院还可以另外证明减少私人执法的具体方式会降低社会成本，且其降幅大于社会福利的降幅。但是，最高法院并没有试图证明其中的任一点。

结论

鉴于联邦最高法院的多数人对反垄断问题持保守态度，基于对市场和机构错误假设的论点增加了反垄断被悄悄拒绝的危险。这些错误的论点可能会鼓励最高法院将当今已经松懈的反垄断规则推向更少干预的方向。今天的反垄断规则可能至少是七十年来最有利于反垄断被告的规则[122]，但它们可能会被进一步放宽。为了保护有益于社会的可靠且高效的反垄断，执法者和法院必须学会认识并且质疑这些论点以及它们协助维持的宽松的反垄断执法路径。

第二篇

反垄断规则和信息经济

第 6 章　协议及算法协同的推断

信息技术在如何制定价格方面有着重要的影响。二十多年前，软饮料制造商尝试设计在户外温度升高时自动提升价格的自动贩卖机。[1] 如今，计算机和人工智能使得更加精妙的定价方法成为可能。以下章节将深入探讨在线商务的一个特定领域，即技术平台引发的反垄断问题。但在讨论信息技术带来的反垄断挑战之前，我首先讨论一个适用于互联网经济各个方面的问题，即利用计算机算法协同价格。

复杂的、由计算机控制的价格转移有显而易见的效率收益，但它也有潜在的负面影响。随着企业越来越多地采用算法定价[2]以及算法学会相互协商[3]，通过算法进行协同的可能性是一个新兴的反垄断执法问题。事实上，这种协同行为可能已经发生。2015年，美国司法部指控亚马逊交易平台（Amazon Marketplace）上的海报销售商采用计算机算法，根据事先达成的协议制定价格。[4] 企业无须使用复杂算法来实现更高的价格；实验证据表明，通过监视和匹配竞争对手价格的简单算法便可以使价格上涨。[5]

除了创造协同的机会，算法还对反垄断执法提出了全新的挑战，因为它们减少了企业管理层之间的沟通需求，他们甚至可能不了解价格变化的原因。正如本章所解释的，在这些条件下根据《谢尔曼法案》第1条推断价格固定协议将变得更加困难。因此，与目前的情况相比，反垄断法在未来阻止协同方面的作用甚至比现在更小。

因此，我们可以预计今后会出现更多的协同行为。虽然通过算法达成协同的企业仍有互相欺骗的激励，但随着协同行为更容易实现以及执法障碍的增多，预计协同行为更有可能出现。整个经济中寡头垄断价格上涨的可能性与成功率将上升。

这将促发反竞争的结果和过高的价格。错误成本平衡将转向对反竞争行为的阻吓不足。不管意识形态如何，没有人愿意看到这样的结果。本章建议法院采纳新的推定减少算法价格协同，而不是接受它们。我认为在某些条件下，当竞争对手在使用算法制定价格时，法院应推定它们已经就价格达成协议。具体而言，这一推定将适用于在多个市场上与同一竞争对手竞争的企业，快速的价格匹配有可能阻止任何单一市场中对价格协同共识的欺骗行为，而且这个市场上，进入不会破坏价格协同。这个推定将以下文所述的错误成本经济分析为基础。

我所说的推定是可以被反驳的。被告可以证明价格是对成本和需求变化做出的反应，就如企业参与一次性定价互动。[6]企业还可以证明其算法是为每一个市场选择的价格，与其他市场的价格无关，以此来反驳我所说的推定。但是，我们不希望经常看到后面这种反驳，因为企业在不同市场上销售的产品或服务，无论是在供给侧还是需求侧，往往都是替代品或互补品。

这一推定不会禁止企业使用定价算法，但可能会对它们施加某些要求。为了满足它们的反驳责任，企业可能需要对它们的算法进行设计来创建审计跟踪路径，并使导致算法改变价格的因素透明化。这种方法有望通过算法来阻吓价格协同，同时仍然允许企业从算法中获益以进行竞争性定价。

为了概念上的清晰，本章将聚焦竞争对手使用算法定价来行使市场势力的能力。然而，若买方竞争对手利用购买算法来行使买方垄断势力，分析结果也会是类似的。此外，本章中的法律分析涉及利用算法定价协议从事协同行为可能违反《谢尔曼法案》的情况。本章不考虑采用定价算法本身是否会违反法律的情况，尽管它有可能会违反法律。[7]

我将论证，除了采用上述推定外，反垄断机构可以更多地依赖对横向合并的执法来阻止算法协同。对合并的执法可以阻止那些使协同更有可能发生或更起作用的市场结构变化。为了矫正错误成本平衡，防止其转向阻吓力不足，以更有力的合并执法阻吓协同行为不会专门针对易受算法协同影响的市场，因为许多市场都是易受影响的。相应地，本章解释了为什么执法机构应更多地关注所有市场中横向合并的潜在协同效应，特别是通过识别并质疑有特立独行的企业参与其中的并购。

算法定价

原则上，人类决策者采用的任何定价规则都可以编成一个算法。因此，算法定价在某些情况下会促进竞争，而在另一些情况下则会损害竞争。但算法也可以通过多种方式改变决策。它们可能会增加决策者的控制广度，扩大一个决策者能够合理理解和仔细审查的市场范围。算法也可能扩大决策者可以考虑的因素范围。算法可能使决策者更快速地发现并响应对手决策和不断变化的市场条件。事实上，算法的速度和复杂性甚至可能使人们无法掌握其输出背后的推理，从而有效地将决策从人类手中移除。

下面，我通过比较两个假设的定价算法来说明这些可能性，其中一个比另一个更复杂。这个例子表明，当协同行动的企业在众多市场销售时，也即它们在多个地点销售同一产品、在同一地点销售多种产品，或两种情况都存在时，算法协同的竞争性危害最大。当企业在单一地点销售单一产品时，算法可能不会比人类达成的协同行动共识更有优势。如果要跨越众多市场达成协同行动的共识，算法的优势就更大，这项任务的复杂性可能让人望而生畏。[8]

这些例子并不是说算法可以协同所有方面。[9]实际情况有可能是，通过实验和学习，定价算法最终应用的决策规则不同于下述这两种假设算法中的决策规则。[10]但这两个假设算法确实说明了算法在跨越多个市场达成协同方面比人类更有优势，以及价格协同在涉及多个市场时会带来更大的危害。从好的方面看，这些模型也表明，我们可以为跨市场协同制定一种不影响促进竞争行为的补救措施。

领导者—追随者定价算法

在第一个例子中，竞争对手企业（或他们的自动贩卖机）采用了模拟每个特定市场的领导者—追随者（Leader-Follower）定价算法。假设没有其他市场会影响定价决策，而且客户会支付公布的价格。这个例子还假设这些企业是寡头垄断企业：它们在竞争的同时认识到它们之间的相互依赖关系。

进一步假设，如果企业预期自己的降价会迅速地被竞争对手匹配，那么它们在任何一个单独市场上的欺骗行为都将受到阻吓。这通常是一个貌似可信的结果，例如，在买家众多、购买量小、不易储存库存的市场。在这种情况下，如果一家降价企业的竞争对手能很快地匹配降价，那么这家降价企业可能就无法大幅增加销售额。[11]同时假设进入并不是一种威胁，而无论它是受阻于自然障碍、折扣价格会很快被匹配的预期，还是现有企业的排他行为。[12]

在这类市场中，竞争对手之间成功协同的主要障碍是难以就企业收取的（超竞争性）价格达成一致。卖家可以通过领导者—追随者行为来解决这个问题。

每个企业的领导者—追随者定价算法都有四个属性：（1）对上涨到某个预定水平的价格进行快速匹配，这是企业希望行业设定的最高价格，并且可能高于竞争价格；（2）如果价格低于预定水平，则偶尔尝试涨价，如果所有竞争对手都没有与其匹配，这些涨价很快就会被取消；（3）当竞争对手降低价格时快速匹配[13]；（4）根据有关成本或需求的新（外部）信息调整价格。

算法规则很容易应用于处理产品和区域的差异化。如果价格起初不一样，价格上升可能会保留先前的价差（以美元或百分比计算）。先前的价差可能被认为是补偿边际客户对产品属性或卖方地点差异的估价。

算法可以更加复杂化。例如，由于对竞争对手降价的快速匹配阻止了竞争对手在价格协同共识上欺骗，算法可能比匹配价格上涨更快地测定出降价的时间。[14]但是，这里的讨论将忽略这些适应性和复杂性，强调法院在考虑是否采用领导者—追随者定价算法的企业中推断价格协同协议时面临的核心分析问题。[15]

为了达到目的，假设每家企业都采用相同的领导者—追随者定价算法。每一家企业都知道竞争对手会采用它们自己的定价算法，并各自选择采用何种算法。[16]这种算法的普遍采用似乎是一类算法中的一个均衡，这类算法只考虑特定市场内的定价，也就是说忽略与多产品生产者定价有关的跨产品与跨区域交互。[17]

当企业采用领导者—追随者定价算法时，价格会结束在预设最大值中的最低点上，该值可能是由任一竞争企业设定的。例如，如果有三家软饮料生产商，它们在特定地点的自动贩卖机上的预设最高价格分别为1.00美元、1.10美元和1.20美元，那么算法最终将引导这三家企业都选择1.00美元的价格。假设所有企业最初的价格都是0.80美元，一家企业可能会尝试将价格提高到0.90美元（属性2），其他企业很快就会对其进行匹配（属性1）。一旦价格达到1.00美元，将有一家企业停止匹配，因此价格上涨将迅速被逆转，价格将保持在1.00美元。如果预设的最高价格高于竞争价格，企业将行使市场势力。

更加复杂的定价算法

企业之间的协同方式可以超越单个市场的领导者—追随者定价算法允许的方式。在下面的假设情况下，企业跨多个市场进行协同。

让我们假设可口可乐和百事可乐在多个城市设有自动贩卖机，每个城市都是独立的市场，且软饮料的竞争价格为0.75美元。简便起见，再假设这是仅有的两家软饮料企业，并且只有两个城市，即亚特兰大和波士顿。这两家企业分别在不同的城市很有市场势力：可口可乐在亚特兰大拥有更大的市场份额和品牌忠诚度，而百事可乐则在波士顿更受欢迎。在亚特兰大，可口可乐的预设最高价格为1.20美元，而百事可乐的预设最高价格为1.00美元。在波士顿，百事可乐的预设最高价格为1.20美元，可口可乐的预设最高价格为1.00美元。

简单的单个市场价格领导者算法会引导企业在每个城市都收取1.00美元。但能够进行跨市场最优化的复杂算法可以促进企业之间的协同，从而使企业行使更大的市场势力。跨市场最优化可以使两家企业均收取更高的价格，因为如果它们将每个市场中的价格都提升至1.20美元，它们的经营状况完全有可能变得更好。虽然可口可乐在波士顿的情况会比之前糟糕，但它在亚特兰大的状况会比之前好很多，足以将差额弥补回来。百事可乐得到的结果也完全类似，在亚特兰大蒙受损失，但在波士顿收益更多。

如果算法通过试错认识并学习到可以通过连接两个市场来增加利润，那么这两个城市中的可乐价格可能会达到1.20美元。若可口可乐的算法同时在自己具有市场势力的城市（亚特兰大）和竞争对手具有市场势力的城市（波士顿）提高价格，现在假设百事可乐的算法以同步且一致的行动做出响应：要么提高价格使两个城市的价格相匹配，要么使两个城市的价格保持不变，但不会选择性地进行匹配。如果百事可乐的算法得出了提高两个地区的价格后其状况会改善的结论，那么百事可乐会令两个城市的价格相匹配。两家企业在亚特兰大和波士顿的价格最终会落在1.20美元。这一结果可以被描述为跨市场议价。

当企业将价格设定为高于竞争对手的预设最高价格时，它们需要防止欺骗行为。算法可以通过一定的手段来实现此目的，这些手段与它们用来让价格高于领导者—追随者算法所定价格的方法类似。为了看清如何做到这一点，假设百事可乐和可口可乐均在这两个城市收取 1.20 美元。进一步假设百事可乐的算法随后尝试将其在亚特兰大的价格降低至 1.00 美元。只要可口可乐将其在波士顿的价格维持在 1.20 美元，这样做对百事可乐而言就是有利可图的，即使百事可乐意识到可口可乐会降低其在亚特兰大的价格来匹配。如果可口可乐在亚特兰大的价格变为 1.00 美元，它可以通过将波士顿的价格降低至 1.00 美元而获利，即使它意识到百事可乐会在那个城市进行匹配。如果定价算法遵循此逻辑，则可以预计两个城市中 1.20 美元的协同价格将被打破，且两个城市的最终价格均为 1.00 美元。

如果可口可乐转而说服百事可乐将其在亚特兰大的价格恢复至 1.20 美元来阻止上述结果的发生，可口可乐将获得更多利润。可口可乐的复杂算法可以通过匹配百事可乐在亚特兰大降价至 1.00 美元的做法，同时在波士顿进行同等降价，从而谋划恢复 1.20 美元的价格。也许百事可乐的算法将予以回击并在多个市场提升价格，而随后可口可乐会在两个城市匹配百事可乐的价格。或许百事可乐的算法会发现，可口可乐在两个城市进行了无关成本与需求的降价之后，将在两个城市同时提高价格。[18] 无论哪种方式，亚特兰大和波士顿的价格都将回归至 1.20 美元。

也许有人会说可口可乐在百事可乐欺骗时采取了报复行动，这种回应恢复了最初的协同共识。[19] 或者有人会认为，这两家企业之间的互动始于可口可乐匹配了百事可乐在亚特兰大的降价并同时降低其在波士顿的价格。当百事可乐将其在两个城市的价格都上调至

第 6 章 协议及算法协同的推断　　121

1.20美元且可口可乐对此进行匹配时，这一事件就可以被看做达成了跨市场议价，正如企业将价格上调至1.20美元时达成的最初议价一样。久而久之，百事可乐的定价算法可能学会了预测可口可乐的反应，反之亦然。该算法可能会得出结论，即先行降低亚特兰大的价格并不是合适的选择。于是，有人也许会说，百事可乐畏惧可口可乐的报复，这阻止了百事可乐在协同行动中的欺骗行为。[20]

如果企业在多产品市场（如不同口味的软饮料或不同的软饮料及零食）中竞争，则类似的算法使它们可以行使的市场势力大于单一市场领导者—追随者定价算法所能实现的市场势力。有关竞争对手估值的不完全信息，这里指的是竞争对手的预设最高价格具有不确定性，不一定会阻止这一结果的发生。假设有十座城市，进一步假设可口可乐在自己的五个强势城市和五个弱势城市的组合中提高价格。如果百事可乐认为与更高的价格全盘匹配并不会盈利，可口可乐将迅速恢复到先前的定价水平。但是，可口可乐的定价算法可以利用该信息来更新对百事可乐估价的推断，并在不同的城市组合中再次尝试。或者，百事可乐可以利用可口可乐选择的五个城市来更新自己对可口可乐估值的推断，并开始尝试在不同的城市组合中提高价格。

通过试错，企业获得的利润将高于它们在每个城市采用简单的领导者—追随者定价算法而得到的利润，从而拥有更大的市场势力。如果市场规模相似，那么通过在如软饮料和零食等跨产品，或相距较远，即不太可能在价格上涨时受成本与需求的共同变动影响的城市协同涨价，可能会导致价格上涨幅度超过领导者—追随者定价算法所能实现的最大涨幅。采用复杂算法而非领导者—追随者定价算法为企业带来的收益，将随着产品数量与销售该产品的企业数量的增加而增长。

凭借这些更加复杂的定价算法，我们可以认为企业达成了跨市场议价。可口可乐实际上提出对等报复行为（quid pro quo conduct）的提议，即"如果你在自己的强势城市提高价格，那时且只有到那时，我才会在我自己的强势城市提高价格"，而百事可乐接受了这一提议。这是一个推测式的结论；它并不认为定价算法提出了协同价格建议或涉及议价，而只是达成了人类行动者可以借用议价过程来合理阐述的结果。

买方可能会尝试使用自己的算法来击败卖方协同，但并不能确保成功。[21] 此类算法可以加快买方对卖方收取相对价格变化的反应速度，但不一定足以使企业的欺骗行为盈利。如果在没有定价算法时，在协同中进行欺骗无法盈利，那么在市场两边都引入算法就不太可能改变卖方对欺骗行为的计算。而且，若在任何给定时间内只有一小部分顾客购买，即便是快速的买方反应可能也不会是竞争的强大力量。在这样的市场中，买方协同可能不足以阻止卖方协同。

在某些情况下，团购算法可能会通过聚集买家来阻止卖方协同。这可能会让卖方以之前无法获利的方式进行欺骗而获利。总而言之，使用抵制性的采购算法不太可能显著减少卖方算法协同的问题。

法院何时该认定算法是协商一致的？

假设企业通过定价算法协同获得超竞争价格，进一步假设法院没有直接证据，例如书面备忘录或合谋者中良心受谴责一方的坦白，来认定价格协议或认定企业并不赞成采用价格算法。此时，法院必须决定是否从间接证据中推断价格协议。

就像其他反垄断案件一样，法院判决依据的法律标准力求平衡制止反竞争行为的收益与抑制促竞争行为的成本及行政管理成本。历史上，法院拒绝从寡头平行行动中推断出价格协议，从而解决了上述收益成本的权衡问题，除非存在某些"附加因素"（plus factors）。[22]算法定价增加了无效阻吓的风险，从而改变了成本收益。下文倡导的推定可以实现收益与成本的更好平衡。

人类决策者

如果人类决策者采取了和领导者—追随者定价算法类似的行为，法院不大可能会推断他们达成了价格协议。1954年，联邦最高法院明确表示，不会以"有意识的平行行动"导致的高价，即企业提高价格或减少产量，同时意识到竞争对手正在关注并会以同样的方式做出反应，来推断出价格协议。[23]这个判决的实际效果是，在没有额外证据证明协同存在的情况下，排除了通过领导者—追随者行为达成的超竞争价格。

而如果人类决策者的行为类似于上述更加复杂的定价算法，法院很可能推断这些企业在多个市场中达成了价格协议。这种假设的行为类似于20世纪90年代早期司法部指控航空公司采取了价格固定行为，尽管它们的行为还涉及除民航费用价格外的其他特征。[24]

两种情况下可能不同的诉讼结果，反映了法院解决潜在政策权衡的不同方式：一方面，如果法院使得从间接证据中推断协同变得相对容易，那么寡头协同行为更可能受到指控。这加强了对寡头垄断提高价格的阻吓力。[25]另一方面，从间接证据中推断协同越难，这样做就越不可能抑制促竞争行为；或者使法院陷入对市场参与者的持续司法监督中，这取决于救济措施，与监管机构不同，法院并不适合执行这项任务。

唐纳德·特纳在几十年前便强调了后面这些问题。[26]特纳以可管理性为由，反对将寡头垄断者通过观察相互的市场行为并如领导者—追随者那样对此做出独立反应从而达到协同结果并收取超竞争价格，判定为违反《谢尔曼法案》。特纳质疑企业是否可以采取不同的行为，即被禁止的行为是否实际上可以避免。特纳关注的一个问题是法院如何设计可行的救济手段来避免对有益行为的抑制。

这些都是重要的关注点。在寡头垄断的环境中，企业必定会了解竞争对手的价格，对这些价格传达的有关市场需求和成本变化的信息做出反应。企业也必然会追随竞争对手而涨价，而涨价则意味着更高的行业成本或更大的行业需求。如果仅根据一家企业提高了价格而竞争对手紧随其后的事实推断出这符合《谢尔曼法案》规定的固定价格协议，则该竞争对手将面临反垄断责任，除非它可以证明其后续价格上涨是合理的，或其新价格不高于在竞争价格。但是，与行业特定的监管机构不同，法院没有充分的条件做出这样的判断。

也许竞争对手可以试图证明其成本增加额与价格上涨额一致。[27]但是，当更高的成本与某些因素相关联时，证明成本上涨的量级可能很困难，例如企业经营规模的变化、满足需求意外上升的难度与花费、更大的机会成本，或生产多种产品的共同成本的增加。如果成本增加是由较高的投入品价格导致的，并且预计该企业会因此改变其投入组合或更改其生产技术作为回应，那么提供这样的证明也有困难。竞争对手可以选择不提高价格以规避反垄断责任，但如果竞争价格实际上提高了，这样做对他们就是有损害的。被迫收取低于竞争价格的企业甚至可能被迫退出市场。

此外，如果仅从价格平行上涨的证据中推断出固定价格协议，法院通常缺乏切实可行的救济手段。罚款并非好的选择，因为罚款的前景使企业面临一个有悖常理的选择，即提高价格并承担反垄断责任，或制定低于竞争价格的价格来避免反垄断责任。从理论上讲，设计合理的损害赔偿救济手段可以阻止反竞争行为。[28]但是，如果寡头垄断者不确定带来反垄断责任的行为是什么，则损害赔偿或其他任何救济都不能成功地做到这一点。这种不确定性也可能导致寡头垄断者明显地避免匹配相应的提价或降价。即便是一家非协同行动的企业改变价格，寡头垄断者们也可能因为担忧这种行为会被误读为协同而避免这样做。因此，谨慎的企业会避免那些已经被证明合理的价格变化，放弃对它们已了解到的成本或需求做出有效或促竞争的回应。或者它们可能会扭曲其行为，就像它们在重复的单次互动中所做的那样，以此表明即便他们从竞争对手的价格变动中了解到成本或需求，也并没有响应竞争对手的战略决策。

为了避免这些结果，法院可以转而力求确定竞争价格，并禁止高于该水平的价格。[29]但法院通常很难确定竞争价格[30]，而且禁止企业收取这一价格，基本上需要由法院进行永久性监管，而法院并不适合承担这项任务。如果法院推断出固定价格协议，它们还可以将企业拆分成更小的实体，从而阻止未来的协同。[31]这一救济选项将要求对多个行业进行大规模重组，而让法院对此进行管理又是不切实际的。此外，如果重组一开始就将企业推到了一个有效规模之下，那么从长远看，这种救济在降低价格或避免寡头垄断的市场结构方面可能是无效的。

最后，如果平行行为（parallel conduct）涉及以地理区域或历史关系来分配客户，特纳的责任规避问题可能同样难以解决。如果仅参考企业将其营销努力集中于潜在客户或目前没有任何企业服务的地区这一事实,则可以推断出《谢尔曼法案》中的划分市场协议。也就是说,这些企业并不争夺竞争对手的客户或地区;它们只寻求新市场。在这种情况下,企业将被置于反垄断责任下,除非它能向一个并不适合判定企业是否会开展竞争行为的法院,证明其营销选择的合理性。该企业可以通过向竞争对手的客户或在竞争对手的领地进行营销来规避责任,但该企业需要证明,它的努力是全心全意的。如果积极的营销努力并不足以克服客户转换成本或竞争对手的声誉优势,那么这种努力可能是徒劳的。法院也无法轻易地设计出合理的救济手段。例如,法院很难确定市场营销努力的竞争水平,以此来禁止企业付出更少努力。

鉴于特纳指出的这类问题,经济学家已经倾向于放弃对协议的推断,而是力图将协议要求(agreement requirement)建基在有关协同的经济学模型之中。例如,一些人认为应将协议的法律思想与寡头垄断价格上涨画上等号,无论这种上涨是相对于边际成本[32]还是相对于没有重复互动的情况下导致寡头垄断的价格。[33]

从理论上讲,依靠协同的经济学模型来推断协议是一个值得称赞的想法。但在实践中,这可能行不通。简单地通过比较寡头垄断价格和边际成本来认定协议是不可取的,因为难以进行合理的救济。即使可以充满信心地认定行业边际成本,这也可能不是一项简单的任务,这种做法需要不断地对市场参与者进行司法监督。当边际成本很难认定时,这种方法也有可能阻止谨慎的企业合理提高价格,从而抑制有益行为。即使在寡头垄断价格大幅上涨的情况下,抑制促竞争行为带来的社会成本也可能是巨大的,因此,执法的阻吓效益也会随之产生。这种方法还可能迫使企业在固定成本相当大、竞争价格相当于进入者的平均成本（有效进入者设定的价格）且进入者的平均成本超过现有支配型企业边际成本的市场中，制定低于竞争水平的价格。出于类似的原因，将寡头垄断行为（包括价格）与寡头垄断在一次性博弈中的表现进行比较是不可取的。[34]

附加因素

由于法院不仅没有客观的经济指标可以采用，而且对仅凭间接证据推断出协议保持着警惕，所以法院发展出了"附加因素"来帮助构建企业对平行行为负反垄断责任的条件。[35]这些附加因素就是市场或企业行为的某些特征，即除平行行为之外足以支持行使市场势力属于非法协议之产物这一结论的那些特征。这些附加因素旨在揭露隐秘的共谋，例如通过秘密口头交流达成的非书面定价协议。一般来说，附加因素可以构成证据，它证明了有嫌疑的共谋者通过所谓的"被禁止的协商过程"和交换保证[36]，而不是通过企业难以放弃且法院难以补救的领导者—追随者行为来达成协同结果。

通过附加因素推断协议的方法具有明显的优势。附加因素减少了不确定性，指导企业如何避开被禁止的协商过程从而避免责任和损害。救济也是可行的，因为被禁止的协商过程是可以被责令禁止的。

当法院综合各种附加因素来解释被禁止的协商过程如何有助于协同行动的企业提高其解决一个或多个"卡特尔问题"的能力时，就可以有说服力地推断出协议的存在，这些卡特尔问题包括：就协同行动的条款达成共识、阻止欺骗行为以及防止破坏新的竞争。[37]例如，在"In re Text Messaging Antitrust litigation（2010）案"[38]中，第七巡回上诉法院隐含地认为附加因素表明了竞争对手需要协议才能达成价格的共识。[39]在另一起案例中，第八巡回上诉法院的异议法官在全席出庭（sitting enbanc）的判决中含蓄地解读了附加因素，认为它们证明了被告企业曾利用企业间的价格核实沟通来阻止协同行动中的欺骗。[40]

附加因素可分为两组。[41]在这里的分析中，更重要的一组包括试图直接将共识与有意识的平行行为区分开的因素，即确定将企业行为视为被禁止的协商过程和交换保证的结果，而不是有意识的平行行为的结果是否更为合理。这些附加因素包括：首先，竞争对手之间的交流，或者是更弱的、就竞争性敏感信息进行交流的机会[42]；其次，无法用单纯的平行行为来解释的过于复杂的企业行为，而在没有协议的前提下这种行为是不合理的；最后，明显不能用效率来解释的行为，它也可以充当一个附加因素。[43]

第二组附加因素试图认定被告企业所在行业是否有利于协同，从而认定企业参与被禁止的协商过程是否合理。这些附加因素的逻辑是，如果协同不太可能成功，达成协议就没有"经济意义"，因此原告必须提供"更有说服力的证据"来说服法院推断出协议的存在。[44]

在第二组附加因素中，许多因素着眼于企业是否能够在协同条款上达成共识、阻止其中的欺骗行为以及防止新的竞争。[45]这些附加因素还包括某个行业中的领先企业正在行使市场势力的指示信息。[46]但合谋发现了市场中存在明显的串通案件，似乎涉及大量的企业。这表明，即便企业并无有利于协同的特征，也可能采取了协同行动。[47]因此，当第一组中的附加因素本身具有说服力时，缺乏第二组

第 6 章 协议及算法协同的推断　　129

中的附加因素不应成为推断出协议存在的障碍。

事实上，第二组附加因素虽然是证明性的，但如果没有第一组中的额外附加因素，法院可能不足以推断出协议的存在。一个原因之一是，表明企业正在行使市场势力的行业特征并不一定意味着企业正在协同。例如，这些特征可能无法区分协同行为与支配型企业的行为。第二组因素不够充分的另一个原因是，即使企业正在协同，它们也可能在这样做时没有参与被禁止的协商过程，即讨价还价和保证交换。[48]

当人类决策者制定价格时，法院往往依赖附加因素来得出正确的结果。在这些情况下，附加因素划出了一条合理的界限，它区分了不被视为有协议的单纯领导者—追随者行为，与可能的跨市场协同。

跨市场协同与领导者—追随者行为的区别在于行为的复杂性以及不同价格变化缺乏的效率理由，这就是第一组中的两个附加因素（在这两种情况下，所有信息交换都是通过定价而非对话进行的，管理层也没有机会见面或交谈，因此不涉及沟通因素）。在跨市场情形中，这些企业在多个市场中的提价行为与成本或需求无关，而且它们反复抽取不同的城市组合尝试涨价，直至所有企业都与其中一个价格匹配。将企业的此类行为描述为跨市场议价谈判是合理的，法院禁止这种行为是切实可行的，而且可以合理地预期有此类行为的企业能够免于反垄断责任。因此，如果有这些附加因素，那么人类决策者跨多个市场的协同行为可能会受阻，同时抑制促竞争行为或造成过高行政成本的风险也是有限的。

算法决策者

从理论上讲,价格协同无论是受人为因素影响还是受算法因素影响,对它们的反垄断分析都是没有差别的。但在这两种情况下,领导者—追随者行为和跨市场协同是有差异的。当出现跨市场算法协同时,法院可以像描述人类的定价决策那样合理地描述企业行为:即企业无法通过领导者—追随者行为达成协同结果。

然而,当决策者从人转变为算法时,对企业达成跨市场议价行为的反垄断分析可能会改变,原因有二:首先,当人类不参与时,附加因素可能更难应用。价格变化可能会迅速发生,外部观察者可能无法认定哪些市场经历了价格的平行变化。也许通过对具体的市场信息进行计算机分析可以识别这些市场,而且外部人认为有必要进行这样的分析,并发现为了揭露跨市场议价,这样做是值得的。人们可以想见,一个大商业客户可能会这样做,或者提起私人损害赔偿诉讼,又或者更可能的是与反垄断执法机构分享已掌握的知识来推动调查。但外部人不太可能在软饮料和航空旅行等消费品上做出这种努力。

其次,对人类决策者来说是复杂的行为,对计算机化的决策者来说可能不再复杂。这种现象削弱了一个附加因素,因为就可能的人类协同行为而言,结果的复杂性是能否达成一致行动的标志,越多的企业以试错式的努力来寻找跨市场议价方案,最终的价格变化模式就会越复杂,以至于难以将它解释为领导者—追随者行为的产物。但算法情形可能涉及大量的价格和市场,而且价格可能会不断变化,使得行业观察者、执法者和法院难以识别复杂的价格变化模式。[49]

因此，用于推断算法协议的理由，可能会严重依赖第一组中的一个不同的附加因素：将无成本关联或无需求关联的城市联系在一起来证明价格上涨的合理性缺乏效率理由。如果算法将那些本不相关的城市联系在一起，由此导致的价格上涨不太可能有合法的商业理由。在某些情况下，企业也许可以证明定价算法使他们可以采用成本更低和更快速的信息获取方式（从竞争价格中）学习并（以他们自己的价格）应对全行业的成本或需求冲击；企业也许还可以证明此类冲击足够频繁和重大，以至于上调价格对有效的市场运作十分重要。但是诸如此类的合法理由不太可能适用于在无关市场中同步且同等地提升价格。[50]

简而言之，第一组的三类附加因素中的两类，即交流和复杂性，可能无法有效地区分复杂算法和领导者—追随者算法。效率理由的缺失，再加上以跨市场议价促进协同这一明显的反竞争动机，就可以区分上述两种算法。但是在涉及算法时，以此为根据推断定价协议可能会更难。当人类设定价格时，可以要求他们解释共同改变价格的各个市场之间有何关系，然后对这样的解释做出评判。而在算法定价的情形中，无法对它们进行类似的质询。

由于这些原因，采用《谢尔曼法案》第1条下的传统方法来质疑通过定价算法达成的协同，可能比质疑人类决策者间类似的定价协同难度更大。

此外，使用定价算法可能使协同更容易实现。未来的定价算法可以利用人工智能改进我们设想的复杂算法，它们可能会合理地识别出人类无法跨多个市场协同的方式，并且比人类决策者更快地达成协同条款。因此，日常业务对定价算法的依赖趋势预计将加剧现行反垄断规则对协同行为的阻吓力不足。

为了重新校准错误成本平衡，法院应当推定，快速的价格匹配可能会阻止一个行业中单一市场内的欺骗行为[51]，而进入也不会动摇已达成的协同结果，就《谢尔曼法案》第1条的执法而言，在多个市场中竞争并采用算法定价的企业可以被推定为就价格达成了协议。这一推定给被告企业施加了一个举证责任。它们需要证明，其算法定价的决策是为了应对成本或需求的变化，符合一次性定价互动中的企业可能采取的行为。[52]应用这一推定的法院在评估企业行为时可能会犯错误，但司法错误的可能性不会比现在更大。

这种方法有望从两个方面加强阻吓：首先，它将注意力指向企业行为的潜在决定性方面。它主要着眼于第一组附加因素中的一个附加因素，即在不太可能判定是否存在该组附加因素中的其他附加因素的情况下，缺乏效率理由。其次，它诱导企业制造并提供相关信息，这些信息将有助于执法者和法院判定如果是人类决策者参与，则将违反《谢尔曼法案》的算法行为。为了承担被告方的举证责任，使用定价算法的企业很可能会设计算法来生成审计追踪记录，并披露导致算法改变那些定价的因素。企业可能不会提出反对意见，因为它们的解释可能有助于人类研究员使算法更加有效。[53]在另一种情形中，这些披露形式可以由成文法或联邦贸易委员会颁布的竞争规则来规定。

当一些企业使用复杂算法而另一些企业不使用复杂算法时，从企业使用定价算法中推断出定价协议的方法不大可能抑制促竞争行为。为了说明其中的原因，让我们假设除了一家企业，在多个市场中竞争的所有企业都采用上述复杂算法。那些与众不同或较不成熟的企业，我们称之为简单企业，它们在单个市场中采取领导者—追随者行为。在这种情况下，企业能够跨市场协同，尽管效率不及那些也会使用复杂算法的简单企业。简单企业不会阻碍所有跨市场议价。如果简单企业能够证明其算法在多个跨市场上同时做出的定价决策仅仅是响应了共同的成本和需求变化,就如同与竞争对手的匹配[54],那么这应该能够满足其反驳参与价格协议的推定所需的举证责任。在这种假设情形下,只有采用了更复杂算法的企业才应当被认定为达成了价格协议。

有人可能会争辩说,不需要这样的推定,因为协同行为应当通过协同的经济定义来直接认定。狭义的协同行为是指,当处于均衡状态的企业采取依赖于过往的策略时,无论竞争对手之间是否有讨论或交流,都可以说协同行为已经发生。[55]广泛的协同行为是指,如果企业采取的行动将促使竞争对手采取与之相呼应的行动,那它就是协同行为。[56]因此,原则上,可以根据狭义或广义的协同行为,检验企业的策略以及由禁止策略阻止的寡头垄断价格上涨,来认定协同行为。[57]约瑟夫·哈林顿认为,如果价格是由算法决定的,而不是由人类决定的,那么认定协同行为的这种方法实际上可能更实用,因为算法的策略包含在可以研究的计算机代码中。[58]

然而,在实践中,这种方法很可能导致难以区别以下两种行为:一方面,其行为由过往历史决定的企业是在执行先前制定的策略(在这种方法下,过往历史成为推断价格协议的基础);另一方面,行为是采取单周期策略的产物,也是回应企业从过往历史中了解到的信息,包括竞争对手先前收取的价格以及有关成本和需求的信息。[59]无论是否参与协同,企业都可能会采取后一种方式。如果从经验上难以区分这些行为,那么应用本书提出的推定来阻止算法协同将更为实际。

横向合并分析的内涵

随着算法定价的发展，反垄断执法将不能再有效地阻止寡头垄断市场竞争对手采取的协同行动，特别是在价格快速匹配可能会阻止欺骗行为且进入不会破坏协同的市场时。越是难以阻吓协同，在易受合并影响的市场上防止产生协同效应的合并就越是重要。然而近年来，反垄断执法者似乎不愿意利用协同行为的理论来质疑横向合并。[60]其中一个案件主要基于单边效应理论（即使其他企业不改变其行为，竞争也会受到损害）而被提起诉讼。[61]最终，协同效应成功地经受住了这一指控，但该理论是在事后提出的。[62]

司法部过去20年的航空公司合并案件表明，政府倾向于单边效应。[63]尽管各大航空公司历来通过跨越多条航线的协同行为行使市场势力[64]，但司法部的航空公司合并指控通常不愿意援引协同效应。相反，合并审查将重点放在各条航线丧失激烈竞争导致单边效应的危险和效率提升上，例如增加航班频率和扩大航线网络给乘客带来的便利，或者在个别枢纽及全国范围内更大规模运营的成本降低。[65]司法部在解释允许大型航空公司合并的两项判决时[66]，仅指出了效率，并以效率为由拒绝指控第三起合并（尽管一些直达航线存在重叠）[67]，此外，在政府对单边效应的顾虑通过取消枢纽机场的起降机位得到解决后，航空公司以效率为由证明了第四起合并的合理性。[68]当司法部及十几个州宣布将起诉第五起合并时，政府的详细新闻稿仅认定了单边效应。[69]

自1989年对航空公司合并的管辖权从运输部（Department of Transportation）转移至司法部以来，在政府发起的合并诉讼案中，协同效应仅被主张过两次：2000年，司法部向法院起诉，要求解除西北航空（Northwest）对其竞争对手大陆航空（Continental）[70]公司持有的控制股权益；另一次是13年之后，政府质疑全美航空公司（US Airways）对美国航空公司（American Airlines）的收购。[71]一条共同的线索将两起案件联系在一起：在每一起案件中，政府都声称其中一家合并企业是非常规企业（maverick），它限制了合并前协同行为。政府的诉由并不仅依赖于结构性推定和对相关因素的认定，这些因素表明航空业容易发生协同行为。相反，它解释了为什么收购会削弱限制行业协同行为的竞争对手的竞争影响力。在"西北航空/大陆航空"的诉讼中，司法部将西北航空认定为一家非常规企业，并解释了被指控的交易如何影响其约束协同行为的动机。在更晚近的协同效应合并案中，政府声称，全美航空公司与美国航空公司的合并将在两个维度上强化协同行为，其中全美航空公司在一个维度上是非常规企业（包括折扣的转机票价），美国航空公司在另一个维度上是非常规企业（包括总运载量）。[72]

正如航空公司的经验所示，以及其他政府协同效应案进一步说明的那样[73]，当政府可以证明合并的企业之一是非常规企业，即既有能力又有激励防止协同行为变得更加有效的企业，政府便拥有了证明协同效应最坚实的基础。[74]这有很好的理由：通过证明其中一家合并企业是非常规企业，政府可以解释为什么该合并是重要的。[75]如本书第4章所述，当一个有利于协同行为的行业中的合并涉及非常规企业时，可以适当地推定该交易使协同行为更加有效从而损害竞争。

为了利用最近以协同效应为基础阻止横向合并的司法上的成功，执法机构应更加重视发现并指控那些合并伙伴中有一方是非常规竞争对手的合并。在企业采用算法定价或可能会这么做的行业中，这种努力尤其重要。[76]

结论

  为了应对可能的算法协同，法院应当在采取协同行动的企业更加关注达成共识而不是阻止单个市场中的欺骗行为或阻止竞争对手进入的那些产业中，推定竞争企业在通过算法跨多个市场定价时已经就价格达成了协议。在反垄断法对寡头垄断的价格上涨系统性地阻吓不足时，如果没有明显的抑制促竞争行为，算法协同很难被发现，或者在法院行政负担增加的情况下，上述做法可以加强对反竞争行为的阻吓力。

  上述推定是可以被反驳的，所以它不会阻止企业利用定价算法来制定竞争性决策。企业知道它们不能参与跨市场议价的互动，除非这些互动是回应那些会类似地影响这些市场内定价的因素，而且这些市场中的价格是单独设定的。另外，执法机构应在评估易受影响市场中的横向合并时，更加关注合并产生协同效应的可能性，同时推定在一个容易发生协同行为的行业内非常规企业会损害竞争，从而力求减少算法协同的威胁。

第 7 章　支配型平台的排他行为

在 2016 年关于竞争政策的演讲中，参议会议员伊丽莎白·沃伦特别提到了来自谷歌、亚马逊和苹果对竞争的威胁。她说，虽然这些企业的平台"提供了极有价值的产品"，它们理应获得成功，但它们也会"扼杀"依赖其平台展开竞争的小型对手。[1] 沃伦的评论反映了人们对大型信息技术平台日益增加的焦虑，这种焦虑在政治进步派人士中尤为严重[2]，而且保守派人士也感到了这种焦虑。[3]

支配型信息技术及互联网平台引起了一些执法部门的注意，不过它们在欧洲的受关注程度高于在美国。美国联邦贸易委员会对谷歌搜索业务的调查，本可能是一个影响深远的单一企业行为的案例，结果却没有带来任何执法行动。[4] 联邦反垄断机构已经调查了许多此类平台的收购案，但往往在没有提起指控的情况下就结束了调查。[5] 相反，欧洲执法机构对谷歌的行为[6]及平台最惠国（MFN）条款提起了诉讼。[7] 尽管如此，美国司法部对主要支付系统平台的反竞争行为高调提出两起诉讼。[8]

当支配型平台受到反垄断审查时,竞争问题往往涉及排他行为。[9]在本书中,提高竞争对手的成本、限制竞争对手接触客户或阻止潜在竞争对手开展竞争的行为都属于排他行为。

排他行为通过建立一个可被认为是非自愿或胁迫性的卡特尔来损害竞争,从而使实施排他行为的企业可以行使市场势力[10],并阻碍或防止竞争对手行使市场势力。非自愿卡特尔这个术语描述了一家支配型企业逼退其竞争对手,并成为名副其实的垄断者而产生的不利竞争效应。但是,即使如此,该词也恰当地刻画了一家企业强迫被排除的竞争对手去做那些卡特尔参与者自愿去做的事情:避免激烈的竞争。非自愿卡特尔的提法还强调了排他行为中的损害来源:横向效应削弱了竞争,即使这些效应是通过纵向行为或收购实现的。

看到支配型企业会选择排他策略来维持或扩大其市场势力并不令人惊讶。相较于和同边缘竞争对手协同行动,支配型企业可能会通过排斥进入者和阻止竞争对手扩张而获得更多收益,或者发现排斥进入者更容易。但真正令人惊讶的是,由支配型信息技术平台引发的特殊排他问题。如今的平台可以充分利用有关个体买家和供应商的详细信息,从而导致新的排他问题,下文将对此进行讨论。[11]

回顾几十年前,与芝加哥学派有关的反垄断评论家对执行反垄断法以应对来自排他行为的竞争威胁深表怀疑。[12]尽管我们在本书第5章中看到,芝加哥学派援引的许多反对反垄断执法的论据都是错误的,但在反垄断讨论中针对排他性损害的法律规范仍然存在争议。[13]法院和评论家太过经常地将合谋描述为反垄断的"核心"问题,隐含且不适当地将排他行为降级为反垄断执法中的边缘问题。[14]对排他性的非自愿卡特尔视角的观点解释了为什么不能为区分合谋和排他行为做辩护：合谋和排他行为是市场势力这同一枚硬币的两面。

尽管排他行为与协同行为之间的经济区别并没有清晰地对应于反垄断法中常见的行为类别，但涉及排他行为的执法行动更可能作为垄断案件或纵向限制案件而非横向协议案件被提起。[15]鉴于芝加哥学派对排他行为的观点，保守主义强烈主张采取不利于在纵向限制和垄断案件中执行反垄断法的推定也就不足为奇了。

法院仍在采取适当的行动，也没有放弃将排他行为视为一个严重的竞争问题。即使它们遵循以放宽对纵向行为和垄断化进行审查为导向的芝加哥学派的规则。[16]规制各类排他行为的反垄断规则，似乎趋同于一个普遍的责任转移的合理性框架（reasonableness framework）。[17]然而，规制掠夺性定价的规则，即法院将芝加哥学派对排他行为指控的怀疑最深入地制度化的一类法律规则，也许是例外，尤其是因为它们保护了高于成本的定价。

本章从对排他行为总体阻吓不足的角度，研究了支配型平台通过排除竞争对手而损害竞争的方式。我首先概述了平台经济学，然后转向支配型信息技术和互联网平台可以实施排他行为的各类方法。这包括纵向整合、排他性交易、涉及大数据的排他行为、增加客户转换成本的行为、平台最惠国待遇的使用以及掠夺性定价。尽管上述这些类别已经很广泛，但它们并未涵盖平台通过排除竞争对手而损害竞争的所有方式。

本章将继续说明用于评估排他行为合理性的现代责任转移框架将如何允许在某些情况下缩短违法行为认定的流程。在拒绝保守派主张的效率推定的同时，该框架的应用将增强对有害的排他行为的阻吓。本书其他章节将回应相关问题。第8章讨论了排他行为对创新竞争及未来产品竞争的危害。第9章讨论了市场界定，包括在平台一侧看似"免费"的商品造成的复杂性。

平台不是完全相同的。如下文所述，它们在赋予用户网络效应收益的性质及强度、用户转换成本的大小、用户多归属的意愿（访问多个存在竞争关系的平台）以及它们可以通过排他行为获得的效率方面均各不相同。现代反垄断分析框架允许反垄断执法机构在可以适当推定反竞争效应时，根据全面的合理性审查和略式分析裁判法仔细评估平台间这些差异的影响。

平台经济学入门

平台促进了所谓的最终用户间的交易或经济互动。[18]每种类型的最终用户对应于平台的一"侧"。

购物平台不同于传统供应商，它允许最终用户之间直接互动。批量购买商品并转售给公众的零售商不是平台；它只是拥有上游供应商和下游客户。相比之下，寄售商店则是平台：它允许买卖双方寻找到对方，并从中收取销售佣金。亚马逊在电子书方面的经验说明了这一区别。最初，它与销售电子书的出版商之间存在供给关系，当它从批发分销转为代理分销（由出版商制定零售价，并与亚马逊分享收入）时，它的电子书业务则作为一个平台在运作，而出版商和读者是其两类最终用户。[19]

正如寄售商店的例子所示，平台并不是新事物。连接购物者与零售商的购物中心，以及连接广告商与读者的报纸都是早已有之的平台。但正如参议员沃伦所强调的，如今人们越来越关注信息技术领域的平台。亚马逊的交易平台将购物者与卖家联系在一起。苹果

第7章　支配型平台的排他行为　　141

与谷歌安卓系统的应用程序商店将智能手机用户与应用程序提供商联系在一起。脸书、谷歌、微软和必应（Bing）等搜索服务提供商允许广告商使用社交媒体或互联网搜索直接与消费者互动。像维萨这样的支付系统将购物者和他们的银行与商家联系在一起。餐厅预订服务，如 Open Table，将餐厅与食客联系在一起。有线和宽带网络提供商将内容提供商及其广告商与观众联系在一起，并将消费者与内容、应用和服务的在线提供商联系在一起。

一些平台由单一企业拥有，而另一些则在企业间共享。维萨卡和万事达卡最初由发卡银行共同拥有和经营，而美国运通（American Express）是一家单一的企业。脸书也运营着一个平台，同时还参与两个移动通信平台。在 iPhone 平台上，脸书和其他应用程序提供商与苹果共享技术领先地位，其中苹果贡献了 iOS 操作系统、iPhone 设备及其应用程序商店。在安卓（Android）系统的平台上，脸书和其他应用提供商同谷歌和三星等设备制造商共享技术领先地位。

本章要关注由单一企业拥有的平台，而不是技术领先地位被分割的平台。[20]因此本章关注由单一平台支配的市场。在这些市场中，较小的平台竞争对手往往是限制支配型平台行使市场势力的主要竞争性约束。

平台及其用户可能会受益于网络效应。当产品对买方的价值取决于其他用户的数量时，便会产生网络效应，也被称为买方或需求侧规模经济。[21]网络效应可能是直接的，如在通信网络中。网络效应也可能是间接的：一份高发行量的报纸可能对读者更有价值，因为它产生了更多的广告收入，从而允许报纸包含更多的内容，而这一点是读者直接看重的。

网络效应往往是平台商业模式成功的原因[22]，特别是对本章主要关注的大型信息技术平台而言，当网络效应强大时，一个平台往往会取得支配地位。[23]网络效应很重要的市场很容易向一边倾斜，因此即使一个小的竞争劣势也会滚雪球般地变成大缺陷。[24]如果一个平台由于支配型企业的排他行为而失去用户，那么它对其他用户的吸引力可能会降低，从而有可能使需求进一步转移到支配型平台，并增强支配型企业行使市场势力的能力。

然而，一个在市场上占据支配地位的平台不一定就构成自然垄断，甚至不一定行使市场势力。[25]小型平台仍然能够成功的一个途径便是分享网络效应的优势。如果平台是彼此协作的，或者终端用户使用多个平台，即多归属，那么这便有可能发生。[26]例如，在有竞争关系的报纸上购买版面的广告商就是多归属的，而只订阅一份报纸的读者则是单归属的。

如果一个支配型平台的行为妨碍了互操作性或者阻碍了多归属，它就可能会排除较小的竞争对手并损害竞争。[27]当一个支配型平台坚持单归属的性质时，一些本可能多归属的用户会选择支配型平台并以此从网络效应中获益，因为他们担心非支配型平台无法吸引足够多的用户来取得成功。相比之下，当用户可以选择多归属时，市场进入者可能会获得立足之地进而获得网络效应。这将使它能够吸引额外的用户，并通过创造用户对其成功前景的乐观预期潜在地提高需求。[28]

较小的平台也可以通过提供差异化或利基产品以及服务而取得成功，这些产品或服务使它们对某些最终用户来说格外有价值，即便在有利于支配型平台的网络效应很强的情况下也是如此。试想一下，在20世纪下半叶（互联网发展之前），美国大多数大城市都有一两种分布在大都市地区的支配型日报。这些报纸可能在其平台的

第 7 章 支配型平台的排他行为　　143

双边都收获了巨大的需求侧规模经济。但这些城市通常也支持发行量更为有限的其他报纸，例如，针对郊区居民、非裔美国人和反主流文化参与者等当地特殊读者群的周报。《华尔街日报》（*Wall Street Journal*）等拥有专业读者群的全国性报纸也是以这种方式蓬勃发展的。

一个平台可能从供给侧规模经济中获益[29]，如果其平均成本随着产出增长而下降，则会经历规模经济。单是平台运营的固定成本就可能给大型平台带来实质性的规模经济。

平台可以通过设置平台访问费（例如报纸对读者的年度订阅价格）或平台使用费（如报纸的广告费率）向最终用户收费。不管价格是如何规定的，一个平台都可能有激励使一侧的最终用户的价格保持在低水平，甚至补贴这些最终用户。如果一类最终用户对价格特别敏感（更具价格弹性），或者如果吸引更多的某一类最终用户（如读者）会大大有利于吸引另一类最终用户（如广告商），就有充分的理由补贴某一类最终用户。[30]所以，对一侧最终用户的价格相对于服务他们的边际成本可能较高，而对另一侧最终用户的价格相对于服务他们的边际成本可能较低，甚至低于边际成本。[31]

平台可能会在多侧与其他平台竞争，就像亚马逊和沃尔玛购物平台一样。正如本书第8章将会讨论的，这种竞争超越了现有产品及服务而涵盖了未来产品及服务，包括未来平台的发展。[32]平台可能也会与一侧的非平台对手竞争，例如在线购物平台与实体零售商店的竞争。此外，平台可能会促进其用户间的竞争，例如通过亚马逊购物网站相互竞争的图书出版商、安卓商店中出售的应用程序，以及维萨卡的发卡银行。

平台排他的方式

支配型平台可能采用若干排他机制来损害竞争。我的讨论无法详尽地覆盖所有的可能性。我们熟悉的方式包括通过纵向合并以及排他性交易实现的排除。但基于获得的个性化用户及供应商信息，支配型信息技术及互联网平台还存在新的手段。它们也可以参与到提高用户转换成本的掠夺性定价以及相关行为中，它们还可以利用平台最惠国待遇。在以下一些例子中，排他行为损害了平台间的竞争。换句话说，它损害了平台一侧的用户间竞争，其中一些可能是其他平台，但也未必。[33]

为了便于说明，许多例子（通常是假设的）都涉及亚马逊购物平台。亚马逊购物平台是一个方便的案例来源，因为它涉及零售产品的例子往往容易找到。此处无须解释零售平台工作方式的技术细节。搜索引擎和社交媒体可能无法直接对平台一侧的产品和服务向其最终用户收费，但亚马逊并没有遇到这样的难题。[34]它还提出了一个有吸引力的话题，因为支配型信息技术平台的主要批评者认为，亚马逊在在线购物和云计算领域的领先地位引发了严重的竞争问题。[35]尽管这里的例子确实表明了亚马逊的行为可能会损害竞争，但我不认为它参与了任何假设中的行为，也不赞同批评者提出的宽泛指控。

通过纵向合并及排他性交易实现的排他性

包括平台在内的支配型企业可以与供应商及经销商采用排他性安排，阻止竞争对手获取关键投入及分销渠道，从而损害竞争。它们可以通过合并或合同来实现排他性。反竞争的排他方式已为人熟知，所以我在此不再讨论，仅强调纵向合并及排他性交易在不一定影响规模经济的情况下可能会提高竞争对手的成本或排斥竞争对手的方式。后面的各小节会重点说明支配型企业以强迫竞争对手在较小规模下运营的方式提高竞争对手成本的反竞争机制。

这里假设的例子解释了纵向合并及合同可能导致反竞争排他的四种方式。[36]首先,平台可能会阻止用户在一侧开展竞争。例如,如果亚马逊收购了一类特殊商品的制造商,例如纸尿裤和鞋履(它实际上已经这么做了),它就会有激励将这类产品的其他生产商排除在平台之外,以此来减少竞争。对于在其平台上展示商品的竞争对手,亚马逊可能会向它们收取更高的佣金,或者降低它们在搜索结果中的显著性,以此排除竞争对手。如果竞争对手没有其他更好的获客渠道(例如通过沃尔玛的在线购物网站),它们的分销成本就会提高,竞争的积极性就会减弱。因此产品价格会上升,给消费者带来损害。

亚马逊可能会通过合同来这样做。它可能会参与排他性的交易安排,而非收购纸尿裤制造商。然后亚马逊可能会发现,排除竞争性产品是有利可图的,特别是如果排他性协议使亚马逊在产品销售额中占据更大份额。

其次,如果一个平台此前已被视为最终用户市场的潜在进入者,它可能会通过纵向一体化或排他性交易损害最终用户之间的竞争。假设亚马逊未在其购物平台销售鞋子,但制鞋商通过其他分销渠道以竞争价格出售它们的产品,它们担心如果它们收费更高,亚马逊会视此为一个竞争机会而进入鞋履零售业。或者假设亚马逊在其购物平台销售鞋子但并不制造它们,那么收取竞争价格的制鞋商会担心如果它们收费更高,亚马逊会进入制鞋业。在任何一种情况下,如果亚马逊收购一家制鞋商[37],或者它达成一种排他性交易安排,那么它的激励就会转变为混合型:其制鞋业会从更高的零售价中获益,虽然其鞋子零售业务是从更低的售价中获益。合并及排他性交易安排会削弱亚马逊的潜在进入对零售鞋价施加的竞争约束,从而导致零售鞋价上涨。

再次,平台可能会排除其竞争对手平台。假设亚马逊收购或引进了一系列产品类别中的主要零售品牌,如婴儿用品品牌、服装品牌、消费者电子用品品牌,以及其他更多品牌。如果很多消费者不会在没有这些品牌的网站上购物,亚马逊就可以行使市场势力,拒绝让这些品牌产品前往竞争对手的购物平台,以此与竞争对手平台协商提高批发价格。无论如何,亚马逊都有可能使其竞争对手平台处于不利地位,削弱它们竞争的积极性,并有可能提高其竞争对手平台销售的所有产品的价格,即使这些产品在亚马逊未拥有品牌的产品类别中。亚马逊还可以通过一系列排他性交易合同来达到同样的目的。

另外,平台可能通过纵向收购或排他性交易来放松互补产品的大型卖家对彼此的约束,从而损害竞争。假设亚马逊是支配型电子书零售商,并假设(与事实相反)西蒙和舒斯特(Simon & Schuster)是电子书出版业的支配型企业。这两家企业都不是实质意义上的垄断者:西蒙和舒斯特与麦克米伦(MacMillan)、哈切特(Hachette)以及其他出版商之间存在竞争,而亚马逊与巴诺(Barnes & Noble)以及苹果的 iBookstore 在电子书零售方面存在竞争。在合并前,西蒙和舒斯特有激励促进电子书零售商之间的竞争,以降低亚马逊在协商图书批发价格时的议价能力。因此,它可能会在巴诺和苹果的平台上更大力地促进竞争,以帮助这些企业获得市场份额。出于同样的原因,亚马逊拥有激励促进出版商之间的竞争或进入电子书出版业。

如果亚马逊与西蒙和舒斯特合并,这些激励可能会改变。合并后的企业可能会发现,将与之竞争的出版商或零售商对手排除在外是有利可图的。亚马逊可能会通过其 Kindle 系统独家提供西蒙和舒斯特的图书,并要求麦克米伦和哈切特也这样做才能获得 Kindle 的客户。或者亚马逊可能拒绝在 Kindle 上提供麦克米伦和哈切特的图书,并要求巴诺和苹果也这样做,以便能够销售西蒙和舒斯特的图书。被排斥的竞争对手可能会失去规模经济,从而降低竞争的积极性。随着出版业竞争的减少,作者的版税可能会下降。随着零售业竞争的减少,消费者可能面临更高的书价。

亚马逊和西蒙和舒斯特不需要通过合并也能实现这些目标。它们可以通过排他性协议拒绝在亚马逊购物平台上分销竞争对手出版商的图书,或拒绝让竞争对手电子书零售商销售西蒙和舒斯特的电子书。

纵向合并和排他性交易都不一定会损害竞争。例如,如果有足够多的客户在其他平台上购物,以此来应对产品竞争对手的排斥,亚马逊可能就会发现,允许竞争对手在其平台上销售其产品比排除它们更能获利。[38]而且,这两种形式的排他行为都可能使企业获得效率,从而有益于竞争。[39]

涉及大数据的排他行为

大数据

"大数据"一词在这里指的是有关个体买家或供应商的详细信

息,包括支配型平台通常可以获得在其平台上互动的最终用户的信息。[40]购物平台关于买家的数据通常包括但不限于他们在过去搜索或消费过的信息。[41]一个社交网络可能了解其用户的社交关系和品味。[42]虽然我关注的是消费者的个性化信息,但使用平台的供应商与消费者所处的情况类似,获取供应商的信息可能会引发类似的竞争问题。[43]

许多企业不仅仅是平台,他们在开展业务的过程中都会收集个性化数据。[44]一些个性化的消费者信息也可以从第三方购买。[45]尽管许多企业可以获得详细的客户信息,从而允许一些在线卖家实施价格歧视[46],但企业对其所在行业中最有价值的廉价客户数据的获取渠道可能会有所不同。[47]

本节讨论的两种排他机制揭示了支配型平台比其竞争对手更容易获得大数据的可能性。首先,支配型平台可能会拒绝竞争平台从客户或供应商数据中获得规模经济,而使之处于不利地位。其次,支配型平台可能会利用其信息优势,将竞争平台的客户作为其折扣目标,从而排除其竞争平台。

这两种可能性并未涵盖大数据的全部效益和成本。大数据使企业可以向消费者提供与其偏好更接近的产品和服务、识别合意的产品改进、提高营销效果或通过改进零售商的产品库存决策等方式降低分销成本,从而有利于竞争。大数据的可用性也引发了这里未讨论的问题,其中一些问题并不涉及竞争,而是关于价格歧视、设置进入壁垒及隐私等的非排他后果。

剥夺竞争对手的规模经济

支配型企业可以从拥有数据的第三方处获取数据排他权,从而拒绝竞争对手获得它们用来实现促销规模经济所需的客户数据。一种方法是通过合并来实现[48]，不论收购是横向的、纵向的还是混合的。例如，如果亚马逊要收购康卡斯特这样的大型有线电视和宽带供应商，反垄断执法机构可能会问，如果通过与康卡斯特签订合同来获取其详细的客户信息，这些交易是否还能够通过剥夺沃尔玛等竞争性购物网站降低促销成本的能力来损害竞争？亚马逊可以与康卡斯特签订合同来获取其客户数据，同时规定康卡斯特不得将客户信息出售给任何其他购物平台，从而在不合并的情况下实现同样的有可能反竞争的目的。

这些形式的行为可能会损害竞争，因为支配型企业能够获得详细和个性化的客户信息，从而可能会带来某种形式的规模经济。这种规模经济来自企业获得个性化买家数据以识别潜在客户的能力。企业获得买家数据后，可以通过定制产品和促销，包括在客户难以套利的情况下提供个性化价格折扣，满足潜在客户的需求和利益。通过这种方式，客户数据可以降低卖家经质量调整后的促销成本，从而实现规模经济。这相当于客户数据使卖家获得了促销方面质量优势。

我们可以合理地假设，规模收益是递减的：在某个点上，更多的数据将不再能实质性地提高企业通过有针对性的促销或定制产品设计来吸引客户的能力，否则获取额外客户数据用来继续促销以及产品设计所需的边际成本会增加。如果是这样，比竞争对手平均拥有更多或更好的个性化客户数据的大企业，相对于较小的企业拥有竞争优势，即有更低的分销成本。

当企业（包括支配型平台）通过降低价格、改进产品和利用网络效应来追求规模经济时，竞争通常是有益的。但是，如果企业通过阻碍竞争对手获得规模经济而排除竞争对手时，竞争问题可能就随之而来。通过将竞争对手置于成本劣势，或迫使它们退出，支配型平台可以在更少受这些竞争对手限制的情况下行使市场势力。一个被迫小于有效规模的竞争对手可能仍会留在市场上，但其成本会更高。因此，它参与市场竞争的力度会下降。被迫低于最小可行规模的竞争对手则将退出。无论哪一种情况，都有可能放宽支配型企业在定价方面受到的限制，从而使市场价格超过竞争水平。

总之，在很少有企业能达到有效规模的市场中，排他行为，特别是剥夺竞争对手的规模经济这样的行为带来的竞争威胁，通常是一个问题。此类市场中，通常有一个支配型平台能从其任何一侧的需求规模经济（网络效应）中受益，或从供给规模经济中受益。当一个平台能够实现相对于市场规模较大的规模经济，从而获得相对于较小竞争对手平台或潜在进入者的实质性优势时，也许只有少数平台能够实现足够的规模以在相对平等的条件下竞争；或者可能由一个单一的平台占支配地位。[49]如果一开始只有少数规模化平台展开竞争，排他行为就会将此前有效率的平台推至有效规模以下，或阻止一个较小的平台达到有效规模，这对市场竞争而言尤其危险。

定向折扣

判例法目前尚未考虑到与一家支配型企业获取大数据相关的一种具有潜在重要性的排他机制，即平台有能力利用其获得的客户（或供应商）信息，通过有针对性的降价（价格歧视）排除竞争对手平台。[50]选择性折扣可能对一个潜在的掠夺者来说是一项有吸引力的策略，因为相较于全面降价它的成本要更低。以下两个假设的例子解释了这种排除竞争对手的方法。

第一个例子假设亚马逊比其他在线购物网站了解更多，甚至是大部分住户的偏好。[51]特别地，假设亚马逊能够识别出偶尔光顾亚马逊的购物者，他们是百思买（Best Buy）、梅西（Macy's）、斯台普斯（Staples），或者沃尔玛的最佳在线顾客，并且亚马逊能够对这些购物者定向降价。[52]亚马逊在降价方面不会有任何麻烦：它显然可以降低那些有定价权的产品（即批发销售类产品）的价格，而且很明显，它还可以降低目标客户购买第三方供货商在其网站上销售的产品的价格，只要它向这些供货商支付其想要收取的价格。[53]

虽然对潜在客户有选择且有针对性地降价似乎完全有益于竞争，但在某些情况下，一个支配型平台采用这种做法来排他则可能会损害竞争。如果亚马逊能够从竞争对手那里夺走大量的常客，它就能提高竞争对手吸引额外销售的边际成本。为了避免损失，竞争对手可能会被迫提高价格。或者，不管竞争对手收取的价格是否超过其当下更高的成本（now-higher costs），他们都可能会选择以不那么激进的方式与亚马逊竞争，诱使亚马逊退让。无论哪种方式，亚马逊都可能在网上购物中获得、维持或增强其市场势力，所有的网上购物者最终都将可能支付更多的费用。亚马逊甚至可能不需要有针对性地定向降价，以诱使其竞争对手在竞争中退让，至少不需要经常定向降价。一旦亚马逊有能力选择性地瞄准某个竞争对手的客户，而该竞争对手知道亚马逊有这种能力，但其缺乏可与亚马逊匹敌的能力来瞄准亚马逊的客户，那么选择性折扣的威胁可能足以促使其避免以压价方式挑衅亚马逊。[54]

正如亚马逊可以利用其在数据获取方面的优势来削弱平台之间的竞争一样，它也可能损害仅参与其平台一侧的企业之间的竞争。

第二个涉及亚马逊自有品牌纸尿裤业务的假设性例子说明了这种可能性。[55]

设想一下，虽然可能事实与此相反，亚马逊可以阻碍其零售购物平台上纸尿裤的卖家带来的竞争，从而行使其在纸尿裤销售方面的市场势力，尽管纸尿裤的消费者有可能通过其他购物平台或实体零售渠道购买该产品。如果亚马逊能够利用它在客户数据获取方面的优势来识别可能购买与亚马逊自有品牌相竞争的其他品牌纸尿裤的消费者，它就可以向这些客户折价销售自有品牌纸尿裤。同样，这一折扣也是有选择性的。亚马逊将不会向那些预期在没有额外诱因下仍会购买其自有品牌纸尿裤的用户提供优惠。如果拥有数据获取优势的亚马逊比竞争对手更能识别出可能从他人手中购买产品的客户，并针对他们提供折扣，它就能提高竞争对手吸引新用户的边际成本。这可能会使竞争对手成为不那么积极的竞争者。如果是这样，纸尿裤的价格就会上涨。

一个类似的结果是，亚马逊也许能够利用其产品销售信息，在那些相互竞争的纸尿裤品牌之中快速识别出用户认为有吸引力的各竞争品牌的特征。亚马逊可能会很快地将这些特征添加到其自有品牌产品中，从而减少竞争对手从产品改进中获得的利润。[56]如果亚马逊系统性地这样做，其纸尿裤竞争对手可能会变得不太愿意创新和试验。由此导致的结果是，与之竞争的纸尿裤生产商将不太可能对抗亚马逊在销售自有品牌产品时可能利用的市场势力。[57]亚马逊还可能在向其选定的客户展示搜索结果时，偏向其自有品牌产品。[58]

购物平台的例子和纸尿裤的例子都是基于一个共同的假设：支配型企业能够更好地瞄准竞争对手的客户并提供折扣，反之则不然。我们可以将这种做法视为价格歧视。价格歧视在经济中无处不在，在互联网平台等边际成本定价不太可能覆盖固定成本的行业尤其普遍。价格歧视及相关做法，例如生产多个版本的产品使卖方能够根据不同的买方支付意愿收取相应的价格，这种做法往往是收回信息技术的高固定成本的自然途径。[59]

当企业向不同的买方或买方群体收取不同的价格时，或者当企业根据服务这些买方或买方群体的成本差异收取不同的价格成本差时，它们就是在实施价格歧视。例如，假设餐厅的送餐成本是 5 美元，如果一家餐厅相较于自取订单的顾客增加了 10 美元的送餐费，可以说这就是在实施价格歧视。或者如果一加仑优质汽油的生产与销售成本比普通汽油高出 1 美分，那么一个加油站对优质产品多收取 10 美分则是在实施价格歧视（或许也有人认为产品是不同的，并认为加油站和餐厅是以不同价格销售不同产品，而不是实施价格歧视）。要实施价格歧视，卖方必须有能力根据客户或客户群体的支付意愿或价格敏感性进行分类。它还必须防止套利，即它必须确保以低价获得产品或服务的买方不能低价买入产品又将其转售给能出高价的买方。

从经济学理论上讲，垄断市场中价格歧视的福利效果是不清晰的。[60]相较于卖方只能向所有客户收取相同价格的情形，价格歧视也许使卖家可以向高估产品价格的买家收取更高的价格。较高的价格减少了消费者剩余，损害了买方并减少了总剩余。[61]但价格歧视也可能使买方受益并增加总剩余，它可能会使卖方能够服务于那些对产品估价高于产品成本的买方，否则这些愿意支付较高价格的买方会被挤出市场。类似地，当消费者搜索成本高昂时，定向广告可以帮助买方更快且更轻松地找到与其品味相匹配的产品。[62]实证分析可以帮助我们确定价格歧视在某些特定的垄断市场中更具危害性或者更有益。

在寡头垄断市场中，价格歧视还有其他潜在的有害和有益的后果。[63]如果卖方同等地易受定向折扣影响，价格歧视的机会就可以增强竞争，虽然并不一定必然如此。在垄断市场以及卖方同等地易受定向折扣影响的寡头垄断市场中，价格歧视的福利效应在理论上并不清晰，这提醒人们不要推定价格歧视是有益的，而是与一些保守派评论者相信的正相反。[64]

一方面，如果卖方同等地易受影响，它们锁定客户的能力可能会引发更激烈的争夺价格敏感客户的竞争，从而导致更低的价格。每一个寡头企业都可能锁定其竞争对手不太忠诚（对价格更敏感）的客户群体，从而导致整体上更具竞争性的结果。[65]此外，选择性地锁定客户的可能性也许会阻碍或破坏竞争对手之间的协同，因为锁定客户可能使协同中的欺骗行为更有利可图。

另一方面，价格竞争加剧带来的威胁可能会助长协同行为，从而导致价格上涨。协同可能采取在针锋相对的竞争中相互容忍的形式[66]，这可以被视为一种平行排他。[67]或者，欺骗行为导致的价格竞争加剧的威胁，会阻止降价，就像多市场接触（multimarket contact）增多有助于协同一样。[68]

与亚马逊相关的假设性例子设定了竞争对手并不是都同等地易受到定向折扣的影响。相反，它们假定一家支配型企业比竞争对手更不容易受到定向折扣的影响。那么，寡头之间的价格歧视将造成排他和共谋的威胁。[69]

在一个拥有支配型企业的市场中，排他威胁更有可能发生。[70]如果一家企业在获取个性化的消费者信息方面具有优势，那么它可能会选择性地瞄准最能使竞争对手盈利的用户提供折扣，而将其客户基本上隔绝于定向措施之外。此时，选择性地瞄准用户或由此带来的威胁，可能会阻止来自竞争对手和潜在进入者的激烈竞争，从而使拥有信息优势的企业能够获得、维持或增强市场势力。[71]此外，有选择性地瞄准客户可能成本也较低：支配型企业不需要降低对现有用户的定价，只需要针对那些可能从竞争对手那里购买产品的用户降价。[72]

毫不奇怪，支配型企业在选择客户目标方面的卓越能力可能会产生不利的竞争后果，因为这种做法的竞争影响与最低价格保证［price-matching guarantees，也称为"一致竞争条款"（meeting-competition clauses），或"符合或解除条款"（meet-or-release clauses）］的影响是异曲同工的。[73]当企业实行此类保证策略时，竞争对手从降价中获得的收益就更少：原本竞争对手可以吸引到的一些客户最终并不会转换。因此，这种行为可能会阻止竞争对手进行激烈的竞争，导致所有企业都收取更高的价格。[74]类似地，当支配型企业的竞争对手和潜在进入者了解到可以通过定向折扣实现降价时，它们从降价中获得的收益也会减少。这些竞争对手反而可能会避免开展激烈的价格竞争。[75]

增加用户转移成本

在一些著名的反垄断案件中，支配型平台通过增加其对自身客户的约束（比如，使最终用户的多归属或转换变得更加困难或昂贵），从而阻止竞争对手获取最终用户。《洛兰日报》（*Lorain Journal*）就是这么做的，它拒绝接受企业同时在竞争对手广播电台上发布广告。[76]一家领先的鲜花配送网络 FTD[77]、MasterCard 和 Visa[78] 通过阻止其会员使用竞争对手的平台而排除竞争对手。

2000年，一份联邦贸易委员会的工作人员报告揭示了许多潜在的排他行为，比如B2B市场利用这些行为损害其与竞争对手平台之间的竞争。

> B2B平台为了获取业务，可能会使用各种"胡萝卜"（绩效分红、返利或收入共享的手段，以换取达到一定数量水平的承诺）或"大棒"（最低数量或最低百分比要求、禁止对其他B2B平台的投资、预先收取会员费或所需的软件投资、对供应商和买方施加压力）。如果参与者选择支持另一家B2B，则排他行为会以放弃收益或需要支付罚款的形式施加转换成本。[79]

在联邦贸易委员会列举的做法中，大多数是以增加对客户约束的方式实施排他行为，从而增加了最终用户转换平台的成本。[80]联邦贸易委员会列举的这些做法并未穷尽支配型企业通过增加客户约束来损害竞争的所有方式。例如，一家企业还可以使客户以更多成本获得有关产品功能的准确信息来增强对客户的约束。[81]

客户可能会出于许多原因而成为企业的俘虏，包括买方习惯、客户搜索成本或客户转换成本。转换成本可能来自客户在学习使用产品或服务方面的投资，也可能来自客户在产品功能、地理位置或卖方声誉方面的偏好。对客户的约束可以为平台企业创造重要的竞争优势。平台在一侧俘获的最终用户越多，其竞争对手就更难吸引到同一侧或另一侧的最终用户（考虑到反馈效应）。这种动态增强了直接损害任一侧竞争性平台这一行为的排他效果。

在存在支配型平台的市场中，竞争的程度可能主要取决于较小的竞争对手或潜在进入者将业务从平台领导者手中夺走而获得规模经济的能力[82]，例如开发更好的产品或降低成本和价格。增加被俘获的最终用户（客户）的行为阻断了这种竞争机制。此类行为使竞争对手平台或新进入平台者在竞争已经很有限的情况下成功展开竞争变得更加困难，因为这会使那些竞争者实现规模经济变得成本更高或更难。[83]尽管这些竞争对手并非被迫退出，但它们可能无法低价扩张，特别是如果为了扩张，它们必须在超越较窄的产品范围或特定地域细分市场的基础之上提供服务，或者它们具有的独特成本优势会随着规模扩大而消减。[84]如果支配型平台增强了对最终用户的约束，且这些最终用户不会光顾多个平台[85]，那么无论竞争对手是否在一个有效规模上生产，它们均无法对支配型平台的市场势力施加过多的限制。[86]

当今支配型信息技术和互联网平台使用的许多做法都会潜在地增加最终用户的转换成本。一个例子是亚马逊的"Prime 服务计划"，该计划是一项收费服务，通过向会员提供免费快速送货、较低的责任风险及产品折扣来提高购物者的忠诚度。[87]另一个例子可能是脸书给那些希望将发布内容和社交联系转移至其他社交媒体平台的用户设置一系列障碍。[88]还有，谷歌控制了用户使用竞争对手搜索平台的过往搜索数据，意味着这些竞争对手无法像谷歌一样从以往的许多搜索中学习。这可能导致竞争对手的搜索算法不如谷歌精确，对谷歌的用户来说，使用竞争对手的搜索引擎带来的吸引力便降低了。

当然，一家支配型企业即便采取了那些可能会增加最终用户转换成本的平台行为，也不一定会损害竞争企业。经调查，这些行为可能不会排斥竞争对手平台，或者其效率收益是可以超过任何竞争损害的。但是，当支配型平台采取措施增强对客户的约束时，就有理由产生反垄断方面的顾虑。

平台最惠国待遇条款

如果亚马逊要求在其购物平台上销售产品的第三方卖家承诺，不会以更低的零售价在其他平台上出售商品，那么亚马逊便采用了平台最惠国待遇条款，也称为同等价格条款（price-parity provision）。[89]每当在线平台采用代理分销模式时便可以施加该条款，例如在酒店及交通预订、消费品和数字产品的在线平台上，这都很常见。

平台最惠国待遇可被视为一种商业模式中的排他协议：它通过强加给第三方供货商不与其他平台交易的义务，排除了那些在预测零售价格后希望采用替代模式的竞争对手平台或进入者。相应地，平台最惠国待遇可能会使竞争对手平台无法采取以下策略：向同意将其节省的成本转化为对消费者降价的供应商收取较低的佣金。通过阻止在线平台对手或进入者在价格上竞争，支配型平台可以保护其市场势力免受侵蚀。[90]例如，在欧洲，在线酒店预订网站被发现使用平台最惠国待遇来阻止提供折扣的酒店预订平台的发展。一些平台实施最惠国待遇的理由是这样做可应对客户搭便车威胁，以保护平台投资于改进产品或服务的激励，但是这种效率主张在许多情况下都不具有说服力。

掠夺性定价

支配型平台还可以通过收取低价来排除竞争对手，这被称为掠夺性价格。在一起案件中，一家报纸采用定向降价企图排除另一家竞争性报纸，该行为被判定违反了《谢尔曼法案》第2条对企图垄断的禁止。[91]莉娜·汗（Lina Khan）在其最近一篇引发关注的文章中，将亚马逊成功取得在线平台支配地位的部分原因归结为它使用的逃避反垄断执法的掠夺性定价策略。[92]

莉娜·汗将亚马逊的业务战略描述为亏损销售价格（loss-leading prices，即"为了建立支配地位愿意放弃利润"[93]）与拓展多个业务领域的组合。[94]她认为，亚马逊的投资者在越来越多的业务领域内"愿意为掠夺式增长提供资金"，并预期至少十年后方能弥补由此造成的损失[95]，弥补损失的方式也许是同时在许多市场上提高买方支付的价格、减少向供应商的付款，或同时采取这两种措施。[96]莉娜·汗表示，相对于亚马逊微薄的利润流，华尔街对亚马逊的高估值支持了她的观点。

但是，可能还有其他原因使投资者看好亚马逊。金融市场可能会押注亚马逊在其他业务上的成功，包括云计算（在该领域，亚马逊是利润丰厚的市场领导者）和利用亚马逊对人工智能的投资而促进的互补性服务的发展。[97]投资者们可能认为亚马逊正在以低于当前成本的定价（但可能不是相对于预期的未来成本）以及扩大其产品和服务的范围，投资于其规模和范围。这些投资者可能会押注亚马逊的成本将低于竞争对手购物平台的成本，这有可能使亚马逊的平台盈利，即使其长期价格不高于足够有效率的竞争对手平台，该价格可以覆盖这些平台付出的成本，并为它们的所有者带来市场竞争水平的资本回报。

因此，我们可能要在其他地方寻找亚马逊成功实施掠夺性定价的案例。这貌似涉及单个产品。[98]假设一个例子，亚马逊可能试图对单个产品收取低价，以此来阻止实体零售书店的竞争。[99]较低的书籍价格可能会排除竞争的书店，无论是在线零售书店还是实体零售书店，而且损害竞争的行为将为亚马逊带来合理的获利前景。亚马逊可能会提高实物书的价格来损害竞争，并期望剩余的零售竞争对手不会采用激烈的竞争作为回应。或者，它可以通过与出版商议定一个较低的批发价格来获利。损失补偿（recoupment）可以在亚马逊平台的任何一侧或多侧同时进行。在所有的排他案例中，都会出现以下问题：排除竞争对手、对竞争造成损害，以及（竞争损害前提下）预期的可营利性。[100]

与其他形式的排他行为一样，亚马逊可能有促进竞争性的理由来捍卫其收取较低的图书价格。此类行为可能有助于亚马逊同时销售其他产品。[101]或者，低书价及其带来的销售增长，可能会扩大亚马逊的客户基础[102]、树立亚马逊折价销售的声誉或者向亚马逊提供客户偏好信息供该公司推荐其他产品。尽管如此，低价收费的排他后果对竞争的损害有可能超过这些潜在的竞争收益。

推定及排他行为

既然更有力地阻吓对支配型平台的市场势力是首要问题，一般来说，执法者就有充分理由对大型信息技术和互联网平台的排他行为加大审查力度。排他行为不应被推定为合法，也不应为高于成本的掠夺性定价提供避风港。同时，支持排他行为的可能的效率潜在理由的范围及其合理性告诫我们，不要采用如一些进步派人士建议的对竞争损害的完全推定（across-the-board presumption）。一般而言，反垄断法应在不采用完全推定的情况下评估排他行为的合理性，除非在下文或其他章节所述的某些情况下，法院应在略式事实证明的基础上推定竞争损害，或对相关行为予以违法认定。

本节首先解释略式分析裁判法何时适用于法律上的排他行为，即《克莱顿法案》第 7 条下审查的纵向协议、《谢尔曼法案》或《克莱顿法案》第 3 条下审查的纵向限制，以及垄断化案件中不涉及掠夺性定价指控的纵向行为。其余部分讨论排他行为涉及定向折扣和掠夺性定价时引发的一些独特的法律问题。

排他行为的合理性审查与略式分析裁判法

对纵向合并的执法说明了与排他行为相关的一般法律环境，也显示了芝加哥学派和当代进步派在观点上的巨大差异。一般而言，法院不应采用上述两种路径，而应在不依赖一般推定的情况下进行合理性分析。但是，如果略式分析裁判法是适用的，或者有理由援引某一具体的竞争损害推定，例外情况就会出现。

芝加哥学派

根据理查德·波斯纳 1979 年的文章，芝加哥学派带来的反垄断思维的变化"在纵向合并领域最为明显"。[103] 20 年前，他观察到结构性时代的主要评论员曾建议禁止任何享有 20% 或更高市场份额的企业进行纵向合并。[104] 该建议与当时的判例法基本一致。[105] 相反，在 1979 年，主要的反垄断论述对纵向整合几乎没有关注，而且，如果被迫在本身违法和本身合法之间做出选择，这些论述更倾向于后者。[106] 法院注意到了这种思维上的巨大变化。1989 年，某地区法院总结了芝加哥学派的观点："纵向一体化在反垄断法下并非违法，甚至不是有垄断嫌疑的行为类别"。[107]

当代执法者

尽管司法重点有所改变，但执法机构仍继续质疑一些纵向合并。随着时间的推移，这些机构吸收了现代经济学中关于排他行为的知识，这些知识要晚于博克、波斯纳和伊斯特布鲁克引用的文献。现代文献认识到，销售互补产品的公司之间的纵向合并及其他形式的合并可能以圈占投入品或客户的方式，以及其他方式损害竞争。[108]近年来，执法机构以"同意令"的方式解决了许多有关纵向合并的诉讼，包括谷歌收购ITA（一家旅程预订引擎）案。[109]法院自20世纪80年代以来再未对纵向合并进行实质性分析，直到2018年，某地区法院驳回了司法部对美国电话电报公司收购时代华纳的诉讼。[110]

进步派

套用波斯纳的话来说，进步派和芝加哥学派在反垄断观点方面的最显著差异，莫过于他们在评估纵向一体化时所做的推定。美国一些当代的进步派人士拒绝接受反垄断机构的支持，退回到芝加哥学派之前的反垄断规范（pre-Chicago norm）这一中间立场。他们主张，一旦认定一家支配型信息技术企业为供应商或客户提供了重要服务（例如亚马逊、脸书、谷歌或康卡斯特），并购买或拥有一家依赖于其平台服务的企业，就应推定存在竞争损害。[111]在这些评论者看来，一个支配型平台几乎总是既有动力又有能力将竞争对手排斥在它拥有或收购的纵向相关企业之外，从而损害其上下游市场的竞争。

最严格地禁止支配型平台的纵向一体化（无论是通过合并还是内部扩张），可以阻止亚马逊在其购物平台上销售自有品牌产品，或阻止康卡斯特拥有节目制作网络或电影工作室。这种禁止还可能会阻止谷歌根据搜索查询来提供航班预订信息，并分别禁止谷歌与

第7章　支配型平台的排他行为

苹果销售基于安卓和 iPhone 操作系统的智能手机（这些结论将各种平台定性为支配型平台，企业可能会对此提出疑问）。

如果将这些观点应用于合并，对于纵向一体化导致竞争损害的推定，或许本会阻止支配型平台最近的一些交易（至少是一部分）。其中包括亚马逊对在线鞋类零售商 Zappos 的收购[112]；对一系列在线购物网站的聚合网站 Quisdi，包括婴儿用品网站 diapers.com 的收购[113]；以及对杂货超市 Whole Foods 的收购。脸书对照片墙、WhatsApp（手机信息服务）、Oculus（虚拟现实娱乐企业）和 Ozlo（人工智能企业）的收购。谷歌对 YouTube（在线视频）、摩托罗拉移动（智能手机）、Waze（汽车导航软件）、Nest（家庭自动化设备）、ITA（为旅游预订网站提供支持的软件）、管理在线广告的企业（DoubleClick and AdMob）以及人工智能企业（Deep Mind and Dark Blue Labs）的收购。[114]所有这些收购在进步派的假设下都是可疑的。

这些交易不完全是纵向的（即收购供应商、分销商或互补产品的销售商）。相反，有些还可以被视为横向收购（收购竞争对手）或是对潜在竞争对手的收购。[115]例如，亚马逊对 Quisdi 的收购既有横向因素（两个购物平台的合并）也有纵向因素（购物平台和自有品牌产品制造商的合并）。脸书收购照片墙可能是一次潜在的横向竞争对手之间的合并，从某种程度上讲，照片墙可能已经从一个照片分享平台演变为一个更广泛的社交媒体平台。不过，作为一个整体，这些收购足以反映支配型平台之间纵向合并活动的广度。

进步派支持的反纵向合并的推定会导致涉及面过宽，这一事实当然不是反对这种推定的理由。问题不在于这种禁止涉及的潜在范围，而是它会在多大程度上抑制效率。例如，纵向收购可以使企业利用补充资产来降低成本或改进产品；可以使企业与其供应商或分销商激励相容，以成本更低或更有效的方式生产、分销产品和服务。合并后，纵向相关企业可能有激励消除双重边际效应（连续加价）降低价格和扩大产量。在某些情况下，纵向合并主张的效率可能是较低的、猜测性的，或者可以通过合同、内部扩张或其他不需要合并的方式随时获得的。正如在横向合并要求的效率那样，上述原因也减弱或否认了纵向一体化主张的竞争收益。但在另一些情况下，效率收益将是可观的，且无法通过其他途径获得，因此值得考虑。全面禁止纵向一体化将扼杀这种效率收益。

合理性审查

法院在审查纵向合并时，通常应该评估潜在的收益和竞争受到的威胁，而不应采用芝加哥学派导向的推定，即纵向合并有利于竞争，也不应采用激进派支持的推定，即纵向合并是有害的（本书第 8 章主张的一个推定是支配型企业在创新领域收购一个目前未与之竞争但有能力威胁未来产品竞争的企业时，创新竞争将受到损害，这一推定可适用于纵向合并）。[116]同样地，法院在评估包括排他性交易和平台最惠国待遇在内的纵向限制时[117]，或在评估其他排他行为时，也应避免采用其中任何一种推定。

尽管如此，鉴于经济中广泛存在的市场势力问题及最近对反竞争的排他行为威慑不足的历史，执法机构应更多地注意排他行为引起的潜在竞争问题，无论该种行为是通过纵向协议还是其他方式实施。在某些情况下，应采用略式分析裁判法的规则来推定竞争损害。

略式分析裁判法

用于评估反垄断法下企业行为合理性的现代举证责任转移框架，采取排他行为的企业阻碍了与除微不足道的竞争对手以外的所有实际或潜在的重要竞争对手之间的竞争[118]，以及排他行为缺乏合理的效率理由时[199]，就可以对所有法律规定的排他行为采用略式分析裁判法。之所以称为略式分析裁判法，是因为它不需要全面分析被评估行为的性质、历史、目的以及实际或可能的效果。当排他行为被认为具有垄断的企图时，以及在实际的垄断化行为、排他式联合抵制、非价格纵向限制及排他性交易的情况下，可以采用略式分析裁判法。[120] 如果拟合并企业认定的效率并非实质性的或合并特有的，则略式分析裁判法也适用于纵向合并。

我们可以将这种方法理解为采用了对排除所有重要竞争对手而造成竞争损害做出的可反驳推定，也可无法合理地将该行为认定为促竞争行为时做出的结论性推定。非自愿卡特尔直观地解释了为什么此种结论性推定具有经济合理性。如果一家或多家企业采取无益于竞争的行为，排除了所有重要的竞争对手，也就是说，无法降低成本与价格或提高质量，它们的行为就相当于"赤裸裸"的价格固定型卡特尔，因此可能会损害竞争。

联邦第七巡回上诉法院拓展了这种经济逻辑。该法院承认，如果采取排他行为的一家或多家企业具有市场势力，并已证明有能力预先排斥至少一个重要竞争对手，则有理由推定它们有能力和激励通过预先排除所有重要竞争对手来损害竞争。[121] 相应地，可以在无须开展全面的合理原则审查的情况下，证明一个或更多竞争对手被排除、采取排他行为的企业具有市场势力[122]，以及所讨论的排他行为没有合理的效率理由,从而判定排他行为违反反垄断法。

根据联邦第七巡回上诉法院的方法,我们可以对基于略式分析裁判法而断定的市场势力作其他解释:第一,此种市场势力表明企业有能力排除其他重要竞争对手;第二,它使我们有理由预期排他行为会导致企业能够提高价格或损害竞争。此类解释会影响执法机构是否应从企业采取排他行为之前或之后的角度评估市场势力(如果原告声称竞争受到了损害,就可以追溯采取排他行为后的市场势力;如果原告声称竞争将在未来受到损害,就可以预期采取排他行为之后的市场势力;抑或这两种情况同时存在)。在第一种解释下,略式分析裁判法可以着眼于采取排他行为之前或之后的市场势力中的任何一个,因为它们都表明了企业是否具有排除竞争的能力。在第二种解释下,只有采取排他行为之后的市场势力才重要。例如,无论一家企业原先的份额多小,它显然可以通过排除所有竞争对手来行使其市场势力。

推定与定价

平台可以利用价格折扣来排除竞争,正如上述两种排他方式,即定向折扣与掠夺性定价。过去,反垄断法一直采用特殊规则来评估掠夺性定价,而定向折扣涉及一种新机制,对于这种新机制应当用不同的方式予以分析。基于下文解释的原因,法院通常应当将这两种涉及定价的排他行为纳入举证责任转移框架进行评估,而不是采用特殊的推定方式。

定向折扣

善于获得客户数据的支配型企业凭借定向价格折扣的排他行为，某种程度上类似于凭借掠夺性定价的排他行为，因为这两种机制都涉及定价。但定向折扣与掠夺性定价的核心思想相去甚远：后者是指在一个掠夺者能够比被掠夺者维持更长时间的市场内全面地大幅降价。[123]对定向折扣诉讼的关注点应是竞争对手是否被系统性地锁定，而非仅停留在价格层面。针对定向折扣，应采用规制排他行为相关的一般性反垄断规则，而不是规制掠夺性定价的特别规则。

如果在适用于排他行为的一般框架内评估定向折扣，则支配型企业提出的商业理由可能至关重要，因为它决定了是否可以运用略式分析裁判法从而根据《谢尔曼法案》第2条判定该行为违法。假设原告可以证明一个或多个竞争对手曾被排除，或者如果损害是预期的则竞争对手可能被排除。进一步假设，原告可以证明所有重要竞争对手都被排除了，或一些竞争对手被排除且支配型平台具有市场势力或极有可能获得垄断势力。[124]此时，除非被告平台有定向折扣的合理商业理由，否则应在不做进一步分析的情况下判定这种行为违法。

例如，如果亚马逊系统性地定向给竞争对手的客户提供折扣，但不向自己的忠实客户或其他客户提供类似折扣，而且满足了其他略式分析裁判法下的条件，它就有可能会在无须进一步分析的情况下被判定违反反垄断法。相比之下，如果该平台锁定的目标客户比大多数客户更有可能购买更多，其中一些客户碰巧也光顾竞争对手的平台，那么应评估平台行为的合理性，以确定定向折扣的排他结果带来的竞争损害是否超过了促进竞争的好处。[125]

如果一个平台系统性地锁定竞争对手的客户，它可能以怀疑掠夺性定价违法的保守言辞来设法包装自己：它可能会辩称，给可能从竞争对手那里购买产品或服务的潜在客户提供定向折扣是竞争的本质。这个论据应当被立刻驳回。它相当于在说，自愿买方和自愿卖方之间的交易就是促进竞争的。竞争问题并不在于交易双方的境遇在短期内是否都变得更好，而在于卖方的行为是否可能排除竞争对手从而损害竞争。

法院和执法者还可以阻止那些使支配型企业能够排他性地获得客户数据用于锁定客户的协议与合并，以此解决支配型平台利用其获得客户信息的优势进行定向折扣的威胁。[126] 如果法院将定向折扣认定为掠夺性定价，那么此类阻止协议与合并尤为重要，因为最高法院已经引入了一些特别规则为起诉掠夺性定价行为的原告设置了障碍。

掠夺性定价

掠夺性定价案件中的原告通常很难胜诉，部分原因是法院在评估此类诉讼时采用了两项规则，以帮助构建对掠夺性行为（根据《谢尔曼法案》第 2 条）或竞争损害（根据《谢尔曼法案》第 1 条）的一般合理性分析：对高于某种程度的成本（通常为边际成本或平均增量成本）的损失补偿测试（recoupment test）及价格避风港。[127] 损失补偿测试适用于评估一般排他行为，而且当某些企业利用价格折扣排除竞争对手时，该方法也不会一成不变地阻碍相关企业提起掠夺性定价的诉讼。而"价格—成本避风港"则会导致不恰当的错误与成本平衡（error-cost balance），应予以废止或修改。

损失补偿

损失补偿测试要求原告解释为什么掠夺者会合理地预期短期的低于成本的定价能带来长期利润。这一测试从理论上讲是无可争议的：除非一家企业看到采用排他性策略带来的好处，否则它不可能这样做。[128]在排他行为的案件中，可获利问题并不在于企业是否期望从被指控的行为中获利（如果这家企业是经济理性的，那么它总会从该行为中获利），而是在于排他行为有正确理由的情形下，是否可获利。[129]

在实践中，当竞争损害是可预期的而排他策略的成本高昂时，预期的可获利性就是一个颇有争议的问题，就像某些形式的掠夺性定价一样。[130]即使在有关掠夺性定价的诉讼中，最高法院也采用"视具体情况而定的灵活方法进行损失补偿测试"，这种方法对市场结构、竞争条件以及所采用的掠夺策略均十分敏感。[131]

对所有的掠夺性定价诉讼而言，损失补偿测试不是死刑判决，因为现代经济学文献已经发现了一系列可能导致损失补偿发生的机制。一个多市场垄断者（multimarket monopolist）可能会对单一市场内的进入做出激烈反应，它主要通过阻止其他市场内的进入，使垄断者可以保护它在这些中的市场势力（多市场补偿形式的掠夺），从而获利。[132]掠夺者也可能通过以下方式获利：说服借款人或投资者停止支持被掠夺者［资金掠夺（"deep pocket" predation）］；令潜在进入者相信因掠夺者的成本过低而无法使进入有利可图（通过发送成本信号进行掠夺）；或者，令潜在进入者相信其产品对购买者不具吸引力（测试市场掠夺）。[133]当被掠夺者吸引的购买者较少时，掠夺者也可以通过否定被掠夺者的规模经济[134]，或者否定被掠夺者的双边平台另一侧（即需求侧）的规模经济而成功实施掠夺性定价。[135]

或许我们可以用一个指控亚马逊实施掠夺性定价的假设案件来证明损失补偿的合理性，这个案例挑战了亚马逊在诸如畅销电子书这样的细分产品类别中采取低于成本的定价行为。亚马逊可能会通过向出版商收取更高的固定费用、向它们支付更低的批发价或提高电子书零售价，以此收回利润。当然，即使满足了损失补偿测试，亚马逊也可能以其他理由在诉讼中获胜。[136]

如果从事定向折扣的支配型平台将价格制定在低于平台成本的水平，并且该行为被评估为掠夺性定价（与前文所述的建议相反），那么损失补偿测试可能并不难满足。平台可能会在销售产品时对许多没有选择性折扣的客户收取超竞争价格来收回成本。阻止竞争对手平台的激烈竞争会立即增加利润；在支配型平台停止选择性降价之前，这些利润不会受阻。[137]

莉娜·汗提出了一个企业范围的掠夺性定价理论的案例，在这个案例中，损失补偿测试可能很难得到满足。在这个案例中，亚马逊不断将大量的在线零售产品的价格维持在低水平，该举措由投资者提供资金支持，他们希望多年后可以通过向买方提价或通过议价压低供应商的批发价而获利。即使有证据表明亚马逊的低价是排他性的，且主要不是投资于未来竞争（这是证明企业范围的掠夺性定价需要克服的另一个障碍），莉娜·汗假设的掠夺性定价策略的获利前景要得到证明也会面临挑战，原因在于未来对买家提价的时间及幅度，或者让供应商压低批发价的时间及幅度，具有不确定性。这个难题可以理解为应当要求原告用证据及经济分析予以说明的排他性理论的一部分经济逻辑，而不是一个应当要求法院去消除的不当法律障碍。[138]

高于成本定价的避风港

相反，我们应当反思明确适用于掠夺性定价诉讼的第二项反垄断规则，即高于成本定价的避风港，从而解释有关"错误成本平衡"的观点变化。尽管"避风港"源自阿里达和特纳关于掠夺性定价的极具影响力的文章，但该文实际上认为，从支配型企业低于成本的定价中可以做出一个不可反驳的垄断推定。[139]法院将这项测试从审查（screen）转换成避风港，以避免扼杀有利于竞争的降价。"Brooke Grp. Ltd. 诉 Brown & Williamson Tobacco Corp. 案"是关于掠夺性定价的现代判决，它具有引领意义，联邦最高法院对此判决的解释是，如果没有一个价格适当高于成本的避风港，禁止掠夺性定价可能会冷却具有积极意义的合法的价格竞争。[140]正如最高法院承认的那样，企业有可能出于促进竞争的原因而收取较低的价格，甚至低于成本的价格。[141]

更一般地说，1993 年最高法院认为对错误成本的考量为试图证明掠夺性定价的原告设置了很高的障碍。就错误成本平衡而言，一方面，法院对掠夺性定价诉讼会扼杀促进竞争的价格折扣表达了严重关切；另一方面，最高法院几乎没有看到反竞争威胁：它援引了"掠夺性定价通常不可能"的说法。[142]

然而，从应用价格成本测试中得出的经验以及自 1993 年以来的经济学发展表明，高于成本定价的避风港实际采用了关于错误成本平衡的错误观点。掠夺性定价行为不再是不可能的。最近的经济研究提供了一些成功进行掠夺性定价的例子[143]，对损失补偿可行性的现代研究有助于解释为什么会如此。此外，避风港规则的应用，在制止反竞争行为方面是一个很差的选择。它将注意力集中在一个错误的问题上,即衡量被告的成本,而法院应当关注的是竞争对手是否被排除,如果是,那么被告是否能够获得、维持或增强其市场势力。当高于成本定价的避风港适用于多边平台时(包括许多支配型技术平台),它将倾向于审查平台在终端用户不会被收费或得不到补贴的一侧的定价行为,而这一定价行为往往是一种刺激用户使用的有可能促进竞争的手段,并以此吸引在其他侧上更多的参与。然而,执法者和法院应当寻找在有效规模上排除竞争对手或者以其他方式来排除竞争对手而降价的平台。即便掠夺者的降价仍使其价格高于成本,避风港也没有承认掠夺性定价行为作为一种排他策略是有效的。[144]

对掠夺性定价的威慑不足问题,以及普遍增强对反竞争行为威慑的必要性表明,我们需要重新考虑高于成本定价的避风港原则。法院不应采用价格—成本测试来审查案件,而应该在评估掠夺性策略时对它们所需的证据提出一般性要求,这些要求包括竞争对手被排除的证据;通过排除竞争对手,掠夺者能够获得、维持或增强市场势力的证据;以及在降价的成本显而易见但仍可预期到行使市场势力带来的危害时,表明被告可合理地预测到从排他策略中获利的证据。[145]要求提供此类证据能够防止因依赖于将一系列潜在的反竞争行为与法律责任相隔离的避风港原则而导致的威慑不足问题。

基于类似的原因,如果依旧要保留低于成本定价的避风港,则应对它进行修改。避风港应被视为设定了一个成本水平,在这个水平上,对比平均总成本考查降价,从而将责任保护(liability protection)从更广泛的潜在反竞争行为中移除。尽管固定成本和共同成本的配置是任意的[146],但任何合理的配置都会从过于宽泛的避风港中消除有害行为。此外,在适用这种审查方法时,法院不应将价格

第 7 章 支配型平台的排他行为　　173

与整个产品线的平均成本进行比较。[147]任何低于成本的价格都应足以让法院受理案件。

在掠夺性定价行为之外，自"Brooke Group案"以来，一些评论员和法院的文章都依赖于错误成本分析，该分析类似于法院在该案中采用的方法，主张将支配型企业被指控拒绝交易的行为置于类似掠夺性定价诉讼中使用的更高举证标准之下。[148]如同法院维护高于成本定价的避风港一样，它们采用的错误成本分析过于关注避免扼杀促进竞争的行为，部分是出于第8章中讨论的原因，这些原因与分析支配型企业的独占性抗辩（appropriability defence）相关。这种错误成本分析也没有充分注意到它们提出的测试造成的执法困难，也未充分关注如何在市场势力显而易见且不断扩大的时代制止反竞争行为。

结论

大型信息技术和互联网平台提供的产品和服务是现代世界的奇迹。任何合理的评估都表明，网上购物、网络搜索、社交媒体、家庭宽带、智能手机等，都极大地丰富了我们的生活，其程度也许是无法估量的。这些平台使我们可以快速、简单和方便地获取信息，与朋友、卖家和其他人互动。反垄断问题不在于这些企业是否对我们有利，而在于它们的某些行为是否限制了竞争，从而阻碍消费者、员工和整体经济获得更多的收益。

本章认定了一些反竞争的排他行为，支配型信息技术和互联网平台可能既有能力也有激励采取这些行为。分析排他行为合理性的现代框架使法院可以在满足某些事实前提，包括缺乏合理可信的促进竞争的理由时，在不进行全面的合理性审查的情况下判定某些排他行为违法。这种方法与行为具有合理性的合理性审查相结合，以及在涉及纵向行为或大型企业单边行动的案件中拒绝不干预主义的推定方法，使我们可以更好地理解支配型平台可能通过排他行为损害竞争的机制，并对排他行为予以更高的执法关注，从而在制止竞争损害与扼杀有益行为之间取得更好的平衡。

第 8 章　竞争削弱后对创新的威胁

关于支配型企业和创新，反垄断法存在着两种论调，一如它在竞争方面展开的讨论那样。一种论调表示了对市场势力损害创新的担心，另一种论调则是有关反垄断执法损害创新的担心。一方面，有证据表明竞争促进了创新并提高了生产率。[1]另一方面，人们又担心执法是否能够恰当且带来积极影响：如果反垄断执法降低了支配型企业对研发投资的预期回报，那么是否会导致现有或未来的支配型企业从事研发的激励不足，也就是所谓的抑制创新？

这些关于支配型企业和创新的论调分别对应着反垄断规则依据的错误与成本平衡的两个对立方面：一方面与竞争损害相关，另一方面与抑制促进竞争的行为相关。[2]这两种论调可以分别被理解为肯尼斯·阿罗和约瑟夫·熊彼特的竞争理论在当代的延续。[3]

长期以来，在这些立场之间取得平衡的过程中，反垄断法认为，有必要保护那些以较低成本或优越的生产技术提供更好产品的竞争者进入市场或扩张。在以往的一些典型案例中，法院阻止微软妨碍其竞争对手开发可以访问个人计算机操作系统的新方法[4]；法院阻止《洛伦日报》控制竞争者使用当时的新技术——无线电技术[5]；禁止维萨和万事达信用卡网络拒绝消费者使用具有新功能的产品，阻碍服务创新。[6]

创新问题在合并审查中也很重要，但这是执法机构最近才有的发展。《横向合并指南》（*Horizontal Merger Guidelines*）在1992年首次提到创新一词，但只在脚注里提及。[7] 相比之下，2010年版的《横向合并指南》认定某种方式的横向合并会损害创新竞争，这与经济理论和执法机构最近的调查是一致的：当拟合并企业中的一个（或两个都）打算开发一种新产品，并且可以从合并伙伴那里获得可观的收入，或有能力这样做时，被合并企业都有削减研发的激励。最近的一项研究发现，执法机构在三分之一的合并诉讼中发现了创新问题，并且几乎都伴随着其他不涉及创新的担忧，在研发密集型行业中发生的合并几乎总是出于创新考虑。[8]

然而，这些统计数字夸大了执法对创新的关注程度。创新是司空见惯的，但执法机构只是简单地提到创新而没有详细阐述。[9] 虽然执法机构最近对创新问题表现出兴趣，但法院尚未提供恰当的机制以解决合并对创新的损害问题。

在一个实质性市场势力不断扩大的大环境下，鉴于这一问题与整个经济活力流失的联系，反垄断法必须更多地听取上文提到的第一种论调。本章说明了执法者为什么以及应该采取什么行动保护创新不受市场势力的影响。我将讨论，如何重新平衡反垄断法以更有力地阻吓损害创新的反竞争行为，同时又不忽视反垄断规则可能弱化企业开发更好或更廉价的新产品和服务，或者开发更具成本效益

第8章 竞争削弱后对创新的威胁　　177

的生产工序的激励。随着主要信息技术和互联网平台的发展（这些平台往往严重依赖于研发，并有能力通过创新排斥竞争对手），遏制对创新的反竞争损害是一个特别紧迫的问题。[10]

反垄断法应适当关注创新竞争和未来的产品市场竞争。华盛顿巡回上诉法院（D. C. Circuit）全席出庭一致否决了微软的主张，即新生的竞争因太难预测而无法依据《谢尔曼法案》予以保护。[11]根据《克莱顿法案》，企业合并"涉及概率，而非确定性或可能性"[12]，因此对新生企业构成威胁。在合并的相关法律中，潜在的竞争法理也有相同的解释路径：这些案件强调了合并对当前产品的预期竞争造成的损失[13]，而不是创新或未来产品的竞争损失。

本章的大部分内容是关于第一种论调的。第一节研究了一系列减少竞争可能损害创新的方式，这些研究是围绕合并展开的，但其中讨论的机制也可能出现在非合并案件执法中。除了"恰当性"之外，如果对损害创新的推测可以通过事实现象描述，那么反对"反垄断法干预创新产业"的主要观点，也即认为当产品和市场快速变化时判定反竞争行为太过困难的观点，就不成立。

本章的第二节探讨了支配型企业的排他行为对创新的损害。在这一点上，我将解释何时不应采纳被告的"恰当性"辩护，以此探讨第二种论调的适当范围。本章阐明了因竞争减少可能损害创新时反垄断责任的经济学基础，但没有对适当的救济措施予以明确说明。[14]

企业合并对创新的损害

横向合并法的结构性假设将集中度提高与竞争减弱相联系。当竞争问题涉及价格或与价格相关的竞争维度时，某些评论者就会接受这一假设，而当主要问题涉及"合并"可能阻碍新的或更好的产品和生产工序的开发时，这些评论者对利用结构性假设评估创新产业并购的竞争效应持不可知论。[15]随着时间的推移，执法机构已经通过更详细的分析方法增强结构性假设，以评估与特定竞争效应理论相关的横向合并。这种方法被编入合并指南，使法院和执法者能够理解、解释并评估由合并带来的集中度提高可能损害竞争的经济机制。[16]这样做不仅可以使横向合并执法更瞄准竞争问题，减少双向执法错误，还有助于执法机构在法庭上为它们对合并的质疑做出更令人信服的解释。

本节采用了类似的策略说明合并带来的创新危害。我将首先讨论与在位或潜在竞争对手合并导致创新竞争的减少及未来产品市场竞争的减少，并描述了两种机制：允许被并购企业内部化未来的产品市场竞争（单边效应理论）或阻止竞争对手的新产品开发（排他理论）。[17]

本书认为，在分析威胁创新竞争的合并带来的危害时，法院和执法者应该采用两个假设。首先，法院和执法者应该假定，如果只有少数企业参与创新市场，创新竞争对手间的合并将损害竞争。其次，法院和执法者应该假定，如果创新领域的支配型企业收购一家有能力在未来产品市场带来竞争威胁的企业，即使它们之间目前尚未存在竞争，创新竞争也可能受到损害。

内部化未来产品市场的竞争

如果拟合并企业对一旦引入市场即会引发竞争的产品展开研发竞赛，或者这些企业正在开发相关方法，以降低成本或提高相互竞争的现有产品的质量，合并后的企业可能有动力减少产品研发方面的直接竞争。[18]如果成功的研发导致胜出的创新者将大量销售和利润从另一个合并伙伴的产品中转移出去，即使只有一方在开发新的或更便宜的产品，合并后的企业可能也有动力放缓研发工作或者改变研发方向。

在这种情况下，合并后的企业会减少其联合研发，因为它认识到，一家企业在合并前的成功研发产生的部分收益将以牺牲另一家企业的业务为代价。换言之，合并后的企业减少了研发，是因为它将未来的产品市场竞争内部化了。因此，未来产品的预期竞争被削弱。在未来的产品市场中，原本可以获得的产品，其价格往往更高或质量下降。[19]合并后的企业可以将合并之前各企业的独立研究与不同优势相结合，更快地开发新产品或新生产工艺，抑或提高产品质量，但由此带来的任何竞争收益可能都不足以抵消合并后带来的反竞争激励。[20]

竞争问题可以用两种互补的方式理解。首先，它可以被认为是一种潜在竞争，类似于差异化产品的卖方之间合并产生不利的单边竞争效应，这相当于假设一家企业将从其合并伙伴那里获得可观的收入。从这个角度看，竞争问题不仅涉及收购一个快速进入市场的企业导致潜在竞争的减少[21]，而且涉及收购一个创新型竞争对手导致潜在的未来产品市场竞争的减少。第二，竞争问题也可被视为一种排他问题：合并后的企业有激励抑制或削减一个有可能创造未来产品市场竞争的研究项目。

《横向合并指南》与执法机构的案例

《横向合并指南》提出了上述反竞争理论的两个不同版本。[22]首先,《横向合并指南》规定,反竞争理论适用于一家(或两家)拟合并企业致力于开发未来产品且该产品有望从另一家企业获得可观收入的情形。当联邦贸易委员会评估那些正在等待其产品通过食品药品监督管理局审批的制药企业的合并时,通常会考虑这一理论版本,但该理论同样适用于其他行业。[23]

其次,该理论适用于拟合并企业目前没有开发下一代产品,但有能力在没有合并的情况下进行自主研发的情形。相关能力可能包括研发资产和技能(包括技术专长)、制造资产和技能,以及营销或分销资产和技能。

当反垄断分析的重点是企业的各种能力而不是正在开展的研发努力时,可能很难具体描述企业将寻求开发的新产品,特别是当企业已经迅速改进了其过去的产品和服务,而且将来也有能力继续改进时。如果这些企业当前在同一个产品市场上竞争,那么有理由相信一家企业的新产品预计会在至少两种情况下从另一家企业获得实质性收入:在当前竞争可以赋予开发者在同一市场上拥有下一代产品的竞争优势时;在拟合并企业具备开发下一代产品所需的一般研发能力,且仅有较少或者没有其他任何企业具备类似能力时。无论在哪种情况下,合并都将减少未来的产品竞争。

执法机构的三个例子说明了第二个版本的反竞争理论。第一个例子是,司法部发现只有少数企业有能力生产大规模制造业所需的尖端半导体工具,并且这些拟合并企业可能是此类企业中最有能力的,甚至可能在某些专业工具领域是唯一的可行选择,于是它禁止了企业之间的合并提议。[24]第二个例子是，联邦贸易委员会阻止了一家制药企业从唯一一家有能力开发竞争性药品的企业获得在美国开发此药品的权利。[25]第三个例子是，联邦贸易委员会阻止了"Nielsen收购Arbitron"，理由是这两家企业最适合开发全国性的跨平台联合受众测量（audience-measurement）服务，这是一种对节目制作和广告决策颇有价值的下一代产品。虽然联邦贸易委员会认为这两家企业的合并将损害未来产品市场的竞争[26]，但也可以合理地认为该合并将减弱创新激励。同样，欧盟委员会在反对道氏化学和杜邦的合并时，也认为此合并会减少创新。[27]

相关因素及假设

尽管《横向合并指南》关注的是合并后企业单方面削减研发努力的激励，但并未明确规定执法机构在评估这种激励是否可能产生反竞争损害时应考虑的特定因素。

理查德·吉尔伯特（Richard Gilbert）开发的模型为识别相关因素提供了有用的起点。[28]在基本情形中，有多家企业从事研发工作，以生产新产品，所有企业的研发线（research streams）都有相同且适度的获得成功的可能性，而且每种新产品或多或少地将和所有其他新产品剥离。在这种情况下，合并可能导致研发线受损。虽然对合并前的被合并企业来说，这条被浪费掉的研发线是有利可图的，但合并后的企业可能会发现，在有多条研发线可供选择的情况下，保留某一研发线的增量成本超过了增量收益。

关闭一条研发线可能会损害竞争，因为这会降低至少一条研发线成功的概率，并减少预期的价格竞争，这两者都与不合并时的收益相关。此外，如果企业能够降低成本完成研究项目（按现值计算），它们就得要更慢、更系统地节约资金，并推迟产品上市，如此一来合并也可能减缓新产品的引进，从而损害竞争。当研发线较少时，上市的先后对于减少预期收益的影响就不那么重要，因此，如果可以节省资金，合并后的企业就会放缓研发的速度。

在吉尔伯特的模型中，研发竞争促进了创新，但带来的回报却在减少：从一个竞争对手转移到两个竞争对手会大大增加创新发现的可能性，但对每个增量竞争对手的影响都比以前小。该模型关注的是研发线而不是企业，这使得合并后的企业有可能延续两条研发线。吉尔伯特发现，如果一家企业的创新成功对其互补性研发工作或互补性产品是有益的，尽管研发线的关键数量可能会减少，但只要至少有五六条研发线保持不变，因合并而失去的研发线通常不会对创新成功的总可能性产生影响。这一结果为评估竞争对手不合并时的研发努力是否足以预防竞争损害提供了基准。

但基准情形并不能完美地适用于所有情况，如果成功的新产品开发将蚕食企业现有产品的利润，即使在合并后保留五六条研发线，合并仍可能损害创新竞争（这种经济激励被称为阿罗的"替代效应"）。吉尔伯特的模型也假设了企业之间对称的情形和当前没有一家企业生产产品的情形，这两个假设对于确定基准情形中研发线的临界数量都很重要，但这些假设同样不完全适用于所有潜在的合并案。

企业之间可能存在某些方面的不对称，这会使合并后的企业更有动力降低研发力度，削弱未合并企业防止竞争损害的能力。例如，企业在"研发资本"方面可能有所不同，所谓研发资本是指企业为提高研发成功的预期回报（把最终利润和盈利可能性考虑在内）而进行的先期投资。如果一家具有相关专业知识的企业进行研究，那么该研发线可能具有更大的预期回报，正如一家制药企业在开发药效发挥机制（drug-delivery mechanism）时，可以利用其企业范围内的经验。如果某一研发线由一家擅长监管审批或市场营销的企业执行，且难以通过合同获得此类专家，那么研发线也可能有更大的预期回报。如果一家拥有客户群的企业从事研发，且该企业新开发的产品有互补品，那么研发也可能有更大的预期回报。但如果新产品会使企业的现有产品失去业务，预期收益就可能减少。换句话说，阿罗的替代效应可以被认为减少了企业的研发资本。

最后一点意味着，在现有产品中拥有大量业务的企业可能是更弱的创新竞争对手。如果其他条件都相同，则该企业在创新竞争的评估中可能占比较小。这也意味着，如果一家企业在现有产品上拥有大量业务，然后收购了一个潜在竞争对手，合并后的企业可能有单方面的激励停止被收购企业的研发工作，从而降低整个行业创新成功的前景。[29]

企业的研发资本关乎企业合并分析的两个方面：首先，如果一家企业拥有的与特定研究工作相关的研发资本占支配性份额，它可能既有激励也有能力阻止创新竞争对手挑战其地位。[30]如果两家拥有大量研发资本的企业合并成一家企业，或者合并增强了支配型企业的优势，此交易可能会损害研发竞争和未来的产品市场竞争。当一家被收购企业有破坏性创新的良好记录，这可能会加剧竞争损害问题。其次，研发资本相对较低的企业在开发或营销新产品方面的成功前景将低于研发资本相对较多的创新对手。因此，来自研发资本较低的未合并企业的创新竞争前景不太可能阻止合并后的企业削减其研发努力。虽然研发竞争企业可能很多，但研发资本较少的企业开展创新竞争不足以防止研发资本较多的企业合并后对创新激励产生的不利影响。换言之，当参与创新市场的企业在其研发资本方面差异很大时，只有研发资本相对较高的企业才有可能成为有效的创新竞争对手，因此在评估合并后的创新竞争者（innovation competitors）数量时，只能计入有效的竞争对手。

研发资本应该从类比的角度来理解，它类似于人力资本，也是一种概念性工具，用来区分其优势更有可能使其研究获得成功并实现盈利的企业。在企业竞争性地开发同类新产品的市场（创新市场）中，如果一家企业的研发预算很高，或者过去以很快的速度推出了新产品，那么假设该企业拥有大量的研发资本就是合理的，即使没有合理的量化措施，也有可能利用定性信息区分研发资本较高的企业和研发资本较低的企业。

与研发资本无关的是，一些企业的研究工作在空间分布（spatial differentiation）上比另一些企业更相似，这使它们开发的新产品也更为相似，更容易相互挤占市场。例如，有些企业可能拥有类似的研发专业知识、有获得关键投入和分销新产品的类似渠道，或者相比于追求相同新产品或生产工艺的其他企业，有类似的领先优势。如果在研发上类似的企业进行合并，合并后的企业可能比其他类型的合并企业更有动力削减其研发努力。因此，即使多家其他企业正在从事类似的研究活动，拟合并企业在研发上的相似性也可能成为质疑合并的一个理由。

为了将研发资本或空间分布意义上的反竞争理论应用于评估特定的合并，就有必要确定实际的创新竞争对手或潜在的创新竞争对手（具备所需能力的企业）。这些竞争对手是创新市场的参与者[31]，它们也可能是未来产品市场的参与者，因此执法机构可以在其中一类市场或以上两类市场中分析合并的竞争效应。

界定未来产品市场也许是可行的。在应用《横向合并指南》的概念方法时，法院或执法者可以基于创新取得成功，假设一组产品的特征和合理的价格范围，并考虑在价格小幅上涨情况下，此类产品的买家用其他产品替代的程度。如果未来的产品相对于现有产品有望大幅改进，那么界定未来产品市场这个问题就能迎刃而解。在这种情况下，除非价格差异很大，否则买家不太可能把现有产品当作替代品。如果企业在开发成本节约型生产技术上相互竞争，那么未来的产品市场往往与当前的产品市场大同小异（尽管当前的市场份额并不一定表明企业在未来市场中的竞争优势）。

一般来说，企业离引进新产品的时间越近，就越容易界定未来产品市场，评估合并对未来产品市场竞争的影响。[32]当新产品的成功开发遥遥无期，或者由于研发能力的结合而产生竞争问题时，可以界定创新市场，以此评估合并，但这样做的前提是至少需要大致了解创新的内容。创新市场可以用面向特定目标（如改进产品或工艺、开发新产品或新工艺）或者面向相近替代品（close substitutes）的研发资产来定义。[33]在这里，市场的定义通常与需求替代这种经济力量有关。从概念上讲，买方是对新产品、新工艺或者改进后的产品和工艺比较看重的企业或消费者，而市场参与者是指将研发线面向开发新产品、新工艺或相近替代品的企业，或者将资产用于开发新产品或新工艺的企业。地理意义上的市场常常是全球性的，但也可能不包括一些国外市场，在这些市场上外国创新者不能或不会与美国的拟合并企业竞争，也不会授权或出售其创新。

有关企业创新努力和能力的证据可能很难获得[34]，许多案例涉及药品研发，因为企业需要向食品药品监督管理局报告其新药开发的进展情况。与产品市场一样，研发市场可以嵌套（nested）或重叠（overlapping）。如果相同企业在开发各种未来产品方面拥有相似的能力，并且不同研发市场的竞争分析也是相似的，我们就可以合理地定义研发的"集群市场（cluster market）"，以便分析包含所有这些产品的创新竞争。[35]参与研发市场的企业不需要和参与当前产品市场的企业相匹配，因为现在参与各种特定产品市场的一些企业可能缺乏开发下一代产品所需的能力，而不参与这些产品市场的一些企业可能恰恰拥有开发能力。

在创新市场中，确定与评估竞争效应相关的各种因素，例如企业研发资本的性质和数量，拟合并企业创新努力的相似程度，并不总是那么容易。在评估协同效应这样的情形时，法院可以依赖结构性假设。[36]同样，如果只有少数企业参与创新市场，那么执法者和法院可以合理地假定创新竞争对手的合并可能会损害竞争。[37]

根据吉尔伯特的研究，如果合并前有六家企业参与竞争，就可以援引结构性假设。当有六家企业时，结构性假设是合适的，但随着合并前将研发导向类似目的的企业（同样有能力的）数量减少，造成损害的可能性也会增加。至少，当合并将在创新市场中形成垄断时，应假定存在竞争损害。[38]或者，如果研发投入被认为与企业的研发预算或企业过去生产新产品的速度相关，这些指标就可用于计算市场参与者的研发资本份额，从而可以应用集中度标准，就如同用于推定产品市场损害的那些标准一样。[39]对于任何数量的创新竞争对手，如果一个合并伙伴在当前产品中拥有大量业务，而另一个没有，则有关竞争损害的假设将更有说服力。在这种情况下，阿罗的替代效应将进一步减弱合并后的企业支持现行或未来研发努力的激励，也就是说，一家企业的创新可以使另一家企业更容易地创新。在研发企业数量不变的情况下，大量的知识溢出将增强未来产品竞争的可能性，并削弱对竞争损害的推断。[40]

与结构性假设一样，这一假设会将生产负担转移到拟合并企业，以证明未来产品创新和发展的总体前景不会恶化。这一假设也将建立一个竞争性损害的推论，原告可以利用该推论在被告完成其初始说服责任时完成自己的说服责任。这一假设将适用浮动尺度（sliding scale），要求被告承担实实在在的抗辩责任（rebuttal burden）。例如，被告可能会试图反驳说，他们发现削减研发努力是不能获利的，这也许是因为他们可以利用与合并相关的研发效率；或者被告可能会表明，剩余的研发竞争对手将通过加大研发力度来应对任何研发削减，直至整体创新前景和未来产品市场的预期竞争程度不会降低。但有能力的创新竞争对手越少，竞争受到损害的可能性就越大，那么被告用来质疑竞争损害推论的证据就必须更具说服力，才能以此推翻反竞争效应的假设。

通过支配型平台收购潜在竞争者

当一个支配型信息技术平台（或其他大型企业）收购一个潜在竞争对手时，未来的竞争可能会受到威胁。如果潜在竞争对手将创新带入市场，可能会导致在位的支配型企业升级其产品或服务，那么合并带来的竞争损害可能包括减少创新激励，而不仅仅是减少未来的价格竞争。

卡尔·夏皮罗（Carl Shapiro）描述了两种可能性。首先，一家大型在位支配型企业收购"一家在邻近范围内运营能力很强的企业"。[41]他提到了支配型平台的垂直收购，例如谷歌收购 YouTube 和 DoubleClick，脸书收购照片墙和 Oculus。在夏皮罗的第二个可能性中，一家大型在位企业与互补产品或服务的大型供应商、客户或卖方合并，而被收购的企业有能力与在位企业竞争[42]，这样的例子有Ticketmaster 收购 LiveNation，其中 Ticketmaster 向音乐会场馆提供票务服务，LiveNation 则是一家音乐会推广商，正在开发自己的票务服务。[43]

在这些案例中，被合并企业至少有一些能力与发起合并的在位企业竞争，因此，被收购企业可能是在位企业未来的竞争威胁。有时，包括企业在内的任何人都不知道被收购企业是否会尝试进入，或者其尝试是否会成功。在上述每个案例中，被收购企业都可能发展成为在位企业的有力挑战者，但合并消除了这种可能性，继而损害了预期的竞争。支配型企业有强烈的激励寻找和收购将会成长为强大竞争对手的小企业。夏皮罗观察到，在位企业越是根深蒂固，其收购潜在未来竞争对手的激励就越大，支付的溢价也就越高。[44]

收购潜在竞争对手的支配型企业可能有单方面的激励削减合并后企业的研发努力。以脸书在 2012 年收购照片墙为例，这一合并可能会通过削弱创新激励而损害未来的竞争。然而，美国联邦贸易委员会批准了此次收购，没有提出疑问或做出评论。[45]英国公平交易局（OFT）也同时批准了这一交易，但给出了解释。[46]英国公平交易局的分析为评估收购对创新的潜在损害提供了一个起点。[47]

在脸书收购照片墙时，后者是一个应用软件，允许客户修改用智能手机和其他相机拍摄的照片，并通过其网络、脸书和其他社交网络共享这些照片。虽然脸书的客户主要通过脸书与朋友分享他们的信息，但照片墙的帖子对该服务的所有客户都是通用的。英国公平交易局的分析发现，从在线显示广告领域看，照片墙虽然是脸书的潜在竞争对手之一，但与脸书相比，望尘莫及。脸书专门从事品牌推广的在线显示广告，这个社交媒体巨头可以利用其客户统计数据和行为定向推送这些广告。英国公平交易局区分了这种品牌广告与易贝和亚马逊那种旨在进行特定销售的交易类广告（transactional advertising），前者被视为照片墙的专长。因此，在产品广告市场（primary advertising market）上，照片墙被认为与脸书没有较强的竞争，再者脸书已经在这个广告市场上与谷歌、雅虎和微软展开了竞争。[48]

英国公平交易局确实认识到，照片墙可能已经发展成为一个可以与脸书竞争的社交网络，但它并不认为这是质疑收购的理由。的确，照片墙拥有越来越多的客户群，其中不乏奥巴马等知名人士。而且，照片墙确实可以很容易地扩展其服务，纳入与脸书类似的各种功能。经常有人指出，脸书可能已经将照片墙视为社交网络未来可能的竞争对手。[49]

不过，为了避免分析脸书的社交网络平台面临的潜在竞争威胁，英国公平交易局给出了两个理由。首先，它认为，即使收购了照片墙，脸书也将面临来自谷歌的竞争，因为谷歌也有其社交网络Google+，而且在广告和获取有价值的用户信息方面都有很强的优势。其次，照片墙的快速增长表明，新应用程序或社交网络的进入和扩张将会很容易，因此，人们很少担心收购会增强现有支配型企业的力量，阻碍潜在的初创企业。[50]英国公平交易局没有解决这些理由中明显的不一致之处：第一个理由似乎表明谷歌是脸书唯一重要的实际或潜在的竞争对手；第二个理由似乎是任何数量的企业，包括目前不参与竞争的企业，都有能力限制脸书在广告市场中动用其市场势力。

对合并后的企业单方面削减研发努力的激励进行分析的上述框架，提供了一种可能的途径，通过这种途径，英国公平交易局或美国联邦贸易委员会可以发现合并损害了创新，但这还要取决于通过更全面的调查才能揭示的那些事实。如果执法机构发现照片墙是脸书的少数几个重要的潜在竞争对手之一,并且有朝一日能够在社交网络上提供有吸引力的广告服务,那么它就可以得出合并损害创新的结论。[51]如果对某些类型的广告商来说,社交网络曾经是或者可能是特别好的载体,而且比根据用户搜索推送广告的方式更有吸引力[52],那么在创新市场和未来社交媒体平台的广告市场上,脸书和照片墙将是旗鼓相当的竞争对手。[53]如果执法机构认为照片墙是少数有能力建立社交网络成功吸引客户的重要潜在竞争者之一,它就有可能发现创新损害。换言之,被合并企业本该在开发更好的客户界面、改进隐私保护以及社交网络客户重视的其他质量改进方面,与发起合并的企业成为不相上下的竞争对手。另外,执法机构也可以假设,如果创新产业中的支配型企业收购了一家目前不与之竞争但有能力在未来产品市场中构成竞争威胁的企业,那么创新竞争将受到损害。联邦贸易委员会也可以利用这样的假设在法庭上证明丧失竞争带来的危害。

一旦执法机构认为脸书收购照片墙将损害创新,它就可以根据这一点合理地质疑合并交易,除非拟合并企业能够证明未来的广告竞争或服务质量竞争带来的收益将超过合并带来的损害。拟合并企业可能声称,将合并时的互补性服务整合在一起,可以在现有产品市场获得补偿性收益。例如,这次合并也许可以让脸书更快、更有效或以更低成本整合照片墙的照片功能,而单纯依靠脸书的内部增长很难做到这一点;或者这次合并给照片墙带来分销优势,使之获得单纯依靠它自身难以获得的大量用户。

这一例子主要分析了有能力开发未来产品的企业进行合并将带来的损失。它表明,执法者和法院可以做更多的工作防止或阻止损害创新的合并。

阻碍新产品开发的合并

实际或潜在的创新竞争对手之间的合并，也可能阻碍未合并竞争对手的研发投资，从而损害创新。合并后的企业可以实施投入品或客户封锁（foreclosure），或者威胁竞争对手在未来市场产品中展开更激烈的竞争，从而损害创新。这些反竞争机制是排他性的，与合并带来的未来产品市场竞争内部化无关。它们在评估横向和纵向收购时可能很重要。

投入品或客户封锁

纵向合并可能通过投入品或客户封锁损害创新。正是部分基于这种排他理论，美国司法部和联邦通讯委员会对"康卡斯特收购环球影视（NBCU）"提出了质疑。康卡斯特是一家有线电视分销商，环球影视是一家影视节目的大供应商。美国司法部和联邦贸易委员会发现，合并后的企业将有动力和能力排斥在线视频发行商（OVD），它们是康卡斯特的潜在未来竞争对手。[54] 两家执法机构总结说，如果没有机会获得环球影视的节目，在线视频发行商将在改善服务和营销方面减少投入，进而减少未来视频分销的竞争。最终，两家执法机构都允许两家公司有条件地实施合并。

同样，横向合并也可能排斥未合并的竞争对手，从而损害创新。合并可能会激励合并后的企业在引入下一代产品时提高其现有客户群的转移成本，从而使这些客户更稳定，并导致排斥竞争对手[55]，但这一策略的盈利能力是不能保证的，原因在于新客户和竞争对手的客户可能更不愿意选择合并后的企业生产的产品，有时甚至会选择比其质量略低或价格略贵的产品，因为他们担心合并后的企业未来将以提高价格压榨客户，或者为了节约研发费用而延迟升级,这种前景有时会阻止合并后的企业采用封锁投入品或客户的反竞争策略。

一个假设的例子说明了横向合并如何通过提高转移成本阻碍创新或封锁未来产品的竞争对手,从而损害竞争。这个例子假设小企业更愿意限制转移成本以吸引新客户,而大企业则采取不同的折中办法。[56]

假设存在一个游戏系统硬件市场,其中,游戏本身是由同一个客户群体购买的互补品,再假设两家最大的硬件企业各自占新硬件销售和现有客户的30%,并且它们与几个较小的竞争对手竞争。如果最大的两家硬件企业合并,合并后的企业可能有动力升级其游戏系统和游戏,使玩家无法在竞争对手的游戏系统上玩游戏。这样做可能会使合并后的企业很难吸引新客户,但如果它能保持更大比例的现有客户群体,即使仅仅在短期内保持,总体来说也可能做得更好。从长远看,这家大企业对客户的吸引力会日益增强,这可能使较小的竞争对手更难通过升级自己的产品来增加销售额。它们预计开发下一代产品将获得较小的利润,因此可能会减少研发努力。这样一来,创新竞争和未来产品竞争都将减少。[57]

威胁未来的竞争

企业尤其是支配型企业可以表态使竞争对手相信,若竞争对手采取激进行为,将遭遇强有力的回击,这会造成排斥竞争对手并损害竞争。[58]当这一策略奏效时,竞争对手会得出结论:它们的最优选择是容忍,避免那些会激怒大企业的竞争行为。

横向合并也会产生类似的竞争损害,这种合并将助推合并后的企业开展更激烈的未来产品市场竞争或更强的研发竞争,任何一方面的竞争加剧都会降低竞争对手从事研发的预期回报。更激烈的产品市场竞争意味着竞争对手在新产品上获利更少，而更强的研发竞争也意味着竞争对手获利更少，因为竞争者可能不是最先进入市场的，或者在它的产品推出时可能要和其他更好的产品竞争。当然，我们希望竞争者积极参与竞争以生产高质量的产品。但是，当一家支配型企业致力于激烈的竞争，导致其他竞争者减少其研发投资并退出竞争时，就可能带来问题，最终有可能总体上减少未来的产品竞争。

有四种假设情景可以说明，合并对创新竞争和未来产品竞争可能会有潜在的负竞争效应：

第一，当合并使得合并后的企业可以将固定成本分摊到庞大的销售基础上，或者形成巨大的规模经济时，该企业就可以排斥竞争。因为未合并的竞争者将与一个降低了成本的企业竞争。规模经济对拟合并企业意味着成本节约，因此它们也许可以对合并的效率理由提供支持，但是，规模经济也会削弱其他竞争者的创新激励，从而可能损害未来的产品竞争。如果竞争者认识到其规模劣势会削弱研发投资的潜在回报，那么研发投资的激励就会减弱。

第二，有些合并是为了聚合相关的专利组合，这些专利组合可能与开发出在产品市场中竞争的新产品或者开发出可降低产品市场竞争成本的新生产工艺相关。此类合并可能会扩大拟合并企业的知识产权的有效范围，从而妨碍竞争对手的研发。[59]专利聚合（patent aggregation）可能使竞争对手更难证实合并后的企业拥有的专利会失效或范围会缩小，或者使竞争对手更难分析它们在专利权人提起的侵权诉讼中胜诉的可能性。合并后的企业更有可能拥有一些范围广泛的有效专利，从而不仅增加了专利许可谈判的复杂性和难度，而且增加了专利权人声称侵权的可能性。合并还可能将被收购企业的弱专利所有权转移给一家更有可能在产品市场上利用这些专利抗击竞争对手的企业。

第三,如果一家拟合并企业将研发视为一种策略互补(strategic complement),也就是说,当该企业的竞争对手加大研发投资,它也以加大投资做出回应时,也会产生类似的排他效应。[60]合并可能使企业强化研发作为策略互补的角色,其原因可能是合并后的企业自然而然地希望在下一代产品中占据的市场份额要大于不合并时各自期望获取的市场份额。[61]当其他未合并企业预计合并后的企业将比以前更积极地回应它们的研发工作时,它们就有可能减少研发投资或减缓新产品开发。这将使合并后的企业更有可能比任何竞争对手更早开发出下一代产品,在下一代产品中占据支配地位,并在销售这些产品时运用其市场势力。

第四,类似地,如果某个创新行业的一家支配型企业收购了一家有能力在未来产品市场上带来竞争威胁的企业,那么研发竞争就有可能减少。被收购企业可能不是当前产品的竞争对手,却是创新方面的竞争对手。它有可能是一个扩张能力有限的竞争者,因此不能明显地制约支配型企业,但它有能力在未来的研发中占据领先地位。[62]或者被收购企业销售支配型企业需要的某种互补品,向支配型企业提供产品或服务,将支配型企业的产品用作投入,或者向支配型企业的客户出售产品。如果后两类企业对创新行业有很多了解,并且已经在该行业享有很高的声誉,那么在开发未来产品方面可能拥有优势。

研发竞争可能会因为支配型企业把研发作为策略互补而减少,正如本书后面更详细地讨论的那样,这很可能是因为支配型企业通常会预计,如果它和竞争对手都开发了下一代产品(或两者都不开发），它将保持其领先地位，但如果它的竞争对手创新而它不创新，它将失去大量的市场份额。当支配型企业将竞争对手的研发竞争视为策略互补时[63]，合并后它将有激励把被收购企业的研发能力导向为支配型企业的产品开发互补品，而不是替代品。因此，买家将有较少的替代品可供选择，合并后的企业将面临较少的产品竞争。

鉴于这些看似合理的情况，当创新行业的一家支配型企业收购一个有能力开发下一代产品的竞争对手时，执法者和法院应推定这对创新竞争有害，就像脸书合并照片墙时一样。合并产生竞争损害的假设是可以反驳的，在辩护中，拟合并企业可能会试图提出一些论点，例如，许多其他企业都有类似或更好的能力，因此合并对研发竞争的力量没有什么影响；或者支配型企业不会将竞争对手的研发视为策略互补，这可能是因为支配型企业的业务主要集中在高利润的互补品上，因此无论它自身或竞争对手是否升级了现有产品，都将从中受益[64]；也可能是因为合并后的企业将有更高的效率，也就有更大的可能性改进其新产品或引入新产品，从而提升整个行业的创新前景。

支配型企业的排他行为对创新的损害

除了合并之外，旨在防止创新竞争受损的反垄断执法很大程度上与支配型企业的排他行为有关。[65]这类反垄断案件最常见的有两种情况：一种是对封锁投入品或客户的质疑，另一种是对专利权人排他许可或其他排他行为的质疑。在本节的讨论中，当一家支配型企业排斥其所有实际和潜在的创新竞争对手（不包括无关紧要的竞争对手）或者将创新市场中仅有的少数竞争对手全部排斥在外时，我建议法院和执法者推定创新或未来产品竞争将会受到损害。我还将解释，当专利权人将其知识产权加入行业标准时，为什么反垄断法有助于保护创新激励，并说明如何评估支配型企业为其排他行为辩护的恰当程度。

对竞争者获得投入品或客户实施封锁

反垄断法禁止企业以制造困难或者将竞争对手与其投入品或消费者隔离的方式阻碍技术、产品或商业模式创新，司法部对微软的指控是最近最突出的例子。

根据华盛顿巡回上诉法院全席审判，微软阻止了一个威胁其Windows操作系统垄断地位的新生竞争者。[66]此威胁是由互补市场开发的新产品引起的，即网景（Netscape）的网络浏览器和太阳微系统（Sun Microsystem）的Java编程语言。这些新产品有潜力使Windows软件在竞争对手的操作系统上运行，从而使竞争对手的操作系统更好地替代Windows，这无疑会增强操作系统的竞争。

法院发现，微软通过限制网景进入产品分销的主要渠道，阻碍网景的发展，该行为包括与互联网接入提供商的排他性协议，以及微软浏览器与Windows的物理集成（physical lintegration）。[67]微软被发现阻碍了太阳微系统，因为它要求软件开发人员只让Java产品与Windows兼容，在其向Java开发人员配售的编程工具方面隐瞒了这些工具特有的Windows属性，强迫芯片制造商英特尔（Intel）停止帮助太阳微系统提高其Java技术。[68]

如果太阳微系统和网景没有受到阻碍，它们的技术会侵蚀那些保护Windows不受其他操作系统竞争的应用程序。[69]通过排斥网景浏览器和太阳微系统的Java，微软阻碍了与之竞争的在开发下一代操作系统时可使用的关键构成要素的发展，这无疑降低了操作系统未来的创新竞争和价格竞争的前景。[70]

正如"微软案"揭示的那样，封锁竞争者获得投入品或客户会损害创新，执法机构和法院会评估此类损害创新的行为，就像他们分析被指控损害竞争的其他排他行为一样。[71]美国联邦贸易委员会和欧洲执法者基本上根据类似的框架分析谷歌搜索的竞争效应，虽然这两个机构最终得出了不同的结论。[72]

"微软案"还表明，产品设计决策可以是排他性的。上诉法院维持了地区法院的结论，但对产品设计变更损害竞争的说法表示怀疑，这种怀疑根源于上诉法院希望它的判决不会抑制产品创新。[73]但是，法院还发现，政府最初承担了发现竞争损害的责任，而微软未能履行其提供合理理由的责任。[74]与此类似的是，其他上诉判决表明，一家企业可能会有意在不提高质量或降低成本的情况下，生产与竞争对手产品不兼容的产品，从而损害竞争。[75]

执法者和法院应推定，当一家支配型企业排斥其所有实际和潜在的创新竞争对手（不包括无关紧要的竞争对手）时，创新或未来产品的竞争将受到损害。该做法与法院通常对待排他行为的方式是一致的，并且与华盛顿巡回上诉法院在"微软案"中对创新受到损害的分析也是一致的。当一家支配型企业将一个创新竞争对手排斥在只有少数企业参与的创新市场之外时，也应假定存在竞争损害。这一假设与拥有市场势力的企业实施排他行为会造成损害的假设相一致，也与先前建议的在支配型企业收购潜在创新竞争对手时进行合并分析的假设一致。两种假设都与一家支配型企业排斥所有创新竞争对手，或者排斥低参与度市场中的一个竞争对手有关，都会使举证责任转移给被告，要求其自证行为的正当性。如果被告不能证明其行为的正当性,他们将被直接定责;而当被告能够履行举证责任时,法院将对损害和收益进行全面的理性分析。

涉及专利的排他行为

专利权人通常将其知识产权许可给其他企业,例如使用该专利技术的产品制造商,这些许可也许包括反垄断执法者可能关心的条件,例如,许可方可以对被许可方收取的价格、对被许可方生产的产品以及其服务的地区或客户施加的限制。许可方还可以限制专利的使用或许可产品涉及的行业。许可可能会要求独家经营、独家许可或涉及专利技术的捆绑协议。许可方可以限制许可使用费的计算方式和费率,限制被许可方通过改进专利创造知识产权并由此获得该知识产权的所有权或使用权,限制被许可方质疑专利权人的知识产权主张或专利有效性,以及对专利池的贡献者施加限制。在20世纪六七十年代,美国司法部认为一些专利许可实践中的做法,如所谓的"九不准"(Nine No-Nos),是推定不合法的。[76]类似的效果是,在结构主义的反垄断法时代,法院经常要求支配型企业在许可其专利时免收许可费或收取合理的许可费,以解决政府对支配型企业的反垄断诉讼。[77] 1988年,司法部发布了一个新观点:任何专利许可的限制都不会被推定为不合法。即使"九不准",也只有在证明许可不合理的前提下,才能认定其违反了反垄断法。[78]联邦执法机构于1995年通过了《知识产权许可指南》,并于2017年对其进行了修订,以更全面地解释它们将如何分析许可的合理性。[79]

1988年的改革是以两个观点为基础的:首先,专利许可被视为纵向限制。自1979年的"GTE Sylvania"案判决开始,联邦最高法院对企业与其客户或供应商之间的协议更加友好,无论是当时还是现在，都有一些非干涉主义评论员（错误地）认为，纵向协议实际上应当是本身合法的。在里根政府执政期间，司法部对于专利许可问题，几乎都采取了这一立场。[80]

其次，提高知识产权市场价值的专利许可条款被视为是有利于创新的，该观点建立在提高专利回报会增强创新激励这一理论之上。[81]尽管如此，这一论点仍然存在很大的疑问，因为它虽然可以证明增加了知识产权有效范围的行为有一定的正当性，但它忽视了排他行为弱化了创新激励可能抵消正当性。它相当于在专利许可被质疑为反竞争的情况下支持以正当性进行抗辩，而不要求被告证明创新将得到加强，也不考虑笔者在本节后面要讨论的对此类抗辩的限制。

与里根政府的自由放任观点相反，专利许可通过限制竞争扩大了专利的有效范围，从而损害竞争。[82]当然，欺诈性地主张专利也能扩大专利范围，损害竞争。[83]企业还可以通过操纵标准来扩大专利范围，从而损害竞争。[84]在最近的一些案例中，向行业标准提供专利的企业涉嫌通过逃避合理条款的许可承诺而实施垄断[85]，对这些做法的反对主要是由于反竞争行为导致的价格升高及损害创新。

通常，专利权人将其技术贡献给标准制定组织（SSO），使其专利成为行业标准。这些标准对下游生产商很有价值，因为它们能起到互联互通的作用，例如，笔记本电脑或智能手机的组件互联互通。一旦标准制定组织发布标准，下游生产者必须向专利权人支付许可使用费，以便在其产品中使用该标准。

当标准被许多产品采用之后，就会出现竞争问题。此时，产品生产商已被锁定：他们必须依靠标准来销售买家希望购买的产品。当标准制定组织在竞争性技术中做出选择时，标准中包含的内容往往导致专利权人同意设定公平、合理和无歧视的（FRAND）专利使用费。不过，有些时候，标准制定组织并不强制实施这些要求，或者标准中必要专利的权利人找到了一种既不违背与标准制定组织之间的约定，又可以提高价格的方法。[86]

当专利权人像机会主义者那样行动时，他们就可以利用市场势力，直接的危害表现为价格上涨。从长远看，标准制定组织在合同中防止此类行为的能力通常会阻碍标准的制定，反过来，这将使新产品更难且成本更高地确保互联互通，限制其市场成功，从而阻碍新产品开发，因此，创新将受到间接损害。在这种情况下，反垄断法可以补充合同法和专利法，以保护创新激励，并防止专利权人设定超过竞争水平的专利许可使用费。[87]

排他行为案件中的恰当性抗辩

在抗辩中，一家被指控为实施反竞争的排他行为的支配型企业可能会试图说服执法者，其行为将增强创新的前景。企业可以对此提出两个论点：

第一点，该企业可以说其行为会带来效率，使其研发成本更低或更有效。在合并的背景下，这是有可能实现的，比如，如果一家医药企业在开发治疗剂方面处于领先地位，而另一家医药企业在开发药效发挥机制方面处于领先地位，或者一家医药企业在研发方面处于领先地位，而另一家在营销方面处于领先地位。

第二点，更重要的是，一家具有市场支配地位的企业可能会辩称，如果它成功开发出一种新产品或新生产工艺，那么它的排他行为会强化它投资于研发的激励，从而获得更多的收益。[88]这一论点类似于我们熟悉的有关专利的经济论据：专利持有者排斥其他专利的能力使他们可以从创新中获得更大的社会收益份额，从而获得更大的利润，这一前景为未来的创新者提供了研发投资的激励。

这种对排他行为的恰当性抗辩可以作为反对承担责任的论据，或者可狭义地解释反垄断法，以避免禁止受质疑的行为，甚至还可以作为反对特定救济的论据。[89]在"微软案"的诉讼过程中，被告方的经济学专家以"恰当性"为由，反对任何会降低软件成功开发理应获得之利润的救济，他争辩说，这样的救济会削弱微软和其他企业开发更好的新软件的激励，从而损害竞争和消费者。[90]在合并的背景下，也有人提出这种观点。[91]

法院对恰当性抗辩的态度是赞同与反对参半。在"柯达案"中，联邦最高法院明确驳回了支配型企业提出的恰当性抗辩。[92]在"United Shoe Machinery 案"的判决中，马萨诸塞州的联邦地区法院从法律和事实上均驳回了这一抗辩。[93]但在"Trinko 案"中，被告以恰当性抗辩为依据，质疑单方面拒绝交易是否能成为垄断化违法行为（monopolization offense）中的反竞争行为要素，最高法院采购了该抗辩。[94]此外，在审理一起涉嫌掠夺性创新的著名垄断案件，即"Berkey Photo 案"中，联邦第二巡回上诉法院的判决拒绝认定反垄断责任，因为该法院认为，如果这样做，就会迫使支配型企业将产品改进方案披露给竞争对手，或者以其他方式分享创新的投资回报，该判决部分基于对"恰当性"的担心，因为若判定反垄断责任，就会削弱支配型企业投资研发和开发新产品的激励。[95]

恰当性抗辩只涉及错误与成本平衡的一个方面，即反垄断执法将减少创新激励的可能性。尽管恰当性抗辩会依据被告企业的创新激励进行阐述，但它或明或暗地论证了整个行业包括被告及潜在竞争者的创新激励。这一论点忽略了这样一种可能性，即当反垄断执法减少了支配型企业的创新回报时,整个行业的创新激励会由于执法促进的竞争加剧得到加强。因此,如果排他行为会损害整个行业的创新激励,则不应适用恰当性抗辩。即使整体创新激励得到加强,但如果由此带来的收益不足以弥补行使市场势力对价格等其他方面造成的竞争损害,那么恰当性抗辩也就不应被采纳。[96]

法院可以得出的结论是,驳回恰当性抗辩不会削弱整个行业的创新激励,或者不会大幅削弱创新激励。这主要基于以下三个原因:

第一,法院可以发现,禁止排他行为不会对支配型企业的创新激励产生太大的实际影响,也就是说,法院可以认定,由于其他市场特征,支配型企业对成功创新的预期回报以及对研发投资的激励仍然很高。这些市场特征可能包括市场快速增长、规模经济、网络效应、销售互补品和高昂的客户转换成本。虽然在没有排他行为的情况下,创新成功的回报可能会降低,但上述其他市场特征会使创新成功保持在较高水平,因此,支配型企业不会大幅削减其研发努力。

第二,即使减少创新成功的回报会对支配型企业的创新激励产生一定的影响,法院也可以确定对支配型企业激励的另一种影响:更大的竞争对手在研发上的投资可能会增强企业的自主创新能力,创新增强型激励可以全部或部分抵消因支配型企业研发成功获得的回报减少带来的创新激励减少。如果是这样的话,支配型企业可能不会再削减它的研发努力,或者根本不会大幅削减它的研发努力。

通常,我们可以合理地预期支配型企业会增加其研发投资,以应对其他竞争者加大研发投资(也就是说将竞争对手的研发投资视为策略互补)。其他竞争者加大研发投入,增加了支配型企业创新成功的可能性。如果支配型企业从自身创新成功中获得的增量收益，在其他竞争者成功创新时会多于其他竞争者失败时，那么当其他竞争者增加研发投入时，支配型企业将寻求加大创新投入以改善自身创新成功的前景。[97]

支配型企业在如下两种情况下更有可能做出上述反应：（1）如果预期它和其他竞争者都成功地进行创新，它将拥有很高的市场份额；（2）如果它预期，当其他竞争者进行创新而它不进行创新时，它将失去大量业务。这两种情况都增加了支配型企业在竞争对手推出升级产品时从开发下一代产品中获得的增量收益：第一种情况是提高支配型企业在其他竞争者进行创新时从自身创新中获得的收益，第二种情况是提高支配型企业在竞争对手创新时自己不创新的成本。[98]然而，如果这些因素起到了相反的作用，支配型企业将更有可能减少自己的研发投入，以应对其他竞争者加大研发投入，这可能有助于支持以恰当性辩护。

第三，尽管禁止排他行为可能会削弱支配型企业的研发激励（当然，其他市场特征也有可能使支配型企业研发成功的回报有其"恰当性"，以及支配型企业有可能为了应对竞争对手日益增强的创新努力而加大研发投入），但是法院可以发现，总体上看，支配型企业的创新激励受到抑制产生的影响，小于支配型企业的竞争对手因其创新激励增强获得的收益。如果是这样的话，就会强化整个行业在市场上开发更好或更便宜的新产品这一创新成功的前景，这就证明了一家支配型企业的恰当性抗辩可以被驳回。此外，即使行业范围内的创新前景会降低，但如果这种行为导致更高的价格或其他反竞争效应，法院也会发现这种排他行为总体上是有害的，最终也会禁止这种行为。

结论

在一个实质性市场势力不断扩大的环境中,反垄断法需要更仔细地倾听关于支配型企业和创新的第一种论调,即担心减少竞争的行为会损害创新和未来产品市场的竞争。要做到这一点,执法者和法院必须评估减少创新竞争和新产品开发的行为可能带来的后果。减少创新竞争带来的反竞争效应及其潜在的促竞争效应,包括被告在恰当性抗辩中假设的收益,都极易受到分析的影响,法院可以合理地援引本书建议的相关假设,更有力地阻吓危害竞争的行为,从而促进全行业的创新。

第9章　供应商、从业者与平台用户的损害

2017年，哥伦比亚特区联邦巡回上诉法院维持了地方法院的一项判决，阻止了安盛（Anthem）和信诺（Cigna）两家大型医疗保险公司的合并。[1]这两家合并的公司为大型自保雇主提供保险计划的管理服务。它们组建了供应商网络，与供应商协商费用并处理受保员工的索赔。合并之所以被终止，主要是因为这可能会增加客户的成本，客户将被迫支付更高的医疗保险计划管理费用。[2]

拟合并企业对此提出异议。它们辩称，合并后的安盛将与医院和医生协商以降低价格，并将这些收益转移给与它们签约的雇主。[3]但地区法院和上诉法院的多数法官均未采纳这一抗辩意见。地方法院根据事实情况驳回了上述主张。上诉法院的多数法官承认，效率证据可以用于驳回初步证据陈述，但他们也基于法律本身提出了疑问：对本应是反竞争的合并能否用效率作为抗辩理由。[4]

因此，对客户的关切赢得了胜利：两家法院都认定竞争的减少

可能会导致更高的价格。但合并可能产生反竞争损害的另一个原因是：合并威胁到了从医院和医生那里购买健康护理服务的竞争。这里的问题不是行使卖方市场势力对客户造成的损害，而是买方的市场势力对供应商，即健康护理服务提供方造成的损害，在该案中买方是保险计划管理人。因此，这里可能存在两类受害者。

虽然这一判决结果未压低对健康服务供应商的付费，但是政府确实提出了这一问题，而且它本可以提供一个更为可信的理由。[5] 被告将其效率抗辩的一部分指向了更低的投入品价格，但政府指控更低的投入品价格是对供应商造成竞争损害的独立来源。即便持异议的上诉法院法官也认为，购买服务的买方市场有可能因合并而遭受竞争损害，他支持将案件发回地区法院并由地区法院做出裁决。[6]

本章第一节的内容是关于损害供应商的反竞争行为，其中论述了"安盛案"提出的问题。本节还解释了为什么即使在降低后的投入品价格仍高于竞争价格水平的情况下，压低支付给供应商（包括从业者）的价格不能免于反垄断审查。效率可以抵消竞争损害，但只有两者都在同一市场中产生，才可以相互抵偿。当上游和下游市场不同时，法院不允许以下游消费者的受益抵偿上游供应商造成的受损。

这一论点为多边平台一侧的竞争危害分析奠定了基础，本章第二节将对此进行讨论。这里，我考虑的是由信息技术引发的在互联网平台上发生的反竞争行为带来的相关问题。平台的一些最终用户可以被描述为供应商。即使这样的描述似乎有些牵强，平台不同侧的最终用户之间的关系也引发了市场界定问题，以及一个市场中的效率与另一个市场中的损害互换问题，这一问题类似于供应商受到损害时产生的那些问题。

第 9 章 供应商、从业者与平台用户的损害　　207

如果允许下游市场中的客户获益抵偿上游市场中的供应商受损，或者，允许平台一侧市场中的用户获益抵偿其他各侧市场中的用户受损，则会出现跨市场福利权衡。尽管保守的评论者认为反垄断法应例行做出这样的福利权衡[7]，但法院恰当地拒绝了这样做。如果反垄断法允许这样的权衡，那么合理性分析对实际的司法裁判来说往往会变得过于复杂。而且，禁止跨市场福利权衡有助于保护反垄断的政治支持以及本书第 2 章所述的政治交易。受损的供应商或平台参与者通常是值得同情的群体，如工人、农民和小企业。如果反垄断法允许跨市场福利权衡，这些供应商往往会遭受损失，由此会削弱对整个反垄断"工程"的支持。这些理由支持了反对跨市场福利权衡的一般性规则，但是，如果法院从定性比较中可以明显看出一个市场中的竞争收益远远超过了另一个市场中的竞争损害，而且除了接受这些损害没有切实可行的方法来获得这些收益，那就可以合理地选择不应用这一规则。

损害供应商与从业者的反竞争行为

当竞争的减少损害了供应商，即被告上游的企业，那么无论竞争的减少是否也损害了被告下游的买家，这种行为都可能违反反垄断法。[8]一直以来，对反垄断法的理解是它禁止压低供应商价格的买方卡特尔。[9]反垄断法也涉及损害供应商的单边行为与合并。[10]在所有反垄断案件中，限制竞争是认定损害的一个依据；只有在供应商的受损是源于限制竞争的行为而不是任何其他来源的情况下，才是重要的。

这些供应商包括从业者，因此反垄断法可能被用来为他们的主张辩护。[11]例如，美国司法部提起一次诉讼（最后经同意和解），指控Adobe、苹果、谷歌、英特尔、Intuit和Pixar达成了互不招揽对方员工的协议。[12]私人原告也发起这样的诉讼。一个原告团体指控各大城市的医院达成了降低护士工资的协议。[13]另一个私人原告团体则指控大学之间阻止向学生运动员（其与雇员是类似的）支付报酬的协议。[14]因减少劳动力市场竞争而导致工资或薪金下降的合并，也可能被起诉。[15]

买方垄断是卖方垄断的镜像

反垄断法认为，损害卖方的市场势力（买方垄断势力）和损害买方的市场势力（卖方垄断势力）"在分析上是相似的"。[16]这并不奇怪，因为从经济分析上看，买方垄断是卖方垄断的镜像。[17]

反垄断法反对损害供应商的反竞争行为，源于评论者和法院通常讨论的经济福利标准，即消费者福利和总福利。[18]在反垄断案件的局部均衡分析中，本书第2章中定义的这些福利概念被用于评估商业行为。[19]"局部均衡"是单个市场中产生的一种结果，不涉及经济中其他商品的生产和消费。

"消费者福利"一词有一定的误导性，因为它忽视了供应商受到的损害。在局部均衡的福利分析中，正如中间购买者而非最终消费者损失的剩余属于消费者剩余的一种形式，供应商损失的剩余也是消费者剩余的一种形式。"消费者"剩余一词应理解为"交易对手"剩余（或"交易伙伴"剩余），因此当买方和供应商是反竞争行为的直接受害者时，应将他们包括在内。

企业行使市场势力的方式，无论是从供应商处购买还是向客户出售，都可能因行业特点而异。在一些市场中，企业通过减少总采购量来压低给供应商的价格。这种行使买方垄断权的形式，是以降低产出来提高销售价格的镜像。在另一些市场中，企业通过增加对供应商的议价筹码来压低投入品价格。例如，企业如果通过合并减少了参与投入品购买议价的买家数量，就可以产生这种效果。[20]正如通过合并减少竞争性卖家的数量时可能会发生的情况，行使买方垄断权的这种方式正是通过增加谈判筹码向买方提高价格的镜像。[21]

"安盛案"中持少数意见的法官试图区分反竞争的买方垄断权和一般性的议价筹码。[22]但是，和利用降低投入成本一样，企业可以利用议价筹码，来行使其在上游市场的市场势力。反垄断法对上述损害供应商的两种反竞争行为都有一定的涉及。

当企业对供应商行使市场势力时，它们不仅可压低价格，而且可以获得更有利的非价格条款。在最近的有线电视合并案（即"Charter 收购时代华纳有线电视公司"案）的审查中，政府担心合并后的企业会诱导内容提供商，即上游提供节目的企业避免与作为其竞争对手的在线视频分销商打交道，从而维持有线电视的高价。[23]在其镜像情境中，企业可以利用下游市场的市场势力来获得有利的非价格条款，例如诱导分销商接受排除潜在进入者的合同条款，从而保护其下游价格不受侵蚀。

受压制的价格与低于竞争水平的价格

"安盛案"中持少数意见的法官主张，应要求原告证明被告的行为将供应商支付的价格压到低于竞争的水平。对此，我并不同意。

要搞清楚为什么，首先要考虑镜像问题，也就是要证明允许企业向客户提价的行为损害了客户。如果价格上涨是卖方之间的本身违法协议（例如固定价格或市场分割）导致的，被告无法通过证明价格水平合理而逃避责任。当根据合理性标准审查的行为导致价格上涨时，责任将取决于价格是否相对于未发生该行为的反事实情境而上涨或可能上涨。反事实情境中的价格可能处于竞争水平，但在反垄断执法处理的典型寡头垄断市场中，价格不需要处在竞争水平而且通常也不会如此。反事实价格不是竞争水平的价格，不属于竞争效应调查的一部分。如果竞争会在价格以外的维度上受到损害，例如质量或创新，那么价格（或经质量调整后的价格）是否超过竞争水平也无关紧要。反垄断的问题在于，不论企业在哪个维度上竞争或者绝对价格水平究竟为何，竞争的减少是否使交易条件相较于反事实情境而对买方更为不利。

关于买方所受损害的上述观察结论显然也可转用于对供应商所受损害的分析。行使买方势力的责任取决于减少竞争的行为是否使交易条件对供应商不利，而不是取决于价格是否低于竞争水平。[24]

即使法院在评估企业行为的竞争后果时关注总福利而选择忽略企业与其供应商之间的交易，上游市场势力的行使仍会损害竞争。无独有偶，对下游市场势力的镜像分析有助于说明这一点。当企业在向买方出售商品时行使市场势力，导致这些买方支付更多，总福利就会减少。如果市场势力是通过减少工业产出的方式来行使的，那么交易中放弃的收益则代表了配置的无效率。如果卖方转而利用增加对买方的议价筹码来行使市场势力，那么更高的价格可能会导致买方减少其总购买量，即要么用其他产品替代，要么不买，从而造成配置效率损失。当受害者是中间品的买方时，它们在改进产品或扩大下游产出方面的投资可能会减少。因此，无论它们是否在短期内减少了购买量，它们在长期购买方面的投入品都可能会减少。[25]这样做会导致额外的配置无效率，表现为交易中放弃的收益。

对供应商行使市场势力也会产生类似的配置无效率。投入品的供应数量可能会减少，从而产生交易中所放弃的收益。行使市场势力的企业可能会减少采购，一些供应商可能会转移其生产资产，以便在其他市场供应商品和服务，一些供应商可能会退出。无论投入品数量在短期内是否下降，供应商在产品改进或产能扩张方面的投资可能会比原来更少，这再次导致了配置无效率。

在具体案件中，与反垄断法采用的局部均衡框架相一致，法院仅须在损害发生的市场上进行福利分析，无论关注的是消费者福利还是总福利。如果法院认为卖方市场势力损害了买方和竞争，就会评估在相关下游市场的福利。如果法院认为买方市场势力损害了供应商和竞争，则评估相关上游市场的福利。

相应地，如果反竞争行为损害了供应商，法院可以在评估竞争效应时考虑该行为的效率，因为这些效率与损害发生在同一个市场内。这一点正是允许被告以效率为由反驳原告的初步证据陈述的实际意义之所在。[26]但反竞争行为的效率对其他市场（包括下游市场）内的买方或卖方有利时，法院就不会考虑这种效率[27]，除非买方势力的行使也损害了这些市场内的竞争。[28]只要证明供应商受到损害（在考虑市场内的效率后），就足以认定行使买方势力带来的反垄断责任；法院既不必考虑对下游客户的影响，也不应推定他们从中受益。[29]

212　　反垄断新范式：恢复竞争性经济

上游损害与下游损害

一些评论者建议，法院在评估行使买方势力损害供应商的行为时，还应考虑对下游市场价格和产出的影响。[30]例如，对供应商行使市场势力的企业将上游价格的降低转嫁给自己的买方，转嫁的方式可能包括降低下游买家的价格，由此潜在地增强下游竞争。[31]这类效应可能还包括由于投入品供给减少而导致下游产出减少，或是更低质量的产出，由此潜在地损害下游竞争。

这些可能性提出了一个更为普遍的问题：对一个市场的竞争损害能否用另一个市场中的竞争收益来抵偿。在供应商受损害的情况下，两个市场中的上游市场是产品供应市场，而下游市场是对供应商行使市场势力的企业出售自己产品和服务的市场。在平台用户受损害的情形中，两个市场可能位于平台的不同侧。

正如下一节要进一步讨论的，我对这个问题的回答通常是否定的。反垄断法恰当地拒绝了跨市场福利权衡。法院不应当允许企业利用下游买家的收益来证明对上游供应商的竞争损害是正当的，除非特殊情况。

涉及平台的反竞争行为

涉及多边平台的反垄断案件，可能要衡量对平台竞争造成的损害，或者对平台一侧或多侧的用户竞争造成的损害。对任何一种可能性的分析都可以考虑平台各侧的反馈效应。如本书第7章所述，减少平台一侧的最终用户数量可能会降低平台对另一侧的最终用户的价值。跨平台的反馈效应理当受到评估，但法院和评论员一直在争论何时这样做：是在界定市场时考虑这些效应，还是在评估竞争效应时考虑这些效应。

如果被告辩称，由于反馈效应涉及平台的其他侧，因此在被指控的市场中从事被指控的反竞争行为将无利可图，那么在分析中选择何时考虑反馈效应并不重要。[32]可获利评估并不取决于平台不同侧是否在不同市场。但是，若平台不同侧的市场不同，被告必须说明司法部门接受跨市场福利权衡，以便利用反馈效应进行抗辩，而不是利用一个市场的受益可以抵偿另一个市场的受损来抗辩。即便这样的得失替代是被允许的，被告也有证明这些抵偿性收益（offsetting benefits）的举证责任。

相反，如果转而将反馈分析纳入市场界定之中，法院就有可能权衡市场损害和收益，因此原告必须在初步证据陈述中否定抵偿性收益作为论据的一部分。这种方法对平台被告更为友好。本节解释了为什么法院不应该这样纵容作为被告的平台。接下来，我将首先讨论市场界定，然后再讨论效率和跨市场福利权衡。

市场界定

在反垄断分析中，市场是一个产品和地理位置的集合，用于帮助推断市场势力和商业行为的反竞争效应。在界定了与反垄断分析相关的市场之后，还要认定市场参与者、计算市场份额以及评估企业行为的竞争后果。当原告被要求界定市场及认定市场参与者时，它也必须相当明确具体地陈述被诉行为将损害何种竞争。此外，这也使被告能够反驳原告关于竞争受到限制的主张，因为被告可以辩称一个包括额外参与者在内的更广阔的市场。

根据法院和执法机构采用的标准方法[33]，市场界定考虑的是单一的经济力量：需求或买方，以及替代。也就是说，一个市场包括对买家而言可接受的替代品（即在需求上可以合理互换）的产品范围和地理位置。执法机构关于合并行为的指导原则，也就是说，将"假定垄断者"测试（"hypothetical monopolist" test）视为识别市场中替代品的概念性方法，也日益被法院采用。在使用该测试的情况下，考虑到买方转向或不转向其他产品及地点的激励，如果一个假定的垄断者认为在由一组产品和地点构成的市场中行使市场势力有利可图，那么该组产品和地点就属于反垄断目的下的市场。假设垄断者测试（hypothetical monopolist test）为是否接受备选市场提供了一个判断标准：如果需求替代会使假定垄断者提高价格的行为无利可图，那么备选市场将会扩大。[34]

采用标准方法界定市场并不意味着反垄断分析忽略了需求替代以外的经济力量，例如供给替代、市场进入或市场参与者之间的竞争。在评估被指控行为是否损害竞争时，不仅会考虑其他经济力量，也会评估市场势力，但是在市场界定中不会考虑这些力量。[35]标准方法也不要求法院在界定市场后用市场份额来评估市场势力；不过，市场势力也可以用其他方式评估。

标准方法不会为一个竞争问题而认定一个单一的最佳市场。在考虑了可能的买方对高于竞争水平的价格的反应后，任何可由垄断带来利润的产品和地域的集合都可被认定为一个市场。对竞争效应的指控几乎总是可以在多个市场，包括重叠市场或嵌套市场中进行分析，其中每个市场都可以满足假定市场的测试。在适当的情况下，软饮料可能是一个产品市场，但所有饮料也可能是一个更大的产品类别，或者可乐口味的软饮料也能作为一个较小的类别。大都市地区的软饮料销售可能是一个市场，一个州或一个国家的销售也可能是一个市场。[36]

当企业参与多个反垄断市场时，无论市场是否重叠或嵌套，企业都可能会在某些市场行使市场势力，但无法在另一些市场行使市场势力。理论上，如果一家企业的行为损害了任何市场中的竞争，它便违反了反垄断法。在实践中，法院只考虑少数可能的市场，因为原告会选择一个或多个备选市场供法院用于评估竞争损害，而被告可以对市场选择提出异议。被告可以根据买方需求替代方面的证据，主张其中一个或多个备选事实上并不是一个市场，或者被告也可以反驳他在备选市场中享有市场势力或损害了备选市场内的竞争这一推断。法院不是也不需要寻找最佳或最小的市场。相反，法院是在适当地考虑了需求替代之后，寻找原告指控指向的一个或多个市场，以便进行竞争分析。

错误的市场界定会导致法院在没有竞争损害时判定有竞争损害，而在有竞争损害时却予以否定。但这只是法院应尽量避免的一种错误，而不是采用了市场界定的分析路径导致的致命性概念问题。我不同意路易斯·卡普洛（Louise Kaplow）认为市场界定过程一致的观点。[37]

虽然市场界定的标准方法并非万无一失，也不总有必要，但它通常很有用。[38]它也常常适用于评估多边平台产生的竞争问题。即使在一侧提供的产品或服务可以被描述为免费提供的情况下，市场也是可以被界定的。例如，购物中心能够构成一个产品市场，以用于评估被指控的对购物者造成的损害，即使它们不向购物者收取进入费用，但它们可能被认为通过提供免费停车场来补贴购物者。社交媒体和互联网搜索也可能构成一个产品市场，以用于评估被指控的对用户造成的损害，即使它们没有直接向参与者收费，但它们收集了参与者的行为数据，并且毫无疑问通过插入广告或推广搜索结果降低了用户体验的质量。报纸和音乐流媒体服务可能是一个产品市场，以用于评估被指控的对读者和听众造成的损害，尽管有些报纸对读者免费，而有些音乐流媒体服务提供广告支持模式的免费音乐。在所有这些情形下，通过假设隐含成本上升（例如商场开始收取停车费）或服务质量下降（例如搜索引擎使促销推广类结果更加显眼），就可以在平台"免费"一侧的备选市场中开展假设垄断者测试这一市场界定的概念性实验。

一般来说，一个平台在其每一侧的单独市场中竞争，应当在分析竞争效应时而不是在界定市场时，适当且充分地考量跨平台各侧的反馈。然而一些评论者指出，如果有人指控平台某一侧的竞争受到损害，法院应当抛弃市场界定的标准方法，考虑除买方需求替代之外的经济力量。这些评论者建议，在界定市场时，法院如果评估多边平台某一侧的最终用户经历的价格上涨使平台获益多少，就应当考虑这一涨价行为对平台各侧的影响。[39]

判例法已经很好地确立了市场界定的焦点是排他性需求替代，包括在界定平台参与的市场时也是如此[40]，除了一个重要的涉及交易平台的小范围的例外案件。[41]排他性需求替代原则是适当的；法院拒绝市场界定的替代方法是正确的，理由有四：

首先，在界定市场时，考虑跨平台各侧的反馈效应会令人困惑。例如，考虑一个假设案件中的产品市场界定，该案例涉及前互联网时代的杂志。杂志是拥有两类终端用户的平台：订阅者和广告商。在广告商一侧，杂志可能与其他杂志、广播和有线电视、报纸、广告牌和直邮广告等产品竞争。在订阅者侧，杂志可能会与其

第9章　供应商、从业者与平台用户的损害　　217

他杂志、有线电视、报纸和书籍竞争。平台每一侧的潜在竞争对手，即杂志、报纸和有线电视也都是平台；其他的，如广告牌、直邮、广播电视和书籍则不是。

假设一家广告商指控一家或多家杂志从事损害广告商竞争的行为，其结果是这些杂志提高了广告费率。在标准方法下，原告可以在杂志广告业中指控一个产品市场。各方将争论关于一个假想的杂志垄断者能否在保持其他产品价格（包括杂志的订阅费率）不变的情况下，小幅提升广告费率，或者是否会让一些广告商选择通过电视、报纸和广告牌等其他媒体做更多的广告变得无利可图。如果杂志广告业不是一个单独的市场，备选市场将扩大至包括部分或全部这样的替代品。

根据考虑跨平台反馈的替代方法，在原告指控一个杂志广告的产品市场后，市场界定可能会采取不同的方式。被告可能会辩称，由于涉及订阅用户的反馈，杂志提高广告费率是无利可图的。更高的广告费率将导致广告减少，这反过来又会降低某些杂志对订阅者的吸引力，要么是因为他们喜欢这些广告，要么是因为他们将广告商兴趣的下降理解为现在或将来内容质量下降的信号。杂志订阅量的减少将通过网络效应的作用进一步减少广告商的需求。考虑到从广告费到订阅费再到广告费及未来几轮的循环反馈，被告可能会辩称，杂志提高广告费是无利可图的，并主张任何观察到的广告费上涨肯定都有表明自己无罪的理由，希望借此规避反垄断执法。

在得出某杂志的行为损害了竞争并导致广告费率上升的结论之前，无疑应该考虑被告关于跨平台反馈效应的抗辩。这仅仅是一个应该在案件审理过程中哪个时间点予以考虑的问题。标准方法下，跨平台反馈效应分析是在市场被界定之后进行的。而在替代方法下，跨平台反馈效应分析将作为市场界定的一部分。这正是问题之所在。为了在市场界定过程中分析跨平台反馈，法院必须同时考虑需求替代（在前述假设案件中，是杂志和其他广告方式之间的需求替代）的后果和需求互补性（在前述假设案件中，是平台不同侧提供的产品和服务之间的互补性）。[42] 替代方法迫使法院在同一分析步骤中考虑多种经济力量，因此会造成混淆。[43]

其次，如果非平台竞争对手限制了平台一侧或双边的定价，法院在分析竞争效应时就可能被误导。[44] 在上面提及的杂志案例中，如果法院希望在市场界定中考虑跨平台反馈效应，可能最终会考虑一个包含杂志广告及订阅的市场，但将广告牌和直邮排除在外。假设只有很少种类的杂志，且假设备选市场是特定类型的，比如体育杂志而非所有的杂志，那么即使广告费率受制于广告商使用其他媒体来进行替代的可能性，广告位的销售看起来也会很集中。这一事实会引导法院在竞争并未受到损害时认定该行为违法。当法院在界定市场过程中的注意力从买方替代转移到跨平台反馈时，便很容易犯下这个错误。

如果关注平台之间的竞争，而不仅仅是广告商或读者一侧的竞争，那么仍然有必要评估为每个用户群体提供服务时，非平台竞争对手对平台定价的限制，以及来自可能为两个用户群体服务的其他平台（如报纸）的竞争，以便确定平台行为对广告费和订阅费的影响。需要再次强调的是，关注跨平台各侧价格之间的反馈可能会转移法院对买方替代的注意力，从而增加司法错误的可能性。

在上述这些例子中，法院也许能够在一个分析步骤中适当地考虑买方替代和跨侧的反馈效应。但这样做不仅需要用标准经济方法分析买方替代，还要增加另一种复杂的技术性经济分析。当参与备选市场的一些企业是平台（如前例中的杂志）而其他企业不是（如广告牌或直邮）平台时，当一些平台的商业模式不同于其他平台（如广告支持杂志相对于订阅支持杂志）时，或者当一些平台与其他平台企业（如杂志和报纸）竞争时，反馈效应分析将格外具有挑战性。通过将市场界定局限于对单一经济力量的评估，即买方替代，并延缓对反馈效应的评估，法院减少了产生混淆的可能性。[45]

再次，市场界定的替代方法可能导致法院采取具有误导性的或难以解释的市场份额度量标准。再回到前面的例子，假设人们担心广告费率会提高。在标准路径下，可仅根据市场参与者的广告收入确定其市场份额（假设份额很可能是按收入衡量的）。在替代方法下，则杂志平台两侧的产品或服务都包含在市场中，杂志收入将包括订阅收入和广告收入。由此计算出的市场份额可能低估了广告牌和邮寄广告对杂志广告费率的潜在竞争限制。此外，依赖订阅支持的杂志的市场份额，在替代方法下将高于其在标准方法下的市场份额。由此得出的市场份额可能会夸大不依赖于广告的订阅支持杂志在限制杂志广告费率方面的重要性，同样可能导致法院无法认识到广告业中的竞争问题。

最后，对市场界定采取替代方法将使法院犯下"滑坡谬误"（slippery slope）。在评估平台某一侧的假定垄断者涨价的可获利性时，如果市场界定中包括平台其他各侧的反馈效应，那为什么不考虑假定的价格上涨对参与备选市场的多产品销售商销售其他产品（无论是替代品还是补充品）营利性造成的影响？为什么不考虑供给替代或市场进入带来的限制？这个滑坡谬误的根源在于，几乎所有的竞争效应分析都纳入市场界定[46]，使得市场界定被除了用于对广泛的竞争效应进行事后合理化（ex post rationalization）评估之

220　　　　　反垄断新范式：恢复竞争性经济

外，几乎毫无用处。

在市场界定的标准方法下，上述难题中的一部分被完全避免了，这种方法只考虑需求替代。若要考虑反馈效应，则仍然需要复杂的技术性分析，但将这种分析置于对竞争效应的评估之后，可以保护市场界定不受混淆，使法院理智地考量非平台替代因素，使市场份额对潜在竞争问题更具指导意义，从而避免了破坏市场界定发挥作用的滑坡谬误。事实上，在某些情况下，延缓考虑跨平台的反馈效应将使任何此类问题变得不再必要，为法院免去复杂的技术性问题。如果被告证明按标准方法界定的市场集中度低，或者市场进入将抵消或阻止被指控的竞争问题，从而胜诉，那么法院无须花费时间和精力评估被告就跨侧反馈效应的竞争意义所做的抗辩。

效率与跨市场福利的权衡

在涉及平台的反垄断案件中，围绕市场界定的作用展开的争论，一定程度上是关于法院应否允许以平台其他侧的用户受益来抵消一些平台用户的受损的争论。例如，应否允许一个购物平台证明其压低支付给供应商的价格导致平台在向购物者出售产品时会面临更加激烈的竞争、购物者因此支付得更少，进而证明该反竞争行为的正当性？

当采用市场界定的标准方法时，平台不同侧的产品或服务通常不在同一市场内。此外，如果只有市场内的效率作数，则无法用平台某一侧用户的收益为平台另一侧用户的受损作辩护。然而，禁止跨市场权衡并不能阻止平台被告利用反馈效应来攻击原告的起诉。被告仍然可以证明，一旦考虑到其他各侧的反馈效应，它便没有激

第 9 章 供应商、从业者与平台用户的损害 221

励去损害声称受损害的平台一侧的竞争。[47]

但是，当被告关于跨平台效应的抗辩理由转向对整个市场的抵偿性效率（offsetting efficiency）* 而非被指控的行为无利可图时，除非法院在评估企业行为的合理性时愿意进行跨市场福利权衡，否则被告就会败诉。即便被告同时辩称反馈效应会使被指控的行为无利可图，被告还是希望从抵偿性效率的角度来辩论，从而将法庭的注意力集中在平台另一侧的最终用户的收益之上。相应地，在原告指控平台某一侧的最终用户受到损害的案件中，当法官评估被诉行为是否损害竞争时，可能会引出反垄断法是否应将跨市场福利权衡纳入考量范畴的问题。

与涉及供应商受到损害的判例法一致，反垄断法不允许法院用一个市场的竞争收益抵偿另一个市场的竞争损害。对此，可参考联邦最高法院对"费城国民银行（Philadelphia National Bank）案"[48]的判决。该案发生在1963年，最高法院判决费城两家大型银行的合并损害了费城地区商业银行业的竞争。最高法院拒绝考虑拟合并银行提出的因为合并将增强另一个不同市场（一个向大型企业贷款的全国市场）中的竞争而应当允许合并的主张。作为合并审查中的司法裁量问题，反垄断执法机构可以在两个市场密不可分时，允许一个市场中的收益抵偿另一个市场中的损害[49]，但是根据至今仍然有约束力的"费城国民银行案"的判决，法院不能这么做。[50]同样的规则也可用于非合并诉讼。[51]法院在评估被诉行为的合理性时，可能会考虑同一市场内的收益和成本，但是他们可能不会将一个市场中的收益与另一个市场中的损害相提并论。[52]

---

* 即效率提升可以抵偿竞争损害。——译者注

在这个问题上，有反驳意见主张推翻"费城国民银行案"的判决、允许一个市场中的收益抵偿另一市场中的损害，其主要论点（有一定的说服力）是：在计算因企业行为产生的社会收益与损失时，应平等对待经济中的所有购买者和供应商。例如，如果平台某一侧的用户因被诉行为而集体损失10美元，而另一侧的用户获利30美元，那么允许跨市场福利权衡将产生20美元的社会总收益。换言之，允许跨市场福利权衡有助于防止反垄断规则赋予某些经济主体拥有可能扼杀经济增长的权利（entitlements），就像联邦最高法院在查尔斯河大桥案中曾经避免的那种危险，从而有利于经济发展。为什么不允许法院用一个市场中的收益抵偿另一个市场中的损害，至少在不容忍损害就无法实际获得收益的情况下这样做，从而使社会获得净收益并整体增长呢？[53]这有几方面的原因。

对跨市场福利权衡的司法禁止有显而易见的可管理性方面的正当理由：该禁止降低了对被审查行为进行合理性评估的复杂性。[54]如果法院还必须评估被告主张的另一个市场中的竞争收益，诉讼当事人也就必须对另一市场进行调查，同时法院必须进行额外的竞争分析。在某些相关信息重叠、竞争条件相似且市场结构相似的情况下，额外的调查负担和所需付出的分析努力可能是有限的，但总的来说，评估所需的大部分调查和分析不会重复。为了评估新增市场中的损害或收益，诉讼当事人和法院可以考虑的相关证据包括：市场内的产品和服务之间的买方替代以及市场外的产品之间的替代；市场参与者之间的竞争对抗属性；影响竞争的市场特征，例如可能促进或阻碍协同行为的因素；足以抵消或阻止受指控损害（alleged harm）的市场进入、扩张和产品重新定位的可能性；以及效率。此外，比较跨市场的损害和收益要比较单一市场内的损害和收益困难

第9章　供应商、从业者与平台用户的损害　　223

得多，因为在前一种情况下，被审查行为的有利或不利后果更有可能发生在不同市场的参与者身上。

更麻烦的是，如果允许法院考虑被告指认的市场中的收益，为什么不考虑其他市场中的福利后果？如果价格会在一个市场中升高，它们也可能在该市场之外的替代品市场中升高。或者，如果是一个中间品市场，则下游产品市场的价格也可能升高。这些价格变动会对市场的价格与产出产生连锁效应。我们可以看到这导致什么情况：在审查中，评估一个市场中的有害行为对所有受到该行为影响的其他市场产生的后果，是不切实际的。然而，一旦分析超出了声称受到损害的市场，原则上就可能需要无止境地对整个经济的损害和收益进行一般均衡分析，而这即便有可能，也是十分不现实的。

显著且不断扩张的市场势力这一问题，在可管理性之外，还提供了另一个要求避免跨市场福利权衡的理由。其原因来自这样一种观察：跨市场福利权衡允许在一个市场中行使市场势力的企业因使其他市场的参与者受益更多这一理由而避免承担其责任。如果受损害市场中的直接受害者是消费者或供应商（可能包括从业者、农民或小型企业）[55]，那么反垄断法显然无法系统性地保护或补偿经济主体，而这些经济主体的政治支持对维护反垄断制度至关重要。其他市场中的买家或供应商可能会从中受益，其中一些收益最终可能会归于最终消费者、从业者、农民或小型企业。但显而易见的是，这些好处很少。[56]我们也有理由预期，允许跨市场福利权衡往往会给这些直接受害者带来超过任何收益的伤害，即便考虑他们在其他情况下以及在其他市场中可能从跨市场权衡中获得对他们有利的收益。因此，法律对跨市场福利权衡的禁止，可以看成是一种非正式地运作的社会保险，以抵御反竞争行为给易受大型企业行使市场势力损害的利益团体带来的损失风险。

我们需要消费者、农民、工人以及供应商对反垄断的政治支持，以防止自由放任主义潜移默化地取代反垄断，但是我们既很难说服他们，为了使大企业有可能降低成本，或者让买方在其他市场购物时能付更少的钱；他们就必须承受竞争被损害的结果，也很难不让市场势力的受害者质疑既有的政治交易带来的好处。相应地，法律对跨市场福利权衡的禁止是有助于维护政治交易的单边转移支付。基于本书第3章给出的理由，这一政治经济学论据应该全面禁止跨市场权衡的理由，而不是一个仅适用于对反竞争行为的分配结果进行个案分析的原则。

然而，在特殊情形下，反对跨市场福利权衡的可管理性论据和政治经济学论据可以被合理地推翻。为了防止创设阻碍经济增长的权利，如果证明一个市场中竞争受到的损害很小而另一个市场中竞争获益要大得多，而且在不接受该等损害的情况下，没有切实可行的方法以此种获得收益，那么法院应该允许跨市场福利权衡。[57]这种可能性并不能证明改变反对跨市场福利权衡的一般性规则是正当的，但大得多的收益可能会在特殊情况下为允许例外情况提供一个理由，例如一个小型产品市场上的购买者受到不利影响，而在其他产品市场上的大客户群体获益甚多。[58]在实践中，即便企业节约的成本转移给了买方，这种例外情况也不可能证明压低供应商价格的反竞争行为是正当的。而且，即使企业合并提高了下游价格，企业将由此产生的大部分租金作为更高的工资分配给从业者，亦不应当期望上述例外情况能够证明该项合并具有正当性。

结论

　　法院明智地允许效率抵偿市场内的竞争损害。但在评估损害供应商（包括从业者）或多边平台某一侧用户的反竞争行为时，法院又恰当地避免了跨市场福利权衡，否则会造成严重的可管理难题。也许出于这个原因，美国联邦最高法院在 20 世纪 80 年代拒绝改变长期以来将平衡市场间影响视为禁区的态度，即使它对反垄断规则的其他方面进行了彻底的改革，以减少对促竞争行为的打击。鉴于当今突出的错误成本问题实际上是一种逆转，即对反竞争行为的威慑不足，以及考虑到需要保护对反垄断的政治支持，现在更没有理由修改反垄断法对跨市场福利权衡的普遍禁止。

第三篇

展望未来

第 10 章　恢复竞争性经济

2001 年，哥伦比亚特区联邦巡回上诉法院全席出庭，一致通过了认定微软公司垄断责任的判决。[1] 该案的判决、背景及后果表明了反垄断如何抵御不干预主义对 20 世纪 40 年代达成的政治交易带来的重大挑战。本章首先考察这一判决及其对当下市场势力的危害日益严重且不断加大之际的教训。

接下来，我会谈到当前加强反垄断规则和执法恢复竞争性经济的必要性，尤其是在保守的法律环境中推动变革面临的挑战。我提出了一系列新的推定，这些推定将使法院和执法者能够回应当今的市场势力问题，而这些问题因复杂的信息技术导向型企业的发展而变得更加复杂。但此时，联邦最高法院变成了挡路者。因此，我强调可以使最高法院信服的论据，即经济论据。这并不是说市场势力问题仅仅是经济问题；市场势力威胁着政治交易，并培育了裙带资本主义繁荣的条件。我也不认为政治动员不重要；我的观点恰恰相反。不过，法官们会对有关竞争和福利的经济论据及证据做出最积极的反应。

从"微软案"中汲取的教训

"微软案"是美国过去30年中最重要的反垄断判决。一方面，这是一桩罕见的反垄断案，引起了公众的广泛关注。[2] 美国政府要求法院拆分一家迅速发展且处在前沿行业的领先企业，这家企业的所有者极具盛名，也是世界上最富有的人。美国司法部的诉讼是在克林顿政府时期发起的，并且就在哥伦比亚特区联邦巡回上诉法院2001年做出的行为救济（不涉及拆分剥离）的判决后不久，于小布什政府执政的第一年达成和解。

"微软案"推动创建了一个承上启下的法律先例。在联邦最高法院1985年对"Aspen Skining案"[3]的判决基础上，"微软案"建立了一个结构化的合理性框架，用于评估《谢尔曼法案》第2条下的企业行为。[4] 该框架还明确指出，即使在市场瞬息万变的创新型行业中，反垄断法同样会触及对潜在竞争造成的新型竞争损害或威胁。[5] 同样重要的是，法官们不仅驳回而且嘲讽微软公司的主张，即它拥有"不受约束的绝对权利，可以随心所欲地使用其知识产权"。若法院支持这样的主张，将证明任何以软件许可限制为形式的反竞争排他行为都是正当的。[6]

"微软案"对反垄断执法及相关政策的影响超出了该案的判决本身，其意义之重大可能并不仅在于它开创了一个先例。在案件审理的过程中，通过公关努力，微软公司高调质疑针对反垄断和反垄断机构的合法性。微软公司声称，前述反垄断诉讼威胁到了该公司的"创新自由"，这似乎是在宣称它可以随心所欲地开发和传播新技术，让竞争筹码落到它们该落的地方。[7] 该公司还将美国司法部描绘成其竞争对手的马前卒，并称，当这些竞争对手无法在市场上取得成功时，就向政府求助。[8] 微软公司甚至游说国会削减美国司法部的反垄断执法预算。[9] 这些行动合起来就是对反垄断的全方位控诉，指控执法行为损害了经济权利，助长了竞争对手的低效寻租，以及不适合用反垄断法来治理高科技市场中的企业行为。

2000年，小布什和戈尔竞选总统时，微软公司的公开控诉在政治上获得了支持。戈尔时任副总统的该届政府提起了针对微软公司的诉讼，并试图拆分该公司。小布什表达了他的反对，也许他支持微软公司的创新自由观点。[10] 他的一位代理人表示，如果小布什当选，这起案件将以有利于微软公司的方式解决。[11]

与此同时，诉讼还在继续。当哥伦比亚特区联邦巡回上诉法院审查此案时，下级法院的拆分令被搁置。巡回法院认识到了此案的重要性，为了预先阻止微软公司向联邦最高法院直接上诉，它做出了一项不寻常的决定——全席出庭听证。最重要的投票可能来自道格拉斯·金斯伯格（Douglas Ginsburg）法官。[12] 金斯伯格既是反垄断专家又是监管怀疑论者。[13] 如果法院要从宽纵的不干预主义的角度质疑反垄断执法，金斯伯格法官显然会是这一质疑的思想领袖。

但是，与此相反，金斯伯格法官和他的同事进一步增强了反垄断法的核心作用。也许金斯伯格法官加入多数派的决定说服了那些本可能与他一起持不同意见的同事，最终达成了一致同意判决，而不是一份微弱多数同意判决。这份一致同意的判决充分表明法院肯定了反垄断执法的合法性。

我们可以设想一种作为多数人意见或少数人意见反事实观点，

它支持微软公司的自由创新主张。这样的观点可能会声称反垄断法关注的是避免打击创新,尤其是对新产品开发免于适用反垄断规则。为了支持这一点,该反事实观点可以援引:(1)联邦最高法院的一项判决,它肯定了下级法院对新兴产业免于适用传统的搭售本身违法原则的判决,从而使新企业可以树立质量声誉[14];(2)如果协议使企业可以生产新产品,最高法院的判决认定固定价格并不属于本身违法[15];(3)上诉法院的相关判决,可被解读为证明了新产品的引进不能作为违反《谢尔曼法案》第2条的依据,除非新产品对买方没有任何好处而是纯粹为竞争对手带来兼容性问题[16];(4)反垄断执法机构通常承认开发更好、更便宜的产品可以证明合并或合资不是反竞争的。[17]

基于上述结论,反事实观点认为,反垄断法有力地推定竞争和消费者都能够受益于快速变化的高科技市场中的企业采取的单方面行为或达成纵向协议。如果运用这一推定来评估诉讼中存在争议的反竞争搭售、排他性交易以及其他垄断行为的具体主张,那么这一反事实观点本应为微软公司所用。

如果这一分析是哥伦比亚特区联邦巡回上诉法院多数意见的核心,那么可能的结果将是确立一个原则,即除了横向合谋及反竞争的横向合并之外,反垄断法不适用于尖端行业内的其他行为。这样的结果意味着向彻底消除反垄断法对排他行为的关注迈进了一大步。

在实际案件中,上诉判决的几个特点有助于使它免受对反垄断干预持怀疑态度的保守派人士的批评[18]:该判决是在没有异议的情况下做出的,它以经济学为基础,无关乎任何社会或政治目标,它做出的认定是基于地区法院收集的丰富的事实记录,并且,针对它描述的"学界和实务界关于《谢尔曼法案》第2条之下的'旧经济'垄断学说应在多大程度上应用于以网络效应为特征的动态技术市场中的竞争企业展开了重大辩论"[19]，该判决在没有选边站的情况下得出了结论。这些因素有助于确保微软公司对反垄断合法性的公关攻击未能赢得支持。

　　只有在我们考虑到后来发生的事情时，才会意识到该案达成的反对微软公司的一致意见日益重要。在法律和政治体系越来越倾向于自由放任主义及由此导致企业行使市场势力的背景下，一份有利于微软公司的判决，甚至是一份有分歧的反对判决，都有可能助长压制反垄断的强大力量。例如，一份对微软公司有利的判决很可能在三年后的联邦最高法院判决"特林科案"时得到认可和放大。[20]在《谢尔曼法案》以外的成文法规定了旨在促进竞争的广泛监管的背景下，应将"特林科案"狭义地理解为[21]排除了垄断行为需要承担的责任。但是，斯卡利亚大法官的意见言辞笼统，允许更广泛地解读该案，而这种解读质疑了反垄断法适用于非价格的排他行为导致的垄断，尤其是在创新行业。[22]尽管与"微软案"的结论不同，但"特林科案"可能会更进一步质疑反垄断法禁止垄断的合法性。

　　微软公司对反垄断的公开攻击也可能影响 AMC 随后的审议。成立反垄断现代化委员会的立法是在哥伦比亚特区联邦巡回上诉法院公布其全员判决、令微软公司承担责任的前一天提出的。其发起人是众议院司法委员会主席詹姆斯·森森布伦纳（James Sensenbrenner），他向 AMC 提出了在"微软案"的诉讼中出现的几个应予考虑的问题。[23]其中一个问题影射了微软公司的创新自由论：森森布伦纳希望"校准"反垄断法以反映"日益由信息驱动的数字经济"。[24]当 AMC 要求公众对其议程日程发表评论时，一位主要的保守主义活动家回应道:"即使反垄断法曾经服务于一个有用的目的,现在它的存在也只会扼杀生产力增长和新产品及服务的开发"。[25]

如果哥伦比亚特区巡回上诉法院在"微软案"中存在分歧,其中一种意见支持创新自由论,而且小布什政府的司法部似乎通过与微软公司达成和解而认可了这种批评意见,那么我们可以很容易地想象到,AMC建议采取的改革措施将会限制对高科技企业的审查。美国司法部可能也会赞成这样的建议,毕竟除了三起技术违规案件之外,它在2001年至2008年期间没有提起任何反垄断案件。[26]司法部反垄断局在2004年"特林科案"中的法庭之友意见概要(amics brief)以及2008年在其关于《谢尔曼法案》第2条"竞争与垄断"的报告,似乎对垄断诉由持否定态度。[27]创立AMC的国会同样也不会阻碍这项重大改革。由于政府的所有三个分支机构都秉持着对垄断的不干预主义观点,因此,哥伦比亚特区联邦巡回上诉法院对"微软案"的分歧可能会引发对反垄断法的大范围修改,最终破坏早已达成的政治交易。[28]

但是,随着哥伦比亚特区联邦巡回上诉法院的一致决定,AMC选择不推动大规模改革。[29]因此,三大机构的不干预主义举措,即联邦最高法院"特林科案"的判决、司法部的"竞争与垄断"报告以及国会成立AMC未能达成协调一致。因此这项重大改革最终并未发生。

"微软案",以及随后十年里政界对哥伦比亚特区联邦巡回上诉法院判决的反应,为今天提供了两个重要教训:首先,意识形态可能是有影响力的,但它并不能左右司法裁决。当有力的事实支持合理的经济分析时,保守派法官可以做出支持执法的决定(同样地,自由派法官也可以做出与意识形态预期背道而驰的决定)。这表明,即使法官属于保守派，诉讼当事人也可以审慎地选择强调得到现代经济分析支持的案件，以此推动法院解决显著且不断扩张的市场势力问题。即使所涉经济利益看似很小的案件，如果创立了有价值的支持执法的先例，也会影响深远。随着时间的推移，在不断扩张的市场势力制造更多反垄断目标的环境中，反垄断执法过程可能会使反垄断规则朝着更有力地阻吓有害行为的方向发展。

其次，反垄断政策长期受三大政府机构的影响。当行政部门官员瑟曼·阿诺德提出的执法路线被法院和国会接受时，原先达成的政治交易就得到维持。这一协议在 21 世纪头十年内仍被保留下来，因为三大政府机构尚没有采取协调一致的行动来破坏它。这也表明了当前通过政治动员解决市场势力问题对维护反垄断领域的政治交易的至关重要性。

设计法律变革

当前，不干预主义对政治交易的挑战，在一个重要的方面要比 21 世纪头十年时的挑战更大。彼时的问题是防止反垄断法遭到公开的破坏。如今，不断增长的市场势力可能会潜移默化地推翻政治交易，因此，现在的问题不再是抗击一个易于界定反对者发起的行动，而是改变现状这一更加艰巨的任务，即通过加强反垄断法来扭转反垄断法得不到执行的趋势。

我们相信这种改变是可能的。毕竟反垄断规则在 20 世纪的两个节点上曾被大幅修改：20 世纪 40 年代发展出了结构主义时代反垄断规则，及 20 世纪 80 年代，法院和政客们抱持芝加哥学派的立场。这两个历史阶段揭示了可能导致反垄断学说发生改变的三个因素[30]：

首先，反垄断法可能会因商业实践和经济活动的重大发展调整。结构主义时代的反垄断规则是对工业化集中效应的回应。商业的形式变化、规模和力量导致了几十年来关于如何对待大型企业的争论，该争论最后是根据20世纪40年代确立的新规则才得以解决的。

其次，政治上的重新整合可以为反垄断改革创造机会。对许多人来说，大萧条削弱了他们对"Lochner案"塑造的世界观的信心，而它正是反垄断执法"古典时代"的基础。选举对策为罗斯福新政的政府规制实验扫清了障碍，最终为阿诺德的新路线和政治交易扫清了障碍。后来，在里根时代反对政府干预的运动中，芝加哥学派的反垄断观点占据了上风。

再次，经济分析的发展可能会改变人们在反垄断执法及司法裁决过程中对商业实践的理解方式。这会导致执法者和法官改变他们应用单个反垄断规则的方式，并令法院去调整这些规则。[31]例如，采用实证工具评估和模拟合并的单边效应，会导致执法者和法院接受单边效应理论[32]，阻止那些原本可能逃脱执法的反竞争合并。爱德华·张伯伦（Edward Chamberlin）在垄断竞争方面的工作促成了结构主义反垄断时代的执法决定，而芝加哥学派的经济学思想强烈影响了自20世纪70年代末开始的反垄断规则的制定和应用方式。[33]

上述促进法律变革的三个因素在今天仍在起作用，它们都指向了加强反垄断。首先，在信息技术的推动下，新的商业形式提出了本书第二章讨论新的竞争挑战。[34]其次，市场势力正在成为一个日益重要的政治问题。例如，市场势力问题正是民主党在2017年中就国内政策宣布"更佳方案"（Better Deal）计划的核心所在。[35]经济进步正迫使我们面对身边的市场势力。博弈论的观点已经彻底地重构了产业组织经济学，新的实证工具可以更精确地衡量激励、行为和效果。已经持续了一代人的这些经济学进展，往往表明那些被认为是良性的行为实际上损害了竞争。诚然，反垄断规则仍然深受芝加哥学派经济思想的影响，但部分原因是这些规则没有完全吸收新理论和新发现的成果。

另一个关键的方面是，当前的环境并不适宜反垄断路线调整。最大的困难是联邦最高法院基本上接受并维护芝加哥学派的路线。斯卡利亚大法官与肯尼迪大法官的换届似乎不太可能对法院的反垄断法律体系产生重要影响。

司法部反垄断局的高层领导，以及特朗普共和党政府提名的联邦贸易委员会成员，都不太可能改变这种路线。他们中的许多人曾在小布什政府任职，认为反垄断法学体系和反垄断执法的当代路线恰如其分。[36]特朗普领导下的共和党人并没有突然开始认可那些会采取更偏干预主义做法的法官，也没有任何理由期望共和党的国会议员鼓励执法机构或法院改变路线。因此，看起来以芝加哥学派为导向的反垄断体制可能会长期占据主导地位，特别是在联邦最高法院中，由此阻碍了1932年式的政治重整及其对司法任命产生影响。

民粹主义是一张万能牌，当生产率增长放缓、全球化以及技术变革总体上损害了中下层阶级时，民粹主义便会得到支持。一方面，沃尔玛利用其全球供应链低价销售商品，亚马逊等电子商务企业正在为受教育程度较低的从业者创造就业机会[37]，优步（Uber）为兼职人群提供了新的就业机会。另一方面，并且是更为重要的方面，中等收入水平停滞不前，大衰退后的复苏带来的收益大多流向了收入和财富分配中的顶层群体。[38]这些走势破坏了个人收入的稳定及家庭的自给自足,同时使社会保险变得更难实施又更为必要。这些趋势还威胁到消费者、工人和农民对政治交易的承诺,因为它们表明,无论美国现在提供什么社会保险,但对这些群体来说,一种重要的单边转移支付,即未来从竞争性市场中获得的经济效率收益,都不会广泛地惠及他们。

迄今为止,民粹主义的政治反应主要来自右派。特朗普激化了人们对外国人和移民的不满,并对全球贸易持怀疑态度的工人阶级选民,但有分析人士质疑,相较于受种族影响的社会地位问题,暗淡的经济前景到底在多大程度上左右了这些选民的观点。[39]在特朗普政府执政之前,最持久和最有影响力的近期政治动员是茶党(Tea Party)的保守主义动员,该党因反对在经济衰退期间救助金融机构而确立了其民粹主义的名声。

也就是说,我们也可以想象一场来自左派的竞争性民粹主义动员。[40]从政治谱系中的进步主义角度看,"占领华尔街"运动取得了一些成功,一如社会民主党参议员伯尼·桑德斯在2016年的总统初选中也取得了一些成功。这些运动的许多支持者指责富人和大企业无法起到带头作用或逃避他们的责任。令人惊讶的是,在金融危机期间,银行未被更多地指责为抵押贷款止赎潮的罪魁祸首;不过现在我们还可以看到其中一些银行已经自食其果。员工可能将低工资归咎于他们为之工作的大企业的行为,农民将低价格归咎于收购他们产品的大企业的行为,而能够调动强大政治支持的小企业可能会发现,诸如亚马逊和谷歌这样大型平台对于它们更像是生存威胁,而非机遇之源。

右派的民粹主义政治压力可能不赞成采取更激烈的反垄断执

法：特朗普式的保守派民粹主义（在撰写本书时，这种现象更多地体现在言论上，而不是其政策上）可以在不挑战企业市场势力的情况下，支撑一个更强大的安全网、保护主义的国际贸易政策以及国内基础设施支出的某种组合。当然，市场势力甚至可以通过贸易保护得到增强。但是，正如参议员沃伦在其演讲中表明的，来自左派的政治压力可能会鼓励那些钳制市场势力得以行使的反垄断执法和监管政策。[41]在当前的政治环境下，这一立场将有助于加强政治交易。

为避免这种左派—右派两分法给读者带来简单化的印象，应注意在特朗普的民粹主义大背景下，社会主义、自由主义和法西斯主义这些宽泛的政治主张无论是在政治主张还是国家运作中仍然流行着。中国塑造了一种与私营部门合作的国家推动增长的社会主义模式。特朗普和一些东欧国家的领导人则多少怀揣一些法西斯主义（至少在言论上有这种特征）。西欧和加拿大模式则是具有强大的反垄断执法的开放、自由社会。这表明，几十年来美国国内政治构建的左派—右派政治范畴，仍然适合用于理解经济政策的制定与未来的政治交易。[42]

在这个框架内，2018年民主党的胜利预示全体选民中的左倾运动。但是如果由此推断选民会果断转变立场，使更有力的拥护反垄断执法的人在政治部门掌权，从而随着时间推移改变司法部门的构成，则极不可信。此外，这种推断假设现任的不干预主义者不会通过限制选举权及不公正地划分选区（gerrymandering）等方式，来捍卫他们在选举上的成功。[43]

简言之，现在以及在可预见的未来，必须开始在保守的司法环境中努力保护政治交易并恢复竞争性经济。但是在这种背景下，经济的变化、新的经济思维以及对市场势力增长的政治反应,可能会鼓励法院随时间推移改变反垄断的看法,从而为法律变革创造更多的可能性。

这并不意味着反垄断的支持者应该无所事事地等待新的经济和政治条件以及新的经济学研究自动影响法院。这不是芝加哥学派赢得今天这一局面的方法:芝加哥学派的支持者齐心协力地争取法律知识阶层的支持,一旦不断变化的政治环境提供入选法官席的机会,就会有志同道合的法学家获得司法提名。换言之,变革不会自动发生。通过更有效的反垄断执法恢复竞争性经济需要在五项相关任务上取得进展。

第一项任务是增强对市场势力的意识。公民需要明白,美国经济中显著而又不断扩张的市场势力是有害的。尽管类似本书这样的著述敲响了警钟,但市场势力并没有得到应有的广泛理解。部分原因可能是情况的复杂性。正如本书第 1 章所述,企业越来越多地行使市场势力有许多根源,包括反垄断法以外的因素,例如大型信息技术平台的增长。反垄断法内部的因素,例如具体法律规则的缺陷,对于不明白法律奥义的选民来说难以理解。因此,政治家和公共评论员有责任解释反垄断的许多成功之处,并将反垄断与许多美国人警惕的那种彻底的商业监管区分开来。[44]微软的故事在这一点上可能很有意义。尽管该公司抱怨,任何限制自由的做法都会扼杀高科技创新,但反垄断成功地打击了微软的反竞争行为,同时伴随着高科技业务蓬勃发展。

第二项任务是培育反对企业行使市场势力的政治动员,这与第一项任务密切相关。到目前为止,对大企业市场势力的关注一直是一个精英问题,这个问题由智库和记者提出,并得到了民主党领导层的认可。它尚未获得大众应有的关注。如果精英阶层的关注吸引了以进步主义经济学为基础开展工作的候选人，情况就可能发生变化。他们的候选资格将有助于将公众的注意力转向反垄断。如果这些候选人赢得了职位，他们就有可能直接影响政治机构对反垄断执法的态度，以及间接（通过司法提名人的批准）影响法院的态度。在政治环境发生变化的情况下，一个充满活力的国会也可以推动法院在立法上取得更多的干预主义结果。[45]但必须避免对反垄断执法的直接政治干预。

第三项任务是反垄断执法机构必须带头推动法院加强反垄断。有了更多的公众支持，执法机构的领导层也适应了这种政治氛围，这些机构就可以动用够依靠更多的资源及承担更大的诉讼风险。执法机构还可以通过执法行动、受聘的经济学家的研究以及联邦贸易委员会的行业研究（这些研究依赖于联邦贸易委员会强制企业提供信息的权力），帮助公众关注市场势力。[46]这些行动也有望为外部学术研究提供素材。执法机构或许可以通过更频繁地将个人和企业列为被告来增强威慑力。[47]

反垄断执法机构还可以宣传竞争，以支持其他机构和部门通过采购和监管等非反垄断手段来打击市场势力的行使。[48]例如，在适当的情况下，国防部可以利用其采购权促进竞争。农业及交通部、联邦通讯委员会、联邦能源监管委员会和美联储都拥有可用于促进竞争的监管权限。如果没有白宫的支持，这样的宣传可能很难实现[49]，但州一级的执法机构可以自己采取促进竞争的行动来弥补一些不足。

第四项任务是反垄断诉讼的原告必须利用那些愿意质疑芝加哥路线的下级法院所创造的空间。这类诉讼当事人可能会包括联邦执法机构。州一级的反垄断执法者和私人原告也需要推动他们的案件。

第五项任务,也是最后一点,为了说服联邦最高法院,原告应该充分利用基于现代经济学的论据。经济证据支持的经济学论据是说服法院的关键,而它一直坚持认为反垄断法是为了促进经济目标。本章第二部分的分析对此已有说明。经济学论据能够支持现行反垄断规则下的有益的执法行动,并鼓励制定更多干预主义的规则。[50]原告有责任阻止法院转向错误的经济学,即如本书第5章中所述的可能导向反垄断默示拒绝的错误假设。

反垄断的重建工作要求反垄断机构的高度敏感性以及健全的经济分析。反垄断执法及诉讼依赖的经济论据与证据日益复杂化,这意味着反垄断规则也须注意其可操作性。但是,尽管对可操作性的关注限制了规则的形式,但它并不影响规则的实质。在实质方面,经济分析提供了最好的指导。此外,反垄断机构必须将坚持反对对执法产生直接政治影响作为其信条与准则。

为了解决显著且不断扩张的市场势力问题,特别是认识到信息经济独特的竞争问题,应鼓励法院采用本书第二篇辩护的若干规则及(可反驳的)推定。

在分析横向合并时(参见本书第4章),法院应要求更多的证据来反驳因过高且不断增长的市场集中度而导致竞争损害的推断;当企业产品之间的替代率(或需求交叉弹性)足够高时,推定差异化产品的卖方之间合并会产生有害的单边效应,推定收购一家非常规企业会产生不利的协同效应。

为了降低企业协同行动的威胁(参见本书第6章),在单个市场中的欺骗行为可能被快速的价格匹配所阻止,并且市场进入不可

第10章 恢复竞争性经济 241

能破坏协同结果的行业中，法院应当推定，利用算法定价在多市场中竞争的企业之间已经达成了价格协议，对此可以执行《谢尔曼法案》第1条。

为了帮助应对排他行为（参见本书第7章），法院应当推定，当所有重要竞争对手都被排除在外，或者当拥有市场势力的排他性企业证明它有能力排除至少一个重要竞争对手时，竞争即受到了损害。当排他行为缺乏合理的商业理由时，这些推定就是结论性的。法院还应消除高于成本定价的避风港，拒绝推定纵向一体化有利于促进竞争，并认真考虑广泛的排他机制。

在关于创新竞争的问题上，法院应采用多种推定（参见本书第8章）：当只有少数企业参与创新市场时，创新对手间的合并会损害竞争；当一个创新领域里的某一家支配型企业收购另一家有能力在未来产品上成为其竞争威胁的企业时，尽管企业之间目前尚未展开竞争，但创新竞争会受到损害；当一家支配型企业排除了所有实际与潜在的创新对手（除了那些不重要的竞争者），或者在仅有少数企业参与的创新市场中排除了所有竞争对手时，创新竞争或未来的产品竞争会受到损害。

最后，如本书第9章所述，为了使反垄断法能够阻止损害供应商的，其长期以来除了竞争收益与竞争损害严重不对称的偶然情况，法院应拒绝削弱对跨市场福利权衡的禁止。

结论

75年前，美国采取反垄断执法作为应对大企业市场势力的最佳措施。为了有利于促进竞争，首选的替代性方案——一方面是商业自我规制的自由放任理念，另一方面是规制或去集中化——皆被否决。这样做有充分的理由：竞争促使企业追求更好的新商品与新服务，并寻求以成本更低的方式提供它们。

尽管我们有全面的反垄断制度，但市场势力卷土重来。市场势力损害了买方和供应商、消费者及从业者。它已经累积到可能阻碍整个经济增长的程度。我再次强调，最好的答案是反垄断。但今天的反垄断规则并不能恰当地平衡错误成本，因此必须对它们进行修改以增强其威慑力。

由于不断变化的经济增加了反垄断执法的复杂性，而且联邦最高法院继续坚持那些已被证明不合适的芝加哥学派的观点，改变现状并非易事。芝加哥学派成功地将经济学确立为反垄断分析的中心，这是好事。但他们确保商业活力的目标却惨遭挫败。久而久之，维持法院的立场将导致反垄断执法被消弭于无形，而放任主义政策和更广泛地行使市场势力。

作为回应，那些关心确保商业竞争的人必须增强对市场势力问题的认知，通过政治动员反对市场势力。反垄断执法者必须推动法院质疑芝加哥学派的路径。原告在将案件提交至愿意拒绝这种路线的下级法院时必须讲究策略。而学者们必须促使法院承认，现代经济学证明了更有力的反垄断执法能增进福利。通过各方面的努力推动，我们就有望建立焕然一新的反垄断范式，进而恢复竞争性经济。

注　释

导论

1. 参见 Bork（1978）；Posner（1976）。

2. 芝加哥反垄断学派是由与芝加哥大学有着各种关联的律师和经济学家倡导的影响力极大的思想运动，参见 Posner（1979）。

3. 参见 Bork（1978），第 7 页、第 408 页。

4. Daniel Marans, "Elizabeth Warren Has a Real Plan to Drain the Swamp in Washington", *Huffington Post*, May 16,（2017）.

5. 参见 Council of Economic Advisers（2016b）。

6. Timothy B. Lee, "Hillary Clinton Just Took a Step toward Elizabeth Warren's View on Monopolies", *Vox*, Oct. 4, 2016, https：//www.vox.com/new-money/2016/10/4/13156432/hillary-clinton-antitrust-agenda；Kevin Drum, "Here's Hillary Clinton on Antitrust and Entrepreneurism", *Mother Jones*, Oct. 4, 2016, http：//www.motherjones.com/kevin-drum/2016/10/heres-hillary-clinton-antitrust-and-entrepreneurism/.

7. Brian Fung,"Why Trump Might Not Block the AT&T-Time Warner Merger, After All",*Washington Post*,November 11,2016;David Goldman,"Donald Trump's War on Jeff Bezos, Amazon and the Washington Post",*CNNTech*,May 13,2016,http://money.cnn.com/2016/05/13/technology/donald-trump-jeff-bezos-Amazon/.

8. David McLaughlin and Todd Shields,"Trump's Talks With Dealmaking CEOs Rattle Antitrust Lawyers",*Bloomberg*,Jan. 13,2017;Chris Sagers,"Buyer Beware",*Slate*,Jan. 13,2017.

9. Foer（2017）;Taplin（2017）. 也可参见 David Dayen,"Big Tech: The New Predatory Capitalism",*American Prospect*,Dec. 26,2017。

10. 参见本书第1章有关"支配型信息技术平台的崛起"的讨论。

第1章

1. 参见 Complaint at 10, United States 诉 Anheuser-Busch InBEV SA/NV, No. 1:16-cv-01483（D. D. C. July 20,2016）。

2. 参见 Miller and Weinberg（2017）。

3. 参见 Complaint at 12 – 13, United States 诉 Anheuser-Busch InBEV SA/NV, No. 1:16-cv-01483（D. D. C. July 20,2016）。2015 年,这 21 家最大的啤酒厂占美国所有啤酒厂的 0.4%,而在精酿啤酒中占 84%。参见 "Industry Facts", National Beer Wholesalers Association, https://www.nbwa.org/resources/industry-fast-facts。

4. 参见 Crane（2011）,第 31 页,图 2.1;第 85 页,图 4.3。

5. 在受赖氨酸损害的买家提起的私人集体诉讼,以及外国政府提起的反垄断控告中,ADM 也支付了数亿美元才达成和解。参见 United States 诉 Andreas,2216 F. 3d 645（7th Cir. 2000）。ADM 的高管同时被起诉并被判入狱。也可参见 Eichenwald（2001）;Lieber（2000）;Connor（2007）。

6. 参见 United States 诉 Microsoft Corp., 253 F. 3d 34（D. C. Cir. 2001）。关于此案已经有多部著作进行了介绍。参见 Gavil and First（2014）;Page and Lopatka（2007）;Auletta（2001）;Heilemann（2001）;Brinkley and Lohr（2000）。

7. "微软案"主要涉及对操作系统竞争的损害。但政府的起诉还包括一项可能被解释为与浏览器竞争相关的指控:它指控微软公司将其 IE 浏览器与

Windows 操作系统进行非法捆绑。该地区法院认定微软公司的搭售行为是本身违法的，但上诉法院判定，应根据合理原则对该指控进行评估。在候审阶段，政府决定不再追究。

8. Bresnahan（2010）；Steven Pearlstein, "Is Amazon Getting Too Big?" *Washington Post*, July 28, 2017.

9. 参见 Complaint, United States 诉 AT&T Inc., No. 1：11-cv-01560（D. D. C. Aug. 31, 2011）；Staff Analysis and Findings, Applications of AT&T Inc. and Deutsche Telekom AG for Consent to Assign or Transfer Control of Licenses and Authorizations, FCC WT Docket No. 11 – 65（Nov. 29, 2011）, http：//hraunfoss. fcc. gov/edocs_ public/attachmatch/DA-11-1955A2. pdf。通常也可参见 Bliss（2016）；Andrew Ross Sorkin et al.（2011）, "AT&T to Buy T-Mobile USA for ＄39 Billion", *New York Times*, March 20,（2011）；Jenna Wortham, "For Consumers, Little to Cheer in AT&T Deal", *New York Times*, March 21,（2011）；Ben Protess, "AT&T Deal Joins a History of Antitrust Fights", *New York Times*, March 21,（2011）；Edward Wyatt and Jenna Wortham, "AT&T Merger with T-Mobile Faces Setbacks", *New York Times*, November 24,（2011）；Michael de la Merced, "AT&T Ends ＄39 Billion Bid for T-Mobile", *New York Times*, December 19,（2011）。

10. 六年后，领先的无线供应商继续改善他们的网络，他们之间的价格竞争成为头版新闻。参见 Ryan Knutson, "Era of Costly Cell Service is Ending", Wall Street Journal, June 24,（2017）, A1；参见 Jon Gold, "5G Wireless Behind AT&T, Verizon's Big Buys", *Network World*, April 14,（2017）, http：//www. networkworld. com/article/3190040/mobile-wireless/5g-wireless-behind-atandt-verizon-s-big-buys. html；Jacob Kastrenakes, "T-Mobile just spent nearly ＄8 billion to finally put its network on par with Verizon and AT&T", *The Verge*, April 13,（2017）, https：//www. theverge. com/2017/4/13/15291496/tmobile-fcc-incentive-auction-results-8-billion-airwaves-lte；Jeff Hawn, "In-Depth：State of 5G for the Big Four Carriers", *RCR Wireless News*, November 29, 2015, http：//www. rcrwireless. com/20151129/carriers/5g-efforts-for-the-big-four-carriers-tag15。

11. 参见 Crane（2011）, 第 53 页, 图 3.1；第 55 页, 图 3.2。

12. Kovacic（2003）, 477；Timothy Muris, Chairman, Fed. Trade Comm, "An-

titrust Enforcement at the Federal Trade Commission: In a Word—Continuity"(speech), Remarks at the American Bar Association Antitrust Section Annual Meeting, August 7, (2001), http://www.ftc.gov/speeches/muris/murisaba.shtm.

13. 参见 Competition and Markets Authority (2017)。

14. 除了本段引用的例子之外，另外两个在行业范围内更为有限的执法松懈的例子，进一步说明了在缺乏反垄断约束情况下的市场势力行使。首先，一个世纪以来，美国一直允许出口卡特尔。对这些问题的一项研究发现，许多例子表明长期出口协定是以固定价格为动机的，也有许多例子表明卡特尔受到价格战和边缘竞争的破坏。参见 Dick (1996)。其次，20 世纪 80 年代有一段时间反垄断当局对航空公司的合并持异常宽松的态度，当时美国交通部（DOT）对合并进行了审查。回顾性研究发现，在那段时期，尽管有司法部反垄断执法人员的反对，交通部还是允许了涉及航线网络大量重叠的航空公司的两次大型收购，结果导致运费更高以及航班频率降低（服务质量下降）。参见 Peters (2003)。其中一些研究表明，在合并企业以前没有开展竞争的城市配对（city pairs）中，运费有所下降，但反垄断执法者可能尚未在这些市场中发现竞争问题。美国司法部的反对充分表明这些交易中存在竞争问题，因为在里根政府的第二个任期中，联邦反垄断执法相对宽松。

15. 联邦最高法院在"United States 诉 E. C. Knight Co., 156 U. S. 1 (1895) 案"中制造了这个漏洞，它容许在制糖业中形成垄断的合并，是基于《谢尔曼法案》对限制或垄断"商业"的禁令涉及制成品的处置，而非在此前的制造环节。九年后，联邦最高法院填补了这个漏洞。参见 Northern Securities Co. 诉 United States, 193 U. S. 197 (1904)；也可参见 Addyston Pipe & Steel Co. 诉 United States, 175 U. S. 211 (1899)。在联邦最高法院对"E. C. Knight 案"的判决后，产生了一波制造业的合并浪潮。参见 Lamoreaux (1985)。

16. Scherer (1996)，钢铁；Levenstein (1996, 1997)，溴；Ellison (1994)，铁路；Porter (1993)，铁路；Hudson (1890)，铁路；Granitz and Klein (1996)，石油精炼与标准石油；Burns (1986)，美国烟草公司。

17. 参见 Pub. L. No. 73-67, 48 Stat. 195 (1933)。大约在通过《国家工业复苏法案》(National Industrial Recovery Act) 的同时，美国联邦最高法院认为在大萧条的紧急情况下，尽管存在反垄断法，但一大批陷入困境的煤炭生产商仍可以组成一个独家的联合销售代理（实际上是一个卡特尔）。参见 Appalachian Coals, Inc. 诉 United States，288 U. S. 344（1933）。最高法院在1940年不再对固定价格持宽松态度。United States 诉 Socony-Vacuum Oil Co.，310 U. S. 150（1940）。

18. 更多讨论参见 Brand（1988）；Irons（1982）；Hawley（1966）；Lyon et al. （1935）。

19. 参见 Alexander（1997）；McGahan（1995）；Baker（1989）。但其他合谋尝试均未成功。参见 Alexander（1994）。

20. 反垄断法禁止企业获得、维持或增强市场势力的行为。在美国，单纯地行使市场势力，就如同企业在没有反竞争行为的情况下将价格设定在竞争水平之上，是由监管机构而不是由执行反垄断法的法院来监管。

21. 如果进入是容易的且价格歧视是可行的，那么企业就可以针对一些客户行使市场势力，而不会将其平均价格提高到竞争（自由进入）水平之上，从而不会损害整体竞争。参见 Baker（2003b），第651页。

22. 在根据《谢尔曼法案》第2条评估垄断诉由时，法院使用"垄断势力"一词来代表实质性的市场势力，通常是从较高的市场份额中推断出来的。

23. 关于劳动力市场买方垄断势力的证据的简要综述，参见"寡头垄断普遍存在，且许多产业的集中度正在上升"一节。

24. 参见 Antitrust Division，"Criminal Enforcement Trends Charts，"U. S. Dept. of Justice，（2018），https：//www. justice. gov/atr/criminal-enforcement-fine-and-jail-charts；compare Ghosal and Sokol（2018）。卡特尔行为涉及许多大型企业。参见 Sertsios et al.（2016）；Marshall（2017）。

25. Connor and Lande（2012）. 如果在某些情况下，卡特尔可以预期它们会在未来被要求支付反垄断损害赔偿，那么 Connor 与 Lande 可能过分夸大了私人对损害阻吓合谋行为的作用。在这种情况下，企业可能会提前将预期的损害赔偿金转移到买方身上，甚至是以更高价格的形式。大型多产品企业的系列合谋频率强调了对惩罚过低的担忧。参见 Kovacic et al.（2018）。

26. 20世纪90年代的卡特尔案件似乎有可能成为与改进卡特尔调查有关的一次高峰，而随着阻吓力的增强，价格固定和市场分割阴谋的破获率将下降。参见 Baker（2001），第825页。但没有迹象表明自20世纪90年代以来，卡特尔的总体执法率以这个事例暗示的那种方式下降。

27. 参见 Connor and Lande（2012），第 468 页，477n250。

28. Levenstein and Suslow（2011）。Harrington and Wei（2017）发现，美国司法部查实的卡特尔平均持续了 5.8 年，Hyytinen et al.（即将发表）发现，当卡特尔在芬兰合法时，平均持续 8.5 年。

29. 平均每年会有 75/21 ≈ 3.6 个卡特尔被调查，且有 8.1 × 75/21 ≈ 28.9 个卡特尔处于活跃状态。这种计算方法假设样本审查没有净效应（包括样本期之前的超额收费，以及排除样本期之后受制裁的卡特尔的超额收费）。该计算是保守的，因为样本排除了一些没有提供数据的卡特尔。认为卡特尔以稳定的速度形成的假设，忽略了执法技术变化，如修改宽恕机制的潜在威慑效应。每年有 29 个活跃卡特尔中的 12% 接受调查推论，与 1991 年美国司法部对卡特尔持续时间分布提出疑问的研究结果大体上一致，该研究结果是，至少有 36~50 个卡特尔在任何时候都是活跃的，而每年最多有 13%~17% 的卡特尔被调查。参见 Bryant and Eckard（1991）。更新近的研究发现，一个卡特尔每年有 19% 的概率要么被瓦解要么被调查。参见 Harrington and Wei（2017）。

30. 参见 Miller and Weinberg（2017）。

31. 参见 Blonigen and Pierce（2016）。该研究报告估算了合并导致的"价格成本差"的平均增长率，但由于在衡量价格成本差增长和合并前的平均价格成本方面的不确定性，这些估算是不精确的。该研究采用几种策略来控制企业系统性收购工厂的可能性偏差，因为企业们期望被收购的工厂可以提高生产率或行使市场势力，但很难评估这些方法是否会成功。该研究无法控制价格上涨以反映产品质量提高的可能性［这里也可能出现下文讨论的 De Loecker 和 Eeckhout（2017）的方法论问题，因为这两项研究采用了类似的实证方法］。

32. 参见 Kulick（2017）。

33. 参见 Ashenfelter and Hosken（2010）；Kwoka（2015）。对 Kwoka 的元分析（meta-analysis）的批评以及 Kwoka 的回应，可参见 Vita and Osinski（2018）；Kwoka（2017a），第 8 - 12 页。

34. 案例研究的证据表明了这一点，但会计证据是混合型的。参见 Kaplow and Shapiro（2007），1154 - 1155；Röller et al.（2006），chap. 3 § 2.1.3；Moeller et al.（2006），759；Quantamental Research Group, "Mergers & Acquisi-

tions: The Good, the Bad, and the Ugly (And How to Tell them Apart)", S&P Global, August 26, (2016), 3, https://www.spglobal.com/our-insights/Mergers-Acquisitions-e-Good-e-Bad-And-e-Ugly-And-How-To-Tell-em-Apart.html; 请对照 Malmendier (即将发表)。

35. 参见 Knee et al. (2009), 第 205 页。审查的交易包括横向及非横向收购。

36. 参见 Baker (2013b), 第 539–543 页。

37. 销售互补品 (例如花生酱和果酱) 的企业之间的协议也是纵向的。

38. 更多参考请见 Baker (2002b), 第 66–67 页。

39. 参见 Baker (2002a), 第 67 页。

40. 从那时起, 联邦最高法院和联邦巡回上诉法院在考虑司法裁决的结果、推理和基调时, 采用了更为宽松的路径来处理排他行为, 而不是一贯地偏袒被告或原告。参见 Baker (2013b), 第 536–537 页。

41. 参见 Ginsburg (1991a)。

42. 当一家制造商或供应商指定了其产品由独立交易商在下游转售的价格时, 便是实行了维持转售价格的行为。

43. 参见 MacKay and Smith (2014)。

44. 参见 Levenstein and Suslow (2014)。

45. 参见 Levenstein and Suslow (2011), 第 463 页。参见 Harrington and Wei (2017); Hyytinen et al. (即将发表)。尽管被揭露的卡特尔的分布可能不同于未揭露的卡特尔的分布, 平均持续时间的测算并没有明显的偏差。参见 Harrington and Wei (2017)。

46. 参见 Levenstein and Suslow (2006), 第 53 页 (表 2)。

47. 参见 Blume and Keim (2014), 第 5 页; 参见 The Conference Board (2010), 第 22 页 (表 10); 第 27 页 (表 13)。

48. 参见 Jan Fichtner et al. (2017)。

49. 参见 Azar et al. (2016), (2018a)。通常也可参见 Schmalz (2018)。金融投资者共同所有权也可能会阻碍品牌药和仿制药制造商之间的竞争。参见 Xie and Gerakos (2018); Newham et al. (2018)。

50. 除了文中提及的问题之外, 这些研究为解决共同所有权可能内生的问题而采用的识别策略是合理的,但也可能受到质疑。请对照 Gramlich and Grundl(2017)。其他的批评也可参见 Hemphill and Kahan(2018);O'Brien and Waehrer(2017);Patel(2018)。

51. 如果整个经济中的企业按金融市场资本(企业估值),即企业规模及预期未来营利性的指标来排序,则前四名的企业分别为苹果、Alphabet、微软以及亚马逊。脸书是第六位。参见 Dogs of the Dow, "Largest Companies by Market Cap," April 8,(2017), http://dogsofthedow.com/largest-companies-by-market-cap.htm。

52. 参见 Bresnahan and Greenstein(1999)。

53. 参见 Kurz(2017)。

54. 参见 Kurz(2017),§ 1.1e(表2)。

55. 参见 De Loecker and Eeckhout(2017)。

56. 这一比较以假设企业最小化其成本为条件识别出企业的加价。为了确定供给的产出弹性,De Loecker 和 Eeckhout 估计了生产函数。他们使用商品销售成本的计算数据作为可变成本的代理变量(proxy)。

57. 参见 De Loecker and Eeckhout(2017),§ 3.2 和表1。

58. 此外,该研究用来衡量可变支出的代理变量以及将其分解为投入品数量和价格的做法的可靠性,可能会受到质疑。首先,没有考虑边际成本或可变成本的会计概念和经济概念之间的差异。其次,在快速创新的行业中,将开发新产品和更好产品的支出视为可变成本可能是合适的,而 De Loecker 和 Eeckhout 将它们视为固定成本。信息技术支出被视为固定支出,而不考虑企业如何通过对内容分发网络的增量投资展开竞争(从而更快、更可靠地提供信息服务),或通过挖掘客户数据以改进广告的目标定位。因此,他们的测算可能夸大了用生产可变成本计算的销售收入份额的下降,他们的研究可能夸大了估计的加价增加。参见 Traina(2018)。再次,指标没有考虑企业适应新技术承担的边际成本。这些成本可能包括员工再培训的费用和企业在获得新技术经验时学会避免的费用。自 20 世纪 90 年代以来,企业适应生产率冲击的成本显著增加。参见 Decker et al.(2018)。因此,估计的加价增长可能在一定程度上反映出更高的边际调整成本。感谢 Dennis Carlton 对这些问题有益的讨论。

59. 这些数据分别针对 2 位数、3 位数和 4 位数的 NAICS 行业。即使是 4

位数的行业也比反垄断诉讼中普遍界定的产品市场范围更广。参见 Werden（1988）；Werden and Froeb（2018）。在具有本地和区域市场的行业中，数据也会跨越这些地区进行汇总。

60. 这种路径与20世纪80年代以来实证产业组织经济学家估算市场势力的路径不一致，因为它抑制了影响企业行为的单个行业的异质性。更多讨论可参见 Bresnahan（1989）。在这里，不同企业的集聚可能会在估计行业供给的产出弹性时出现误差。偏差的方向一定程度上取决于在信息技术上投资最多的企业（因此商品销售成本占销售收入比例降幅最大的产出变化）是否导致了最大或最小的可变投入（如劳动）变化。

61. 参见 Eggertsson et al.（2018），第26页 A.21（图6和图 A.5）；Hall（2018）。参见 Díez et al.（2018）。

62. 参见 Traina（2018）。

63. De Loecker 和 Eeckhout 将利润率的大幅增长解释为市场势力的增强，而不是因为固定成本增加而边际成本下降时竞争市场的利润率发生的变化（零利润均衡）。他们接受这种解释，是因为预期利润上升了：利润率的急剧上升发生在企业股息和企业市值（被视为未来股息的贴现流）平均水平上升的时候。本章后面将阐述较高利润率的其他解释不成立的原因。De Loecker 和 Eeckhout 没有将更大的市场势力与 IT 投资的增加联系起来。

64. 也可参见 Kurz（2017）；Bessen（2017）。

65. 参见 Cutler and Morton（2013）；Gaynor and Town（2012）；Dafny et al.（2016）。对医疗健康产业市场集中度的经济证据，包括医院、健康保险人以及治疗者服务的综述，请参见 Martin Gaynor, "Examining the Impact of Health Care Consolidation", Statement before the Committee on Energy and Commerce Oversight and Investigations Subcommittee, U. S. House of Representatives, February 14,（2018）。

66. 参见 Kevin Drum, "Oh Yes, American Industries Are Much More Concentrated than They Used to Be", Mother Jones, August 23,（2017），http：//www. motherjones. com/kevin-drum/2017/08/oh-yes-american-industries-are-much-more-concentrated-than-they-used-to-be/。产业中更加集中的市场势力的其他例子参见 Miller and Weinberg（2017），精酿；Cosman and Quintero（2018），地方住

宅建设，以及本书第 6 章讨论的航空公司合并。随着时间的推移，其他行业的集中度降低了，或者，某些一度狭窄的市场可能扩大了，因此，现在包括了更多的参与者。例如，"Statement of the Federal Trade Commission Concerning the Proposed Merger of Office Depot, Inc. and OfficeMax, Inc., No. 131 – 0104", press release, November 1, 2013, https: //www.ftc.gov/news-events/press-releases/2013/11/ftc-closes-seven-month-investigation-proposed-office。可对照 The Economist, "Invasion of the Bottle Snatchers: Smaller Rivals Are Assaulting the World's Biggest Brands," July 9, 2016。致使集中度提高的实质性横向合并活动发生在其规模低于合并前申报（premerger notification）的规模的企业之间。参见 Wollmann（2018）。

67. 参见 Peltzman（2014）；Ganapati（2017）；"Corporate Concentration", The Economist, March 24, 2016; Autor et al.（2017）。

68. 在某些行业，大企业的扩张可能会同时增加全国集中度并降低地方集中度。参见 Rossi-Hansberg et al.（2018）。这些趋势对市场势力推断的重要性，取决于地方性区域是否适合作为评估行业竞争的地理市场。

69. 参见 White and Yang（2017）；Theo Francis and Ryan Knutson, "Wave of Mega-deals Tests Antitrust Limits in U.S", *Wall Street Journal*, October 18, 2015; Grullon（2016），图 2 – B、图 2 – C 和图 2 – D；也可参见 Keil（2016），表 3。

70. 参见 Kreps and Scheinkman（1983）。在具有调整成本的"马尔可夫完美均衡"（Markov perfect equilibrium）模型中，竞争在没有重复互动的情况下同样会受到打击。参见 Maskin and Tirole（1987），956。

71. 参见 Greenwald and Kahn（2005），第 230 – 232 页、第 293 – 321 页；McAfee（2002），第 11 – 16 页、第 69 – 70 页、第 138 – 146 页、第 342 – 344 页、第 379 – 380 页；Porter（1980），第 93 – 95 页、第 106 页。

72. 参见 Schmalensee（1989），典型事实 5.1；Bresnahan and Suslow（1989），铝；Evans et al.（1993），航空公司；Singh and Zhu（2008），汽车租赁行业。将价格与市场集中度（或企业的市场份额）联系起来的研究，通常面临两个重要的计量学挑战：解决集中度可能内生的问题，以及对这种关系进行因果解释。如果需求函数的参数可以单独估计，并且价格与集中度的方程被理解为由一阶条件产生的供给关系，那么排除的需求转移变量（demand-shift variables）可以作为解决供给关系内生的工具变量。即便如此，据此估计的集中度效应通常会混淆行为与成本参数。从经济学角度看，当需求增加导致价格上涨，而价格上涨与更高的集中度相关时，集中度对价格的影响可能反映了更高的成本和软竞争的弱化。为了区分这些解释并识别集中度对行为的因果影响，有必要分别估计成本参数。如果估算得出价格（或价格成本差）与集中度之间存在正相关关系的方程是简化形式的，那么对被估计的关系给出因果解释，除非至少非形式化地处理以下可能性：（a）企业的较低成本使企业有更大的市场份额和更高的市场集中度，这同时导致企业和行业收取的价格相对高于成本，即使在竞争激烈的市场中也是如此；或者（b）在差异化产品行业中，需求转换会偏向于一家特定的企业，使其拥有更大的份额和更高的市场集中度，从而在边际成本不断上升的情况下，也会导致企业和整个行业提高价格，即使在竞争激烈的市场中，也是如此。处理这两种可能性是有难度的，因为简化形式的方程没有排除作为工具变量的外生变量。用来认定市场势力的实证方法，参见 Bresnahan（1989）和 Baker and Bresnahan（1992）的讨论。

73. 通常，将"产品"市场（这里是劳动力市场）限定在狭义的工作类别上，并将地理市场界定为仅限于大都市地区的做法是合适的。这些市场在工作类别上往往很窄，因为员工已经发展出与其就业职能相关的技能，因此他们不愿意改变工作类别，从而使自己限制在少数可能重视这些技能的潜在雇主上。当员工在一个集体中扎根或发现在远处寻找更好的工作成本高昂时，劳动力市场也将受到地域限制。参见 Naidu et al.（2018）。在指控企业对其员工行使市场势力的案件中，市场界定取决于这些员工是否愿意因工资的小幅下降而选择其他职业作为替代，这类似于指控产品市场损害的案件中市场界定取决于买方是否愿意在价格小幅上涨时选择其他产品作为替代。

74. 参见 Azar et al.（2017）；Benmelech et al.（2018）；Azar et al.（2018b）；Council of Economic Advisers（2016a）。也可参见 Dube et al.（2018），但是，请对照 Bivens et al.（2018）。

75. 参见 Azar et al.（2017）；Benmelech et al.（2018）。这些研究将工资与市场集中度联系起来，由此产生的计量经济学挑战类似于将价格和集中度相关联的研究中出现的挑战。例如，假设工资确实是由于集中度的外生提高而下降。将这种下降归因于更大的雇主市场势力则需要排除这样的可能性，例如，最大企业的规模增长既造成了更高的集中度,也减少了劳动力的边际产品收入。也可参见 Council of Economic Advisers(2016a);Webber(2015);Ashenfelter et al. (2010)。

76. 参见 Edlin and Haw(2014);Kleiner and Krueger(2013)。但是,请对照 Vaheesan and Pasquale(即将发表)。

77. 参见 Masur(2011)。参见 Federal Trade Commission(2003);Jaffe and Lerner(2004),第 34 – 35 页、第 115 – 119 页。更多国会与法院对专利范围与有效性的最近回应,参见 Anderson(2014a),(2014b)。

78. 参见 Federal Trade Commission(2010)。

79. 参见 Fed. Trade Comm'n v. Activis, Inc. , 133 S. Ct. 2223(2013)。参见 Federal Trade Commission, Bureau of Competition(2017)。

80. 参见 Groll and Ellis(2016),第 1 页;de Figueiredo(2004);Bessen(2016)。

81. 参见 Feldman et al. (2017),第 104 页;参见 Feldman et al. (2018);Carrier and Minniti(2016),第 326 页(表 1)。

82. 参见 Gutiérrez and Philippon(2017a),(2017b)。参见 Fahri and Gourio(2018)。

83. 参见 Barkai(2016);Eggertsson et al. (2018)。也可参见 Shapiro(2018), § 3. B;Dobbs et al. (2015)。但也可参见 Karabarbounis and Neiman(2018)。除了不断增长的市场势力外,Autor et al. (2017)综述研究了其他可能导致劳动力在 GDP 中所占比重下降的经济因素。

84. 参见 Decker et al. (2017)。也可参见 Decker et al. (2018),图 10;(2016)。

85. 参见 Decker et al. (2016);Hathaway and Litan(2014)第 1 页,图 1。参见 Guzma and Stern(2016)。

86. 参见 Furman and Orszag(2015),第 10 页(图 8 和图 9)。

87. 请对照 Jason Furman, Chairman, Council of Economic Advisers, "Beyond Antitrust: The Role of Competition Policy in Promoting Inclusive Growth," September 16, 2016, https://obamawhitehouse.archives.gov/sites/default/files/page/files/20160916_searle_conference_competition_furman _cea. pdf。另一方面, De Loecker

与 Eeckhout 发现在矫正有关价格成本差的总生产率测算后,生产率增长并未自 1980 年开始放缓。参见 De Loecker and Eeckhout (2017) (Implication 7)。

88. 相对于进入者和其他竞争对手,支配型企业越来越重视生产率的提高,参见 Garcia-Macia et al. (2016)。

89. 参见 Walter Frick, "The Real Reason Superstar Firms Are Pulling Ahead," *Harvard Business Review*, October 5, (2017), https://hbr.org/2017/10/the-real-reason-superstar-firms-are-pulling-ahead; Bessen 2017; Andrew McAfee and Erik Brynjolfsson, "Investing in the IT at Makes a Competitive Difference," *Harvard Business Review*, July-August 2008, https://hbr.org/2008/07/investing-in-the-it-that-makes-a-competitive-difference。在某些情况下,信息技术可能反而会减少竞争所需的固定投资,如果一个初创企业的互联网应用以云计算代替服务器的购买,就可能发生这种情况。

90. 然而,如果一个市场是动态竞争的,那么诱导投资所需的租值不会提高资本经风险调整后的长期预期回报。

91. 参见 David (1990)。与计算机和互联网一样,电力也是一种"通用技术",因为它为各种用途的技术改进提供了广阔的空间。通用技术对经济活动的全面影响直到互补性创新、组织变革和新技能的浪潮发展起来才得以实现。参见 Brynjolfsson et al. (2017)。

92. Mark Muro et al., *Digitalization and the American Workforce*, Washington, D. C.: Brookings Institution, Metropolitan Policy Program, November (2017), 17, https://www.brookings.edu/wp-content/uploads/2017/11/mpp_2017nov15_digitalization_full_report.pdf。

93. 当一个行业潜在的新技术没有一次性地全部开发出来时,早期的先行者可能是,也可能不是后期的先行者。落后者甚至可能通过在产品或工艺上的"跨越式"创新(部分基于技术改进)而超越当前的领先者。不过,如果一些企业善于创新,最终可能会成为继任领先者。参见 Autor et al. (2017)。持续的技术领先反而表明了市场势力的行使。参见 Carlton and Waldman (2002)。

94. 在这个故事中,信息技术投资扮演了广告和研发的角色,John Sutton (1991, 1998)在讨论内生沉没成本的著作中提出了这一观点。参见 Sutton (1991, 1998)。更多讨论可参考 Bresnahan (1992)。

95. 参见 Shapiro（2018），§§ 3. A. 3，3. B. 也可参见 Crouzet and Eberly（2018）。

96. 竞争价格将等于行业边际成本，该成本又可被恰当地理解为有效进入者的平均成本，但支配型企业将制定高于其自身的边际成本的价格。

97. 当技术变革导致企业进行大量的沉没投资时，企业的数量往往会减少。参见 Ellickson（2007）。因此，竞争趋于缓和，使企业得以行使市场势力。一个例外可能涉及需求快速增长的市场，这可能是受成功研发带来的新产品的刺激。然后，需求增长可能会刺激进入，产生一种抵消力量使企业的数量可能不会减少。对知识产权保护的无形资本投资也可能弱化竞争。

98. 类似的结果是，Jason Furman 和 Peter Orszag 得出结论：集中度提高和活力下降与生产率增长放缓不一致，参见 Furman and Orszag（2018），第10页，也可参见 Philippon（2018）。为善意解释的辩护，参见 Van Reenen（2018）。

99. 当然，这一结论并不意味着每个市场中的市场势力都在增长，也不意味着市场结构和表现变化不是主要援引。

100. 这是众所周知的"玻璃纸谬误"（Cellophane fallacy）的含义（以联邦最高法院未能识别出这一点的一起案件命名）。参见 United States 诉 E. I. Du Pont De Nemours & Co.，351 U. S. 377（1956）（Cellophane）。

101. 参见 Rubinovitz（1993）；Goolsbee and Petrin（2004）；Crawford（2000）。

102. 一些作者在此之前就讨论了当代市场势力问题的众多方面，例如，Crawford（2013）；Lynn（2010）；Stiglitz（2012），第338页；Zingales（2012）。这些文章比 Piketty（2014）更早，引发了大量关于市场势力和不平等之间关系的文献。

103. 参见 Baker（2013a），第2176–2180页。批判性地概述了反垄断是否应以防止财富转移或配置效率损失为目标的长期争论。

104. 大型买家有时有能力和激励破坏卖家的协同，比如支持进入、整合上游，或将购买转移至提供折扣的卖家手中。引起卖方之间更激烈竞争的大型买方不一定使买方市场势力，也不一定阻止卖方继续对其他买方行使市场势力。

105. 例如，Final Order and Judgment as to VHS of Michigan, Inc., d/b/a/De-

troit Medical Center, Cason-Merenda 诉 VHS of Michigan, Inc., No. 06 – 15601 (E. D. Mich. January 27, 2016); Final Judgment, United States 诉 Arizona Hospital & Healthcare Ass'n, No. CV07-1030-PHX (September 12, 2007); Stephen Greenhouse, "Settlement in Nurses' Antitrust Suit," *New York Times*, March 9, 2009, A23。

106. 参见 Posner (1975b); Fisher (1985)。

107. 生产率增长与创新的放缓是相对于竞争更激烈的市场中预期会有的生产率增长和创新而言的。因此，拥有强大创新纪录的支配型企业如果面临更激烈的竞争，可能会更具创新性，也可参见 Baker (2016a)，第 453 – 454 页。市场势力对创新的危害可能包括抑制后续创新和初始创新，可参照 Vickers (2010)。

108. 例如，Mendonça 2013；Collard-Wexler and De Loecker (2015)。

109. 参见 Holmes and Schmitz Jr. (2010); Bloom and Van Reenen (2010)，第 215 页；Lewis (2004)。参见 Backus (2014)，第 1 页；Baker (2007a)，第 583 – 586 页；Shapiro (2012)，第 376 – 382 页。

110. 也可参见 Baker (2007a)。基于本节给出的理由，经济证据通常倾向于阿罗的观点而不是熊彼特的立场。

111. 参见 Baker (2016a)。

112. 参见 Cohen (2010)，第 146 – 148 页，第 154 – 155 页；Shapiro (2012)，第 380 页。在一些研究中，技术机会问题的处理是通过评估一个行业内随时间变化的竞争创新效应来进行的，例如 Zitzewitz (2003)。

113. 现代熊彼特增长理论的文献认为，产品市场更强烈的竞争促进了所有企业在技术水平相同的领域内的研发投资，产品市场的竞争越激烈，则技术上领先的企业有越强的创新激励。但是，这些文献并没有直接证实对支配型企业的排他行为加大反垄断执法力度带来的创新成果，因为它们对产品市场竞争增强的建模是基于更强的模仿（因此降低了进入者的独占性）而不是可竞争性的增强（因此增加了进入者的独占性）。参见 Shapiro (2012)，第 372 – 374 页。

114. 参见 Mankiw and Whinston (1986)。

115. 参见 Mahoney et al. (2014)。市场势力也可以限制逆向选择带来的有害后果，参见 Mahoney et al. (2014)。

116. 这方面的经济学文献尚未成功地衡量市场势力增强造成的美国 20 世

纪 70 年代后生产率增速放缓的程度,或者与其他原因相关的不平等加剧的程度。生产率放缓、不平等加剧和市场势力增长的可能时机并不完全一致,但它们都没有得到很好的测算,因此时机对评估它们是否相关并不具有决定性意义。

117. 参见 Lewis(2004)。

118. 参见 Lewis(2004)。

119. Michael E. Porter, "The Competitive Advantage of Nations", *Harvard Business Review*, March-April(1990), https://hbr.org/1990/03/the-competitive-advantage-of-nations.

120. Baumol 2002; Easterly(2001), chap. 9; Mokyr(2002); Parente and Prescott(2000); Rosenberg and Birdzell Jr.(1986); Shleifer and Vishny 1998.

121. Zingales(2012), 29; Acemoglu and Robinson(2012), 335 – 357.

122. Ennis et al.(2017); Ennis and Kim(2017), 133; Baker and Salop(2015)。

123. 参见 Wolff(2014),第 38 页(表 7)(截至 2013 年的统计数据)。

124. 参见 Naidu et al.(2018)。

125. 反垄断执法并不是没有成本的,为防止反竞争行为而采取的一些措施可能带来打击有益行为的风险,因此,即使最好的反垄断机构也不可能完全遏制市场势力。但现在行使的市场势力对社会来说是不可能有效率的。参见 Baker(2003a),第 42 – 45 页。

第 2 章

1. 参见 Kutler(1971);查尔斯河大桥诉沃伦大桥,36 U.S. 420(1837)。

2. 当时,州立法机关仅为特定及有限目的而单独授予公司特许。

3. 参见查尔斯河大桥案,36 U.S. 608。

4. 参见 McClellan(1971),第 194 – 237 页。

5. 参见"查尔斯河大桥案",36 U.S.,第 552 – 553 页。从技术上讲,这一可能性在该案中并不是问题所在。沃伦大桥不是铁路桥。但塔尼知道,收费公路的所有者并不是在修建铁路,因为铁路是由新的投资者支持的。

6. 参见 DeLong(2000),§ B.1。

7. 参见 DeLong（2000），§ A.4。在没有税收、转移和科斯式讨价还价的情况下，纯粹追求效率会导致经济政策严重偏向富人。

8. 参见 Baker（2013b），第 559－562 页。

9. 参见 United States 诉 Aluminum Co. of America，148 F. 2d 416，427（2d Cir. 1945）（美国铝业）。

10. Verizon Commc'ns Inc. 诉 Law Office of Curtis V. Trinko, LLP, 540 U.S. 398, 407（2004）（附带意见）。与"查尔斯河大桥案"的被告一样，"特林科案"的被告被授予了政府特许经营权，随后的政府行动使被告受到了竞争的约束。本书第 10 章会对"特林科案"的重要性进行更多的讨论。

11. 参见 Hamilton（1824）。

12. 参见 Barry C. Lynn and Phillip Longman, "Populism with a Brain," *Washington Monthly*, June/July/August（2016）。

13. United States 诉 Topco Assocs., Inc., 405 U.S. 596, 610（1972）；N. Pac. Ry. Co. 诉 United States, 356 U.S. 1, 4（1958）。也可参见 United States 诉 Socony-Vacuum Oil Co., 310 U.S. 150, 221（1940）；Appalachian Coals, Inc. 诉 United States, 288 U.S. 344, 359（1933）；*Trinko*, 540 U.S. at 415。

14. Nat'l Soc'y of Prof. Eng'rs 诉 United States, 435 U.S. 679, 695（1978），引用了 Standard Oil Co. 诉 FTC, 340 U.S. 231, 248（1951）。

15. 参见本书第 1 章中"反垄断时代"这一节。

16. 参见 Granitz and Klein（1996）；May（2007）。

17. Tarbell（1904）将她富有影响力的杂志文章结集出版为一本书。

18. 参见 Kearns Goodwin（2013），第 440－445 页。

19. Standard Oil Co. 诉 United States, 221 U.S. 1（1911）。

20. Standard Oil, 221 U.S. at 83. 联邦最高法院的判决意见以不那么生动的形式给出了一个类似的观点。参见 Standard Oil, 221 U.S. at 50。也可参见 Lande（1982），第 93－95 页、第 99 页。在 Lochner 的宪法解释时代，联邦最高法院在《谢尔曼法案》颁布时对该法案的解释没有什么倾向性，认为它是在保护经济自由的自然权利、财产安全以及防止私人行为主体干预自由与竞争的交换过程，可参见 May（1989）。请对照 Meese（2012）。

21. 参见 Sanders（1999）；Boudreaux et al.（1995）。

22. 参见 Hofstadter（1954）；Weibe（1967），第 45 – 46 页，第 52 – 53 页。

23. 参见 Chace（2004），第 7 – 8 页。也可参见 Kolasky（2011a）；Hawley（1966），第 7 – 9 页；Sanders（1999），第 280 – 282 页。

24. 参见 Kovacic（1989），第 1129 – 1130 页。西奥多·罗斯福总统执政时，在 20 世纪的头 10 年里，他的政府对信托公司提起了许多引人注目的反垄断案件，包括"标准石油案"。尽管罗斯福作为一个反垄断者赢得了相当高的声誉，但他的诉讼计划更多地植根于针对大企业而主张政府权力的愿望，而不是对反垄断的承诺。参见 Wiebe（1959），第 55 页；Winerman（2003），第 17 页；Kolasky（2011b）。在 1912 年的竞选中，罗斯福攻击《谢尔曼法案》过时了。参见 Winerman（2003），第 23 页。

25. 参见 Kovacic（1989），第 1131 页。威尔逊还对工业规划的行政可行性提出疑问，并对监管俘获表示关注。参见 Kovacic（1989），第 1130 页。

26. 参见 Hawley（1966），49n7；Kolasky（2011a），第 86 页。

27. 参见 Kolasky（2011a），第 86 页；Chace（2004），第 194 – 196 页；Kovacic（1989），第 1130 – 1132 页。尽管存在布兰代斯大法官的影响，但威尔逊可能希望在不解散托拉斯的情况下解决这个问题。Winerman（2003），第 43 – 45 页。

28. 参见 Eugene V. Debs, "Capitalism and Socialism"（campaign speech）, Lyceum Theatre, Fergus Falls, MN, August 27, 2012, https：//www.marxists.org/archive/debs/works/1912/1912-capsoc.htm。

29. 1896 年共和党的威廉·麦金莱（William McKinley）与民主党的威廉·詹宁斯·布赖恩（William Jennings Bryan）竞选美国总统时，共和党是亲企业的党派，与民主党相比，共和党是更自然的商业利益之家。16 年后，共和党人在偏爱罗斯福的进步派和偏爱塔夫特的保守派之间产生了分歧。参见 Winerman（2003），第 22 页。一些进步人士认为，塔夫特支持按合理原则执行《谢尔曼法案》是试图"为了托拉斯的利益而削弱该法案"。Winerman（2003），27（引自 "Taft Will Enforce Law to the Letter," *New York Times*, October 28, 1911）。但是，参见 Wiebe（1959），第 58 页。鉴于商界领袖期待罗斯福的计划能够演变成商业自律，这一路线对他们的吸引力将超过塔夫特的反垄断路线。

30. 参见 Kolasky（2011a），第 85 页。

31. 参见 Winerman（2003）。请对照 Eskridge Jr. and Ferejohn（2010），第 135 页。

32. 参见 Hawley（1966）。

33. 从长期和整体经济的角度看，效率与经济增长密切相关。从技术上讲，这种讨论将长期的"效率"等同于潜在的帕累托改进，或者更宽泛地说，等同于社会总剩余的增加（即对商品的总支付意愿减去其成本）。

34. 该讨论关注应对大型企业市场势力的监管路线。当监管用于解决其他市场失灵时，可能会增大整个经济馅饼。

35. 参见 Baker（2006），第 497–499 页。

36. 参见 Waller（2004）；Wells（2002），第 82 页；Kovacic（1982），第 610 页；Eskridge Jr. and Ferejohn（2010），第 137–138 页。Arnold 的路线是受其前辈罗伯特·杰克逊大法官的启发。参见 Jackson（1937a），（1937b）。

37. 参见 United States 诉 Socony-Vacuum Oil Co.，310 U. S. 150（1940）。

38. 参见 United States 诉 Aluminum Co. of Am.，148F. 2d 416（2d. Cir. 1945）（美国铝业）。

39. Cellar-Kefauver amendments, Pub. L. No. 81–899, 64 Stat. 1125（1950），to the Clayton Antitrust Act, 47 Pub. L. No. 63–212, 38 Stat. 730（1914）. 参见 Brown Shoe Co. 诉 United States，370 U. S. 294（1962）。也可参见 Baker 2016b，第 220–222 页。

40. 参见 Kovacic,（2003）；Leary（2002）。

41. 参见 Hofstadter（1964）。类似地，反垄断最早出现在 1888 年的政党政纲中，此后一个世纪，反垄断每隔四年就被例行宣传一次。但它在 1988 年后基本上从这些政纲中消失了，直到 2016 年重返民主党政纲。相反，威廉·佩奇（Page，2008）含蓄地将政治激情视为偶发事件：他将反垄断法描述为 1890 年以来市场和国家两种意识形态视野之间的震荡。

42. 参见 Hovenkamp（2018c）。

43. 参见 Baker（2010b）。

44. 参见 Baker（2006），第 495–498 页。

45. 请对照 Wilson（1980），第 367 页。

46. 参见 Baker（2006），第 487–489 页。

47. 例如，当代政客试图组建一个消费者利益集团，以反对行使市场势力的大企业，参见 David Dayen, "Anti-Monopoly Candidates Are Testing a New Politics in the Midterms," *The Intercept*, October 1, 2017, https：//theintercept.com/2017/10/01/anti-monopoly-candidates-are-testing-a-new-politics-in-the-midterms/; Brian Beutler. "How Democrats Can Wage War on Monopolies—And Win," *New Republic*, September 16, 2017, https：//newrepublic.com/article/144675/democrats-elizabeth-warren-can-wage-war-monopolies-and-win。

48. 参见 Baker（2006），第 489－490 页。请对照 Hacker and Pierson（2005）。

49. 请对照 Hall and Thompson（2018）。

50. 不存在这样一种机制使得利益集团政治必然或自动采用提高整体福利的制度。参见 Baker（2006），第 492－493 页。请对照 North et al.（2009），第 129－133 页，第 230 页。

51. 反垄断被明确地理解及辩护为一种阻止广泛的政府监管的方式。参见 Jackson（1937a），第 575 页，第 576－577 页。

52. 竞争政策协议达成并没有导致运输、金融服务、电力和通信业等一直受到监管的经济领域立即放松监管。但自 20 世纪 80 年代开始的放松监管运动遵循了该逻辑，缩小了这些领域的监管范围，以更密切地反映可能存在的自然垄断范围（在这种情况下，竞争是不可行的）。竞争政策协议不影响旨在创造竞争市场或解决市场失灵问题的经济规制的合法性，例如外部性（如污染）、公共品的提供、自然垄断、不对称信息引起的市场问题（如道德风险和逆向选择）或协同和制定标准的高昂交易成本。它也不影响社会保险的合法性。

53. 如果相当一部分中间派选民接受这一政治交易，则这些选民可以在政治上帮助维持这一交易。请参照 Svolik（2017）。

54. 参见 Baker（2006），第 485－493 页，第 524－530 页。如果消费者和生产者认识到他们正在重复博弈中进行政治互动，那么在基本模型中，提高效率的竞争政策协议是可能的。应用"无名氏定理"（Folk Theorem），假设一个无限重复的政治互动或者更合理的是有限重复的互动，终局是不确定的。参见 Baker（2006），第 524－530 页。

55. Chris Sagers（2019）将人们对市场竞争的矛盾情绪归因于认识到竞争

可能对一些市场参与者是有害的。

56. 随着时间的推移，社会保险的覆盖面越来越广。在当今的经济中，它主要通过政府运营的保险计划（包括社会保险、医疗保险、《平价医疗法案》和失业保险）、政府直接提供的服务（包括福利体系和先期启动）以及税收政策（包括儿童保育、教育和职业培训支出的扣除）的组合来运作。二战后经济周期波动的缓和补充了2008年之前的安全网，因为充分就业的经济使失业者更容易找到新工作。尽管企业的所有者在某种程度上也通过公司股东的有限责任而与市场的变幻莫测相隔绝，但美国并没有为生产商建立一个普遍的安全网。在最近一次金融危机期间，企业救助在政治上被认为是合理的社会保险：对大型汽车制造商的救助旨在保住高薪的制造业工作岗位，对大型银行的支持旨在防止由金融体系崩溃导致的严重经济萧条。

57. 与此类似，关于国际贸易的政治经济学文献也承认，政治上支持既增加社会财富又使企业及其从业者有更大风险遭受损失和混乱的政策，很大程度上取决于向输家提供某种形式的社会保险保护。参见 Rodrik（1998）；Abdelal and Ruggie（2009）。

58. 如果政治约束失效，对反垄断标准的修改可能会破坏已达成的政治交易。如果政治约束有效，则反垄断标准的修改有助于执行或改进政治交易。

59. 参见 Baker（2010b）。

60. 请参照 Baker（2006），第519-522页。

61. 参见 Priest（2010），第4页。

62. 参见 Priest（2010），第4页。

63. 参见 Teles（2008），第101页。

64. 参见 Teles（2008），第108页。

65. 参见 Phillips-Fein（2009），第156-160页。

66. 参见 Gavil（2002）。

67. Baker（2002b）中描述了历史上的三个反垄断解释时代。

68. 参见 Posner（1976），第147-148页；Telser（1960）。

69. 参见 McGee（1958）；Bork（1978），第144-155页。

70. 请参照 Bork（1978），第429-440页。

71. 参见本书第5章有关"市场通过进入实现自我纠正"的讨论。

72. 博克（1978）将"赤裸裸"的协议定义为不附带企业从事合作性生产活动的协议，因此只会消除竞争。

73. 参见 Bork（1978），第 47－64 页，第 406 页。也可参见 Posner（1976），第 933 页。

74. 参见 Bork（1978），第 157 页、第 406 页；Posner（1981）。

75. 参见 Baker（2013b），第 533－535 页。

76. 参见 Page（1995），第 51 页，第 70 页。参见 Kobayashi and Muris（2012），第 153 页。例如，主要依赖市场集中度的规则可能持续关注市场集中度，同时提高集中度的门槛或允许"效率"与"进入"等其他因素更容易地破坏对竞争损害的推断。请参照 Landes and Posner（1980）。在某些情况下，当政府提倡更大步伐地修改规则时，法院会小步地修改规则。例如，Monsanto 诉 Spray-Rite Service Corp.，465 U. S. 752, 761n7（1984）。

77. 参见 Cont'l T. V.，Inc. 诉 GTE Sylvania Inc.，433 U. S. 36（1977）。

78. 参见 Brooke Grp. Ltd. 诉 Brown & Williamson Tobacco Corp.，509 U. S. 209（1993）；Matsushita Elec. Indus. Co.，诉 Zenith Radio Corp.，475 U. S. 574（1986）；Pac. Bell Tel. Co. 诉 linkLine Commc'ns，Inc.，555 U. S. 438（2009）。

79. Leegin Creative Leather Prods.，Inc. 诉 PSKS，Inc.，551 U. S. 877（2007），推翻了 Dr. Miles Medical Co. 诉 John D. Park & Sons Co.，220 U. S. 373（1911）。尽管"Leegin 案"代表了总体上减少反垄断执法的理论转向，但它明确认可了法院先前关于维持转售价格的判决未采用的反垄断执法基础，即"Leegin 案"除了合谋理论外，还阐述并接受了反竞争效果的排他理论。Leegin，551 U. S. at 893－894。

80. Brunswick Corp. 诉 Pueblo Bowl-O-Mat，Inc.，429 U. S. 477, 488（1977），反垄断损害学说；Matsushita Electric Industrial Co. 诉 Zenith Radio Corp.，475 U. S. 574（1986），即决判决的标准；Bell Atlantic Corp. 诉 Twombly，550 U. S. 544（2007），驳回动议的判定标准；Monsanto Co. 诉 Spray-Rite Service Corp.，465 U. S. 752（1984），推断制造商及其全服务的交易商就转售价格达成协议的标准。

81. 参见 Broadcast Music，Inc. 诉 Columbia Broadcasting System，Inc.，441 U. S. 1（1979）。

82. 参见 McWane, Inc. 诉 FTC, 783 F. 3d 814（2015）；Omega Envt'l, Inc. 诉 Gilbarco, Inc. , 127 F. 3d 1157（9th Cir. 1997）；U. S. Healthcare, Inc. 诉 Health-source, Inc. , 986 F. 2d 589（1st Cir. 1993）。这些法院将 Tampa Elec. Co. 诉 Nashville Coal Co. , 365 U. S. 320（1961）解读为允许采用这种路径。

83. 参见 United States 诉 Baker Hughes, Inc. , 908 F. 2d 981（1990）。也可参见 Kovacic 2009, 143。

84. 请参照 United States 诉 Aluminum Co. of Am. , 148 F. 2d 416（2d. Cir. 1945）（美国铝业）with E. I. du Pont de Nemours & Co. , 96 F. T. C. 653（1980）。

85. 参见 McWane, Inc. 诉 FTC, 783 F. 3d 814（2015），排他性交易；United States 诉 Dentsply Int'l, Inc. , 399 F. 3d 181（3d Cir. 2005），同样的；LePage's Inc. 诉 3M, 324 F. 3d 141（3d Cir. 2003），捆绑折扣；United States 诉 Visa U. S. A. , Inc. , 344 F. 3d 229（2d Cir. 2003），与排他性群体抵制相同的行为。也可参见 Baker 2011, 36（对纵向合并的执法）。

86. 参见本书第 3 章。

87. 30 年前，这场辩论表现为关于反垄断起源的争议。芝加哥学派的罗伯特·博克将反垄断立法史解读成捍卫总剩余目标（他含糊地称之为"消费者福利"目标），而批评者罗伯特·兰德将其解读为用来捍卫消费者剩余目标。Bork（1978），第 56 - 66 页；Lande（1982），（1989）。关于反垄断起源的争论，部分是由于不合时宜地从现代经济学角度解读对《谢尔曼法案》的早期理解。关于反垄断起源的争论与现代反垄断的目标基本上无关，因为现在的联邦最高法院已经接受了《谢尔曼法案》的"动态潜力"。Bus. Elecs. Corp. 诉 Sharp Elecs。Corp. , 485 U. S. 717, 732（1988）；Leegin Creative Leather Prods. , Inc. 诉 PSKS, Inc. , 551 U. S. 877, 888（2007）。

88. 参见 Baker（2013a），第 2177 - 2179 页。

89. 参见 Mas-Colell et al.（1995），第 332 - 333 页。

90. 参见 Mas-Colell et al.（1995），第 332 - 333 页。有关"成本"这一经济学概念的非技术性概述，参见 Gavil et al.（2017），第 93 - 99 页。

91. 请参照 United States 诉 Anthem, Inc. , 855 F. 3d 345, 370（D. C. Circuit 2017）（Millett, J. , 赞同）。

92. 参见 Salop（2010），第 339 页；Hovenkamp（2013）；参见 Lopatka and

Page (2002)。

93. 参见 Bork (1978),第 56 – 66 页。

94. 20 世纪 70 年代末,当芝加哥学派撰文批评结构性反垄断时代的反垄断时,政治经济学论据更为强有力地支持使用总福利标准。

95. 参见 Kovacic (2007)。哈佛学派支持而不是和芝加哥学派共同领导 20 世纪 70 年代末开始的反垄断转型。哈佛学派对可操作性的关注可能会束缚规则的形式,而不是实质内容。芝加哥学派界定了反垄断规则应当完成的任务;哈佛学派帮助界定了如何实施这些规则。参见 Baker (2014),第 4 – 6 页。

96. 参见 Pitofsky (1987),第 323 – 325 页。芝加哥学派的其他批评也承认了这些观点。例如 Sullivan et al. (2000),第 7 页。请对照 Kauper (2008),第 42 – 44 页。

97. 从政治哲学的角度看,不干预主义者强调免于政府控制的自由,干预主义者则强调不受垄断压迫的自由。请参照 Orbach (2017)。中间派认为,一个不同来源的财富、地位和权力相竞争的开放社会最有望实现总体繁荣,而反垄断通过一个广义的效率目标来实现总体繁荣,并合理分配经济增长得到的好处。请参照 Walzer (1983)。或许中间派的立场,即在这方面承认得失替换并认为需要达到平衡,是所有人都能领会的,但只有经济学家才会喜欢。

98. 参见 Oberlander (2003),第 1099 页。2012 年总统大选时,共和党候选人、州长米特·罗姆尼 (Mitt Romney) 在与奥巴马总统的首次辩论中,对政府医疗保险计划表示支持,评论员形容他的观点正在向中间靠拢。Doyle McManus, "Moderate Mitt? Don't Count on It," *Los Angeles Times*, October 7, 2012。

99. 参见 Derthick and Quirk (1985),第 122 – 123 页;Behrman (1980),第 120 页。

100. 参见 Prasad (2006),第 62 – 82 页。

101. 放松监管总体来说是成功的,尤其是对消费者。Winston (1993)。放松金融监管是一个部分例外,20 世纪 80 年代 (White 1991) 的储贷危机以及最近非银行金融机构和市场出现的代价高昂的问题证明了这一点。Gorton and Metrick (2012),第 132 页;Lo (2012),第 157 – 158 页,第 161 页,第 162 – 163 页。出现这些问题的部分原因,是中间派误判了保留政府监管的需要。

102. Federal Trade Commission Staff Report, *Competition and Consumer Protec-*

tion Perspectives on Electric Power Regulatory Reform, Washington, D. C., September 2001, https://www.ftc.gov/sites/default/files/documents/reports/competition-and-consumer-protection-perspectives-electric-power-regulatory-reform-focus-retail/electricityreport.pdf. 类似地, 放松对铁路部门的监管并没有消除对支配型铁路承运方的运价进行管制的权力。参见 James Calderwood, "Legal Briefs: Should Rail Rates Be Regulated Again?" MH&L News, April 4, 2006, http://mhlnews.com/transportation-amp-distribution/legal-briefs-should-rail-rates-be-regulated-again。

103. 参见 Neuchterlein and Weiser (2005), 第 88 页。

104. 参见 Benjamin et al. (2012), 第 456 – 457 页。

105. 参见 Transportation Research Board (1991), 第 169 – 198 页。

106. 参见 Kalman (2010), 第 38 – 63 页; Blinder and Rudd (2013)。

107. 参见 Phillips-Fein (2009), 第 185 – 225 页。

108. 参见 Baker (2006), 第 505 – 515 页。

109. 参见 Baker and Salop (2001), 第 339 – 354 页; Lewis (2004)。

110. 参见 Timothy Muris, Chairman, Federal Trade Commission, "Antitrust Enforcement at the Federal Trade Commission: In a Word—Continuity" (speech), Remarks at the American Bar Association Antitrust Section Annual Meeting, Chicago, IL August 7, 2001, https://www.ftc.gov/public-statements/2001/08/antitrust-enforcement-federal-trade-commission-word-continuity。

111. 参见 Baker and Shapiro (2008a)。

112. 参见 Baker (2006), 第 506 – 510 页, 512n107。然而, 在奥巴马政府执政期间, 政府倾向于将排他型案件界定为非法协议或合并, 而不是垄断或试图垄断。

113. 也可参见 Baker (2010b), 第 621 – 628 页。

114. 参见 Baker (2002b), 第 69 – 70 页; 2003。

115. 参见本书第 4 章。

116. 保守派以众多理由为其限制社会保险转移计划的政治努力做辩护: 对防止政府过度支出是必要的, 从而允许降低税收; 对加强工作激励是必要的; 因为这需要过度干预的监管; 这使得联邦政府势力扩张, 而这些势力本应适当地归属于各州。保守派对社会保险的反对也可能有一个不可分割的种族因素。

参见 Katznelson（2013）。

117. 参见 Baker and Salop（2015），第 1 – 4 页；Raj Chetty et al. "The Fading American Dream: Trends in Absolute Income Mobility Since 1940", *Science*, April 28, 2017。

118. Helene Cooper and Jennifer Steinhauer, "Bucking Senate, Obama Appoints Consumer Chief", *New York Times*, January 4, 2012.

119. Peter Voskamp, "GOP Attempt to Overturn FCC's Net Neutrality Rules Fails in Senate", *Reuters*, November 10, 2011. During the Trump administration, the FCC abandoned net neutrality on a partisan division.

120. Ezra Klein, "Unpopular Mandate", *New Yorker*, June 25, 2012.

121. 参见 Bristol（2012）。

122. Matt Stoller, "The False Dodd-Frank Narrative: Occupy Wall Street Attacks Huge Hot Money Loophole in the Law", *Naked Capitalism*, November 6, 2012, https://www.nakedcapitalism.com/2012/11/the-false-dodd-frank-narrative-occupy-wall-street-attacks-huge-hot-money-loophole-in-the-law.html.

123. 参见 Oberlander（2003），第 1136 页；Christine Hauser, "President Signs Medicare Bill Adding Prescription Drug Benefit," *New York Times*, December 8, 2003. http://www.nytimes.com/2003/12/08/politics/08CND-BUSH.html; Reihan Salam, "Brief Note on Paul Ryan and the Medicare Prescription Drug Benefit," *National Review Online*, August 12, 2012, http://www.nationalreview.com/agenda/313766/brief-note-paul-ryan-and-medicare-prescription-drug-benefit-reihan-salam#。

124. 参见 Theda Skocpol, *Naming the Problem: What It Will Take To Counter Extremism and Engage Americans in the Fight Against Global Warning*, Cambridge, MA: Harvard University, January 2013, 39 – 44, http://www.scholarsstrategynetwork.org/sites/default/files/skocpol_captrade_report_january_2013_0.pdf; David M. Herszenhorn and Robert Pear, "Final Votes in Congress Cap Battle on Health Bill," *New York Times*, March 25, 2010, http://www.nytimes.com/2010/03/26/health/policy/26health.html; Jeff Zeleny and Robert Pear, "Kucinich Switches Vote on Health Care," *New York Times*, March 17, 2010, http://prescriptions.blogs.nytimes.com/2010/03/17/kucinich-switches-vote-on-health-care/。

125. 请对照 Tushnet（2003），第 32 页。

126. 十年前，反垄断保守派的重要法官道格拉斯·金斯伯格将反对搭售的本身违法原则称为"最后一个站着的人"。在 2009 年 3 月 25 日举行的美国律师协会反垄断分会春季会议上，笔者聆听了金斯伯格法官与联邦上诉法院法官进行午餐圆桌讨论时的发言，其中就包括了前述这一评价。

127. U. S. Department of Justice,"Justice Department Withdraws Report on Antitrust Monopoly Law," May 11, 2009（regarding the U. S. Department of Justice, *Competition and Monopoly*: *Single-Firm Conduct Under Section* 2 *of the Sherman Act*, September 2008 report）. Baker（2010b，第 606 – 607 页）讨论了关于垄断报告的争议。

128. Trinko, 540 U. S. at 407. 三位大法官在判决中表示同意，但没有对这一言论发表评论，没有人持异议。

129. 联邦最高法院认为，如果有一套法律制度提供了旨在促进竞争的全面监管，就无须诉诸反垄断诉讼。

130. Trinko, 540 U. S. at 414.

131. Credit Suisse Securities（USA）LLC 诉 Billing, 551 U. S. 264, 281 – 282（2007）。对私人反垄断执法的谨慎也有助于解释为什么保守的联邦最高法院在"特林科案"和"瑞士信贷案"中更偏向于监管而不是反垄断。

132. Bell Atlantic Corp. 诉 Twombly, 550 U. S. 544（2007）。

133. Comcast Corp. 诉 Behrend, 133 S. Ct. 1426（2013）。

134. Am. Express Co. 诉 Italian Colors Rest., 133 S. Ct. 2304（2013）。

135. 参见 Crane（2011），第 62 – 63 页。请对照 Engstrom（2013），第 619 页。

136. 特朗普政府与保守的国会合作，试图废除《平价医疗法案》、推翻网络中立、改革社会保险、撤销金融服务监管。请对照 John Wagner and Juliet Eilperin, "Once a Populist, Trump Governs Like a Conservative Republican", *Washington Post*, December 6, 2017; Matt Grossmann and David A. Hopkins, "Trump Isn't Changing the Republican Party. The Republican Party Is Changing Trump", *Washington Post*, August 2, 2017; Harry Enten, "Voters Used to see Moderation in Trump. Not Anymore", *FiveThirtyEight*, January 5, 2018。

137. 参见 Salop and Shapiro (2017)。

138. Ryan Grim, "Steve Bannon Wants Facebook and Google Regulated Like Utilities", *The Intercept*, July 27, 2017; Daniel Kishi, "Time for a Conservative Anti-Monopoly Movement", *The American Conservative*, September 19, 2017; John Kehoe, "Kenneth Rogoff Concerned by the Dark Side of the Technology Revolution", *Financial Review*, March 9, 2018. 也可参见 Eleanor Clift, "Bill Galston and Bill Kristol's New Center Project Takes Aim at the Tech Oligarchs," *The Daily Beast*, September 11, 2017; Robert Kraychik, "Exclusive—Ted Cruz: Use Antitrust Laws to Break 'Massive Power' of Tech Lords to 'Subvert Our Democratic Process'", *Breitbart*, April 25, 2018。

139. David Dayen, "This Budding Movement Wants to Smash Monopolies", *The Nation*, April 4, (2017); Gilad Edelman, "The Democrats Confront Monopoly", *Washington Monthly*, November/December 2017.

140. Barry C. Lynn and Phillip Longman, "Populism with a Brain", *Washington Monthly*, June/July/August 2016; Zephyr Teachout, "Neil Gorsuch Sides with Big Business, Big Donors and Big Bosses", *Washington Post*, Feb. 21, 2017; Matt Stoller, "How Democrats Killed Their Populist Soul", *The Atlantic*, Oct. 24, 2016.

141. Barry C. Lynn, "Breaking the Chain: The Antitrust Case Against WalMart", *Harpers* 29, July 2006; Marshall Steinbaum, "Antitrust in the Labor Market: Protectionist, or Pro-Competitive?" *Pro-Market*, Sept. 20, 2017, https://promarket.org/antitrust-labor-market-protectionist-pro-competitive/. 进步派的一个相关主张是，当地理上集中的供应商容易受到共同的政治风险或自然灾害威胁时，下游市场集中导致上游供应链脆弱，这可能是正确的，也可能不是正确的。可以预料的是，任何下游生产商都会权衡向多地供应商（例如，在中国台湾和墨西哥选择一些供应商）采购带来的风险降低的好处与通过有限采购实现的投入品价格降低的好处。正如进步派在论述中假设的那样，下游企业可以孤注一掷地向单一供应商提供全有或全无（all-or-nothing）的采购来节省成本，但它们可能更愿意向多个供应商采购以降低风险，特别是在购买经济（purchasing economics）以有限规模耗尽的情况下。此外，即使下游企业是单一来源，供应商也有动力通过在多个地点经营工厂来降低风险。一些下游企业可能愿意向多样化供给的供应商支付更多的费用。如果是这样，那么无论下游市场结构如何，供应链都有可能面临同样的风险。

142. Meghna Chakrabarti, "Are Tech Giants Like Amazon, Facebook and Google Monopolies?" September 4, 2017 (*Here and Now* interview with Matt Stoller), http://www.wbur.org/hereandnow/2017/09/04/Amazon-facebook-google-monopolies. 另见 Foer (2017); Taplin (2017)。

143. 参见 Khan and Vaheesah (2017), 第237页, 第279-285页。

144. Barry C. Lynn and Phillip Longman, "Populism with a Brain," *Washington Monthly*, June/July/August 2016; Mike Konczal, "Monopoly Power Is on the Rise in the US. Here's How to Fix That," *The Nation*, May 20, 2016.

145. 但不一定。我们可以设想，对特朗普政府和共和党议会政策的反感推动了一个进步派大机构的产生。如果这个推动足够强大，就可以克服目前有利于共和党的选举偏见（例如，划分选区、参议院和选举团中人口较少的州权重过重、对政治竞选开支的监管不足以及限制性的选民登记规则），可以料想它可能会俘获民主党，最终控制国会和总统职位。另一方面，民粹主义把欧洲的政治推向了右翼，而不是进步派的方向。William A. Galston, "The Rise of European Populism and the Collapse of the Center-Left," *Brookings*, March 8, 2018, https://www.brookings.edu/blog/order-from-chaos/2018/03/08/the-rise-of-european-populism-and-the-collapse-of-the-center-left/. 另见 Dani Rodrik, "What Does a True Populism Look Like? It Looks Like the New Deal," *New York Times*, February 21, 2018. Compare Dani Rodrik, "What's Been Stopping the Left?" *Project Syndicate*, April 13, 2018, https://www.project-syndicate.org/commentary/left-timidity-after-neoliberal-failure-by-dani-rodrik-2018-04。

146. 参见 Kovacic (1989), 第1139-1144页。

147. 民主党中的进步派正在试图动员大众支持对支配型企业和市场集中度的广泛攻击。David Weigel, "Breaking from Tech Giants, Democrats Consider Becoming an Antimonopoly Party," *Washington Post*, September 4, 2017. 但选民是否会做出回应，还有待观察。参见 David Dayen, "Anti-Monopoly Candidates Are Testing a New Politics in the Midterms," *The Intercept*, October 1, 2017; Brian Beutler, "How Democrats Can Wage War on Monopolies—And Win," *New Republic*, Sep-

tember 16, 2017。

148. 参见 Rahman (2018)。也可参见 Brodley (1987), 1023n11。

149. 参见 Jackson (1937a), 第 577 页。

第 3 章

1. 参见 Rill and Turner (2014), 第 587 [转引自 Caro (2012), 第 523 - 527] 页。

2. 参见 Rill and Turner (2014), 第 587; Emery (1994), 第 101 - 102 页。司法部最终与 ITT 达成和解。

3. 参见 Salop and Shapiro (2017), 第 19 页。

4. 参见 George Lardner Jr., "Mitchell Tied to Hughes Bid", *Washington Post*, June 23, 1974。据报道, 这笔交易因与反垄断问题无关的财务原因而失败。

5. 党派滥用损害了被滥用的法律的合法性。参见 Kovacic (2014)。

6. 反垄断执法也应与国会的直接影响相隔离。这种可能性是由联邦贸易委员会对国会的密切关注引起的。参见 Kovacic (1982)。

7. 例如, Zephyr Teachout, "Neil Gorsuch Sides with Big Business, Big Donors and Big Bosses", *Washington Post*, February 21, 2017; Barry C. Lynn and Phillip Longman, "Populism with a Brain", *Washington Monthly*, June/July/August 2016; Matt Stoller, "How Democrats Killed Their Populist Soul", *The Atlantic*, October 24, 2016。因此, 分权将阻断裙带资本主义的恶性循环, 支持国内政治和经济领域的民主化。

8. 参见 Gavil et al. (2017), 第 1345 - 1347 页; 参见 ABA Section of Antitrust Law (2015)。

9. 参见 Dal Bó 2006, 203 (狭义定义). Dal Bó 对监管俘获的广义定义类似于这里"特殊利益保护主义"一词的用法。

10. 例如, 参见 Bork (1978), 第 159 - 160 页, 第 347 - 349 页。

11. 参见 Zingales (2012), 第 29 页。

12. 参见 Acemoglu and Robinson (2012), 第 335 - 367 页。也可参见 Olson (1982)。请对照 Mokyr (1990), 第 176 - 183 页。

13. 参见 Winters (2011), 第 6 页。

14. 参见 Winters（2011），第 249 页；Gilens（2012），第 85 页。也可参见 Bartels（2008），第 252 – 283 页；Byrne Edsall（1984），第 241 – 242 页；Gilens and Page（2014），第 576 页。但请对照 Branham et al.（2017）；Dylan Matthew,"Studies: Democratic politicians represent middle-class voters. GOP politicians don't," *Vox*, April 2, 2018, https://www.vox.com/policy-and-politics/2018/4/2/16226202/oligarchy-political-science-politician-congress-respond-citizens-public-opinion。

15. 参见 Ulfelder（2010），第 16 – 17 页，第 60 – 61 页。

16. 参见 Editorial Board,"A Historic Tax Heist", *New York Times*, December 2, 2017; Jacob Hacker and Paul Pierson,"The GOP is Trying to Pass a Super-Unpopular Agenda—and That's a Bad Sign for Democracy", *Vox*, December 7, 2017, https://www.vox.com/the-big-idea/2017/12/7/16745584/republican-agenda-unpopular-polls-tax-reform; Matthew Yglesias,"We're Witnessing the Wholesale Looting of America", *Vox*, December 19, 2017, https://www.vox.com/policy-and-politics/2017/12/19/16786006/looting-of-america。也可参见 Maggie Severns,"Big Donors Ready to Reward Republicans for Tax Cuts", *Politico*, January 29, 2018。

17. Brian Fung,"Why Trump Might Not Block the AT&T-Time Warner Merger, After All", *Washington Post*, November 11, 2016; David Goldman,"Donald Trump's War on Jeff Bezos, Amazon and the Washington Post", *CNN tech*, May 13, 2016, http://money.cnn.com/2016/05/13/technology/donald-trump-jeff-bezos-Amazon/.

18. David McLaughlin and Todd Shields,"Trump's Talks with Dealmaking CEOs Rattle Antitrust Lawyers", *Bloomberg*, January 13, 2017, https://www.bloomberg.com/news/articles/2017-01-13/trump-s-talks-with-dealmaking-ceos-rattle-antitrust-lawyers; Chris Sagers,"Buyer Beware", *Slate*, January 13, 2017, http://www.slate.com/articles/news_and_politics/jurisprudence/2017/01/donald_trump_s_high_profile_apparent_merger_meetings_are_a_major_cause_for.html.

19. 参见 Scott Colm,"Trump's Carrier Deal Is Not Living Up to the Hype—Jobs Still Going to Mexico", *CNBC*, June 22, 2016, https://www.cnbc.com/2017/06/22/trumps-carrier-jobs-deal-is-just-not-living-up-to-the-hype.html。

20. Peter Baker," 'Very Frustrated' Trump Becomes Top Critic of Law Enforce-

ment", *New York Times*, November 3, 2017. 请对照 Benjamin Wittes, "'The Saddest Thing': President Trump Acknowledges Constraint", *Lawfare*, November 3, 2017, https://lawfareblog.com/saddest-thing-president-trump-acknowledges-constraint; Frank Bowman, "President Trump Committed Another Impeachable Offense on Friday", *Slate*, November 3, 2017, http://www.slate.com/articles/news_and_politics/jurisprudence/2017/11/president_trump_committed_another_impeachable_offense_on_friday.html。一位评论者认为，特朗普批评司法部没有调查他的政治对手，这给司法部造成了压力，迫使其指控特朗普蔑视的一家新闻网络的高调合并。Brian Stelter, "New Questions about Trump Administration's Review of AT&T-Time Warner Deal", *CNN*, November 4, 2017, http://money.cnn.com/2017/11/03/media/att-time-warner-department-of-justice/index.html.

21. Scott Moritz, "AT&T CEO, Among Trump's 'Defenders', Felt Blindsided by DOJ Suit", *Bloomberg*, November 29, 2017, https://www.bloomberg.com/news/articles/2017-11-29/at-t-ceo-among-trump-s-defenders-felt-blindsided-by-doj-suit.

22. 这只是司法部执法行动的问题。总统有权指导司法部行使检察官自由裁量权，但最多只能向联邦贸易委员会这一独立机构提供建议。此外，特朗普总统个人金融利益的范围和规模尚未披露。有利于这些利益的执法决定可能会违反宪法的薪酬条款。然而，就这些宪法问题提起的诉讼将引发潜在原告的地位问题，以及弹劾和撤职以外的救济措施的可用性等问题。

23. 参见 David Dayen, "Don't Let AT&T Exploit Your Distrust of Trump", *The Nation*, November 9, 2017, https://www.thenation.com/article/dont-let-att-exploit-your-distrust-of-trump/.

24. 西奥多·罗斯福在反垄断执法中发挥了更大的作用，特别是在处理由 J. P. Morgan 支持的合并时。

25. David McLaughlin and Todd Shields, "Trump's Talks with Dealmaking CEOs Rattle Antitrust Lawyers", *Bloomberg*, January 13, 2017, https://www.bloomberg.com/news/articles/2017-01-13/trump-s-talks-with-dealmaking-ceos-rattle-antitrust-lawyers.

26. Joe Crowe, "DOJ's Antitrust Division Leader: Will Look Closely at Mergers", *Newsmax*, October 30, 2017, https://www.newsmax.com/us/makan-delra-

him-department-of-justice-antitrust/2017/05/30/id/793042/.

27. 参见 Pitofsky（1979）。也可参见 Blake and Jones（1965），第 383 页。请对照 Green（1972），第 17 – 21 页；Crane（2018a）。

28. 参见 United States 诉 Aluminum Co. of America，148 F. 2d 416，第 427 – 429 页（1945）（L. Hand, J.）（美国铝业）。这个主题也是大萧条时期《罗宾逊 – 帕特曼法案》的基础。

29. 参见 Brown Shoe Co. 诉 United States，370 U. S. 294，316 and n28（1962）。

30. 参见 United States 诉 Topco Associates, Inc.，405 U. S. 596，610（1972）。

31. 参见 Brown Shoe Co. 诉 United States，370 U. S. 294，320（1962）。

32. 参见 Bork and Bowman Jr.（1965），第 369 页，第 374 页。

33. 参见 Blake and Jones（1965），第 384 页。

34. 参见 Pitofsky（1979），第 1067 页。

35. 参见 Pitofsky（1979），第 1059 页。

36. 参见 Brown Shoe Co. 诉 United States，370 U. S. 第 294 页，第 344 页（1962）。

37. 参见 Brown Shoe，370 U. S. at 316，333。

38. 参见 Pitofsky（1979），第 1070 页。

39. 参见 Pitofsky（1979），第 1068 页。

40. 这类案件在 20 世纪 50 年代和 60 年代并不常见，Kovacic（1989），第 1122 页，而 20 世纪 70 年代中叶之后，其发生频率更是大幅下降。Kovacic（2003），第 449 页（表 4）。

41. Kovacic（1989），第 1131 – 1132 页，第 1135 – 1136 页。很难从同时存在的对垄断和寡头垄断行为的经济危害的担忧中评估出政治问题的相对重要性，这也刺激了去集中化的努力。参见 Kovacic（1989），第 1134 页。去集中化使该政策造成效率损失的可能性降至最低（Kovacic，1989：1135），与此同时，芝加哥学派导向的评论者也将他们提出的反垄断改革带来的市场势力风险降至最低。

42. Kovacic（1989），第 1105 页。然而，大萧条时期的立法确实成功打散了公共事业控股公司，分离了银行的存款与投资银行的职能。Kovacic（1989），第 1117 页。

43. 请对照 Horton（2018）。当代各种声音都建议反垄断努力保护竞争过程、消费者选择、平等的经济机会、多样化的声音、地方社区纽带、民主决策、就业、创业机会，以及集中度较低的市场结构（即使集中或支配市场的趋势与价格上涨无关）。其中一些也可以被理解为经济目标。

44. 即使一种有限的目标，例如将减少不平等作为明确的反垄断目标，也会带来难以实施的问题。Baker and Salop（2015），第 24 - 26 页.

45. Mike Ananny et al. , Letter from Professors of Law, Economics, Business, Communication, and Political Science to the Federal Trade Commission on Net Neutrality, January 29, 2015, http：//www. pijip. org/wp-content/uploads/2015/01/Net-Neutrality-Prof-Letter-01292015. pdf.

46. 请对照 Hovenkamp（2018a）。

47. 参见 Noel（2013），第 14 页，第 19 - 22 页。

48. 请对照 Noel（2013），第 9 页，第 10 页，第 19 页。

49. 参见 Noel（2013），第 14 页。一个联盟的所有成员都愿意留在其中，以便执行其计划。他们这样做比离开后加入其他联盟的情况要好：另一个联盟可能没有多数党，或者如果它成为多数党联盟，选民或利益集团可能会不太喜欢它的整体计划。

50. 一个主要通过规则制定来运作的机构，比一个主要通过裁决来运作的机构更可能把自己想象成执行利益集团协议的角色。参见 Baker（2013c）。

51. 有关法律解释的一些理论要求法院强制执行作为立法基础的利益集团协议。这种路线与反垄断法的解释几乎没有关系，特别是在颁布一个世纪之后，因为反垄断法的禁止是广泛和普遍的。一个例外可能是国会一直活跃的地区对某一具体规则的解释，尽管多数法官和持不同意见的法官在最近的一项重要判决中对国会最近行动的意义给予了不同的解释。参见 Leegin Creative Leather Prods. , Inc. 诉 PSKS, Inc. , 551 U. S. 877（2007）。

52. 最近一项旨在得出相反结论的研究仅仅表明，政治因素可能影响各反垄断机构进行合并调查的谨慎程度，而不是调查的正式结果。参见 Mehata et al.（2017）。笔者支出的"最终"措施主要是由反垄断机构不批准提前终止的那些决定推动的。

53. 请对照 Kovacic and Winerman（2015），第 2098 页，第 2108 页。此外，国会对执法路线及执法决定的监督，对于确保执法者负责任地向公众履职的方式及使用其被赋予的权力，也很重要。参见 Kovacic and Winerman（2015），第 2088 – 2091 页。

54. Contribution of the United States on Independence of Competition Authorities，OECD Global Forum on Competition，DAF/COMP/GF/WD（2016）71，November 7，2016，第 6 页，第 14 页。

55. 不过在某些情况下，这些手段可能会产生微小的政治压力。参见 Kovacic and Winerman（2015），第 2100 – 2108 页。

56. 毫不奇怪的是，一些与企业合作的专业人士对企业的目标抱同情的意识形态观点，这些专业人士将这些观点带到了政府内外的工作之中。但这并不意味着他们在政府中的立场是为了维护某些企业的利益，也不清楚，关注未来就业的高级官员对受监管企业采取强硬或宽松的态度是否会有更好的表现。参见 Dal Bó（2006），第 214 – 215 页。此外，依赖于"旋转门"问题的监管俘获理论只有微弱的实证支持。实证文献难以区分先前或未来就业的影响和个人特征（可能包括意识形态观点）。参见 Carpenter（2014），第 57 页，第 66 页；Dal Bó（2006），第 217 – 218 页。也可参见 Makkai and Braithwaite 1992。但也要参见 Tabakovic and Wollman（2018）。

57. 2002 年，负责反垄断事务的助理总检察长查尔斯·詹姆斯（Charles James，2002，第 18 页）描述道，自从他 10 年前担任美国司法部高级官员以来，包括游说司法部在内的第三方支持活动空前增多。其中大部分活动可能与詹姆斯在处理"微软案"中扮演的角色有关，该案在政治上具有极高的知名度，不过詹姆斯描述的游说活动的发生范围更广。

58. 例如，Bliss（2016）；Kim Hart and Anna Palmer，"AT&T's T-Mobile Merger Lobbying Campaign Falls Short"，*Politico*，September 1，2011。

59. 例如，Justin Elliott，"The American Way"，*ProPublica*，October 11，2016，https：//www.propublica.org/article/airline-consolidation-democratic-lobbying-antitrust；Brent Kendall et al.，"Behind Google's Antitrust Escape，" *Wall Street Journal*，January 5，2013。

60. Alex Byers and Tony Romm，"Collapse of Comcast-Time Warner Cable merg-

er shows limits of lobbying", *Politico*, April 24, 2015.

61. 参见 Fidrmuc et al. (2017)。

62. 参见 Lao (2014), 第 686 页; Salop (2014), 第 648 页。

63. 请对照 Stimson (2015); Page (2008), 第 1 页, 第 2 页 [转引自 Sowell (1987), 14]。但请对照 Noel (2013), 第 14 页, 第 19 页; Ezra Klein, "For elites, politics is driven by ideology. For voters, it's not", *Vox*, Nov. 9, 2017, https：//www.vox.com/policy-and-politics/2017/11/9/16614672/ideology-liberal-conservatives。

64. 意识形态在显示一些群体成员的重要社会身份的方面也发挥了作用。参见 Mason (2018)。

65. 这种讨论假设增加平均威慑力的规则也会增加边际威慑力。对于整个反垄断规则来说，这是一个合理的假设，但在个别案件中可能并不总是成立。参见 Schwartz (2000)。

66. 请对照 McMurray (2017); Gavil et al. (2017), 第 443 - 444 页 (图 4 - 1)。

67. 例如，政治对联邦通讯委员会比对反垄断机构更重要，部分原因是该机构专注于单一的经济领域。此外，联邦通讯委员会的典型事务是制定规则，这往往是准立法活动，而联邦贸易委员会的典型事务则是裁决性的。因此，立法规范指导联邦通讯委员会——该委员会的目标有时至少是促成利益集团协议，而以法律和政策作为决策基础的司法规范则指导联邦贸易委员会。在联邦贸易委员会，政治问题是间接的：现任政府选择该机构领导的部分依据是意识形态。然而，该机构领导层在处理个人事务时几乎总是把直接的政治考虑放在一边。更多参考请见 Baker (2013c)。

68. 请对照 Waller (2019); Gibson and Nelson (2017); Balkin and Levinson (2006)。

69. 参见 Crane (2011), 第 70 页。

70. 行为经济学已经开始影响产业组织经济学。虽然它尚未对反垄断分析产生实质影响，但人们希望执法者和法院在评估企业行为的竞争效应时，考虑影响企业行为的各种明确和系统性的行为规律。例如，假设多产品制药企业在获得市场势力时系统性地限制价格上涨，以保护其公平声誉，从而保护其他产品的销售。但是，将具有市场势力的产品销售给一个对声誉毫不关心的独立企业，可能会导致价格上涨。这笔交易将损害竞争，并可能被指控为违反了《克莱顿法案》。

71. 经济发展与法律变迁的关系并不简单。参见 Baker（2002b），第 69 页。

72. 但请对照 William Davies, "Populism and the Limits of Neoliberalism", *The London School of Economics and Politics Blog*, April 30, 2017, http://blogs.lse.ac.uk/europpblog/2017/04/30/essay-populism-and-the-limits-of-neoliberalism-by-william-davies/。

73. 不管民主政治体制有多强大，这些问题都可能出现。请对照 Iyigun（2012），第 6 页。

74. 在根据一般成文法发展的司法规则没有提供指导的法律领域，类似的程序就需要修改成文法与行政规则。

75. 当然，初审法院在审理案件时有相当大的实际裁量权，它们可以采信证人的证词或者评估由竞争专家提供的复杂精妙的经济分析，因为上诉法院不大可能对利用此类证据判断得出的事实发现进行复查。但请对照 Kolasky（2001）。

76. 请对照 American Bar Association Section of Antitrust Law（2006）；Haw（2012）。

77. Hospital Corp. of Am. 诉 FTC, 807 F. 2d 1381（7th Cir. 1986）（Posner, J.），确认联邦贸易委员会关于医院合并违反反垄断法的判决。

78. FTC 诉 Advocate Health Care Network, 841 F. 3d 460（7th Cir. 2016）。推翻了一家地区法院对联邦贸易委员会指控的一起医院合并案拒绝签发临时禁令的判决。

79. 参见 Baker（2013b），第 544–550 页。

80. 有些法院在原告有确凿的初步证据的情况下适用弹性标准（sliding scale），这也可能使被告更难以履行举证责任。例如，如果原告提供了有关反竞争效果的确凿证据，法院不相信推测的效率，那么它可以将该行为违法的判决依据描述为：要么是被告未能履行其举证责任，要么是原告在被告提出了一个看似合理但支持不足的效率理由之后能够举证说服法官。

81. 例如，United States 诉 Apple, Inc., 952 F. Supp. 2d 638, 694（S. D. N. Y. 2013），aff'd, 791 F. 3d 290（2d Cir. 2015）。

82. 例如，Polygram Holding，Inc. 诉 FTC，416 F. 3d 29（D. C. Cir. 2005）。

83. 参见 Carrier（1999）。

84. 参见 FTC 诉 H. J. Heinz Co.，246 F. 3d 708，724（D. C. Cir. 2001）。

85. 抵抗他们也需要强大的政治机构。参见 Acemoglu and Robinson（2012），第 319－325 页。

86. 例如，参见 Baker and Shapiro（2008a），第 241－244 页（对 United States 诉 Oracle Corp.，331 F. Supp. 2d 1098 [N. D. Cal. 2004] 的讨论）。地区法院还可以充分利用证人的可信度来限制上诉复审的实际范围。

87. 有三个原因。首先，不能指望私人原告在决定起诉时，将其诉讼努力带来的整个经济范围内的威慑效应考虑在内，所以对于那些执法机构会起诉的行为，他们可能拒绝起诉。参见 Segal and Whinston（2006）。其次，相对于应有的有效威慑，损害赔偿可能过低。参见 Gavil et al.（2017），第 1394－1395 页。再次，损害赔偿的威胁无法威慑违法者，因为他们的反垄断损害赔偿是在未来支付的。如果是这样的话，他们将以提高价格的形式实现向买方转嫁损害赔偿金。参见 Baker（1988b）；Salant（1987）。但请对照 Segal and Whinston（2006）。

第 4 章

1. 例如，Joe Nocera，"Google Isn't the Problem. U. S. and EU Regulators Are"，*Bloomberg*，June 28，2017。

2. 请对照 Statement of the Federal Trade Commission [FTC] Regarding Google's Search Practices，*Google Inc.*，No. 111－0163（F. T. C. January 3，2013）with Google Search（Shopping）（Case AT. 39740），Commission Decision C（2017）4444 final（June 27，2017）。

3. 在美国，大多数诉求都是在诉讼的背景下和解的。否则，政府或私人原告必须在非合并事务或由联邦贸易委员会指控的完全合并（consummated merger）案中，向地区法院法官或联邦贸易委员会证明反竞争损害。相比之下，欧盟委员会竞争总司（DG-Comp）是一个中立的机构，担任检察官和法官的角色。它调查诉由、得出调查结果并评估处罚。欧洲法院的审查更像是美国的上诉审查，而不是地区法院的审判。行政执法模式更符合欧洲大陆的民法传统，而不是"盎格鲁－撒克逊"（Anglo-Saxon）的对抗方式。在实践中，欧洲制度给予被告正当程序权,包括公正的法庭、诉讼通知、听取其辩护的机会、判决及理由。欧盟委员会竞争总司采用"市场测试"来提出补救措施,这使被排除的竞争对手在决策过程中有一席之地。这样做并不意味着欧盟委员会竞争总司被作为投诉方的竞争对手俘获,正如这些企业在美国提起私人诉讼的能力不意味着美国法院会被俘获一样。

4. 参见 Faull and Nikpay (2014),§9.06。

5. 参见 Behrens (2015)。

6. Germán Gutiérrez and Thomas Philippon (2018) 认为,欧洲市场在2000年后变得比美国市场更具竞争力,并将这种差异归因于欧洲对反垄断执法的加强,认为欧洲的反垄断机构对反竞争行为的态度更加严厉,因为相比于美国的反垄断机构,它们更独立于政治。但是他们没有解释为什么美国的反垄断机构在2000年左右变得更容易受政治影响,而欧洲的反垄断机构却没有如他们论证的那样容易受政治影响。相反,美国的反垄断规则在20年前变得不那么有干预主义色彩了,欧洲对合并的反垄断执法在21世纪初转向了美国路线。他们还把政治影响等同于公司游说,却没有意识到,尽管美国的反垄断机构对意识形态的变化做出了反应(详见本书第3章),但它们基本上没有受到直接的政治影响。

7. 参见 Pate (2004); Kolasky (2002a),(2002b)。请对照 Shelanski (2013),第 1698 – 1699 页。最近,美国官员更加外交化。他们现在更倾向于强调趋同的领域,只间接地提及分歧。例如,Baer (2015)。

8. 欧洲竞争委员最近声称欧盟市场比美国市场的集中度更低,并隐含地将此归因于欧盟更严格的反垄断执法。Mike Konczal, "Meet the World's Most Feared Antitrust Enforcer", *The Nation*, March 12, 2018, https://www.thenation.com/article/meet-the-worlds-most-feared-antitrust-enforcer/.

9. 参见 Cooper and Kovacic (2010),第 1556 页。

10. 例如,Baker and Scott Morton (2018)。

11. 更多讨论可参考 Hovenkamp (2018b)。

12. 参见 Ehrlich and Posner (1974); Posner (1973)。

13. 参见 Joskow and Klevorick (1979),第 222 – 225 页。

14. 参见 Easterbrook (1984)。

15. 参见 Verizon Comnc'ns Inc. 诉 Law Offices of Curtis V. Trinko, LLP, 540 U. S. 398, 414 (2004)。任何具体的实质性反垄断规则的错误成本一定程度上取决于反垄断法的其他规则以及超出此范围的规则，例如管辖诉讼的程序规则、关于救济衡量的规则、知识产权的范围以及州不正当竞争法是否涵盖同一行为。更多讨论请参见 Kaplow (2012); Wickelgren, (2012)，第 54 页。

16. 参见 Beckner and Salop (1999)，第 43－52 页。

17. 对案件的错误裁决会带来赢家和输家，但执行错误的代价总的来说很高昂。

18. 反垄断执法的主要收益和成本，可能来自阻止企业的反竞争行为以及对有益行为的打击，这些行为必定遵守市场上的反垄断规则，而不是在任何特定情况下讨论的规则。更多讨论请参见 Baker (2003a)，第 27 页；同时请对照 Kaplow (2012)。

19. 例如，将分析限制在法院诉讼的当事人，会给人一种错误的印象，即严厉惩罚在消防栓前停车将消除错误成本。这种惩罚的前景使人们完全遵守禁停规则，因此不会有案件诉诸法院，法院不可能错误地判定被告违法，也不存在诉讼费用。但是，这样的惩罚也会阻吓社会收益（例如，允许医生及时赶到以挽救生命）超过社会成本的在消防栓前停车的行为。这样的处罚还会阻止有益于社会的在消防栓附近停车的行为（司机们担心，咄咄逼人的停车执法者会错误地断定消防栓被堵住了，且法院会维持罚单）。将分析限制在法院诉讼的当事人，会对采取另一极端的执法政策产生同样的错误印象：完全不执行消防栓前禁止停车的规则不会导致任何诉诸法院的案件，这样也就不会产生司法错误和诉讼交易成本。即使社会成本（在发生火灾时阻碍消防队进入的成本按需要进入的概率折算会更高）超过社会收益，这一规则不能阻止消防栓前停车的行为。White (1988) 探讨了威慑与诉讼之间的复杂关系。

20. 请对照 First and Waller (2013)，第 2571 页。

21. 更多参考请见 Schwartz (2000)。

22. 规则的改变增加了假阳性的频率或成本（惩罚），可能会增强威慑力，但也可能会起到相反的作用。如果更多的假阳性意味着企业不再能够因不逾越合法行为和非法行为的界限而获得足够的利益来证明谨慎是正当的，那么后一种情况就可能发生。因此，规则或其适用的不确定性会降低遵从性。更多参考请见 Salop（2013），第 2668 – 2669 页，2669n60；Lando（2006），第 329 – 330 页；Posner（1999），第 1483 – 1484 页。

23. 参见 Board of Trade of City of Chicago 诉 United States，246 U. S. 231（1918）（Chicago Board of Trade）。

24. 参见 United States 诉 Socony-Vacuum Oil Co.，310 U. S. 150（1940）。

25. 一般来说，明线规则的后果是在事实解决后触发的，而综合标准则需要对事实做出判断。参见 Farnsworth（2007），第 71 页，第 164 页。明线规则限制了要考虑什么证据或某些类型的证据的权重，以及事先规定哪些事实要素或要素组合会引起责任而哪些不会（涵盖所有案件），以此防止这种判断。

26. 参见 Baker（2013b），第 546 – 551 页。在 Ohio 诉 American Express Co.，（138 S. Ct. 2274）（2018）中，多数法官和持不同意见的法官在适用责任转移框架方面存在分歧。

27. 在反垄断诉讼越来越依赖复杂的经济证据的情况下，Timothy Bresnahan 与我提出了另外两种降低错误成本的方法。首先，我们建议实证经济学家制定一份概括性目录，列示各组相关行业中企业行为的竞争后果，法院可以依赖该目录来做出推定。其次，我们建议法院任命经济学专家，帮助他们澄清对立双方聘用的经济学专家之间争议的性质。这样的专家将承担一项有限的任务：审查对立双方聘用的经济学专家出具的报告，并编写一份报告来说明专家们的分歧所在及其原因，而不必对关键争议的解决办法发表意见。参见 Baker and Bresnahan（2008），第 30 – 31 页。

28. 请对照 Baker（1991），740n29。

29. 参见 Salop（2017），§ III. A。

30. 参见 Areeda and Turner（1975），第 699 页。

31. 在合并案件中，法院将效率视为一种抗辩，也即认为竞争不会受到损害的一个理由，但不是作为一种积极抗辩（affirmative defence），即用来证明以其他方式提高价格或损害竞争的合并是正当的。这种方法安排了与效率要求有关的举证责任和说服责任的分配，与通常在对合并的反垄断执法和更普遍的民事诉讼中分配这些责任的方式相同。有了"抗辩"，被告就有了举证责任，却没有了说明责任。而有了"积极抗辩",被告就需承担两项责任。*Antitrust Modernization Commission*:*Public Hearing*,*Panel II*:*Treatment of Efficiencies in Merger Enforcement*(November 17,2005)(statement of Prof. Jonathan Baker,American University,Washington College of Law),http://govinfo.library.unt.edu/amc/commission_hearings/pdf/Baker_Statement.pdf.

32. 参见 United States 诉 Baker Hughes, Inc., 908 F. 2d 981 (D. C. Cir. 1990); Federal Trade Comm'n 诉 H. J. Heinz Co., 246 F. 3d 708 (2001)。

33. 参见 United States 诉 General Dynamics Corp., 415 U. S. 486 (1974)。此外,由于推定的依据没有得到满足,如果原告能够初步证明其行为与市场集中度无关,那么在解决竞争是否受到损害的问题时,推定就没有任何分量。

34. 参见 Salop (2017), §Ⅲ.A。Salpo 提供了三个反垄断的例子:法院拒绝质询竞争是不好的,Nat'l Soc'y of Prof'l Eng'rs 诉 United States, 435 U. S. 679, 695 (1978);固定价格会损害经济的"中枢神经系统"的推定,United States 诉 Socony-Vacuum Oil Co., 310 U. S. 150, 224n59 (1940);集中化的经济势力会威胁非经济价值的问题,参见 Brown Shoe Co. 诉 United States, 370 U. S. 294, 316 (1962)。

35. 参见 United States 诉 Philadelphia Nat'l Bank, 374 U. S. 321 (1963)。

36. 参见 United States 诉 Von's Grocery Co., 384 U. S. 270, 301 (1966) (Stewart, J. 持不同意见)。

37. 参见 Baker Hughes, 908 F. 2d at 984, 987。

38. 参见 Baker Hughes, 980 F. 2d at 991。

39. 参见 Federal Trade Comm'n 诉 H. J. Heinz Co., 246 F. 3d 708, 726 (2001)。一个地区法院将这一判决解释为,随着原告的初步证据变得更有说服力,被告必须提供更多的证据以满足其举证责任(而不仅仅是被告必须提供更多证据以满足其实际的说服责任)。参见 United States 诉 H & R Block, Inc., 833 F. Supp. 2d 36, 77 (D. D. C. 2011)。

40. 例如,Chamberlin (1933, 48)。很多评论者从张伯伦那里学习到了在寡头垄断中超竞争价格是几乎无法避免的。更多讨论请参见 Hale and Hale (1958),第 122–123 页,第 131–137 页。

41. 参见 Stigler (1964)。

42. 参见 Schmalensee（1989）。

43. 参见 Demsetz（1974）。

44. Douglas Ginsburg and Joshua Wright（2015）在提出这一论点时，没有考虑到自 1990 年以来结构性推定的事实和错误成本基础是如何变化的。

45. 参见 Baker（2002a），第 188 - 189 页，n286。

46. 此外，Salop（2015，297）认为，如果没有一个推定，有关企业合并的法律更可能会导致威慑不足，而不是威慑过度，因为两种检测中的错误往往会降低法律遵从性，企业有很大的激励进行反竞争的合并，而执法机构往往在提起诉讼上畏缩不前。

47. 除了文中讨论的经济理由之外，一些人还提出了防止市场集中的非经济原因。本书第 3 章告诫，人们不要将这一总体政策目标作为制定或修改反垄断规则的基础，但一些现代评论者认为这是加强结构性推定的另一个理由。Peter Carstensen（2015）认为，加强结构性推定的部分原因是对经济势力集中所带来的政治后果的担忧。Harry First and Eleanor Fox（2015）辩称，在"费城国民银行案"中，联邦最高法院拒绝明确考虑非竞争因素是错误的，这些非竞争因素包括保全就业、保留创业机会、防止过度集中或者与价格上涨无关的支配市场的倾向。

48. 另外，立法可以加强结构性推定。参见 Hovenkamp and Shapiro（2018）。

49. 除了推定的这两项基础外，Salop（2015），第 299 - 305 页还讨论了从高价格成本差及行业合谋的历史中得出竞争损害的推断。

50. Baker and Shapiro（2008a），第 34 - 35 页。分流比可以通过价格成本差来校正。通常也可见 Gavil et al.（2017），第 806 - 810 页，Sidebar 5 - 8。

51. 参见 U. S. Department of Justice and Federal Trade Commission（2010，§6.1）。

52. 参见 Baker and Shapiro（2008a），第 33 - 34 页。参见 Baker（2002a），第 174 - 177 页。

53. 参见 U. S. Department of Justice and Federal Trade Commission（2010，§7.1）。

第 5 章

1. 请对照 Field（2017），第 1152–1154 页。

2. 许多当代的反垄断保守派评论者接受"反垄断起到了一定作用"的论点，所以他们中的大多数人不可能同意我关于反垄断权利的每一个观点。很难看到一个同时接受所有这些观点的人会想要支持反垄断事业。

3. 例如大法官斯蒂芬·布雷耶在"Town of Concord 诉 Boston Edison Co. 案（915 F. 2d 17, 23, 32, 1st Cir. 1990）"中采用了"单一垄断利润"理论，并在下文讨论的"Credit Suisse Securities（USA）LLC 诉 Billing 案, 551 U. S. 264（2007）"中执笔了多数意见。但是，作为"Leegin Creative Leather Products, Inc. 诉 PSKS, Inc. 案, 551 U. S. 877（2007）"中反对意见的撰写者，他选择了多数法官的不干预路线来解决问题。他的反垄断立场通常反映了他对法律规则的可操作性和对反垄断机构能力的担忧，所以并未一成不变地跟随这里强调的不干预的错误路线。

4. 有着类似目标的另一尝试更多地集中在法院采用的具体理论规则上。参见 Pitofsky（2008）。对那本书的保守批评，参见 Wright（2009）。

5. 请对照 Devlin and Jacobs（2010）。

6. Easterbrook（1984），第 2–3 页，第 15 页；Bork（1978），第 133 页。也可参见 Wright（2012a），第 245 页。

7. 下文将单独讨论通过现有竞争对手的扩张实现市场自我纠正的可能。

8. 反垄断的经济学文献通常提及"放宽"（ease）进入和进入"壁垒"（barriers），这里采用此种用法。但这些术语存在误导性，因为它们表明可以在不涉及竞争问题的前提下抽象地分析进入条件。与反垄断执法和政策相关的问题，通常与所讨论的特定商业行为带来的新竞争是否会抵消或阻止竞争损害有关。答案可能因行为的性质不同而有所不同。

9. 相反，正如反垄断保守派正确认识到的，如果进入并不容易，自我纠正过程会缓慢地进行，从而使反垄断执法发挥一定的作用。Easterbrook（1984），第 2 页；也可参见 Evans and Padilla（2005），第 84 页；Bork（1978），第 311 页；请对照 Wright（2012a），第 245 页。

10. 参见 McChesney（2004），第 50 页。

11. 在所谓的"可竞争"市场中,低成本的快速进入将阻止或抵消任何市场势力的行使,而不论现有的企业数量有多少。也可参见 Baumol et al. (1988)。那些建议将这一想法应用于民航业的人士指出,飞机并不被投入任何特定航线,航空公司为了抓住赢利机会,可以随时将飞机转移到新的城市配对上。参见 Bailey and Panzar (1981)。

12. 参见 Baumol and Willig (1986),第 24 - 27 页。Baker (2002a),第 170 - 172 页,n153 研究了民航市场不存在可竞争性的原因和证据。此外,来自小竞争对手和潜在进入者的竞争可以防止竞争损害这一说法是错误的,与此相对的是一些保守派的错误论点,即排除低效率的进入者不会损害竞争。参见 Salop (2008),第 152 - 155 页,批评了同样有效率的进入标准。

13. 参见 Evans and Padilla (2005),第 84 页。

14. 参见 United States 诉 Microsoft Corp. , 253 F. 3d 34(D. C. Cir. 2001)(en banc)(per curiam);Standard Oil Co. 诉 United States, 221 U. S. 1 (1911)。也可参见 United States 诉 Dentsply Int'l, Inc. , 399 F. 3d 181 (3d Cir. 2005);United States 诉 Aluminum Co. of Am. (美国铝业),148 F. 2d 416 (2d Cir. 1945)。

15. 参见 Baker (2013b),第 535 - 536 页,第 559 - 560 页。

16. 通常可参见微软案,253 F. 3d 34。

17. Lorain Journal Co. 诉 United States, 342 U. S. 143 (1951)。

18. 参见 United States 诉 Visa U. S. A. , Inc. , 344 F. 3d 229, 241 (2d Cir. 2003);Baker (2013b),第 559 - 560 页,n160。

19. 参见 Levenstein and Suslow (2011),第 463 页。请对照 Hyytinen et al. (即将发表);Harrington and Wei (2017);Bryant and Eckard (1991)。Harrington and Wei (2017) 发现,卡特尔的时长可以从已知的卡特尔数据中可信地推断出来。

20. 很多卡特尔持续至少 40 年。参见 Levenstein and Suslow (2006),第 53 页,表 2。

21. 参见 Ezrachi and Gilo (2009);Baker (2003c),第 194 - 195 页;Stiglitz (1987)。

22. 参见 Bork (1978),第 196 页。在产品同质的情况下,市场势力的行使可能会导致整个行业的价格上涨和产量下降。如果应用正确,产出标准关注的是整个行业的产出,而不是有损害竞争嫌疑的企业的产出,因为那些通过排除竞争对手和提高价格来行使市场势力的企业,即使在行业产出下降的情况下,也可能增加自己的产出。伊斯特布鲁克法官错误地关注有损害竞争嫌疑的企业(Easterbrook 1984),第 31 页。

23. 参见 Posner(1976),第 53 页。

24. 参见 Cowling and Waterson(1976);Dansby and Willig(1979);通常也可参见 Kaplow and Shapiro(2007),第 1083 – 1086 页;Shapiro(1989),1:第 333 – 336 页。

25. 参见 Stigler(1964)。也可参见 Baker(2010a),第 238 页,238n20。

26. 参见 Schmalensee(1989),第 988 页,典型事实 5.1;Weiss(1989),第 266 – 284 页。也可参见 Bresnahan and Suslow(1989),第 267 页;Baker(1999)。请对照 Kwoka,(2017b)。Evans et al.(1993)讨论了与集中度和价格相关的内生性问题。识别问题在本书第 1 章"寡头垄断普遍存在,且许多产业的集中度正在上升"这一节的尾注中有所讨论。

27. William J. Kolasky, Deputy Assistant Att'y Gen., Antitrust Div., U. S. Dept. of Justice, "Coordinated Effects in Merger Review: From Dead Frenchmen to Beautiful Minds and Mavericks" (speech), Address at the ABA Section of Antitrust Law Spring Meeting, April 24, 2002, 18, http://www.justice.gov/atr/public//.htm。

28. 参见 Baker and Shapiro(2008a),第 253 页。

29. 参见 Trinko(2004),540 U.S.,第 398 页。

30. 参见 Trinko(2004),540 U.S.,第 407 页。

31. 参见 Trinko(2004),540 U.S.,第 407 – 408 页。

32. 参见 Evans and Hylton(2008),第 220 页。与 Padilla et al.(2018),11. 的观点一致。对 Evans and Hylton 的批评性回应,参见 Baker(2008a)。

33. 参见 Baker(2016a)。

34. 也可参见 Shapiro(2012);Baker(2007a),第 579 – 586 页。反垄断法早就认识到了垄断者享受平静生活的激励。参见 United States 诉 Aluminum Co. of Am.(Alcoa),148 F. 2d 416, 427(2d Cir. 1945)。

35. 例如,United States 诉 Microsoft Corp., 253 F. 3d 34,第 76 – 79 页

(D. C. Cir. 2001)（en banc）（per curiam）；United States 诉 Visa U. S. A., Inc., 344 F. 3d 229, 241 (2d Cir. 2003)；Lorain Journal Co. 诉 United States, 342 U. S. 143 (1951)。

36. "单一垄断利润"的主张通常在分析一个支配型企业对纵向相关企业施加限制时提出。请对照 Evans and Padilla (2005)，第 77 页。

37. 参见 Bork (1978)，第 137 - 138 页，第 140 页。

38. 参见 Bork (1978)，第 372 页，第 380 - 381 页。

39. 参见 E&L Consulting, Ltd. 诉 Doman Indus., 472F. 3d 23, 第 29 - 30 页 (2d Cir. 2006)；G. K. A. Beverage Corp. 诉 Honickman, 55 F. 3d 第 762 页, 第 767 页 (2d Cir. 1995)；Town of Concord 诉 Boston Edison Co., 915 F. 2d 17, 第 23 页, 第 32 页 (1st Cir. 1990)（Breyer, C. J.）；参见 Jefferson Parish Hosp. Dist. No. 2 诉 Hyde, 466 U. S. 2, 第 36 - 37 页 (1984)（O'Connor, J., 赞同）。

40. 参见 Schor 诉 Abbott Labs., 457 F. 3d 第 608 页, 第 611 页 (7th Cir. 2006)（Easterbrook, J.）。在该案中，联邦最高法院排除了一种可能性：如果不证明被告极有可能成功地在次级市场获得垄断势力，法院仍有可能通过垄断杠杆来判定垄断者违反了《谢尔曼法案》第 2 条, Trinko, 540 U. S. at 415n4, 但未提及单一垄断利润理论。

41. 参见 Crane and Wright (2009), 第 209 - 210 页, 捆绑折扣；Evans (2006), 搭售；Ramseyer and Rasmusen (2014), 排他行为。

42. 参见 Gavil et al. (2017), 第 359 - 365 页；也可参见 Salop (2008), 第 144 - 148 页；Kaplow (1985)；Bresnahan (2010)；Nalebuff (2004)；Salop and Romaine (1999), 第 624 - 630 页；请对照 O'Brien (2008), 第 78 页。

43. 参见 Gavil et al. (2017), 第 959 - 965 页。支配型企业或采取协同行为的企业也可以通过规避费率管制的排他行为，或通过促进有害的价格歧视的行为，进一步行使市场势力。

44. 参见 Cooper et al. (2005a), 第 648 页；Hylton and Salinger (2001), 第 471 页；McWane, Inc., FTC Docket No. 9351, 2014 - 1 Trade Cas. (CCH) 78, 670, aff'd, 738 F. 3d 914 (11th Cir. 2015) at 129, 293（Wright, Comm'r, 反对）。

45. 参见 Easterbrook（1984），第 15 页；Evans and Padilla（2005），第 81 - 82 页。

46. 参见 Eastman Kodak Co. 诉 Image Technical Servs., Inc., 504 U. S. 451, 488（1992）（Scalia, J., 持不同意见）。

47. 参见 Levenstein and Suslow（2014）。纵向限制允许合谋企业在对其横向合谋协议保密的同时，阻止欺骗行为或市场进入。

48. 参见 Baker and Chevalier（2013）（最优价格保障）。

49. 参见 U. S. Dep't of Justice & Fed. Trade Comm'n, *Horizontal Merger Guidelines* § 10, 2010, http://www.justice.gov/atr///hmg - 2010.pdf。

50. 但是，请对照 Ippolito（1991）。

51. 其他相关的背景制度包括：处理举证责任及救济决定的反垄断规则、处理诉讼的程序规则、州不正当竞争法和授予知识产权的法律。也可参见 Kaplow（2012）；Wickelgren（2012），第 54 页。

52. 促竞争结果可能系统性地比反竞争结果更为明显，特别是如果企业能够采取措施掩饰后者。参见 Davies and Ormosi（2013）；Baker（2001），第 825 页。

53. 参见 MacKay and Smith（2014）。先前关于维持转售价格的后果的研究没有解决这里强调的识别问题，也没有提出统一的解释。更多参考请见 Baker（2015），20n79。

54. Baker（2015），第 12 - 13 页。产品"单元"（类别）包括"淡啤酒"和"安眠药"。

55. 参见 MacKay and Smith（2014）。

56. 参见 MacKay and Smith（2014），第 15 - 17 页。

57. 在最主要的促竞争理论之下，价格上涨反映了产品质量的提高或服务的改善、质量调整后的价格下降，以及工业产出的增长。在所分析的品牌零售产品群体中，对价格上涨和产量下降的最可能解释是该研究的作者们采用的如下解释：竞争平均地受到损害。MacKay and Smith（2014），第 3 页，第 16 页，第 17 - 18 页。然而，总产出有可能下降，但消费者总体受益。例如，如果超边际（inframarginal）购买者对维持转售价格引致的销售系统服务（point-of-sale services）的评价很高，而边际买家对此类服务的评价不高，就有可能发生这种情况。

58. 参见 MacKay and Smith（2014），第 4－5 页，第 10 页，第 13 页，n36。这些结论反映了《谢尔曼法案》下被视为维持转售价格的行为（包括认定制造商和经销商达成了协议）和具有类似影响但不可能受到指控的行为的综合后果。它们衡量了更宽松的法律环境对可能因维持转售价格本身违法而受到的所有这些行为产生的后果。

59. 因此，研究结果提醒我们不要放弃反垄断法对维持转售价格的关注。但请参见 Joshua Wright, Comm'r, Federal Trade Commission (FTC), "The Economics of Resale Price Maintenance and Implications for Competition Law and Policy" (speech), Remarks Before the British Institute of International and Comparative Law, April 9, 2014, 19－21, https：//www.ftc.gov/public-statements/2014/04/economics-resale-price-maintenance-implications-competition-law-policy-0; Lambert and Sykuta (2013)。

60. 也可参见 Sokol（2014），1004n8。

61. 一项研究发现，酿酒商及其芝加哥经销商之间的排他性交易安排，没有提高被潜在排斥的酿酒商的分销成本（Asker, 2016）。另一项研究发现，独家经销商比非独家经销商销售了更多的啤酒（Sass, 2005）。第三项研究的结果表明，排他性交易损害了啤酒行业的竞争。这项研究通过利用各州之间和各州内部的规则差异来解决识别问题，发现当规则允许经销商从事排他性交易时，啤酒的销量会更低。参见 Klick and Wright（2008），第 20－21 页。

62. 参见 Cooper et al.（2005a），第 662 页。

63. 参见 Hylton and Salinger（2001），第 514 页，n138。与 Evans and Padilla（2005），第 95 页观点一致。

64. 参见 Kobayashi and Muris（2012），第 153 页。两位作者建议法院忽略证明了掠夺性定价具有合理性的后芝加哥学派理论模型，（参见 Kobayashi and Muris，第 166 页），它们未对最近的实证研究文献给予足够的重视，这些文献发现了在对掠夺性定价执法松懈的时代（在 20 世纪初，或者最近，联邦最高法院对"Matsushita 案"和"Brooke Group 案"做出裁决之后）那些价格掠夺成功的例子。参见 Burns（1986）; Elzinga and Mills（2009）; Genesove and Mullin（2006）; Lerner（1995）; Scott Morton（1997）; Weiman and Levin（1994）。在一篇实证研究文献中，Kobayashi（2010），第127页承认那些文献中的四篇"提供了与掠夺性定价一致的证据"，但反驳了其中的三篇，理由有二：一是"我们不知道这些价格战在现代掠夺标准下是否非法""或者这些事件是否会导致福利的减少"，这是一个与评估价格战的合理性无关的问题，后者是对推定不可信的一种委婉表达；二是设定一个很高的标准以防止依赖那些恰恰得出不同结论的相关证据。

65. 参见 Manne and Wright（2010），第196页，第200页。

66. 参见 Baker（2013b），第580 - 581页。

67. 参见 Easterbrook（1984），第2页；请对照 Page（2010），第47页。

68. 参见 Easterbrook（1984），第15页。

69. 在最近的一个案件中，联邦最高法院纠正了多个上诉法院的错误裁决，参见 FTC 诉 Actavis, Inc., 570 U. S. 136（2013）。请对照 Carrier（2012）。此外，上诉法院可以纠正自己的错误。请对照 Blue Cross & Blue Shield United 诉 Marshfield Clinic, 65 F. 3d 1406, 1415（7th Cir. 1995）（Posner, C. J.）。假设合同中的最惠国条款将有助于一家企业与供应商就低价进行谈判，并认为该条款阻止降价的理论是"一个巧妙但有悖常理的论点"，*In re* Brand Name Prescription Drugs, 288 F. 3d 1028, 1033（7th Cir. 2002）（Posner, J.）（请注意，禁止全行业采用最惠国条款"使折扣导致的成本更高"）。

70. 如今，本段将注释三个联邦最高法院的案件描述为制造了错误的先例（"Appalachian Coals案""Schwinn案""Von's案"）最高法院对这三个案件的判决被广泛认为是错误的。第四个案件，即"Dr. Miles案"的法律依据仍然有争议。参见 Dr. Miles Med. Co. 诉 John D. Park & Sons Co., 220 U. S. 373（1911），它被 Leegin Creative Leather Prods., Inc. 诉 PSKS, Inc., 551 U. S. 877（2007）推翻。

71. Appalachian Coals, Inc. 诉 United States, 288 U. S. 344（1933），被 United States 诉 Socony-Vacuum Oil Co., 310 U. S. 150, 221（1940）废除。

72. 参见 United States 诉 Arnold, Schwinn & Co., 388 U. S. 365（1967），被 Cont'l T. V., Inc. 诉 GTE Sylvania Inc., 433 U. S. 36（1977）推翻。有人可能会说，鉴于下级法院和评论者的敌意，"Shwinn案"几乎没有持续多久。例如，Tripoli Co. 诉 Wella Corp., 425 F. 2d 932, 936 - 38（3d Cir. 1970）（en banc）。

73. 参见上文"市场通过进入实现自我纠正"一节。

74. 参见 Sylvania, 433 U. S., 第 48 页, 48n14; Gavil et al. (2017), 第 697 – 700 页 (Sidebar 5 – 1); Baker and Shapiro (2008a), 第 238 页。

75. 也可参见 Christiansen and Eskridge (2014); 请对照 Widiss (2014); Nourse (2013)。如果像今天的反垄断保守派坚持的, 2007 年被否决的维持转售价格本身违法原则被认为是一个错误, 那么国会于 1952 – 1957 年授权各州在某些行业允许维持转售价格协议的决定将构成一种立法修正。

76. 将近一个世纪后才被推翻的联邦最高法院在"Dr. Miles 案"中的判决, 受到七年后的 United States 诉 Colgate & Co., 250 U. S. 300 (1919) 的严重限制。此外, 在联邦最高法院可能认为维持转售价格本身违法是错误判决期间, 但在它推翻该先例之前, 扩大了"Monsanto Co. 诉 Spray-Rite Service Corp. 案 (465 U. S. 752, 1984)"以及"Business Electronics Corp. 诉 Sharp Electronics Corp. 案 (485 U. S. 717, 1988)"中原告的举证责任, 并废除了维持转售价格上限的本身违法原则, 参见 State Oil Co. 诉 Khan, 522 U. S. 3 (1997)。联邦最高法院还采用了一些工具, 让横向协议本身违法原则仅适用于毫不掩饰的限制措施 (naked restraints), 参见 Broad. Music, Inc. 诉 CBS, Inc., 441 U. S. 1 (1979), 同时将"Aspen skiing 案"的影响限制在一定范围内 (我认为这个反垄断先例并没有错), 从而缩小过去判决的影响。参见 Verizon Commc'ns Inc. 诉 Law Offices of Curtis V. Trinko, LLP, 540 U. S. 398, 409 (2004)。如果狭义地解释一个阻碍有效率行为的错误先例, 其不利影响可能会减弱, 因为受影响的企业可能会找到其他方式以很少的额外成本实现期望的效率。参见 Devlin and Jacobs (2010), 第 98 页。

77. 参见上文中"市场通过进入实现自我纠正"一节。也可参见 Devlin and Jacobs (2010), 第 98 – 99 页。

78. Easterbrook (1984), 第 34 页。

79. Easterbrook (1984), 第 36 页; 请对照 Snyder and Kauper (1991)。

80. Easterbrook (1984), 第 35 页。

81. Easterbrook (1984), 第 36 页。"反垄断损害"学说要求原告证明"反垄断法旨在防止的损害类型, 以及根据这些类型得以判断被告的行为违法"。参见 Brunswick Corp. 诉 Pueblo Bowl-O-Mat, Inc., 429 U. S. 477, 489 (1977)。

82. 参见 Easterbrook (1984)，第 35 – 39 页。

83. 参见 Easterbrook (1984)，第 38 – 39 页。

84. 参见 Monsanto Co. 诉 Spray-Rite Serv. Corp.，465 U. S. 752（1984）；Bus. Elecs. Corp. 诉 Sharp Elecs. Corp.，485 U. S. 717（1988）。反对纵向价格固定的本身违法原则的消亡可能会进一步降低此类诉讼的吸引力。参见 Leegin Creative Leather Prods.，Inc. 诉 PSKS, Inc.，551 U. S. 877（2007）。

85. 参见 Hovenkamp (2005)，第 71 页。

86. 参见 David J. Theroux，"Open Letter on Antitrust Protectionism"，*Independent Institute*，June 2，1999，http://www. independent. org/issues/article. asp? id =483；Easterbrook（1984，34）；DiLorenzo（2004）。但是，也可参见 Page and Lopatka (2007)，第 31 – 32 页。

87. 政府提起的反垄断案件很少发生：从长期看，平均每个机构（司法部或联邦贸易委员会）每年不到一宗。参见 Kovacic (2003)，第 449 页，表 4。但反垄断法也允许私人诉讼，一些针对单一反垄断被告的"大案要案"极为重要，近几年来最值得注意的是微软案。

88. "2010 Merger Guidelines" § 2.2；参见 "*FCC Staff Analysis and Findings*" 83，n255，*In re* Applications of AT&T, Inc. & Deutsche Telekom AG, WT Docket No. 11 – 65, November 29, 2011（描述了发起合并的公司与合并对手的利益，以及它们可能与公共利益的一致性），http://hraunfoss. fcc. gov/edocs_public/attachmatch/DA – 11 – 1955A2. pdf。请对照 Hosp. Corp. of Am. 诉 FTC，807 F. 2d 1381, 1391 – 92 (7th Cir. 1986) (Posner, J.)（"医院最能说明问题的观点是，联邦贸易委员会起诉的动力来自竞争对手"）与 807 F. 2d at 1387 [联邦贸易委员会认为，合谋的医院可能会操纵与需求证明（certificate of need）的相关法律，"以拖延非合谋竞争对手的竞争性突围"]。

89. 参见 Hovenkamp (2005)，第 70 页。

90. 参见 FTC 诉 Actavis, Inc.，570 U. S. 136（2013）。

91. 例如，FTC 诉 Watson Pharms., Inc.，677 F. 3d 1298, 1312 (11th Cir. 2012)，*rev'd sub nom. Actavis*，570 U. S. 136（2013）。最持久地向法院起诉这些行为的不是不满于被排除的竞争对手，而是联邦贸易委员会或各类买方。例如，*Actavis*；*In re* K-Dur Antitrust Litig.，686 F. 3d 197（3d Cir. 2012）；Valley

注 释 295

Drug Co. 诉 Geneva Pharm., Inc., 344 F. 3d 1294 (11th Cir. 2003)。

92. Allied Orthopedic Appliances Inc. 诉 Tyco Health Care Grp., 592 F. 3d 991, 997 (9th Cir. 2010); Concord Boat Corp. 诉 Brunswick Corp., 207 F. 3d 1039, 1059 (8th Cir. 2000); Omega Envtl., Inc. 诉 Gilbarco, Inc., 127 F. 3d 1157, 1163 (9th Cir. 1997); Paddock Publ'ns, Inc. 诉 Chi. Tribune Co., 103 F. 3d 42, 47 (7th Cir. 1996); U. S. Healthcare, Inc. 诉 Healthsource, Inc., 986 F. 2d 589, 596 (1st Cir. 1993); Roland Mach. Co. 诉 Dresser Indus., 749 F. 2d 380, 395 (7th Cir. 1984)。

93. 参见 *Allied Orthopedic*, 592 F. 3d, 第 996 – 997 页; *Omega Environmental*, 127 F. 3d at 1163。博克法官 (Bork, 1978, 第 156 页) 承认, 理论上 (也许"可以想象"), 市场圈占可以通过破坏最优分配模式而产生, 但他认为反竞争结果是不可信的。

94. 请对照 Hovenkamp (2016), 598n316, 599n317; American Bar Association Section of Antitrust Law (2017), 1: 第 214 – 216 页; Gavil et al. (2017), 第 1015 页。

95. 参见 United States 诉 Dentsply Int'l, 399 F. 3d 第 181 页, 第 185 页, 第 193 页 (3d Cir. 2005); United States 诉 Microsoft Corp., 253 F. 3d 34, 第 366 – 367 页 (D. C. Cir. 2001) (en banc) (per curiam); 也可参见 McWane, Inc. 诉 Federal Trade Commission, 783 F. 3d 814 (11th Cir. 2015)。

96. Joshua Wright, Comm'r, FTC, "Defining the Federal Trade Commission's Unfair Methods of Competition Authority" (speech), Remarks at the Executive Committee Meeting of the New York State Bar Association's Antitrust Section: Section 5 Recast, June 19, 2013, 24, https://www.ftc.gov/sites/default/les/documents/public_statements/section-5-recast-defining-federal-trade-commissions-unfair-methods-competition-authority/130619section5recast.pdf.

97. 参见 Bork (1978), 第 49 页; Manne and Wright (2010), 第 157 页。

98. 参见 Leegin Creative Leather Prods., Inc. 诉 PSKS, Inc., 551 U. S. 877, 916 – 17 (2007) (Breyer, J., 反对); Bork 1978, 429 – 440。

99. 也可参见 Baker (2013b)。

100. 请对照 Shelanski (2011), 第 712 页。

101. 参见 Joshua D. Wright, Comm'r, FTC, "Proposed Policy Statement Regarding Unfair Methods of Competition Under Section 5 of the Federal Trade Commission Act," June 19, 2013, 8, https：//www.ftc.gov/public-statements/2013/06/statement-commissioner-joshua-d-wright; compare Maureen K. Ohlhausen, Comm'r, FTC, "Principles of Navigation"（speech）, Remarks at the U. S. Chamber of Commerce：Section 5, July 25, 2013, 1 - 2, 7 - 8, https：//www.ftc.gov/public-statements/2013/07/section-5-principles-navigation。

102. 减少假阳性和减轻其对有效行为的寒蝉效应的必要性，经常被认为是放弃 20 世纪 70 年代末以前盛行的一些本身违法原则的理由，特别是在纵向限制方面，例如波斯纳（Posner, 1975a）。在 20 世纪 60 年代，当市场集中度很高且不断上升时，对横向合并损害竞争的强烈推定也受到了类似的质疑。例如，United States 诉 Von's Grocery Co., 384 U. S. 270, 第 287 - 288 页（1966）(Stewart, J., 反对）。

103. 例如，Areeda and Turner（1975, 第 712 页）认为，一家支配型企业低于成本的定价应该是一个不可反驳的垄断推定。参见 Pac. Eng'g & Prod. Co. 诉 Kerr-McGee Corp., 551 F. 2d 790, 797（10th Cir. 1977）。

104. 请对照 FTC 诉 Actavis, Inc. 570 U. S. 第 136 页, 第 159 - 160 页（2013）。

105. 参见 Lande and Davis（2008, 第 880 页）研究的私人提起的案件中，有相当一部分没有遵循联邦、州或欧盟政府的执法行动，其他案件既有公共部门起诉的，也有私人起诉的。Lande and Davis（2008, 897）. Lande 与 Davis 在研究中提出的批评，以及作者们对这些批评的回应，参见 Werden et al.（2011），第 227 - 233 页；Crane（2011），第 168 - 272 页；Davis and Lande（2013）。私人损害赔偿只有在违法者预计反垄断损害赔偿不是在未来支付的情况下才具有威慑作用。否则，他们会通过提价格事先向买方转嫁预期的损害赔偿金。可参见 Baker（1988b）; Salant（1987）; Segal and Whinston（2006）。

106. 也可参见 Bone（2003），第 259 - 291 页。

107. 参见 Verizon Commc'ns Inc. 诉 Law Offices of Curtis V. Trinko, LLP, 540 U. S. 398（2004）; Credit Suisse Secs.（USA）LLC 诉 Billing, 551 U. S. 264（2007）; Bell Atl. Corp 诉 Twombly, 550 U. S. 544（2007）; Comcast Corp. 诉

Behrend, 569 U. S. 27（2013）; Am. Express Co. 诉 Italian Colors Rest., 570 U. S. 228（2013）。这些判决在反垄断方面被合理地描述为保守，因为它们限制了反垄断原告诉诸法庭的机会。也可参见 Crane（2011），第 62-63 页; Engstrom（2013, 619）。

108. "特林科案"和"瑞士信贷案"要求监管机构解决反垄断纠纷；美国运通案将反垄断纠纷降级为个人仲裁。

109. 法院并没有考虑一种完全不同的补救方法，即限制大企业被告的诉讼策略是否会比它选择的方法更有效地解决私人诉讼的社会成本，即限制私人原告向法院起诉。但是，请对照 Twombly, 550 U. S. at 560n6。Kessler and Rubinfeld（2007, 第 378-381 页，第 390 页）对有关民事诉讼审前费用和集体诉讼费用的实证研究进行了评论。

110. 也可参见 Crane（2011），第 59-60 页。在某种程度上，《集体诉讼公平法案（2005）》（The Class Action Fairness Act of 2005, Pub. L. No. 109-2, 119 Stat. 4, 后被编撰成 28 U. S. C. 的零散章节），要求对"票券结算"（coupon settlements）进行更严格的司法审查，例如对购买被告企业的新产品给予消费者折扣的结算。这一要求解决了一个代理问题，即原告律师达成和解的动机问题，因为相对于获得集体诉讼的原告成员的赔偿来说，律师从和解中获得的佣金十分丰厚。参见 *In re* HP Inkjet Printer Litig., 716 F. 3d 1173, 第 1177-1178 页（9th Cir. 2013）; 也可参见 Vance（2006）。这一动机可能导致律师从最佳威慑角度出发，提起不值得称颂的诉讼，而廉价地让那些值得称颂的案件和解了事。请对照 Bone（2003, 第 275-280 页）。

111. 参见 Monsanto Co. 诉 Spray-Rite Serv. Corp., 465 U. S. 752（1984）; Bus. Elecs. Corp. 诉 Sharp Elecs. Corp., 485 U. S. 717（1988）。联邦最高法院自推翻了维持转售价格的本身禁止规则以来，没有重审"Monsanto 案"或"Sharp 案"。然而，该实体规则的变化减少了"Monsanto 案"或"Sharp 案"的程序规则的明显收益，并使人质疑这些规则的收益是否会继续超过该规则限制终端交易商诉诸法院的成本。Calkins（1986, 第 1127-1139 页）描述了反垄断实体规则和程序规则之间的相互作用。

112. 参见 Ill. Brick Co. 诉 Illinois, 431 U. S. 720（1977）。

113. 参见 Matsushita Elec. Indus. 诉 Zenith Radio Corp., 475 U. S. 574

(1986)。

114. 参见 Crane (2011),第 63 - 67 页;Shelanski (2011),第 714 页;Salop (2014),第 635 - 636 页。

115. 参见 DeBow (1988),第 44 页;请对照 Robert D. Hershey, "Courts Assailed by Antitrust Chief," *New York Times*, November 9, 1985。

116. 参见 Bell Atl. Corp 诉 Twombly, 550 U. S. 544, 559 (2007)。

117. 参见 Credit Suisse Secs. (USA) LLC 诉 Billing, 551 U. S. 264, 281 - 282 (2007)。

118. 参见 Crane (2011),第 60 - 62 页。他把这些问题与哈佛学派的观点相联系,但将它们区分于芝加哥学派的观点。

119. 参见 Gavil (2007),第 24 页。

120. 参见 Gavil (2007),第 25 页。

121. 参见 Baker (2003a),第 42 - 45 页。

122. 参见 Gavil (2007),第 21 页。

第 6 章

1. Constance L. Hays, "Variable-Price Coke Machine Being Tested", *New York Times*, October 28, 1999.

2. Sam Schecher, "Why Do Gas Station Prices Constantly Change? Blame the Algorithm", *Wall Street Journal*, May 8, 2017;参见 Mehra (2017)。

3. James Walker, "Researchers Shut Down AI that Invented Its Own Language," *Digital Journal*, July 21, 2017, http://www.digitaljournal.com/tech-and-science/technology/a-step-closer-to-skynet-ai-invents-a-language-humans-can-t-read/article/498142; Abigail Constantino, "No, Facebook Did Not Shut Down AI Program for Getting Too Smart", *WTOP*, August 1, 2017, https://wtop.com/social-media/2017/08/facebook-artificial-intelligence-bots/; Adrienne Lafrance, "An Artificial Intelligence Developed Its Own Non-Human Language", *Atlantic*, June 15, 2017.

4. Information, United States 诉 David Topkins, No. 3:15-cr-00201-WHO (N. D. Cal. April 6, 2015)。请对照 U. K. Competition and Markets Authority, "CMA Issues Final Decision in Online Cartel Case", press release, August

12, 2016。

5. 参见 Mehra（2016）；Stucke and Ezrachi（2015）；Deck and Wilson（2003）。请对照 Calvano et al.（2018）。但是，请对照 Ittoo and Petit（2017）；James Somers,"Is AI Riding a One-Trick Pony?" *MIT Technology Review*, September 29, 2017。

6. 请对照 Kaplow（2013），第 431 页。

7. 请对照 United States 诉 Container Corp., 393 U. S. 333（1969）。

8. 人们可以通过在市场上做出相同反应来简化这项任务，但由此产生的协同共识可能并不完美。参见 Baker（1993），第 164–167 页。

9. 请对照 Bernheim and Madsen（2017）。

10. 也可参见 Harrington（2018）。请对照 Deng（2017）。

11. 如果竞争对手不跟进，企业可以采用价格领先与大幅降价相结合的定价算法，在没有快速价格匹配的情况下进行协同。Gal（2018，§ II. B. 2）。然而，执行严厉惩罚策略的算法可能不可信（子博弈完美均衡）。

12. 可参见 Gavil et al.（2017），第 838–847 页。

13. 参见 Deck and Wilson（2003）。

14. 算法设计还需要解决在恢复到先前价格之前竞争对手降价匹配所需的时间长度问题。这个时间安排大概取决于企业对以下两方面的了解：成本和需求受到冲击的频率和程度，降价是否反映了对协同共识的欺诈或者需求负面冲击的不确定性。

15. 这一讨论还假设，企业及其算法并不寻求监测竞争对手对企业自身定价决策的响应，以识别竞争对手算法的关键特征（例如事先决定预定的最高价格、最优价格调整增量和价格调整前的最佳时间段）。如果他们这样做了，并且根据这些推论来调整自己的决策，可能就不宜把定价算法视为（仅仅）展现了领导者–跟随者行为。

16. 这一假设也排除了如下可能性：这些企业会雇用同一个第三方供应商作为卡特尔的管理者，为他们制定或选择定价算法。参见 Ezrachi and Stucke（2016），第 46–55 页。

17. 例如，假如该算法能使企业在大多数买家对一家企业的降价做出反应之前迅速地与竞争对手的价格相匹配，那么任何一家企业都会发现，引入一种削弱竞争对手的新算法是不可能的。给那些维持高价也不会流失的客户降价带来的增量损失将超过吸引新客户带来的增量利润。因此，如果所有企业都采用这种定价算法，它们会发现改变为另一种定价算法并不符合其利益。

18. 当算法能够破解竞争对手算法的策略时，协同就更可能发生。参见 Salcedo（2015）。

19. 请对照 Bernheim and Madsen（2017）；Green and Porter（1984）。

20. 一个相似的解释是，可口可乐的算法导致百事可乐的算法得出如下结论：在成本或需求不变的情况下，即使波士顿的价格低于 1 美元（可口可乐预定的最高价格），比如降到 0.8 美元，降价也不会有利润。

21. 参见 Gal and Elkin-Koren（2017）。

22. 该框架将附加因素解释为基于平衡错误成本的政策选择。Louis Kaplow（2013，第 1－2 页；第 109－114 页；第 122－123 页）认为，附加因素在平衡错误成本方面表现不佳，并质疑一些法院和评论者根据附加因素将竞争对手之间的沟通视为推断协议的先决条件这种做法。

23. Theatre Enters., Inc. 诉 Paramount Film Distrib. Corp., 346 U.S. 537, 541（1954）。1986 年，联邦最高法院进一步鼓励采取谨慎路线。该法院认为，在根据《谢尔曼法案》第 1 条提起的私人损害赔偿诉讼中，力图证明合谋协议的原告"必须证明'倾向于排除'被指控的共谋者独立行事的'可能性'"，以便即决判决或依法律判决（judgement as a matter of law）。该法院还指出，"如果事实背景使被告的主张不可信也即如果被告的主张根本没有经济意义，被告就必须拿出比其他必要证据更有说服力的证据来支持其主张"。Matsushita Electric Indus. Co. 诉 Zenith Radio Corp. 475 U.S. 574, 577－578（1986）（转引自 Monsanto Co. 诉 Spray-Rite Service Corp., 465 U.S. 752, 764 [1984]）。在民事案件中，如果协议的推论需要大量证据，不应坚持以近乎确定的态度来解读"Matsushita 案"。In re Publication Paper Antitrust Litigation, 690 F.3d 52, 62－63（2d. Cir. 2012）；In re Brand Name Prescription Drugs Antitrust Litigation, 186 F.3d 781, 787（7th Cir. 1999）（Posner, C.J.）。"Matsushita 案"提出的标准适用于如下情况，即法院必须根据对原告最有利的情况来解释事实，从而尽量减少假阴性的可能性。"更具说服力的证据"要求仅适用于"没有经济意义"的主张。这暗示了检验掠夺性定价主张（"Matsushita 案"中被指控的违法行为）

的严格实体标准。它不适用于法院认为更合理的主张，因为该案指控的协议涉及价格固定或横向竞争对手之间的市场分割。

24. 参见 United States 诉 Airline Tariff Publ'g Co., 59 Fed. Reg. 15,225 (March 31, 1994); United States 诉 Airline Tariff Publ'g Co., 58 Fed. Reg. 3971 (January 12, 1993)。

25. 尽管存在理论上的可能性，但没有理由认为平均威慑的增强会伴随着边际威慑的减少。参见 Schwartz (2000)。

26. Turner 和 Posner 关于有意识的平行行为的争论，请参见 Gavil et al. (2017, 第 322 – 326 页) 的相关描述。

27. 或许企业可以试着捍卫自己的新价格，称该价格不超过在竞争激烈的市场中能获得的价格。但要做到这一点，要么需要将价格与边际生产者的成本 (cost of marginal producer) 进行比较，要么需要将该价格与类似竞争市场收取的价格进行比较，前一种方法会带来与证明成本增加的幅度相类似的问题，后一种方法需要证明基准价格是竞争价格，同时要解决根据市场之间的成本和产品质量差异调整基准价格的潜在难题。

28. 参见 Kaplow (2013)，第 324 – 336 页，第 344 – 345 页。

29. 参见 Turner (1969)，第 1217 – 1231 页。

30. 尽管自 Turner 的著作完成以来，在寡头垄断的重复互动中识别价格上涨的经济工具已经变得越来越成熟，但要可靠地确定竞争价格通常还是很困难的。但是，请对照 Miller and Weinberg (2017)。市场价格借以进行比较的竞争价格最合理的定义是，在没有重复互动（即一次性互动）的情况下寡头垄断行为导致的价格。请对照 Kaplow (2013)，第 269 – 275 页，第 353 – 367 页；Werden (2004)，第 779 – 780 页。这种区分竞争和协同的方式可以理解为理查德·波斯纳改变了他与 Turner 就有意识的平行行为进行辩论时的立场。也可参见 Gavil et al. (2017)，第 322 – 326 页。或者，竞争价格可以被定义为等于边际成本。然而，由于一系列理论和实践上的原因，边际成本可能难以衡量。在固定成本很高、竞争价格是假设的有效进入者设定的平均成本（自由进入均衡下的产业边际成本）的市场中，这样做尤其困难性。

31. 参见 Turner (1969)，第 1217 – 1231 页。

32. 参见 Kaplow (2013)，第 188 – 189 页，第 261 页，第 269 页。Kaplow

建议,法院应关注定价模式、价格上涨、便利措施和市场条件的有效性,以认定寡头垄断式的协同行为。参见 Kaplow (2018a) (In press), §3.2.1。

33. 参见 Werden (2004),第779页。

34. 下文"算法决策者"一节讨论了其他原因。

35. 与一般的行政性论据一样,Turner 提出的问题影响了反垄断法的回应形式,导致法院采用了附加因素方法,但并没有限制附加因素的实质内容。

36. 例如,如果当事方在谈判时提议交换行为("只有在你做了X时,我才做Y"),那么,当他们确定一套一致的提议并使之生效时,可以说他们已经达成了协议。这种形式的提议包括在其他方一起跟随的情况下,该方将贯彻执行的保证。

37. 如果这些企业尚未采取协同行为,它们还必须确定哪些市场参与者将加入协同安排。

38. 参见 In re Text Messaging Antitrust Litigation, 630 F. 3d 622 (7th Cir. 2010)。

39. 五年后,不仅在同一案件中,而且在更广泛的记录中,上诉合议庭对附加因素的看法不同了:正如记录含蓄地表明,这些企业为了采取协同行为不一定参与被禁止的程序。参见 In re Text Messaging Antitrust Litigation, 782 F. 3d 867 (7th Cir. 2015)。法院还提出了一种可能性,即企业根本不必为了提高价格而采取协同行为。我是该案中一个被告的经济学专家证人。

40. 参见 Blomkest Fertilizer, Inc. 诉 Potash Corp., 203 F. 3d 1028, 1046 (8th Cir. 2000) (Gibson, J., 反对)。持不同意见的法官还认为,价格涨幅超过了大多数人提到的两种政府行动能够解释的范围:一种是在设定价格下限的倾销案中达成和解,另一种是对一家主要生产商私有化而使之减产。请对照 Hovenkamp (2005),第136页。

41. 可参见 Gavil et al. (2017),第366–372页。

42. 竞争敏感性信息可能包括,针对特定客户的销售;价格变动的预先通知,特别是未向客户披露的价格;或者,验证企业在过去特定交易中收取的价格。沟通的时机可能也很重要:如果沟通或沟通机会紧随平行价格(parallel price)上涨之后发生,对推断协议存在的可能会更有说服力,因为这种巧合意味着企业进行了秘密会面来固定价格。见 United States 诉 Foley, 598 F. 2d 1323

(4th Cir. 1979)。正如第七巡回上诉法院最近表明的，一些法院认为"为了能够根据《谢尔曼法案》对价格操纵阴谋提起诉讼，必须出示明示的协议，即涉及实际口头沟通的协议"。参见 In re High Fructose Corn Syrup Antitrust Litig., 295 F. 3d 651, 654 (7th Cir. 2002) (Posner, J.)。但评论者把"沟通"作为推断协议的先决条件，他们对"沟通"一词的解释比口头交流更为宽泛，参见 Page (2013)，第 218 页；Werden (2004)，第 780 页；Page (2015)。Louis Kaplow (2013)，第 1 - 2 页认为，沟通不应成为推断协议的先决条件。

43. 后者的例子可能包括：行业行为突然发生重大变化；对价日表上的价格模式进行复杂和看似任意的修改；企业从竞争对手那里批发购买产品，而它们本可以在内部以更便宜的价格生产；或者，拥有超低成本能力的企业拒绝争取其竞争对手的顾客，或拒绝提供秘密折扣以获得大量的业务增长。其他例子可能包括：当供求状况发生重大变化时企业不调整价格，例如在成本或需求下降时企业拒绝降低价格；多产品生产商在其企业需求具有弹性但行业需求弹性较小的产品上大幅提高价格；对手企业施行标准化或简化产品等级、发布价格目录或者在这些做法几乎没有或根本没有给客户带来好处的情况下提前宣布价格变化。请对照 City of Tuscaloosa 诉 Harcros Chems., Inc., 158 F. 3d 548, 572 (11th Cir. 1998); Kovacic et al. (2011)，第 435 - 436 页。

44. 参见 Matsushita Elec. Indus. Co. 诉 Zenith Radio Corp., 475 U. S. 第 574 页，第 587 页，第 596 页，第 597 - 598 页 (1986)。Accord Eastman Kodak Co. 诉 Image Technical Servs., Inc., 504 U. S. 451, 468 (1992)。

45. 这些附加因素包括被认为有助于协同行为的行业特点，如企业少、产品同质、困难的进入条件、大量购买者、小而频繁的交易或价格透明。其中还包括过去的行业协同历史。相反，企业众多、产品异质、进入条件容易、很少的购买者、大量且不经常发生的交易以及秘密价格，往往使人怀疑协同行为的可行性，无论是通过协议还是其他方式。类似地，如果在被认为的协同行为发生之前行业需求是相对有弹性的，那么从协同行为中获得的收益将是有限的，这就使人们质疑企业是否有合理的激励来承担集体行为的成本。但是，如果协同行为发生后行业需求缺乏弹性，那就意味着协同行为并未完全实现（因为需求缺乏弹性意味着价格必须低于共同利润最大化的水平）。这与协同行为并不矛盾，因为并不是完全实现的协同行为才有害，而且在协同行为发生之前，需求的弹性可能更小。

46. 这可能包括：持续和可观的获利；当成本下降时价格上涨；尽管买方需求或成本发生重大变化可能对企业产生不同影响，但市场份额长期保持稳定；或者，当企业产能过剩时，相对于差异性不强的产品成本而言价格较高。它们还可能包括，主要企业可能采用有助于协同行为的做法，例如预先宣布涨价、使用共同价格目录或沟通有关价格、成本、产出、产能或销售的信息。除非集体行动，否则有违自身利益的行动也可能表明企业正在行使市场势力。

47. 参见 William J. Kolasky, Deputy Assistant Att'y Gen., "Coordinated Effects in Merger Review: From Dead Frenchmen to Beautiful Minds and Mavericks" (address), The ABA Section of Antitrust Law Spring Meeting, Washington, D.C., April 24, 2012。

48. 参见 In re Text Messaging Antitrust Litigation, 782 F. 3d 867, 871 (7th Cir. 2015); Williamson Oil Co. 诉 Phillip Morris USA, 346 F. 3d 1287, 1307 (11th Cir. 2003)。这一逻辑可能导致一个问题，即第二组附加因素是否足以证明协同行为的发生：如果行业有利于协同行为，为什么企业需要通过协议来承担责任风险？或者类似地，如果这些企业单方面推动这些做法，它们共同达成一份协议还能更多地得到什么？参见 Baker (1993)，第 190-191 页；请对照 Kaplow (2013)，第 1215-1273 页。答案是，缺乏协议的协同行为并非总是成功，也并非总是不完善。因此，即使在一个有利于实现这结果的行业中，只要达成协议，协同行为也可能变得更加有效。经济上的协同概念不同于法律上的协议概念。参见 Baker (1993)，152n16。

49. 与此相关的是，计算机算法可以开发和使用复杂算法，而这些算法是人类实际上无法执行的。

50. 如果竞争企业采用的算法忽略了对需求或成本的明显潜在影响、在制定价格时不依赖最佳数据、在有更好的可用例子时基于类似的案例研究进行算法训练或者锁定算法而不是继续学习，那么这种合理性也可能受到质疑。参见 Gal (2018), § IV. A. 2。

51. 如前所述，这可能是合理的，例如，如果买家众多、进行小采购并且不能轻易储存库存。

52. 请对照 Kaplow (2013)，第 431 页。

注　释

53. 这些解释是有帮助的，因为机器学习技术容易过度拟合（基于虚假相关性进行预测）。参见 Cliff Kuang, "Can A. I. Be Taught to Explain Itself?" *New York Times Magazine*, November 21, 2017; James Mackintosh, "Robotic Hogwash! Artificial Intelligence Will Not Take Over Wall Street," *Wall Street Journal*, July 17, 2017; compare Christopher Mims, "Career of the Future: Robot Psychologist," *Wall Street Journal*, July 9, 2017。

54. 通过逐个市场的价格匹配，简单的企业被引导在其价格中包含有关转向成本和需求变化的信息，这些信息可以从市场价格的变化中获悉。它还可以从其他方面获悉全行业的成本和需求变化。

55. 请对照 Harrington (2018)，§ 4。

56. 参见 U. S. Dep't of Justice and Federal Trade Commission, *Horizontal Merger Guidelines* § 7 (2010)。《横向合并指南》描述了三种协同行为：（1）"就企业如何竞争或避免竞争的共同谅解进行明确谈判"，（2）一份类似的共同谅解，它"未经明确谈判而达成，但会探查并惩罚背离谅解的行为，以及（3）"不根据先前协议采取的平行协同行为"。文中狭义的定义包括前两种类型；广义的定义增加了第三种类型。

57. 如果考虑到竞争对手采用的算法或竞争对手识别和匹配算法的能力，企业采用的算法可能有助于协同，那么联邦贸易委员会可能会将采用该算法指控为发出合谋邀请。

58. 参见 Harrington (2018)。参见 Calvano, et al. (2018); Deng (2018)。

59. 但是，请对照 Harrington (2018)，§ 6.2。在竞争对手成功采取协同行为的主要障碍是确定收取什么价格（而不是阻止欺诈或阻止进入）的市场中，要做出这种区分可能是最困难的，所以，企业通过领导者-跟随者行为来解决价格协同的问题。当很难区分重复互动和从价格中学习的一次性互动时，法院也不能轻易地发布禁令来防止持续的重复互动。但是，如果企业为了应对竞争对手的降价也采用大幅降价的策略，那么在主要因欺诈威胁而阻碍协同的市场中，做出必要的区分就不那么困难。

60. 参见 U. S. 诉 H&R Block, Inc., 833 F. Supp. 2d 36 (D. D. C. 2011)。

61. 自20世纪80年代末以来，单边效应理论在反垄断机构的横向合并执法中发挥了重要作用。参见 Baker (2003d)。

62. 参见 F. T. C. 诉 CCC Holdings Inc. , 605 F. Supp. 2d 26（D. D. C. 2009）。

63. 自 1978 年航空业解除管制以来，司法部还提起了几起航空业的非合并案件。它指控一家主要航空公司与另一家航空公司的合谋企图，United States 诉 American Airlines, Inc. , 743 F. 2d 1114（5th Cir. 1984），并指控了一家航空公司从另一家航空公司收购一个起降时间受限的机场，U. S. Dept. of Justice, Antitrust Div. , "Justice Department Files Antitrust Lawsuit to Block United's Monopolization of Takeo and Landing Slots at Newark Airport," press release, November 10, 2015。但是，政府未能成功阻止大型全球性航空公司因在其枢纽机场的市场势力受到威胁而对一家小型低成本竞争对手采取的排他行为。参见 United States 诉 AMR Corp. , 335 F. 3d 1109（10th Cir. 2003）。

64. 参见 Borenstein and Rose（2014）；Baker（2002a），166 – 173；Proposed Final Judgment and Competitive Impact Statement, United States 诉 Airline Tari Publ'g Co. , 59 Fed. Reg. 15, 225（March 31, 1994）；Proposed Final Judgment and Competitive Impact Statement, United States 诉 Airline Tari Publ'g Co. , 58 Fed. Reg. 3, 971（January 12, 1993）；Ciliberto and Williams（2014），765, 789；Evans and Kessides（1994），365。请对照 Aryal, et al. （2018）。在司法部 20 世纪 90 年代初对各大航空公司提起的协同行为案中，政府发现，当竞争对手降低票价时，一家航空公司通常会在这条航线及另一条对降价的航空公司来说更加重要的航线上进行匹配（例如，终点在折扣者枢纽上的航线）。航空公司继续采用这种"跨市场举措"，以阻止打折和防止票价战。Amended Complaint, United States 诉 U. S. Airways Group, Inc. , No. 1：13-cv-01236-CKK, 43（D. D. C. September 5, 2013）. 航空公司也可能在其占支配地位的航线上单方面行使市场势力。

65. 参见 J. Bruce McDonald, Deputy Assistant Att'y Gen. , "Antitrust for Airlines"（speech），presented to the Regional Airline Association, President's Council Meeting, November 3, 2005。曾参与多个机构合并审查的经济学家评估了传统航空公司的三大合并的后果，他们发现，在双重差分分析（difference in difference analysis）中采用统计技术是很自然的，该分析适合于评估单边效应与效率之间的得失权衡，但无法评估合并是否促进了合并航空公司与非合并航空公司之间的协同行为。Carlton, et al. （2017）。

66. 参见 U. S. Dept. of Justice, Antitrust Div. , "Statement by Assistant Attorney General R. Hewitt Pate Regarding the Closing of the America West/US Airways Investigation", press release, June 23, 2005; U. S. Dept. of Justice, Antitrust Div. , "Statement of the Department of Justice's Antitrust Division on Its Decision to Close Its Investigation of the Merger of Delta Airlines Inc. and Northwest Airlines Corporation", press release, October 29, 2008。

67. 参见 U. S. Dept. of Justice, Antitrust Div. , "Statement of the Department of Justice Antitrust Division on Its Decision to Close Its Investigation of Southwest's Acquisition of Airtran", press release, April 26, 2011。

68. 参见 U. S. Dept. of Justice, Antitrust Div. , "United Airlines and Continental Airlines Transfer Assets to Southwest Airlines in Response to Department of Justice's Antitrust Concerns", press release, August 27, 2010。

69. 参见 U. S. Dept. of Justice, Antitrust Div. , "Department of Justice and Several States Will Sue to Stop United Airlines from Acquiring US Airways", press release, July 27, 2001。

70. 参见 Trial brief of the United States, United States 诉 Northwest Airlines Corp. , CA No. 98 – 74611（E. D. Mich. October 24, 2000）。我是该案中美国司法部的经济学专家。

71. Amended Complaint, United States 诉 U. S. Airways Group, Inc. , No. 1: 13-cv-01236-CKK（D. D. C. September 5, 2013）。

72. 这些都是合并可能损害竞争的重要方面，但它们并不是航空公司协同行为可能更有效的唯一方面。例如，有传闻证据表明，美国西南航空公司正在采取行动，限制更有效的全系统票价上涨协同，开始发挥西北航空公司在2000年时发挥的作用。参见 Kwoka et al. （2016），第252页。如果是这样，西北航空公司和其他全球性航空公司（如 American, Delta 或 United）的合并将进一步提高航空业全系统协同的有效性。

73. 参见 United States 诉 H&R Block, Inc. , 833 F. 3d 36（D. D. C. 2011）; Complaint, United States 诉 Anheuser-Busch InBEV SA/NV, No. 1: 13-cv-00127（D. D. C. January 31, 2013）; FCC Staff Analysis and Findings, In re Applications of AT&T, Inc. & Deutsche Telekom AG, WT Docket No. 11 – 65（November 29,

2011）.

74. 参见 Baker（2002a），第 174 - 177 页。假设企业通过降低协同价格（在"奖励状态"上欺骗）而违背协同结果，这通常是合理的。此时，一个非常规企业既无意于支持高协同价格也不会支持在该价格上欺骗。企业也有可能通过拒绝惩罚欺诈的竞争对手（在"欺骗状态"上欺诈）而违背协同。一个非常规企业几乎无意于参与惩罚欺骗者。请对照 Kühn（2015）。将一个非常规企业定义为一个限制协同行为有效性（包括存在性）的企业，假设寡头通过重复互动而不完全协同（例，当企业无法采用沟通及单边转移支付时，协同可能是不完美的）。在这种情况下，一个非常规企业不一定有明显的破坏性，尽管它可能有。另一些人则更广泛地使用"非常规"一词：也包括寡头不通过反复互动进行协同时，投资于市场份额或通过其他方式而比对手更激烈地竞争的企业。例如，Kwoka（1989），第 410 页。

75. 参见 Baker（2002a），第 178 - 179 页。

76. 执法者还可以加大力度来查明和防止促进协同的做法。竞争对手平行采取的单方面促进协同的做法在《谢尔曼法案》下可能难以实现，但联邦贸易委员会也许可以通过制定竞争规则来禁止这种做法。参见 Baker（1993），第 207 - 219 页。

第 7 章

1. Senator Elizabeth Warren, "Reigniting Competition in the American Economy"（speech）, Keynote Remarks at New America's Open Markets Program Event, June 29, 2016, https://www.warren.senate.gov/les/documents/2016 - 6 - 29_Warren_Antitrust_Speech.pdf.

2. 例如，Matt Stoller, "Are Tech Giants Like Amazon, Facebook and Google Monopolies?" interview by Meghna Chakrabarti, *Here and Now*, September 4, 2017, http://www.wbur.org/hereandnow/2017/09/04/Amazon-facebook-google-monopolies；也可参见 Foer 2017；Taplin 2017。

3. Ryan Grim, "Steve Bannon Wants Facebook and Google Regulated Like Utilities," *The Intercept*, July 27, 2017, https://theintercept.com/2017/07/27/steve-bannon-wants-facebook-and-google-regulated-like-utilities/; Daniel Kishi, "Time for a

Conservative Anti-Monopoly Movement," *The American Conservative*, September 19, 2017, http://www.theamericanconservative.com/articles/Amazon-facebook-google-conservative-anti-monopoly-movement/; John Kehoe, "Kenneth Rogo Concerned by the Dark Side of the Technology Revolution," *Financial Review*, March 9, 2018. 参见 Eleanor Clift, "Bill Galston and Bill Kristol's New Center Project Takes Aim at the Tech Oligarchs", *The Daily Beast*, September 11, 2017, https://www.thedailybeast.com/bill-galston-and-bill-kristols-new-center-project-takes-aim-at-the-tech-oligarchs。

4. Statement of the Federal Trade Commission Regarding Google's Search Practices, *Google Inc.*, No. 111-0163 (F. T. C. January 3, 2013).

5. 例如，Statement of the Commission Concerning Google/AdMob, No. 101-0031 (F. T. C. May 21, 2010); Statement of the Federal Trade Commission Concerning Google/DoubleClick, No. 071-0170 (F. T. C. December 20, 2007)。但是，请参见 Final Judgment, United States 诉 Google Inc., No. 1: 11-cv-00688 (D. D. C. 2011)，接受协商和解来解决谷歌收购 ITA 引发的竞争问题；U. S. Department of Justice Antitrust Division, "Yahoo! Inc. and Google Inc. Abandon Their Advertising Agreement," press release, November 5, 1995, https://www.justice.gov/archive/atr/public/press_releases/2008/239167.htm. 美国和欧洲决定不对谷歌收购 NextLabs、Dropcam 和 Waze，以及脸书收购 WhatsApp 采取执法行动的做法，受到了 Stucke and Grunes (2016, §6) 的批评。

6. Elena Perotti 研究了欧洲和其他地方对谷歌采取的主要执法行动 (*Google's Antitrust Woes Around the World*, WAN-IFRA Public Affairs and Media Policy Briefing, July 27, 2017)。

7. 参见 Baker and Scott Morton (2018)。

8. 参见 United States 诉 Visa U. S. A., Inc., 344 F. 3d 229 (2d Cir. 2003); Ohio 诉 American Express Co., 138 S. Ct. 2274 (2018)。

9. 最近的一篇文章（Bamberger and Lobel, 2017）提到了关于平台市场势力崛起的八个问题，其中四个主要与排他行为有关。

10. 参见 Baker (2013b), 第 556-558 页。

11. 平台行为也会引起人们对协同效应的担忧，正如下文讨论的平台最惠国条款。此外，支配型平台的批评者已经发现了超出本章讨论的关于竞争问题的一些议题，包括对隐私和言论价值的威胁，以及控制此类平台的企业不恰当地利用其市场势力影响政治进程的能力。当然，信息技术平台也可以提供非常有价值的产品和服务。

12. 根据罗伯特·博克在《反垄断悖论》一书中的观点，法院几乎永远不应该相信一家企业可能会通过掠夺性定价、拒绝与供应商或分销商进行交易或以其他方式迫使竞争对手承担更高的分销成本而将竞争对手排除在外的可能性。参见 Bork（1978），第 155 页，第 156 页，第 159 页，第 344 – 346 页（该书出版后，博克也认为微软公司的排他行为损害了竞争）。弗兰克·伊斯特布鲁克建议法院对所有被指控的掠夺行为采用本身合法原则。博克和伊斯特布鲁克认为，对排他行为的反垄断执法打击了促进竞争的行为，这种打击几乎总是超过了阻止潜在竞争损害带来的收益，即使排他行为是由一家支配型企业所实施的（Easterbrook，1981，第 336 – 367 页；Bork，1978，第 157 页）。另一方面，理查德·波斯纳认识到，一个企业拥有"新经济行业中某些市场的垄断份额"并采取行动"抵御新进入者"带来的竞争危害（Posner，2001，第 251 页）。

13. 参见 Baker（2013b），第 527 – 529 页，第 534 – 535 页。

14. 参见 Baker（2013b），第 527 – 529 页。

15. 参见 Baker（2013b），第 532 – 533 页，第 535 页。

16. 参见 Baker（2013b），第 535 – 537 页。

17. 参见 Baker（2013b），第 546 – 555 页。但在 Ohio 诉 American Express Co.，138 S. Ct. 2274（2018）案中，持多数意见的法官与持不同意见的法官对举证责任转移框架的某些方面有不同的描述。

18. 参见 Shelanski（2013），第 1665 – 1666 页，第 1677 页。多边平台通常有三种功能：通过在平台不同侧匹配最终用户促进交换，在不同侧构建参与以增加最终用户合适匹配的可能性，以及共享资源以降低向不同侧的最终用户提供服务的成本（American Bar Association Section of Antitrust Law，2012，第 441 页）。Timothy Bresnahan and Shane Greenstein（1999，第 4 页）将平台定义为"一个标准要素包，买卖双方围绕着它协调努力"。

19. 在这个问题上，电子书阅读器是否授权或购买这本书并不重要。

20. Bresnahan and Greenstein（1999，第3页）强调了分散的科技领导力的可能性。在共享平台上，科技领导力分散在提供互补服务的企业之中。在这种环境下，企业促进互补品卖方之间竞争的激励能够帮助限制市场势力的行使。

21. 网络效应的大小可能取决于用户的类型或位置，以及当某些用户的价值高于其他用户时的用户数量（Tucker，2018）。

22. 因此，平台的一些定义参考了跨平台网络效应。例如，Katz（2018），第103页，第203页，但请对照Katz（2018），第110页。

23. 也可参见Shelanski et al.（2018），第189页。

24. 当有第三方企业生产与平台捆绑的互补产品，而竞争对手平台的用户并不能轻易获得这种产品时，支配型平台也可能从类似的反馈效应中获益，参见Shelanski（2013），第1683页。

25. 许多大型平台都有一个重要的竞争对手，例如谷歌与必应、亚马逊与沃尔玛在线（Walmart.com）、优步与来福车（Lyft）以及安卓与iOS。有时新平台会取代之前的支配型平台，例如当社交网络MySpace的用户迁移到脸书时。参见Tucker（2018）。

26. 参见Justus Haucap,"A German Approach to Antitrust for Digital Platforms," *Pro-Market*, April 2, 2018, https：//promarket.org/german-approach-antitrust-digital-platforms/［尽管存在网络效应和供给端规模经济，但能力约束（capacity constraints）、多归属性和差异化被认定为有可能限制平台市场集中度的特征］。

27. 参见Shapiro（1999），第682-683页。

28. 参见Shapiro（1999），第677-678页。

29. 如果相比于单个企业，一个平台能够以更低价格提供多种服务，那么它将受益于范围经济。

30. 相关的价格和参与弹性部分取决于平台之间的竞争程度。一家控制了多边平台的企业的最优化问题类似于需求互补的多产品销售商面临的定价问题。后一种企业受到激励将其产品价格降到低于需求独立时的价格水平，并可能将一种产品的价格设定在边际成本以下，以提高对其他产品的需求。类似地，一家企业如果经营着一个受网络效应影响的多边平台，它可以将平台一侧的价格设定在成本之下，以吸引其他侧的买方参与，尽管它也可以在所有侧收取高于成本的价格。这两种定价之间的关键区别在于买方（用户）一侧：需求互补的买方为了购买另一种产品而将他们购买某一种产品的收益内部化，而通常使平台用户受益的网络效应并没有被买方内部化。请对照 Boik（2018）。

31. 一些平台根据最终用户对互补产品的使用情况间接向他们收费。例如，一个智能手机平台可以从游戏内的购买中赚取佣金。

32. 例如，参见 Farhad Manjoo，"Why We May Soon Be Living in Alexa's World,"*New York Times*, February 21, 2018。

33. 请对照 Shelanski（2013），第 1676 页。

34. 由信息技术平台提供"免费"服务的用户可能因为隐私、网站体验或服务质量等非价格维度的反竞争行为而受到损害。本书第 9 章简单探讨了与不直接向用户收费的服务相关的市场界定问题。

35. 一位商学院教授将亚马逊单独挑选出来，认为在所有大型信息技术公司中，未来亚马逊在搜索、硬件和云计算领域占据支配地位的潜力最大。参见 Scott Galloway，"Amazon Takes over the World,"*Wall Street Journal*, September 22, 2017。一份著名的法律评论（Khan，2017）指出，反垄断法并没有成功解决亚马逊行使市场势力的问题。

36. 参见 Salop（2018）。与许多排他行为一样，纵向合并也可以通过促进协同来损害竞争。参见 Gavil et al.（2017），第 881 页，第 889 页。纵向合并也有可能促进反竞争的价格歧视。

37. 该假设交易也可能被理解为具有合谋效应的潜在竞争合并。

38. 被排除企业采用的相反策略可能会使盈利能力的分析复杂化。当一家大企业的排他性安排使竞争对手无法接触一家分销商时，竞争对手转而与其他分销商签订排他性合同，那么大企业的利润可能会受到影响，但其排他性战略仍可能获利，特别是如果小企业的边际成本增加得更多。当产品存在差异化、买方对产品品种有偏好、卖方不知道买方对其产品的估价时，可获利性分析会变得更加复杂。参见 Calzolari and Denicolò（2015）。

39. 纵向一体化可能有助于企业使其产品及服务变得更好、更便宜，例如将企业的激励机制一致以及消除双重边际化。另一方面，纵向一体化可以通过降低合并企业的灵活性来提高成本或降低质量。为了与被收购的供应商或分销商共事而进行的组织上的沉没投资可能会使企业转向作为竞争对手的供应商或分销商（它们之后开发出更好或更便宜的产品或服务）的成本很高，导致合并后的企业比没有被一体化时承担更高的成本或提供更低质量的产品和服务。类似地，收购后，作为竞争对手的供应商和分销商可能更愿意分别与非一体化的下游和上游合作伙伴开展合作，而不是与合并后的企业打交道。当互补产品的销售商通过采用行业标准合作开发服务时，也会出现类似的权衡。这些标准可以是"开放的"（允许对所有互补品的提供者一视同仁）或"封闭的"（限制互补品的特定销售者的兼容性）。开放接触和封闭接触制度都可以是竞争性的，集成系统之间的竞争不一定比组成部分之间的竞争更多或更少。

40. 参见 Stucke and Grunes（2016，§ 2.01）。

41. 参见 Shelanski（2013），第 1678－1679 页。

42. 请对照 Joanna Stern,"Facebook Really Is Spying on You, Just Not Through Your Phone's Mic," *Wall Street Journal*, March 7, 2018; James P. Bagrow, Xipei Liu, and Lewis Mitchell,"Information Flow Reveals Prediction Limits in Online Social Activity," arXiv: 1708.04575 [physics.soc-ph], August 15, 2017, https://arxiv.org/abs/1708.04575。

43. 参见 Lina M. Khan,"What Makes Tech Platforms So Powerful?" *Pro-Market*, April 5, 2018, https://promarket.org/makes-tech-platforms-powerful/。请对照 Josh Marshall,"A Serf on Google's Farm," *Talking Points Memo*, September 1, 2017, https://talkingpointsmemo.com/edblog/a-serf-on-googles-farm（描述了谷歌获得的关于使用谷歌服务的内容提供商的信息）。

44. 一些互联网应用程序允许消费者开放他们的在线活动，以换取免费服务。Natasha Singer,"Do Not Track? Advertisers Say 'Don't Tread on Us'," *New York Times*, October 13, 2012.

45. Federal Trade Commission, *Data Brokers: A Call for Transparency and Accountability*, May 2014; 请对照 Kaveh Waddell,"When Apps Secretly Team Up to Steal Your Data," *The Atlantic*, April 7, 2017。

46. 参见 Mikians et al.（2012），（2013）。

47. 参见 Garcés（2018）；Erik Larson,"Turner Cites AT&T's Trove of Customer Data in Defense of Merger," *Bloomberg*, March 28, 2018, https://www.bloomberg.com/news/articles/2018-03-28/turner-cites-at-t-s-trove-of-customer-

data-in-defense-of-merger。

48. 这是谷歌与雅虎拟议成立合资公司可能存在的竞争问题,尽管美国司法部的声明中没有强调这一点。U. S. Department of Justice Antitrust Division, "Yahoo! Inc. and Google Inc. Abandon Their Advertising Agreement," press release, November 5, 1995, https://www.justice.gov/archive/atr/public/press_releases/2008/239167.htm.

49. 当供给端存在规模经济,较小的企业平均成本较高。当规模经济来自网络效应,较小的企业必须比其竞争对手花更多的成本来吸引更多的消费者。例如,参见 United States 诉 Bazaarvoice, Inc., 2014 WL 203966, 2014 - 1 Trade Cases P 78, 641 (N. D. Calif. January 8, 2014)。

50. 但是,请对照 Anita Balakrishnan, "Apple's deal for Shazam draws 'in-depth investigation' from Europe," *CNBC*, April 23, 2018, https://www.cnbc.com/2018/04/23/european-commission-annouces-in-depth-investigation-into-apples-shazam-deal.html。

51. 毫无疑问,亚马逊通过居民的网上购物历史来了解他们。如果亚马逊处理的客户交易比其他企业多得多,它就有可能比竞争对手更有信息优势。参见 Shelanski (2013)。请对照 Josh Marshall, "Data Lords: The Real Story of Big Data, Facebook and the Future of News," *Taking Points Memo*, April 8, 2018, https://talkingpointsmemo.com/edblog/data-lords-the-real-story-of-big-data-facebook-and-the-future-of-news。

52. 类似地,亚马逊可以为目标客户提供捆绑折扣。

53. 参见 Laura Stevens, "Amazon Snips Prices on Other Sellers' Items Ahead of Holiday Onslaught," *Wall Street Journal*, November 5, 2017。

54. 类似地,树立积极竞争的声誉,通过降价应对一个市场中的进入,并因此阻止其他市场中的进入来获利,从而保护它在其他市场中的市场势力。参见 Bolton et al. (2000),第 2300 - 2301 页。

55. 据报道,亚马逊的自有品牌产品正在取得成功并不断扩张。参见 Sarah Perez, "Amazon's Private Label Brands are Taking over Market Share," *TechCrunch*, November 3, 2016, https://techcrunch.com/2016/11/03/Amazon's-private-label-brands-are-killing-it-says-new-report/; Greg Bensinger, "Amazon to Expand Private-

Label Offering—From Food to Diapers," *Wall Street Journal*, May 15, 2016。

56. 参见 Khan（2017），第 780 - 782 页。请对照 Shelanski（2013），第 1700 页；Zhu and Liu（2018）。

57. 本章主要关注当前产品市场中的竞争损害，该损害源于亚马逊获得或维持超竞争纸尿裤价格的能力。本书第 8 章在相似的情景下考察了对创新竞争和未来产品竞争的危害。

58. 这种可能性类似于对谷歌的"搜索偏向"的指控。参见 Gilbert（2019）。这种排他方式在许多客户对产品不熟悉的产品类别中可能特别有效。搜索偏向通过降低竞争对手的规模经济以及通过价格歧视瞄准竞争对手的客户，潜在地做到排他。

59. 参见 Shapiro and Varian（1999），第 19 - 81 页。

60. 参见 Gavil et al.（2017），第 322 - 326 页，Sidebar 5 - 4。

61. 如果一个垄断者能够使用"大数据"来认定每个客户的支付意愿，理论上，它有可能向客户收取接近这些水平的特定价格。参见 McSweeney and O'Dea（2017），第 77 页。在有限的完全（一级）价格歧视的情况下，消费者福利将受到损害，因为垄断者将占有可获得的消费者剩余。但是，配置效率将得到提高，因为如果买方愿意支付足以覆盖可变生产成本的价格，他们将购买垄断者的产品。反垄断法是否会或是否应该涵盖这种理论上的可能性，一定程度上取决于福利标准。

62. 参见 Braghieri（2017）。

63. 在有限的高度竞争（自由进入）市场的情况下，企业只能获得竞争利润。因此，他们会降低对价格敏感度较低的客户收取更高价格的程度。

64. 例如，参见 Global Antitrust Institute（2017）。

65. 在"最优反应不对称"（"best-response" asymmetry）的情况下，在争夺最有价值的客户群体时，这种结果最有可能出现（例如在多个市场中），即争夺多个客户群的企业会发现不同客户群体更有价值。也就是说，一个企业的强势市场——在这一市场中，如果能够区别对待，企业就倾向于设定高于成本的价格——是另一个企业的弱势市场（在这一市场中，企业倾向于设定较低的价格），反之亦然。最优反应不对称似乎描绘了企业最忠诚的客户集中在不同市场的特征。参见 Cooper et al.（2005b）；Armstrong and Vickers（2001），第 584

页；Corts（1998）。但是，请对照 Rhee（2017）。如果企业对每个客户群体的估值相同，那么在寡头垄断市场中，当企业同样最受影响时，价格歧视的促竞争效应可能会消失。如果企业认同自己在强势和弱势市场中的排序，在最优反应对称的情况下，价格歧视可能会打击价格竞争。参见 Stole（2007），第 2238 页。

66. 参见 Kutsoati and Norman（n.d）。

67. 参见 Hemphill and Wu（2013）。

68. 参见 Bernheim and Whinston（1990）；Ciliberto and Williams（2014），第 765 页，第 789 页；Evans and Kessides（1994），第 365 页。

69. 在没有排他行为或合谋的情况下，比竞争对手更能够进行价格歧视的优势企业可能会对最有价值客户提高价格，同时发现更积极地争夺竞争对手的最有价值的客户是有利可图的。相对于统一定价，这家支配型企业的最佳客户将支付得更多，而其竞争对手的最佳客户将支付得更少。参见 Gehrig et al.（2011），请对照 Belleflamme et al.（2017）。

70. 在其他市场中，加强协同也可能损害竞争。如果协同的寡头都比非协同对手更有能力瞄准非协同竞争对手的客户或进入者，则协同企业也许能够利用这种威胁来阻止可能威胁其协同安排的竞争。

71. 参见 Armstrong and Vickers（1993）；Katz and Shapiro（1999），第 78 页。请对照 Fumagalli and Motta（2013）；Patterson（2017），第 179 页。

72. 请对照 Creighton et al.（2005），第 977 页。

73. 价格匹配保证（price matching guarantees）会引发一系列问题，而在具有信息优势的支配型企业可以针对其竞争对手提供选择性折扣，但竞争对手无法有效地反向针对支配型企业时则不会出现。这些问题包括：满足竞争保证的成本很高，可能对消费者不利，而在没有价格保证的情况下，消费者可以比较价格并转向更低的价格，竞争对手可以获知其竞争者的价格等。还有一个问题是，匹配保证可能向不知情的消费者显示了某个卖家有低成本和低价格。

74. 参见 Edlin（1997）；Salop（1986）。也可参见 Motta（2004）。

75. 请对照 Deck and Wilson（2003）。

76. 参见 Lorain Journal Co. 诉 United States, 342 U. S. 143（1951）。

77. 这一前互联网时代的领先平台把希望购买可配送鲜花的消费者与配送

地点附近的花店连接起来，通过阻止会员参与其他网络维持了其市场势力。参见 American Floral Services, Inc. 诉 Florists' Transworld Delivery Ass'n, 633 F. Supp. 201, 204 n. 5 (N. D. Ill. 1986) [转引自 United States 诉 Florist's Telegraph Delivery Ass'n, 1956 Trade Cas. (CCH) 68, 367 (E. D. Mich. 1956)]; United States 诉 Florist's Telegraph Delivery Ass'n 1996 Trade Cas. (CCH) 71, 394 (E. D. Mich. 1990); U. S. Justice Department Antitrust Division, "Justice Department Settles Charges Against FTD, The Leading Flowers-by-Wire Company, for Violating 1990 Consent Decree," press release, August 2, 1995。

78. 参见 United States 诉 Visa, 344 F. 3d 229 (2d Cir. 2003)。

79. 参见 FTC Staff Report, *Entering the 21st Century: Competition Policy in the World of B2B Electronic Marketplaces* Part 3B1 (October 2000)。也可参见 Katz (2018), 第 114 – 115 页。

80. 其中一些做法被称为"有条件定价"安排。这些做法包括忠诚度计划和捆绑价格，根据这些做法，产品或产品组合的价格明确地或事实上取决于购买或出售的份额或数量。在各种情形下，有条件定价的做法可以通过排除竞争对手或促进协同来损害竞争，或者通过允许企业获取效率来促进竞争。

81. 参见 International Travel Arrangers, Inc. 诉 Western Airlines, Inc., 623 F. 2d 1255 (8th Cir. 1980)。Compare Farrell et al., 2010, 268. But compare Retractable Technologies, Inc. 诉 Becton Dickinson & Co., 842 F. 3d 883 (5th Cir. 2016)。

82. 理论上，平台用户可以通过与其他用户协同而向另一个平台转移，以此解决放弃网络效应收益而带来的转移成本问题，但这样做通常是不切实际的。这一讨论还假设，小型竞争对手或潜在进入者将有激励与平台领先者竞争，而不是与领先者达成和解或者被领先者收购。

83. 换言之，需求或供给的规模经济并不能使一家支配型企业免于竞争，除非抓住了足够多的客户（对价格不敏感）。如果客户不会被抓住，一家支配型企业试图行使市场势力的努力可能会被竞争对手削弱，因为竞争对手能够通过压低支配型企业的价格，夺走足够的顾客以获得可比的规模经济。

84. 例如，一家小型企业可以拥有专有技术（如产品或工艺专利）；在采用复杂生产工艺方面经验丰富（比竞争对手在学习曲线上走得更远）而产生的成本更低；或拥有获得原材料、地理位置或其他关键投入的特权。

85. 虽然本章关注的是支配型企业，但在规模经济非常重要的市场中，行使市场势力的寡头垄断者也可以通过提高客户黏度来获得、扩大或保护市场势力。例如，医院和医疗保险公司通过纵向合并或其他方式争夺对患者的控制权，可能会在它们的市场中提高转换成本。参见 Reed Abelson, "Hospital Giants Vie for Patients in Effort to Fend Off New Rivals," *New York Times*, December 18, 2017。

86. 一些评论者错误地认为，除非竞争对手被迫低于有效规模经营，否则竞争对手的投入或圈占客户不会损害竞争。例如，可参见 Wright（2012b），第1166页。

87. 参见 Geoffrey A. Fowler, "Why You Cannot Quit Amazon Prime—Even If Maybe You Should," *Washington Post*, January 31, 2018。人们可能会认为"亚马逊金牌会员"（Amazon Prime）为客户提供了一个接受两部分收费的机会（固定费用加上免费快速发货的产品价格）。但只有部分客户购买了"亚马逊金牌会员"，因此将该计划定性为收取快速交货费是合适的。

88. 请对照 Gans（2018）。脸书打算让用户更容易地传递信息。参见 Natasha Tiku, "Facebook Will Make It Easier for You to Control Your Personal Data," *Wired*, March 28, 2018, https：//www.wired.com/story/new-facebook-privacy-settings/。

89. 平台最惠国条款不同于简单的最惠国条款。在后一类协议中，卖方承诺不会向任何其他买方收取较低的价格。Baker and Chevalier（2013）讨论了简单最惠国条款的竞争后果。

90. 参见 Baker and Scott Morton（2018）。平台最惠国条款还可以用于促进协同，或在平台之间作为其最终用户的供应商之间的协同。

91. 参见 The Morning Pioneer, Inc. 诉 The Bismarck Tribune Co., 493 F. 2d 383（8th Cir. 1974）。

92. Khan（2017），第746页，第753页，第755页。Khan（2017），第790-792页。基于她主张的亚马逊理论，建议除其他因素外，当一个支配型平台价格低于成本时，法院应推定它会损害竞争。她还提出，反垄断法对支配型平台的纵向一体化持更加怀疑的态度（Khan，2017，第792-797页），并讨论了解决支配型平台行使市场势力的监管方法（Khan，2017，第 797 – 802 页）。

93. 参见 Khan（2017，第 747 页）。

94. 参见 Khan（2017，第 755 页）。

95. 参见 Khan（2017，第 786 – 788 页）。

96. 对于亚马逊通过代理分销模式获得的商品，在该模式下，供应商设定销售价格，亚马逊可以通过协商提供其佣金占卖方收入的比例来压低对供应商的付款。亚马逊可能无法直接向此类商品的买家提高价格。但是，如果竞争供货商因进入和退出的限制仅能在均衡状态下赚取零经济利润，那么保持较小比例收入的卖方可能会通过提高销售价格来做出反应。

97. 请对照 Brynjolfsson et al.（2017）。

98. 2009 年，亚马逊的许多畅销书和新发行的电子书零售价格低于亚马逊支付给出版商的批发价格。参见 Baker（2019，§ III. B）。

99. 一项实证研究 Reimers and Waldfogel（2017）表明了这种可能性，该研究发现，亚马逊在 2012 年和 2013 年的实体图书价格一直远低于静态利润最大化的水平。该项研究得出结论，亚马逊设定的实体图书价格接近，但不低于边际成本，不过考虑到它面临的需求弹性，其价格成本差远低于预期水平。

100. 参与 Baker（2013b），第 562 – 563 页。

101. 电子图书可能是对实体图书的需求补充，而不是替代品，但证据并不清晰。参见 Gilbert（2015），第 169 – 170 页。在线销售也有可能是交易的补充：一旦客户决定在线购买一本实体书，它就会在购物车中装满可能在别处购买的其他产品。

102. 也许购买实体书的顾客更可能购买续集、同一作者的书或者类似主题的书。或者不管产品类别如何，开始从亚马逊购物的消费者一般都会成为更忠诚的亚马逊客户。

103. 参见 Posner（1979），第 937 页。

104. 参见 Posner（1979），第 937 – 938 页。（转引自 Kaysen and Turner 1959，第 133 页）。

105. 例如，Brown Shoe Co. 诉 US, 370 U. S. 294（1962）。

106. 参见 Posner（1979，第 938 页，转引自 Areeda and Turner 1978, 726b）；Bork,（1978，第 232 页，第 234 页，第 236 页）同样认为纵向一体化实际上总

是促进竞争的。

107. 参见 Reazin 诉 Blue Cross and Blue Shield of Kan., Inc., 663 F. Supp. 1360, 1489 (D. Kan. 1989), aff'd, 899 F. 2d 951 (10th Cir. 1990)。例如，反垄断组织在 20 世纪 80 年代对纵向一体化持友好态度，参见 O'Neill 诉 Coca-Cola Co., 669 F. Supp. 217 (N. D. Ill. 1987)。

108. 更多参考请见 Riordan and Salop (1995); Salop and Culley (2016)。也可参见 Luco and Marshall (2018); Baker et al. (2017); Dafny et al. (2016); Houde (2012); Baker et al. (2011); Hastings and Gilbert (2005)。纵向一体化也可能对竞争有益，参见 Crawford et al. (2018)。一项涉及混凝土生产商的研究发现，纵向一体化的下游企业比非一体化的下游企业效率更高，但它将这一结果归因于下游工厂之间的横向协同，即便没有纵向一体化，这些结果仍会出现。参见 Hortaçsu and Syverson (2007)。

109. 参见 Final Judgment, United States 诉 Google Inc., No. 1: 11-cv-00688 (D. D. C. 2011)（接受以协商和解方式解决谷歌收购 ITA 引发的竞争问题的同意和解）。

110. 美国司法部依靠现代经济学知识来立案。地方法院的结论是，司法部没有用事实证明其指控。政府已经提出上诉。

111. Barry C. Lynn & Phillip Longman, "Populism with a Brain," *Washington Monthly*, June/July/August 2016.

112. Tony Hsieh, CEO, "Letter to All Zappos Employees," *Zappos. com*, July 22, 2009, https://www.zappos.com/ceoletter.

113. Robin Wauters, "Confirmed: Amazon Spends $545 Million On Diapers.com Parent Quisdi," *TechCruch*, November 8, 2010, https://techcrunch.com/2010/11/08/confirmed-Amazon-spends-545-million-on-diapers-com-parent-quidsi/. Amazon shut down the Quisdi sites months after consummating the transaction. Ari Levy, "New Details on Amazon's Move to Shutter the Company It Bought for $545 Million," *CNBC*, April 3, 2017.

114. Wikipedia, "List of Mergers and Acquisitions by Alphabet," https://en.wikipedia.org/wiki/List_of_mergers_and_acquisitions_by_Alphabet.

115. 这种可能性并不令人惊讶：一家企业可能有激励在供应商、分销商或更普遍的互补产品销售商中制造竞争，而且它可能拥有关键资产或能力，这将使它在新进入者这样做时抢得先机。

116. Steven Salop 建议法院对大多数纵向合并采取中立的推定，但对于在规模经济或网络效应显著的市场中涉及支配型企业的合并，采用适度的反竞争推定；对于涉及市场份额较低的企业的纵向合并，采用促竞争的推定。

117. 在 United States 诉 Apple Inc., 952 F. Supp. 2d 638（S. D. N. Y. 2013），aff'd，791 F. 3d 290（2d Cir. 2015）案中，法院恰当地判定了电子书出版商之间通过与苹果 iBookstore 的垂直分销合同实施平台最惠国条款促成的定价协议是本身违法的，并判定苹果在精心策划卡特尔中发挥的作用而使其承担法律责任。但地区法院做出了另一种判决，认为即便该案适用合理原则，苹果的行为也违反了《谢尔曼法案》。

118. Baker（2013b, 548n97, 549n102, 第 551 – 552 页）讨论了重要性。

119. 参见 Baker（2013b），第 548 – 550 页。

120. 参见 Baker（2013b），第 549 – 550 页。

121. 参见 Toys "R" Us, Inc., 126 F. T. C. 415, 590 – 608（1998），aff'd, 221 F. 3d 928（7th Cir. 2000）。与此类似，第十巡回上诉法院解释道，被告的市场势力和进入壁垒的证据表明，在掠夺性定价案件中，损失补偿是一个可审判的事实问题。参见 Multistate Legal Studies, Inc. 诉 Harcourt Brace Jovanovich Legal and Prof'l Publ'ns, Inc., 63 F. 3d 1540 页，第 1549 页，第 1555 – 1556 页（10th Cir. 1995）。并且，联邦最高法院指出，如果认定了排他行为、市场势力以及效率的缺乏，那么排他性的团体抵制可以被判定违法。参见 Nw. Wholesale Stationers, Inc. 诉 Pac. Stationery & Printing Co., 472 U. S. 284（1985）。

122. 在"Toys 案"中，联邦贸易委员会将这一规则应用于一家企业，它判定该企业在其经营区域的市场份额超过 30%，在许多城市的市场份额达到 40% ~ 50%。参见 Toys, 126 F. T. C. at 597 – 599。

123. 最好把"Utah Pie Co. 诉 Continental Baking Co. 案"［386 U. S. 685（1967）］理解为掠夺性定价案例，而不是定向折扣案例。不管怎么解释，原告都不应胜诉。原告因其工厂的所在地而获得了成本优势（386 U. S. at 690），而且似乎并未被其竞争对手的行为排除，尽管法院表明，受竞争对手所迫以极低价格收费的企业"将很快感受到财政拮据,并将成为一种不太有效的竞争力量"。参见 386 U. S. at 699 – 700。法院也没有解释如果原告被排除,那么竞争将会受到怎样的损害。例如,没有证据表明除原告以外的任何生产商都可能被竞争对手的行为排除。

124. 为了在企图垄断的案件中适用略式分析裁判法,法院要把市场势力的依据解释为与采取排他行为后的市场势力有关,或者得出以下结论:被告在采取排他行为前的市场势力可能弱于为垄断案件辩护所需的市场势力,但足以让它有能力排除竞争对手。

125. 若要替代略式分析裁判法,也许可以根据《罗宾逊－帕特曼法案》的定向价格折扣来指控排他行为,因为该法案禁止非法的价格歧视。这一法律策略是由 Aaron Edlin（1997）提出的,用于打击价格匹配保证的反竞争后果。然而,这一策略只能用于商品销售,因为《罗宾逊－帕特曼法案》的禁止不适用于服务销售。也不能将它适用于面向最终消费者的销售,因为根据目前的解释,这些销售不能满足该法案的竞争损害要求。即便如此,这样的行动似乎也可能无法适用该法案的"满足竞争抗辩"（meeting competition defense）要求。

126. 参见 Lao（2018）。请对照 Shelanski（2013）,第 1687 – 1688 页。

127. 参见 Brooke Grp. Ltd. 诉 Brown & Williamson Tobacco Corp.,509 U. S. 209（1993）。（将《谢尔曼法案》中的原则应用到基于《罗宾逊－帕特曼法案》的一份判决之中。）

128. 参见 Baker（2013b）,第 566 – 567 页。也可参见 Baker（1994）,第 594 页; Kaplow（2018b）。

129. 在某些情况下,这种质询将区分促竞争性解释和反竞争解释。例如,如果一个排他策略要求多个排他企业参与,那么除非它在每一家企业的前景中似乎都是合理盈利的,否则它便是不可信的。获利能力是用被指控的掠夺者本将采用的策略的预期利润来衡量的。同上。

130. 在许多追溯的排他行为案件中,无论是否涉及掠夺性定价,可获利性都可以通过观察价格上涨或其他对竞争的损害来推断,而无须进行详细分析。

131. 参见 Hemphill and Weiser（2018,§ II. A）。

132. 这种可能性已在判例法中得到承认。Spirit Airlines, Inc. 诉 Nw. Airlines, Inc.,431 F.3d 917, 921 – 924（6th Cir. 2005）。

注　释

133. 也可参见 Bolton et al.（2000）；Edlin（2002）。

134. 参见 Fumagalli and Motta（2013）。

135. 参见 Motta and Vasconcelos（2012）。

136. 例如，它可能会表明，它为电子书设定了较低的价格是为了促进竞争，也即为了销售更多的 Kindle 电子书阅读器，或者因为购买电子书的客户更可能在亚马逊网站上购买库存电子书或其他产品。

137. 这些利润都来自一个支配型平台无法维持其市场势力的若非世界。

138. Khan（2017，第701页）认为竞争损害是合理的，因此建议法院在支配型平台价格低于成本时放弃损失补偿要求。

139. 参见 Areeda and Turner（1975），第712页。参见 Pac. Eng'g & Prod. Co. 诉 Kerr-McGee Corp.，551 F. 2d 790，797（10th Cir. 1977）。

140. 参见 Brooke Grp. Ltd. 诉 Brown & Williamson Tobacco Corp.，509 U. S. 209，223，226（1993）。

141. 参见 Baker（1994），第587-589页。也可参见 Katz（2018），第108-109页，109n25。

142. 参见 Brooke Grp. Ltd. 诉 Brown & Williamson Tobacco Corp.，509 U. S. 209，227（1993）。

143. 参见 Elzinga and Mills（2009）；Burns（1986）；Genesove and Mullin（2006）；Scott Morton（1997），第679页，第714页；Weiman and Levin（1994）。

144. 参见 Edlin（2002）。也可参见 Lehman（2005）；Edlin et al.（2017）。

145. 参见 Baker（2013b），第562-567页。

146. 成本分配具有任意性的一个原因是，成本的经济学分类是固定成本还是可变成本取决于企业所做的决策。例如，对一家航空公司来说，飞行成本是取决于服务航班上一名乘客相关的固定成本，而不是取决于在一条航线上每日增加一个航班相关的可变成本。另一个原因是，多产品企业在生产多个产品时的固定支出总是有多种分配方式。例如，没有一种独特的方法可以将建造医院手术室的成本分配到外科医生在手术室内执行的多种手术之中（将每种手术视为医院服务的不同产品市场）。

147. 当折扣是有选择的而不是面向整个产品品类时，一些法院拒绝认定企业的价格是低于成本的（American Bar Association Section of Antitrust Law,

2017，第287页）。但是，联邦最高法院在其主要的现代掠夺性定价判决中并没有强制要求采用这种方法：该法院认可，在这种情况下可以用仅限于某一部分市场的折扣来满足低于成本定价的要求，同时以其他理由判决被告胜诉（Williamson Tobacco Corp., 509 U.S. 209，1993）。其他法院也并不坚持认为面向整个产品线品类的折扣才是掠夺性定价。参见 American Bar Association Section of Antitrust Law（2017，287n431）。

148. 参见 Novell, Inc. 诉 Microsoft Corp., 731 F. 3d 1064, 1075（10th Cir. 2013）。也可参见 Gavil et al.（2017, 596 – 600，Sidebar 4 – 8）。

第8章

1. 参见本书第1章。

2. 请对照 Katz and Shelanski（2007），第3 – 5页。

3. 参见 Baker（2007a）。

4. 参见 United States 诉 Microsoft Corp., 253 F. 3d 34（D. C. Cir. 2001）（en banc）。

5. 参见 Lorain Journal Co. 诉 United States, 342 U. S. 143（1951）。

6. 参见 United States 诉 Visa, 344 F. 3d 229（2d Cir. 2003）。

7. 参见 U. S. Dep't of Justice and Federal Trade Commission（FTC），Horizontal Merger Guidelines § 0.1 note 6（1992）。也可参见 Joseph Farrell, Deputy Assistant Att'y Gen., U. S. Dept. of Justice, "Thoughts on Antitrust and Innovation"（speech），National Economists' Club, Washington, D. C., January 25, 2001, https://www.justice.gov/atr/speech/thoughts-antitrust-and-innovation。

8. 参见 Gilbert and Greene（2015），第1921 – 1922页。

9. 参见 Gilbert and Greene（2015），第1941 – 1942页。

10. 参见 Shelanski（2013），第1685页。

11. 微软公司将其反驳的理由描述为未能证明（被指控的）反竞争行为与竞争损害之间存在因果关系，参见 Microsoft, 253 F. 3d at 78 – 80。法院的结论是，虽然在被告没有排他行为时，法院并无把握再现与现实相反的情况，但仍然可以推断其中的因果关系。参见 Microsoft, 253 F. 3d at 78 – 80。

12. 参见 United States 诉 Baker Hughes, Inc., 908, 984 F. 2d 981（D. C. Cir.

1990）。

13. 在潜在竞争的案件中，若被收购公司计划进入收购公司所在的竞争市场（且收购公司在该市场的竞争持续了一定时间），则法院会将被收购公司视为当前产品的横向竞争者。参见 FTC 诉 Steris Corp., 133 F. Supp. 3d 962, 978（N. D. Ohio 2015）。

14. 虽然法院可能没有可行的办法恢复在快速变化行业中损失的竞争，但这并不是避免执法的理由。在垄断案件中，对于已发生的竞争损害，法院也许并非总能通过结构或行为救济的方式恢复竞争。尽管如此，对违规者的制裁仍将在整个经济中产生威慑作用，如阻止支配型企业的其他创新部门从事反竞争行为。正如 Douglas Melamed 所说，"我们不会因为人死不能复生而拒绝执行与谋杀相关的法律"。Victor Luckerson,"'Crush Them': An Oral History of the Lawsuit that Upended Silicon Valley," The Ringer, May 18, 2018, https://www.theringer.com/tech/2018/5/18/17362452/Microsoft-antitrust-lawsuit-netscape-internet-explorer-20-years.

15. 参见 Katz and Shelanski（2007），第 6 页。

16. 参见 Baker（2003d），第 35－36 页。

17. 此外，合并可以通过促进协同来限制研发，从而损害竞争，这种可能性并非空想。参见 United States 诉 Automobile Manufacturers Ass'n, 307 F. Supp. 617（C. D. Cal., 1969）；在"City of New York 诉 United States 案"（397 U. S. 248, 1970）中，上诉部分被驳回。在一个有利于研发协同的市场中，收购一个颠覆性创新者可能导致研发工作的减少。另一方面，许多市场可能不利于斯蒂格勒式（Stiglerian）威慑意义上的协同（通过惩罚威胁可能维持协同一致），原因在于研发中遏制欺骗行为的难度较大。如果合并通过 2010 年《横向合并指南》中的"横向调节行为"控制研发竞争，研发中的协同抑制就仍然是可能的。如果拟合并企业的竞争对手将研发投入看成是策略补充，那么协同后的结果就是有道理的。在这种情况下，合并后的企业可能会发现，削减研发是有利可图的，因为它意识到其他竞争者会紧随其后。

18. 参见 Federico et al.（2017）。请对照 Wald and Feinstein（2004）。合并后的企业也可以通过淘汰重复研发来节约开支，但就如一般的固定成本节约一样，其功效不一定能逆转合并可能带来的市场竞争损害。本书第 9 章讨论了跨市场福利权衡的适当处理。

19. 如果拟合并的企业是研究实验室,并计划将其知识产权许可他人使用,而不是自用于生产产品,那么许可费将会上涨。

20. 参见 Katz and Shelanski (2007),第 50 - 52 页。

21. 根据《横向合并指南》,快速进入者被视为市场参与者。U. S. Dep't of Justice and FTC, *Horizontal Merger Guidelines* § 5.1 (2010). 收购那些不打算快速参与当前产品市场竞争的企业可能会造成竞争损害。请对照 FTC 诉 Steris Corp., 133 F. Supp. 3d 962, 978 (N. D. Ohio 2015)。

22. U. S. Dep't of Justice and FTC, *Horizontal Merger Guidelines* § 6.4 (2010)。

23. 参见 Deborah L. Feinstein, Director, Bureau of Competition, Fed'l Trade Comm'n, *The Forward-Looking Nature of Merger Analysis*, February 6, 2014, https://www.ftc.gov/public-statements/2014/02/forward-looking-nature-merger-analysis. 也可参见 Shelanski (2013),第 1702 - 1704 页。

24. 参见 Hill et al. (2015),第 431 - 434 页。

25. 参见 FTC, "Mallinckrodt Will Pay \$100 Million to Settle FTC, State Charges It Illegally Maintained Its Monopoly of Specialty Drug Used to Treat Infants," press release, January 18, 2017. 在其起诉书中,联邦贸易委员会将此案称为垄断,但也同样可以将之理解为事后对合并提出的质疑。

26. FTC, "FTC Puts Conditions on Nielsen's Proposed \$1.26 billion Acquisition of Arbitron," press release, September 20, 2013. 也可参见 FTC, "FTC Approves Final Order Preserving Future Competition in the Market for Drug-coated Balloon Catheters Used to Treat Peripheral Artery Disease," press release, January 21, 2015。

27. 参见 Dow/DuPont (Case M. 7932), Commission Decision C (2017) 1946 final (March 27, 2017)。欧盟委员会发现,有五家公司积极开发除草剂和杀虫剂的创新产品,包括发现新的活性成分,开发和测试这些成分以获得监管批准,以及在全球制造和销售含有这些成分的产品。如果是这样,在各种狭义的未来产品市场中,只有这五家公司有能力在除草剂研发方面展开竞争。

28. 参见 Gilbert (2018)。

29. 参见 Cunningham et al.（2018）发现，医药业 7% 的合并是"杀手型"收购。请对照 "Into the Danger Zone," *Economist*, June 2, 2018。

30. 参见 Fudenberg et al.（1983）。

31. 参见 U. S. Dep't of Justice and FTC, *Antitrust Guidelines for the Licensing of Intellectual Property* § 3.2.3（2017）; J. Thomas Rosch, Commissioner, FTC, "Antitrust Regulation of Innovation Markets"（speech）, Remarks before the ABA Antitrust Intellectual Property Committee, February 5, 2009, https：//www.ftc.gov/public-statements/2009/02/antitrust-regulation-innovation-markets。

32. 请对照 Shelanski（2013），第 1671 – 1673 页。

33. U. S. Dep't of Justice and FTC, *Antitrust Guidelines for the Licensing of Intellectual Property* § 3.2.3（2017）.

34. 在最初提出时，创新市场仅限于高级研发阶段，因此可以合理预测对下游产品市场的影响，并合理确定创新市场参与者。参见 Katz and Shelanski（2007），第 42 页。

35. 请对照 Baker（2007b），第 157 – 159 页。

36. 参见 Baker（2002a），第 198 – 199 页。

37. 但可参见 Katz and Shelanski（2007），第 47 页。

38. 与 Katz and Shelanski（2007，第 6 页，第 30 页一致）。

39. 根据 2010 年《横向合并指南》，如果合并后的 Herfindahl-Hirschman 指数（HHI）超过 2 500，即相当于四家同等规模的企业，那么，可以认为该市场高度集中，因此，除了最小的合并以外，所有的合并都会引起重大的竞争问题。参见 U. S. Dep't of Justice and FTC, *Horizontal Merger Guidelines* § 5.3（2010）。

40. 参见 Jullien and Lefouili（2018）; Denicolò and Polo（2018）; 请对照 Bloom et al.（2018）。此外，如果合并能提高效率，未合并企业的溢出部分可能会放大由此产生的社会效益。

41. 参见 Shapiro（2018），第 27 页。请对照 Randy Picker, "Platforms and Adjacent Market Competition：A Look at Recent History," ProMarket, April 16, 2018, https：//promarket.org/platforms-adjacent-market-competition-look-recent-history/。

42. 参见 Shapiro（2018），第 27 页。

43. 参见 Competitive Impact Statement, United States 诉 Ticketmaster Entertainment, Inc., No. 1：10-cv-00139（D. D. C. January 25, 2010）; Christine A. Varney, Assistant Att'y Gen., U. S. Dept. of Justice, "The Ticketmaster/Live Nation Merger Review and Consent Decree in Perspective"（speech）, Remarks Prepared for the South by Southwest, March 18, 2010, https：//www. justice. gov/atr/speech/ticketmasterlive-nation-merger-review-and-consent-decree-perspective. On the success of the consent decree, compare Ben Sisario and Graham Bowley, "Live Nation Rules Music Ticketing, Some Say with Threats," *New York Times*, April 1, 2018 with Jared Smith, "Ticketing, Vertical Integration and the NYT's Recent Article," *Ticket-master Insider*, April 1, 2018, https：//insider. ticketmaster. com/ticketing-vertical-intergration-and-the-nyts-recent-article/。

44. 参见 Shapiro（2018）, 第 28 页。

45. 参见 FTC, "FTC Closes Its Investigation Into Facebook's Proposed Acquisition of Instagram Photo Sharing Program," press release, August 22, 2012。

46. 参见 Anticipated Acquisition by Facebook Inc. of Instagram Inc., No. ME/5525/12（Office of Fair Trading, August 22, 2012）。

47. 如果只关注广告价格竞争，而忽略照片墙有可能开发出更好或成本更低的向用户推送广告的新方式，以及照片墙有可能发展成更高质量的社交网络，那么合并将产生本书第 7 章所讨论的排除问题。

48. Anticipated Acquisition by Facebook Inc. of Instagram Inc., No. ME/5525/12（Office of Fair Trading, August 22, 2012）at 28 – 29.

49. Anticipated Acquisition by Facebook Inc. of Instagram Inc., No. ME/5525/12（Office of Fair Trading Aug. 22, 2012）at 25.

50. Anticipated Acquisition by Facebook Inc. of Instagram Inc., No. ME/5525/12（Office of Fair Trading Aug. 22, 2012）at 36. 这个讨论的框架是基于询问合并后的企业是否会阻碍其他社交网络竞争者访问照片墙用户发布的照片，从而损害与其他社交网络的竞争。

51. 如果假设社交媒体平台上的广告是未来的产品市场，就像英国公平交易局为了论证其观点而假设的那样，那么它需要断定照片墙可能是脸书在该市场上的少数重要的竞争对手之一。英国公平交易局另辟蹊径，但是它的两个论点过于粗略,无法在深入调查中站住脚。它推定进入市场会很容易,这种推定的原因在于它认为照片墙的成功是建立在从推特导出好友列表的基础上(社交图片的可转移性)。脸书和其他社交网络本可以很容易地切断这一选择,据说所有社交网络都已经这么做了。Ben Thompson, "Manifestos and Monopolies," Stratechery, February 21, 2017, https://stratechery.com/2017/manifestos-and-monopolies/. 在这种情况下,与拥有少量用户的网络相比,拥有大量用户的社交网络在竞争广告商方面将具有巨大优势。因此,执法者可能会合理地得出结论,只有具有这种用户基础的社交网络才应被视为社交网络广告创新市场的参与者。或者,如果允许合并的理由是进入和扩张较为容易,执法机构后来的结论,即认定社交网络阻碍可能的竞争对手访问其社交图片妨碍了创新竞争,可能会受到质疑。

52. 然而,很难知道有什么证据表明,搜索广告很可能会成为社交网络广告的替代品。搜索可能会是交易广告更好的渠道,而社交网络渠道则可能是品牌广告更好的渠道。

53. 英国公平交易局还表示,除了谷歌之外没有其他竞争者可能成为脸书在社交网络广告领域的重要竞争对手。然而,当时的执法者可能已经认识到,如果(事实证明)随着时间的推移,移动广告变得更加重要,照片墙对移动互联网用户的吸引力可能会使它在吸引终端用户进入其网络方面具有优势。参见 Eric Jackson, "Why the FTC Should Block Facebook's Acquisition of Instagram," *Forbes*, June 5, 2012; Somini Sengupta, "Why Would the Feds Investigate the Face-book-Instagram Deal?" *New York Times*, May 10, 2012. 这一功能可能为照片墙提供研发资金来源,使它能够在未来开发出多种方式以提供社交网络广告服务,从而在提供社交网络广告服务方面,与谷歌一起成为脸书未来的重要竞争对手,尤其是在向固定和移动互联网用户推送广告的领域。英国公平交易局可能已经发现,在提供广告服务方面,其他社交网络,例如推特,仍然难以替代脸书。

54. 参见 Memorandum Opinion and Order, Applications of Comcast Corporation, General Electric Company, and NBC Universal, Inc. for Consent to Assign Licenses and Transfer Control of Licens, MB Docket No. 10-56, FCC 11-4 41 (released January 20, 2011).

55. 通过增加转移成本,该企业将减少客户流失,并增加当前客户接受升级的比例。

56. 也许客户在升级到下一代产品时倾向于和当前的供应商保持一致,但是那些新进入市场的客户和那些克服了当前供应商转移成本的客户,更倾向于避免被锁定在任何特定的卖家身上。在这种情况下,较小的企业可能会限制转换成本,以吸引新客户,而较大的企业则从客户吸引力增强中获益,因为它们对新客户的依赖较少,而是更多地依赖于向现有客户销售升级产品。参见 Kyle Orland,"Sony is locking Fortnite accounts to PS4, and players are mad," Ars Technica, June 14, 2018, https://arstechnica.com/gaming/2018/06/sony-is-locking-fortnite-accounts-to-ps4-and-players-are-mad/。

57. 竞争也可能会损害市场上的互补性,正如在IBM"插头接口(plug interface)案"中所指出的那样。Transamerica Computer Co. 诉 IBM, 698 F. 2d 1377, 1383-1384 (9th Cir. 1983); Cal. Computer Prods., Inc. 诉 IBM, 613 F. 2d 727, 744 (9th Cir. 1979); Telex Corp. 诉 IBM, 510 F. 2d 894 (10th Cir. 1975)。也可参见 C. R. Bard, Inc. 诉 M3 Sys., Inc., 157 F. 3d 1340 (Fed. Cir. 1998)。

58. 经济学文献早就认识到研发投资可以阻止创新竞争的可能性。例如,一家在专利竞争中处于领先地位的企业可以阻止追随者之间的竞争,除非后一家企业可能预期自己会跃升成为领先者。参见 Fdenberg et al. (1983)。通过这种方式,创新可以成为保持支配地位的途径。

59. 参见 Baker (2016a), 453n77。请对照 Srinivasan (2018)。

60. 请对照 Bloom et al. (2018), § 5。

61. 如果企业希望在创新后的市场中占有较大份额(可能是由于品牌较强、质量声誉或高质量分销),或者如果它的竞争对手创新而它不创新,就会损失大量市场份额,那么该企业会倾向于将研发竞争作为一种策略补充。参见 Baker (2016a),第443-444页。针对谷歌在安卓平台上引入了一套竞争性的移动应用程序,移动应用程序开发商采取的行动是减少在直接改进竞争性应用程序方面的投资,它们更可能将研发视为谷歌投资的策略性替代(strategic substitute),因为它们预计将无法与安卓平台拥有的应用程序竞争,从而获得大量市场份额。苹果在iPhone平台上的进军很快就被谷歌在安卓平台上效仿,这两家公司相似的行为表明谷歌将苹果的研发投资视为自己研发的策略互补。

参见 Wen and Zhu (2017)。

62. 允许支配型企业以合并的方式消除边缘企业通过未来产品市场竞争施加的约束，即使边缘企业扰动整个行业的可能性很小，社会成本也可能是巨大的，特别是在很少或没有其他竞争者具有创新成功良好前景的情形下。

63. 参见 Baker (2016c)，第 285 页。

64. 参见 Baker (2016a)，第 444 页。

65. 非支配型企业单独行动或与竞争对手合作，也有可能排除竞争对手或新进入者，从而损害创新。例如，参见 In re Fair Allocation System, 63 Fed. Reg. 43182 (FTC. 1998)。

66. 参见 United States 诉 Microsoft Corp., 253 F. 3d 34, 54, 79 (D. C. Cir. 2001)（全席出庭）。

67. 参见 Microsoft, 253 F. 3d, 第 59 – 74 页。

68. 参见 Microsoft, 253 F. 3d, 第 74 – 77 页。

69. 参见 Microsoft, 253 F. 3d, 第 53 – 56 页。

70. 垄断指控集中在操作系统市场的竞争损害上，这些指控是此次诉讼的首要关注点，也是地区法院和上诉法院的意见。关于微软公司行为的公开辩论也涉及浏览器市场可能存在的竞争损害。

71. 也可参见 Baker (2013b)，第 547 – 550 页，第 555 页。请对照 Shelanski (2013)，第 1696 – 1697 页。

72. 请对照 Statement of the Federal Trade Commission Regarding Google's Search Practices, Google Inc., No. 111 – 0163 (F. T. C. January 3, 2013) with Google Search (Shopping) (Case AT. 39740), Commission Decision C (2017) 4444 final (June 27, 2017)。

73. 参见 Microsoft, 253 F. 3d, 第 65 页。

74. 参见 Microsoft, 253 F. 3d, 第 67 页。如果微软公司履行了举证责任，政府就必须证明微软公司的正当理由不足以克服竞争带来的损害。参见 Abbott Labs. 诉 Teva Pharms. USA, Inc., 432 F. Supp. 2d 408, 第 420 – 424 页 (D. Del. 2006)。也可参见 Caldera, Inc. 诉 Microsoft Corp., 72 F. Supp. 2d 1295, 1313 (D. Utah 1999); In re IBM Peripheral EDP Devices Antitrust Litig., 481 F. Supp. 965, 1003 (N. D. Cal. 1979), aff'd sub nom, Transamerica Computer Co. 诉

IBM Corp. , 698 F2d 1377（9th Cir. 1993）. Contra, Allied Orthopedic Appliances, Inc. , 诉 Tyco Healthcare Group LP, 592 F. 3d 991, 1000 (9th Cir. 2010)。上诉法院拒绝支持地区法院的判决, 即另一个产品设计决策损害了竞争, 也就是说, 在某些情况下改写了用户默认的浏览器选项。在微软公司为其决策的合理性履行了举证责任之后, 政府没有履行说服责任。参见 Microsoft, 253 F. 3d, 第 67 页。

75. 参见 Northeastern Tel. Co. 诉 AT&T Co. , 651 F. 2d 76, 94 – 96（2d Cir. 1981）; Berkey Photo, Inc. 诉 Eastman Kodak Co. , 603 F. 3d 263, 287n39（2d Cir. 1979）; 请对照 C. R. Bard, Inc. 诉 M3 Sys. , Inc. , 157 F. 3d 1340（Fed. Cir. 1998）。但请参见 Allied Orthopedic Appliances, Inc. , 诉 Tyco Healthcare Group LP, 592 F. 3d 991, 998 – 999, 1002（9th Cir. 2010）。如果竞争者不创新, 现有产品的竞争仍可能受到损害, 从而导致更高的价格, 而不是减少创新的激励。

76. 参见 Bruce B. Wilson, Deputy Assistant Att'y Gen. , "Patent and Know-How License Agreements: Field of Use, Territorial, Price and Quantity Restrictions"（speech）, 1970 年 11 月 6 日在新英格兰第四次反垄断会议上的评论, reprinted in Antitrust Primer: Patents, Franchising, Treble Damage Suits, Proceedings of the Fourth New England Antitrust Conference, edited by Sara-Ann Sanders, 11（Boston: Warren, Gorham and Lamont, 1970）。许可协议中列举的一些条款限制了被许可人使用非专利产品的方式, 其中一项条款要求被许可方回授在专利基础上研发出的后续专利。其他的行为, 包括维持转售价格和限制转售, 可以被认为是纵向限制。许可协议中没有列举的专利许可如果被发现是不合理的, 就可能是非法的。通常可参见 Gilbert and Shapiro 1997, 283。

77. 例如, United Shoe Machinery Corp. 诉 U. S. , 110 F. Supp. 295, 351（1953）, aff'd, 347 U. S. 521（1954）; Xerox Corp. , 86 F. T. C. 364（1975）（Decision and Order）。

78. 参见 U. S. Dep't of Justice, *Antitrust Enforcement Guidelines for International Operations* § 3. 62（1989）。请对照 Baker and Rushkoff（1990）。

79. U. S. Dep't of Justice and FTC, *Antitrust Guidelines for the Licensing of Intellectual Property*（1995）; U. S. Dep't of Justice and FTC, *Antitrust Guidelines for the Licensing of Intellectual Property*（2017）.

80. 一位美国司法部的高级官员（后来成为反垄断助理司法部长）认为，专利许可在没有明确体现出是反竞争的情况下，不应受到谴责。这一建议加重了法院根据合理原则要求政府证明竞争损害的举证责任。参见 Rule（1986），第 370 页。

81. 参见 Rule（1986），第 368 页。

82. 知识产权法并未将排他性许可限制与反垄断责任隔离开来。参见 Microsoft，253 F. 3d，第 62 - 63 页。参见 Vickers（2010），第 383 - 390 页，阐述并批判了自由竞争政策对知识产权行使的理论依据。

83. 参见 Walker Process Equipment, Inc. 诉 Food Mach. & Chem. Corp.，382 U. S. 172（1965）。

84. 与此相关的是，企业可以通过将产品和安全标准纳入当地法规，以排除其他创新竞争者，从而损害竞争。参见 American Society of Mechanical Engineers, Inc. 诉 Hydrolevel Corp.，456 U. S. 556（1982）。

85. 参见 Rambus Inc. 诉 FTC，522 F. 3d. 456（D. C. Cir. 2008）；Broadcom Corp. 诉 Qualcomm Inc.，501 F. 3d 297（3d Cir. 2007）；Funai Electric Co. 诉 LSI Corp.，2017 WL 1133513（N. D. Cal. 2017）；Zenith Electronics, LLC 诉 Sceptre, Inc.，2015 WL 12765633（C. D. Cal. 2015）。

86. 通常，一些标准制定组织的成员有激励希望专利权人行使市场势力，而另一些成员则希望通过阻止专利权人行使市场势力以保持下游市场的低价格水平。当标准制定组织成员的激励不同时，标准制定组织的共同标准可能无法完全阻止专利权人的事后机会主义（ex post opportunism）。

87. 通常可参见 Melamed and Shapiro（2018）。这类案件并不是将企业合法利用其事先拥有的市场势力提高价格指控为违反反垄断法，相反它们指控的是允许企业利用市场势力的行为。现任反垄断助理司法部长持相反的观点。他认为，在标准中，专利权人的事后机会主义是一个合同法问题，对反垄断执法没有作用，专利劫持的危害（专利权人的事后机会主义）要小于反向劫持的危害（反向劫持是指专利被许可人，例如标准制定组织的成员，可能拒绝接受公平、合理、无歧视的许可，或是采用拖延行为以降低许可费）。参见 Delrahim（2017）。

88. 例如，这种行为可能会降低竞争对手模仿支配型企业产品改进产品的可能性,或者使竞争对手更难在未来的产品中竞争。为了使投资激励措施具有"独占性",投资必须提供一些利益,且这些利益不能通过与受益人签订合同而内化。参见 Segal and Whinston(2000)。

89. 通常可参见 Baker(2016a)。

90. 参见 Richard L. Schmalensee, Direct Testimony 616, 623, United States 诉 Microsoft Corp., Nos. 98-1232, 98-1233, 1999 WL 34757070(D. D. C. January 13, 1999)。

91. 参见 Hemphill(2013); Bourreau and Julien(2017)。

92. 参见 Eastman Kodak Co. 诉 Image Technical Servs., Inc., 504 U. S. 451, 485(1992)。

93. 参见 United States 诉 United Shoe Mach. Corp., 110 F. Supp. 295, 345(D. Mass. 1953), aff'd, 347 U. S. 521(1954)。

94. 参见 Verizon Commc'ns Inc. 诉 Law Office of Curtis V. Trinko, LLP, 540 U. S. 398, 407-408(2004)。

95. 参见 Berkey Photo, Inc. 诉 Eastman Kodak Co., 603 F. 2d 263, 284-285(2d Cir. 1979)。也可参见 SCM Corp. 诉 Xerox Corp., 463 F. Supp. 983, 1001(D. Conn. 1978), remanded, 599 F. 2d 32(2d Cir. 1979)。请对照 Novell, Inc. 诉 Microsoft Corp., 731 F. 3d 1064, 1073(10th Cir. 2013); Shelanski(2013),第1694-1695页。

96. Keith Hylton and Haizhen Lin(2010,第255页)认为,针对支配型企业实施排他行为的反垄断执法可能会降低创新后的消费者价格,增进社会福利,但也有可能抑制创新,损害社会福利。他们隐含地对创新采取熊彼特式的视角,这种观点不考虑在创新之前竞争提供创新激励所带来的动态收益。与他们设想的相反,没有必要权衡静态效率和动态效率,价格和创新渠道也不一定是相互独立的,例如在合并的背景下,如果一项收购增加的创新前利润超过了其增加的创新后利润,那么它就可以削弱企业以投资研发的方式逃避竞争的激励。参见 Federico et al.(2018)。

97. 通常可参见 Baker(2016a)。

98. 另一方面,如果新产品的引进预计会增加其互补品的销售,并且这些销售将对支配型企业非常有利(当它是互补品的唯一卖方时),支配型企业主要关心的就是确保新产品的引进。在竞争对手推出新产品的前提下，支配型企业通过升级自己的产品获得的增量收益将很小，这将限制支配型企业加大研发力度以应对竞争对手更强的研发投资激励。

第9章

1. 参见 United States 诉 Anthem, Inc., 855 F. 3d 345（D. C. Cir. 2017），aff'g 236 F. Supp. 3d 171（D. D. C. 2017）。在庭审前，我曾与一名被告就有关诉讼的限制性议题进行了探讨。

2. 这种讨论忽略了合并对小雇主的不利影响，他们没有自我保险，因此向被告支付了全额保险。它也忽略了合并在里士满（Richmond）地区的特殊影响。

3. 持异议的法官预期合并后的医疗保险公司将利用其更大的规模，通过谈判降低医院及医生提供医疗服务的费率。参见 855 F. 3d，第 372 页，第 374 页，第 379 页（表明医疗保险公司商定较低的医疗保险费率将全部转嫁给雇主）。在这种情况下，对客户的任何竞争损害都将表现为向雇主收取更高的管理费。

4. 参见 855 F. 3d，第 353-355 页。多数法官认为效率是一种抗辩——认为竞争不会受到损害的理由——但不是证明一项提高价格或以其他方式损害竞争的合并具有正当性的积极抗辩。

5. 若被告在第一阶段胜诉，便会在审判的第二阶段起诉这一主张。236 F. Supp. 3d，第 179 页。

6. 855 F. 3d，377，381（Kavanagh, J.，反对）。持不同意见的法官认为，该记录支持合并企业的效率主张，地区法院的相反结论显然是错误的。855 F. 3d at 375。他还主张，合并企业在法律上有权将效率作为其抗辩理由。他的结论是，消费者会从较低的价格中获益，这意味着在他看来，政府并未证明合并会损害向卖方出售服务的市场中的竞争。

7. 参见 Rybincek and Wright (2014)。

8. 例如 Todd 诉 Exxon Corp., 275 F. 3d 191 (2d Cir. 2001)。参见 Weyerhaeuser Co. 诉 Ross-Simmons Hardwood Lumber Co., 549 U. S. 312, 321, n2 (2007)。有些人更狭义地解读"Weyerhaeuser案"中的观点，认为只有当一个

投入品的买方垄断者（input monopsonist）的投入品竞争对手（input rivals）和产出竞争对手（output rivals）相同时，它才能损害竞争。

9. 反垄断法将买方卡特尔与卖方卡特尔等同视之。参见 Mandeville Island Farms 诉 American Crystal Sugar Co., 334 U. S. 219, 235 (1948)。如果没有合法的商业正当性，它们就是本身违法的。United States 诉 Socony-Vacuum Oil Co. 310 U. S. 150, 223 (1940)。也可参见 Nat'l Macaroni Mfrs. Ass'n 诉 Fed. Trade Commission, 345 F. 2d 421, 427 (7th Cir. 1965); United States 诉 Seville Indus. Mach. Corp., 696 F. Supp. 986 (D. N. J 1988); Doe 诉 Ariz. Hosp. & Healthcare Ass'n, 2009 WL 1423378 (D. Ariz. 2009)。请对照 Knevelbaard Dairies 诉 Kraft Foods, 232 F. 3d 979 (9th Cir. 2000)。通常也可参见 Lindsay et al. 2016。如卖方卡特尔一样，买方卡特尔同样可能受到刑事起诉。例如，United States 诉 Romer, 148 F. 3d 359 (4th Cir. 1998); United States 诉 Seville Indus. Mach. Corp., 696 F. Supp. 986 (D. N. J 1988)。

10. "安盛案"中持异议的法官承认，合并产生的买方垄断势力可能损害竞争。855 F. 2d at 378. 最高法院承认，压低价格的单方行为可能违反《谢尔曼法案》第 2 条。Weyerhaeuser Co. 诉 Ross-Simmons Hardwood Lumber Co., 549 U. S. 312 (2007)。

11. 通常可参见 Naidu et al. (2018)。

12. 参见 Competitive Impact Statement, United States 诉 Adobe Systems, Inc., Case No. 1: 10-cv-01629 (D. D. C. September 24, 2010)。也可参见 United States 诉 Lucasfilm, Inc., 2011 WL 2636850 (D. D. C. 2011)。该案中的基本行为带来了相关的私人诉讼。例如，In re High-Tech Employee Antitrust Litig., 2015 WL 5159441 (N. D. Cal. 2016)。联邦贸易委员会指控对从业者的反竞争损害，参见 Complaint, In re Your Therapy Source, FTC No. 171-0134 (2018)。

13. 参见 Steven Greenhouse, "Suit Claims Hospitals Fixed Nurses Pay," *New York Times*, June 21, 2006。在几起案件中，被告医院与集体原告达成了和解。通常可参见 Rob Wolff, "Nurse Wage-Fixing Cases—An Update," *Littler*, August 4, 2010, https://www.littler.com/publication-press/publication/nurse-wage-fixing-cases-update。

14. 参见 O'Bannon 诉 NCAA, 802 F. 3d 1049, 1057-1058 (9th Cir. 2015)。

15. 参见 Marinescu and Hovenkamp (2018)。

16. 参见 Weyerhaeuser, 549 U. S., 第 321 页。

17. 参见 Stucke 2013, 第 1513 – 1514 页, n31。

18. 通常可参见 Noll (2005)。

19. 参见 Orbach (2010) 第 138 页; 参见 Williamson (1968)。

20. 通常可参见 Hemphill and Rose (2018); Nevo (2014); Baker (1997)。反垄断关注的是通过消除或降低买方的其他选择的价值（即通过排他行为）来增强卖方谈判杠杆的行为，而不是通过增加卖方的其他选择来增强卖方谈判杠杆的行为，也不是卖方通过优化谈判技巧或变得更有耐心而增强的谈判杠杆。

21. 参见 U. S. Dep't of Justice and Federal Trade Commission (FTC), *Horizontal Merger Guidelines* § 6.2 (1992)。例如, FTC 诉 ProMedica Health Sys., Inc., 2011 – 1 Trade Cas. (CCH) 77, 395 (N. D. Ohio Mar. 29, 2011), aff'd, ProMedica Health Sys., Inc. 诉 FTC, 749 F. 3d 559 (6th Cir. 2014)。参见 Hemphill and Rose (2018)。

22. 参见 855 F. 3d, 第 377 – 378 页。

23. 参见 Competitive Impact Statement, United States 诉 Charter Communications, Inc., No. 1: 16-cv-00759 (D. D. C. 2016)。

24. 如果一家企业的单边行为仅仅是利用了合法获得的买方势力，它就可以在不违反《谢尔曼法案》的情况下行使买方垄断势力。但是，如果企业从事掠夺性行为以获得、维持或扩大其作为买方的市场势力，或者如果它通过向供应商支付低价为其对下游的掠夺性定价提供资金支持，由此获得、维持或扩大其作为卖方的市场势力，则该企业可能违反反垄断法。参见 West Penn Allegheny Health Sys., Inc. 诉 UPMC, 627 F. 3d 85, 103 (3d Cir. 2010); Ocean State Physicians Health Plan 诉 Blue Cross & Blue Shield, 883 F. 2d 1101, 1110 (1st Cir. 1989); Kartell 诉 Blue Shield of Mass., Inc., 749 F. 2d 922, 927, 928 (1st Cir. 1984) (Breyer, J.)。

25. 在这两种情况下，投入方面的购买量都比若非世界中的减少了。

26. 参见 Anthem, 855 F. 3d, 第 355 页。行使反补贴市场势力不是一种效率。参见 Baker et al. (2008c)。但请对照 Kirkwood (2014)。

27. 例如, West Penn Allegheny Health Sys., Inc. 诉 UPMC, 627 F. 3d 85,

105（3d Cir. 2010）；Federal Trade Comm'n 诉 H. J. Heinz Co. , 246 F. 3d 708，718 - 719（2001）；参见 Knevelbaard Dairies 诉 Kraft Foods，232 F. 3d 979，988（9th Cir. 2000）。但是在"Balmoral Cinema, Inc. 诉 Allied Artists Pictures Corp. 案"［885 F. 2d 313，317（6th Cir. 1989）］中，法院拒绝认定被指控的买方卡特尔本身违法，因为如果这一被指控的阴谋也导致了下游消费者的价格下降，那么它可能是无利可图的。

28. 法院承认，企业有时利用其买方势力来排除竞争对手，损害下游市场中的竞争。当这种情况发生时，竞争结果就需要在下游市场中评估。例如，U. S. 诉 Delta Dental of Rhode Island，943 F. Supp. 172，177（D. R. I. 1996）；参见 Been 诉 O. K. Industries, Inc. , 495 F. 3d 1217，1234n12（2007）。请对照 Kartell 诉 Blue Shield of Mass. , Inc. , 749 F. 2d 922，927，931（1st Cir. 1984）（Breyer, J. ）。

29. 参见 Telecor Communications, Inc. 诉 Southwestern Bell Telephone Co. , 305 F. 3d 1124，1134（10th Cir. 2002）。通常可参见 Stucke 2013，144 - 145（收集了各种案件）。相应地，支付较少的买方可以证明反垄断损害。Dyer 诉 Conoco, Inc. , 49 F. 3d 727（5th Cir. 1995）；New Mexico Oncology and Hematology Consultants, Ltd. 诉 Presbyterian Healthcare Services，54 F. Supp. 3d 1189，1205（D. N. Mex. 2016）；White Mule Co. 诉 ATC Leasing Co. LLC，540 F. Supp. 2d 869，888（N. D. Ohio 2008）。

30. OECD 及欧盟委员会采用了这个观点。参见 Stucke（2013），第 1541 - 1542 页。

31. 如果一个上游垄断者将产品销售至一个竞争性市场，使其下游的需求完全富有弹性，则下游的价格不会改变。

32. 请对照 Balmoral Cinema, Inc. 诉 Allied Artists Pictures Corp. , 885 F. 2d 313，317（6th Cir. 1989）。

33. 参见 Baker（2007b），第 132 - 133 页。

34. 参见 Baker（2007b），第 139 - 152 页，讨论了实施标准方法过程中出现的一系列问题。

35. 在实践中，执法机构可以在界定市场的同时分析竞争效果。这可能对此两种分析都有助益，特别是在被指控的损害是可追溯的情况下，因为假定垄断者测试是通过比较不存在有争议行为时的反事实情景的价格来考虑涨价的可获利性。请对照 Baker（2007b），第 162 – 167 页，第 169 – 173 页。但与市场界定相比，竞争效应分析涉及的经济力量更多，因此这两种分析在概念上是不同的。

36. 参见 Baker（2007b），第 148 – 151 页。请对照 Hatzitaskos（et al. 2017）。此外，市场界定并不是在真空中进行的，必须参照每一项具体的竞争损害指控来评估需求替代的证据。

37. 参见 Kaplow（2010）。正如 Kaplow 解释的，界定"最佳"市场，即在尚未评估以其他方式获得的市场势力的情况下，市场份额便可以作为市场势力之最佳指标的市场，是不可能的。该想法与下面这项建议有关（这项建议曾经被写进《横向合并指南》，但之后被删除）：法院应选择满足假定垄断者测试的最小市场。请对照 U. S. Dep't of Justice and FTC，*Horizontal Merger Guidelines* § 4.11（2010）with U. S. Dep't of Justice and FTC，*Horizontal Merger Guidelines* § 1.0（1992）。这两种观点都依赖于一个错误的假设，即存在一个合适的单一反垄断市场，可用于分析任何特定行为的竞争后果。市场界定是一致的或循环的，因为它涉及对需求替代的重要性进行评估，而不是寻找最佳市场。在由市场参与者形成的备选市场中，并不是要循环评估跨产品和地点涨价的可获利性。一般来说，这种评估取决于关于备选市场需求弹性的信息（以及当企业差异化时潜在的额外需求参数）及关于价格成本差的信息。为了估算需求参数或从会计数据中推断价格成本差，没有必要知道企业是否在行使市场势力。假定垄断者测试考虑的是相对于不存在有争议行为时的价格（在若非世界中）时的价格上涨，但反事实情景下的价格不一定是竞争价格。

38. 放弃市场界定将意味着在制定反垄断规则或评估市场势力时，不再依赖市场份额。若要对此进行调整，反垄断法可能会重新修订规则，专门通过其他形式的经济证据（例如关于需求和供给弹性的信息）来评估市场势力。

39. 参见 Ward（2017），第 2061 页。参见 Evans and Noel（2005，2008）。

40. 例如，Times-Picayune Publ'g Co. 诉 United States，345 U. S. 594，610，612，and n61（1953）；United States 诉 Microsoft Corp.，253 F. 3d 34（D. C. Cir. 2001）。

41. 参见 Ohio 诉 American Express Co.，138 S. Ct. 2274（2018）。法院狭义

地界定了一个将双边平台的两侧都包括在内的集群市场,具体是指:其一,不同侧的用户在同时发生的单笔交易中相匹配的情形(138 S. Ct., 第2286页);其二,网络效应非常强使得交易平台以外的企业无法在任何一侧竞争的情形(138 S. Ct. at 2287)。

42. 多产品企业的需求互补品的销售不同于在交易的买方而不是卖方的平台不同侧销售产品或服务。需求互补品的购买者将其因购买一种产品给购买另一种产品带来的好处内部化,而通常使平台用户受益的网络效应并没有被购买者内部化。这种区别并不奇怪:左右鞋(需求互补)的购买者是相同的,但杂志广告商和订阅者(平台用户)是不同的。

43. 参见 Baker(2007b),第134页。

44. 当法院将商业银行服务或住院医院服务等集群市场界定为需求互补和需求替代相结合时,也会出现类似的问题。当部分产品或服务的销售商之间的竞争限制了全品类销售商提供给集群市场的定价时,集群市场可能会在有关竞争效应的方面产生误导。参见 Baker(2007b),第157-159页。

45. 在评估竞争效应时,也不必为充分考虑反馈分析的影响而将其纳入市场界定。

46. 市场参与者之间某些方面的竞争可能仍未被包含在内。

47. 类似地,一家多产品企业被指控反竞争地提高了一种产品的价格,或者被指控有动机这样做,对比的反击是证明在考虑了损害需求互补品销售之后的涨价将是无利可图的。参见 Baker(1988a,131-134)。

48. 参见 United States 诉 Philadelphia Nat'l Bank,374 U. S. 321(1963)。

49. 参见 U. S. Dep't of Justice and FTC, *Horizontal Merger Guidelines* § 10 n. 14(2010)。执法机构在对互联市场的跨市场福利权衡取决于《横向合并指南》是否坚持认定效率不是合并特有的且已被证实,或者是效率源于产出或服务的反竞争减少。

50. 例如,Miss. River Corp. 诉 FTC,454 F. 2d 1083, 1089(8th Cir. 1972);United States 诉 Ivaco, Inc. , 704 F. Supp. 1409, 1427(W. D. Mich. 1989)。请对照 NCAA 诉 Board of Regents,468 U. S. 85,第116-117页(1984)。通常也可参见 Crane(2015,第399-400页)。但请参见 Werden(2017, 122-126),并请对照 Baker(2008b),第171-172页。

51. 参考 United States 诉 Topco Assocs., Inc., 405 U. S. 596, 第 610 – 611 页（1972）。下级法院认定"Topco 案"排除了非合并诉讼中的跨市场福利权衡。例如，Law 诉 NCAA, 902 F. Supp. 1394, 1406（D. Kan. 1995），aff'd 134 F. 3d 1010（10th Cir. 1998）。但也请参见 O'Bannon 诉 National Collegiate Athletic Ass'n, 802 F. 3d 1049, 1073（2015）。但是，请对照 Sullivan 诉 National Football League, 34 F. 3d 1091（1st Cir. 1994）。Gregory Werden（2017，第 127 – 132 页）认为，禁止跨市场福利权衡与辅助的限制分析（restraints analysis）及捆绑判例不一致，并与联邦最高法院允许对纵向限制进行合理性审查的后"Topco 案"时期的先例发生冲突。但是，辅助的限制分析是历史产物，它后来纳入了适用合理原则的现代结构化方法。参见 Gavil et al.（2017，第229 – 230 页，Sidebar 2 – 5）。与搭售的先例也不矛盾。搭售行为的合理性评估一般涉及包括搭售产品在内的市场的竞争收益或损害。法院将通过搭售产品市场来认定被指控的行为（是否存在搭售行为），但这种行为是否有害，首先取决于它是否在搭售产品市场上行使市场势力。参见 Jefferson Parish Hospital Dist. No. 2 诉 Hyde, 466 U. S. 2，第 36 – 37 页，第 38 页（1984）（O'Connor, J., 赞同）。有人认为，搭售产品市场中的损害可以通过卖方在搭售产品市场中保护商誉的收益来证明，"如果搭售产品不能与之一起使用，可能导致其故障"。Fortner Enterprises, Inc. 诉 U. S. Steel Corp., 394 U. S. 495, 512 n. 9（1969）（White, J., 反对）。但是，当搭售被证明是卖方保护商誉的正当理由时，商誉收益通常（如果不是一定的话）与竞争损害在同一市场中产生。此外，一般而言，纵向限制的合理性审查不需要跨市场福利权衡。假设制造商的做法是分销区域独家零售。通常情况下，被排除的零售商会辩称，品牌内部竞争的丧失会导致零售价格上升，而制造商则会回应说，制造商之间更强的品牌竞争会导致零售价格下降，后一影响才是压倒性的。在这种情况下，损害或收益发生在同一个市场，即下游零售市场。

52. 例如，Kottras 诉 Whole Foods Market, Inc., 281 F. R. D. 16, 25（D. D. C. 2012）。

53. 参见 Crane（2015，第 407 – 408 页）。正如本书第 2 章讨论的，跨市场福利权衡问题不同于反垄断法是否应寻求消费者剩余或总剩余最大化的普遍福利标准问题。10 美元和 30 美元的数字可以代表任何一种形式的剩余。

从概念上讲，法院有可能权衡一个市场的收益和另一个市场的损害，无论这些收益和损害是根据消费者剩余还是总剩余来计算的。跨市场福利权衡的可能性应限于收益一侧可确认的效率，因此在确定被告是否有限制性较小的替代方案（或者，在合并背景下，效率是否与合并有关）后才能进行跨市场福利权衡。

54. 参见 Crane（2015，第 409 – 410 页）发现，在合并审查中，其他三个反对跨市场福利权衡的理由并不令人信服：用以证明一系列导致垄断的合并具有正当性的论断，基于《克莱顿法案》的反对理由，以及导致竞争性消费者群体之间明显令人不快的利益平衡的主张。

55. 这些群体的成员经常在涉嫌损害供应商的反竞争行为的案件中受到伤害。

56. 即使最终消费者或从业者将获得市场的集中的效益，也不能允许用这种可能性来证明损害的正当性。例如，如果通过提高劳动力市场的工资将卖方卡特尔的利润与从业者分享，从业者的利益也不能用来支持卡特尔（然而结果却是，今天出现这种情况的可能性要比大部分从业者加入工会时小）。

57. 允许法院跨市场权衡避免了一种可能性，即在一个大型市场上对买方十分有利的合并将被叫停是因为它在一个小型市场上对买方产生了轻微的伤害［例如，当法院界定价格歧视市场或次级市场以赢得对某一产品和地理市场内的一组目标购买者（或供应商）的损害时，市场可能很小。请对照 Baker（2007b，第 151 – 152 页）］。执法机构拒绝以该理由质疑收购。例如，U. S. Dept. of Justice, Antitrust Div., "Statement of the Department of Justice Antitrust Division on Its Decision to Close Its Investigation of Southwest's Acquisition of Airtran," press release, April 26, 2011。然而这种可能性很容易被夸大，因为只有在缺乏限制性较小的替代方案时才会出现这种可能性（它还更合理地假设这种损害不能通过科斯式谈判而避免，也不通过健全的税收和转移制度加以纠正）。相应地，不应将这种可能性作为扩大市场以避免跨市场权衡的理由，更具体地说，不能用来证明"Ohio 诉 American Express Co. 案（138 S. Ct. 2274，2018）"的判决是正当的。

58. 如果安全网变得更强大、更安全，就不太需要这种单边转移支付来保护对反垄断的政治支持。此外，如果反垄断规则中的主要错误成本问题，过度打击了促进竞争的行为，而不是对有害行为的威慑不足，那么今天的主要问题便成了法院可能会通过允许更自由的跨市场权衡来合理地扩大这一例外。

第10章

1. 参见 United States 诉 Microsoft Corp.，253 F. 2d 34（D. C. Cir. 2001）。

2. 除了"微软案"，具有广泛公共利益的现代美国反垄断案件可能包括：政府针对美国电话电报公司的诉讼，该诉讼导致这家企业在20世纪80年代早期解体；赖氨酸价格固定阴谋（该案涉及的 Archer Daniels Midland，是许多畅销书籍和电影的主角）；以及偶尔对合并的指控，如政府阻止美国电话电报公司收购 T-Mobile 的诉讼。

3. 参见 Aspen Skiing Co. 诉 Aspen Highlands Skiing Corp.，472 U. S. 585（1985）。

4. 在这些判决之前，该评估受到了"United States 诉 Aluminum Co. of Am. 案［148 F. 2d 416（2d. Cir. 1945）］"（美国铝业）的影响。将"微软案"与同一法院的另一项判决，即对"Polygram Holding, Inc. 诉 FTC 案［416 F. 3d 29（D. C. Cir. 2005）］"的判决，进行比较，可以明显看出哥伦比亚特区联邦巡回上诉法院为《谢尔曼法案》第2条提出了一个结构化的合理性测试，类似于在该法案第1条下应用的方法。

5. 参见 Microsoft，253 F. 3d，第78-89页。本书第8章讨论了法院的竞争性分析。

6. 参见 Microsoft，253 F. 3d，第63页。

7. 参见 Baker（2010b），第621页。

8. 参见 Baker（2010b），第621-622页。

9. 参见 Dan Morgan and Juliet Eilperin, "Microsoft Targets Funding for Antitrust Office," *Washington Post*, October 15, 1999。

10. 参见 Mike Allen, "Bush Hints He Would Not Have Prosecuted microsoft," *Washington Post*, February 28, 2000。

11. 参见 John Hendren, "Microsoft, Employees Throw Support to Gorton," *Seattle Times*, November 5, 2000；请对照 Donald Lambro, "Bush Camp Sees Him Saving Microsoft," *Washington Times*, April 10, 2000。

12. 今天，金斯伯格法官最出名之处可能是他未能在联邦最高法院被成功地提名。他因此创造了"流亡宪法"（Constitution in exile）一词，以怀念一个世纪前联邦最高法院对经济权利的尊崇，并因此获得赞许。

13. 金斯伯格法官曾在里根政府担任反垄断助理总检察长。尽管他倾向于怀疑政府对排他行为的指控，但他支持对固定价格卡特尔以及将导致高度集中市场的横向合并提出的反垄断指控。参见 Ginsburg（1991b，第 100 页）。在哥伦比亚特区联邦巡回上诉法院，他撰写了一份反垄断意见书以支持联邦贸易委员会的一项决定，该决定指挥了竞争对手之间达成分割市场的协议。参见 Polygram Holding, Inc. 诉 FTC, 416 F. 3d 29（D. C. Cir. 2005）。

14. 参见 United States 诉 Jerrold Electronics Corp. , 187 F. Supp. 545（E. D. Pa. 1960），aff'd per curium, 365 U. S. 567（1961）。

15. 参见 Broadcast Music, Inc. 诉 Columbia Broadcasting System, Inc. , 441 U. S. 1（1979）。

16. 参见 Berkey Photo, Inc. 诉 Eastman Kodak Co. , 603 F. 2d 263（2d Cir. 1979）；Transamerica Computer Corp. 诉 IBM, 698 F. 2d 1377（9th Cir. 1963）；Northeastern Telephone Co. 诉 AT&T Co. , 651 F. 2d 76（2d Cir. 1981）。这一解释在当时并不是强制性的，现在也不会是强制性的。参见 Microsoft, 253 F. 3d at 67；Abbott Labs. 诉 Teva Pharms. USA, Inc. , 432 F. Supp. 2d 408, 422（D. Del. 2006）；Caldera, Inc. 诉 Microsoft Corp. , 72 F. Supp. 2d 1295, 1313（D. Utah 1999）；In re IBM Peripheral EDP Devices Antitrust Litig. , 481 F. Supp. 965, 1003（N. D. Cal. 1979），aff'd sub nom, Transamerica Computer Co. 诉 IBM Corp. , 698 F2d 1377（9th Cir. 1993）。但请参见 Allied Orthopedic Appliances, Inc. , 诉 Tyco Healthcare Group LP, 592 F. 3d 991, 1000（9th Cir. 2010）。

17. U. S. Dep't of Justice and FTC, *Commentary on the Horizontal Merger Guidelines* § 4（2006）。

18. 参见 Page and Lopatka（2007）。此外，上诉法院决定对具体做法进行单独评估，而不是集体评估，这削弱了地区法院的事实认定的叙事力（narrative force）。Page and Lopatka（2007），第 43 - 44 页；Gavil and First（2014），第 98 页。

19. 参见 Microsoft, 253 F. 3d, 第 49 - 50 页。

20. 参见 Verizon Commc'ns Inc. 诉 Law Office of Curtis V. Trinko, LLP, 540 U. S. 398 (2004)。

21. 例如，Nobody 诉 Clear Channel Communications, Inc. , 311 F. Supp. 2d 1048, 1112 – 1114 (D. Colo. 2004)。但请参见 John Doe 1 诉 Abbott Laboratories, 571 F. 3d 930 (9th Cir. 2009)。

22. 参见 Trinko, 540 U. S. , 第 407 – 408 页。

23. Rep. F. James Sensenbrenner, Chairman, Committee on the Judiciary, U. S. House of Representatives, "Sensenbrenner Introduces Antitrust Study Commission Legislation," press release, June 27, 2001. 也可参见 *Antitrust Modernization Commission*: *Public Meeting* (July 15, 2004) (testimony of Hon. F. James Sensenbrenner)。

24. Antitrust Modernization Commission: Public Meeting (July 15, 2004) (testimony of Hon. F. James Sensenbrenner), 5.

25. Americans for Tax Reform, "Comments Regarding Commission Issues for Study," September 9, 2004 (filed before the Antitrust Modernization Commission) (letter signed by Grover G. Norquist). 其他评论者则呼吁增加执法。

26. 在乔治·W. 布什执政后期，有三宗针对横向合并的垄断合并指控，被告根据垄断诉由及《克莱顿法案》第 7 条进行了抗辩。这些合并均未涉及排他行为。Complaint, United States 诉 Microsemi Corp. , Civil Action No. 1: 08cv1311 (ATJ/JFA) (E. D. Va. December 18, 2008); Complaint, United States 诉 Amsted Indus. , Inc. , Civ. No. 1: 07-CV-00710 (D. D. C. April 18. 2007); Complaint, United States 诉 Daily Gazette Co. , 567 F. Supp. 2d 859 (S. D. W. Va. 2008)。

27. 参见 U. S. Department of Justice (DOJ), "Justice Department Withdraws Report on Antitrust Monopoly Law," press release, May 11, 2009, https: // www. justice. gov/opa/pr/justice-department-withdraws-report-antitrust-monopoly-law。也可参见 Brief for the United States and the Federal Trade Commission as Amici Curiae Supporting Petitioner at 14, Verizon Commc'ns Inc. 诉 Law Offices of Curtis V. Trinko, LLP, 540 U. S. 398 (2004) (No. 02-682) (sec. II. A. 1)。关于《谢尔曼法案》第 2 条的报告源自联邦贸易委员会和司法部对垄断行为的联合听证，

但最终报告仅由司法部发布。联邦贸易委员会的大多数委员称,司法部的报告是"彻底削弱第 2 条执行力度的蓝图"。*Statement of Commissioners Harbour, Liebowitz, and Rosch on the Issuance of the Section 2 Report by the Department of Justice*(September 8, 2008).8 个月之后,随着新政府的上任,司法部撤回了这份报告,并宣布打算重振第 2 条的执法。U. S. Department of Justice, "Justice Department Withdraws Report on Antitrust Monopoly Law," press release, May 11, 2009; Christine Varney, Asst. Att'y Gen. for Antitrust, "Vigorous Antitrust Enforcement in this Challenging Era"(speech), Remarks as Prepared for the U. S. Chamber of Commerce, May 12, 2009. 著名反垄断论文的主要作者赫伯特·霍温坎普(2010,第 1613 页)教授将司法部第 2 条的报告描述为"对单一企业行为的极度宽容"。

28. 20 年前,当反垄断法采用芝加哥学派导向的规则时,联邦政府的两个分支机构——法院和行政部门——对这一新方法充满热情。但国会(以及各州)质疑很多方面,以有助于确保其结果仅限于对政治交易的改革而不是背弃它。参见 Baker(2006),第 505 - 515 页。

29. 哥伦比亚特区联邦巡回上诉法院在责任问题上的一致判决破坏了对"微软案"的合法性批判,一旦与政府达成和解,微软自己便不会再对该立场施压。微软的外部顾问、前司法部反垄断部门负责人 Charles(Rick)Rule 告诉 AMC,"在一个完美的世界里"第 2 条可能会被废除,但作为一个"政治现实主义者",他认识到这是不可能的。相反,他提出了修改垄断学说的十项建议,如果被接受,这将意味着"不会有很多行为被第 2 条抓住"。*Antitrust Modernization Commission*: *Public Hearing*, *Panel I*(September 29, 2005)(panelist Charles F. "Rick" Rule), https: //govinfo. library. unt. edu/amc/commission_hearings/pdf/050929_Exclus_Conduct_Transcript_reform. pdf. 垄断执法的主要辩护人 Steven Salop 回应说,该规则试图"或多或少地以我修理猫的方式"修复反垄断。*Antitrust Modernization Commission*(September 29, 2005)(panelist Prof. Steven C. Salop),第 42 页。

30. 通常可参见 Baker(2002b)。也可参见 Kovacic(1989),第 1139 - 1144 页。

31. 参见 Kimble 诉 Marvel Entm't, LLC, 135 S. Ct. 2401,第 2412 - 2413 页

(2015)。

32. 参见 Baker (2003d)。

33. 然而，经济变化和法律变化之间的关系并不简单。参见 Baker (2002b)，第 69 – 70 页。

34. 20 世纪 60 年代至 70 年代，反垄断法在涉及 IBM 的垄断案件中处理有关信息技术平台的竞争问题，到了 90 年代，继续在针对微软的诉讼中做出尝试，但这些形式的商业组织后来变得更具影响力。

35. U. S. Senate Democrats, "A Better Deal: Cracking Down on Corporate Monopolies," July 24, 2017, https：//www. democrats. senate. gov/imo/media/doc/2017/07/A-Better-Deal-on-Competition-and-Costs-1. pdf. 在 2016 年的竞选中，民主党大力支持反垄断，尽管主流派与进步派之间存在分歧。Neil Irwin, "Liberal Economists Think Big Companies Are Too Powerful. Hillary Clinton Agrees," *New York Times*, October 4, 2016; Timothy B. Lee, "Hillary Clinton Just Took a Step toward Elizabeth Warren's View on Monopolies," *Vox*, October 4, 2016.

36. 另一方面，联邦贸易委员会主席 Joe Simons 强调，他愿意遵循经济证据，无论这是否会导致或多或少的执法。Joe Simons, Chairman, Federal Trade Com-mission, Prepared Remarks (speech), Remarks at the Federal Trade Commission Hearings on Competition and Consumer Protection in the 21st Century, Washington, D. C. September 13, 2018, https：//www. ftc. gov/public-statements/2018/09/prepared-remarks-chairman-joe-simons-hearings-competition-consumer。

37. Michael Mandel, "How Ecommerce Helps Less-Educated Workers," *Progressive Policy Institute*, April 13, 2018, http：//www. progressivepolicy. org/blog/how-ecommerce-helps-less-educated-workers/; 参见 Michael Mandel, "The Ecommerce Counterfactual," *Progressive Policy Institute*, March 12, 2018, http：//www. progressivepolicy. org/blog/the-ecommerce-counterfactual/。

38. 参见 Baker and Salop (2015)，第 1 – 2 页。

39. Rodrik (2018); German Lopez, "The Past Year of Research Has Made It Very Clear: Trump Won Because of Racial Resentment," *Vox*, December 15, 2017; Thomas B. Edsall, "How Fear of Falling Explains the Love of Trump," *New York Times*, July 20, 2017; Daniel W. Drezner, "I attended three conferences on popu-

lism in 10 days. Here's what I learned."*Washington Post*, June 19, 2017. 请对照 Robert Tsai and Calvin TerBeek, "Trumpism Before Trump," *Boston Review*, June 11, 2018。

40. 参见 Dani Rodrik, "What Does a True Populism Look Like? It Looks Like the New Deal," *New York Times*, February 21, 2018。但也请参见 Thomas B. Edsall, "Why Is It So Hard for Democracy to Deal with Inequality?" *New York Times*, February 15, 2018。

41. Senator Elizabeth Warren, "Reigniting Competition in the American Economy" (speech), Keynote Remarks at New America's Open Markets Program Event, June 29, 2016, https://www.warren.senate.gov/?p=press_release&id=1169。

42. 但请参见 Crane 2018b; David Brooks, "Donald Trump is Not Playing by Your Rules," *New York Times*, June 11, 2018。

43. 但请参见 Mark Joseph Stern, "America Could Look Like North Carolina by 2020," *Slate*, April 27, 2017。

44. 精英们设计问题的方式可以塑造公众舆论。Zaller (1992)。

45. 作为讨论的基础，国会可能会考虑加强《克莱顿法案》第7条而允许原告胜诉，只要原告证明竞争损害的风险增加，并要求被告用明确而有说服力的证据来证明其理由；通过立法推翻联邦最高法院在"Ohio 诉 American Express Co. 案（138 S. Ct. 2274, 2018）"中的裁决，如果下级法院对该裁决的解释是它破坏了存在已久的合理的先例，涉及市场界定、垄断协议案件中的责任分配、用直接证据证明竞争损害，或者对竞争的非产出维度的损害等问题；通过立法减少限制私人原告进入法院的程序性障碍；修改《谢尔曼法案》，禁止发起合谋，并将违法性垄断扩大到包括垄断杠杆和非支配型企业的单边反竞争行为；通过立法确保在广泛受监管的行业中执行反垄断法；通过立法授予联邦贸易委员会市场调查权，类似于对英国竞争与市场管理局（UK's Competition & Markets Authority）授权的立法。

46. 根据《联邦贸易委员会法案》（F. T. C. Act）第6条（b）款，联邦贸易委员会有权强制要求当事人回答问题以获取数据，从而在没有特定执法目的的情况下开展广泛的经济研究。如果它发现了竞争问题，它可以根据该法案第5条采取执法行动，参与竞争规则的制定，或编写一份重点提出该问题的报告，并建议国会、各州或监管机构采取行动。就英国竞争与市场管理局而言，这些权力并不能完全增强其进场调查的广泛能力，但可能会使它更接近于有这种能力。参见 Competition & Markets Authority, *Market Studies and Market Investigations: Supplemental Guidance on the CMA's Approach* §§ 1.5 – 1.6（July 2017）。美国国会可以有效地授予联邦贸易委员会类似的权力。

47. 无论是民事案件还是刑事案件，个人都可以被称为被告。Memorandum from Sally Yates, Deputy Att'y Gen., Dep't of Justice, to Assistant Att'y Gen., Antitrust Div., et al.（September 9, 2015）。

48. 例如，美国在第二次世界大战期间资助了制铝业产能的扩张，向铝支配地位的美国铝业公司支付了用于建设和运营几乎所有新工厂的费用，以满足国防需求，然后在战后出售这些工厂，以创建新的竞争对手。参见 Balmer and Werden（1981），第 99 页；Kovacic（1999, 1306）；Roback（1946）。20 世纪 60 年代和 70 年代，美国铝业公司的市场份额因此下降，从而导致价格下降。参见 Bresnahan and Suslow（1989）。

49. 例如，Executive Order, Steps to Increase Competition and Better Inform Consumers and Workers to Support Continued Growth of the American Economy, April 15, 2016, https：//obamawhitehouse.archives.gov/the-press-office/2016/04/15/executive-order-steps-increase-competition-and-better-inform-consumers。

50. 也可参见 Collection（2018）。

参考文献

Abdelal, Rawi, and John G. Ruggie. 2009. "The Principles of Embedded Liberalism: Social Legitimacy and Global Capitalism." In *New Perspectives on Regulation*, edited by David Moss and John Cisternino, 151 – 162. Cambridge, MA: The Tobin Project.

Acemoglu, Daron, and James A. Robinson. 2012. *Why Nations Fail: The Origins of Power, Prosperity, and Poverty*. New York: Crown Publishing.

Alexander, Barbara J. 1994. "The Impact of the National Industrial Recovery Act on Cartel Formation and Maintenance Costs." *Review of Economics and Statistics*. 76, no. 2: 245 – 254.

Alexander, Barbara J. 1997. "Failed Cooperation in Heterogeneous Industries Under the National Recovery Administration." *Journal of Economic History*. 57, no. 2: 322 – 344.

American Bar Association Section of Antitrust Law. 2006. *Economic Evidence Task Force, Final Report*. http://www.abanet.org/antitrust/at-reports/01-c-ii.pdf.

American Bar Association Section of Antitrust Law. 2012. *Market Definition in Antitrust: Theory and Case Studies*. Chicago, IL: American Bar Association.

American Bar Association Section of Antitrust Law. 2015. *Handbook on the Scope of Antitrust*. Chicago, IL: American Bar Association.

American Bar Association Section of Antitrust Law. 2017. *Antitrust Law Developments*. 8th ed. 2 vols. Chicago, IL: American Bar Association.

Anderson, J. Jonas. 2014a. "Congress as a Catalyst of Patent Reform at the Federal Circuit." *American University Law Review*. 63, no. 4: 961 – 1018.

American Bar Association Section of Antitrust Law. 2014b. "Patent Dialogue." *North Carolina Law Review*. 92, no. 4: 1049 – 1108.

Areeda, Phillip, and Donald F. Turner. 1975. "Predatory Pricing and Related Practices Under Section 2 of the Sherman Act." *Harvard Law Review*. 88, no. 4: 697 – 733.

Areeda, Phillip, and Donald F. Turner. 1978. *Antitrust Law*, vol. 3. Boston: Little, Brown.

Armstrong, Mark, and John Vickers. 1993. "Price Discrimination, Competition and Regulation." *Journal of Industrial Economics*. 41, no. 4: 335 – 359.

Armstrong, Mark, and John Vickers. 2001. "Competitive Price Discrimination." *RAND Journal of Economics*. 32, no. 4: 579 – 605.

Aryal, Gaurab, Federico Ciliberto, and Benjamin T. Leden. 2018. "Public Communication and Collusion in the Airline Industry." University of Chicago Becker Friedman Institute Working Paper No. 2018 – 11. https://ssrn.com/abstract=3122560.

Ashenfelter, Orley C., Henry Farber, and Michael R Ransom. 2010. "Labor Market Monopsony." *Journal of Labor Economics*. 28, no. 2: 203 – 210.

Ashenfelter, Orley, and Daniel Hosken. 2010. "The Effect of Mergers on Consumer Prices: Evidence from Five Selected Case Studies." *Journal of Law and Economics* 53, no. 3: 417 – 466.

Asker, John. 2016. "Diagnosing Foreclosure Due to Exclusive Dealing." *Journal of Industrial Economics*. 64, no. 3: 375 – 410.

Auletta, Ken. 2001. *World War 3.0: Microsoft and Its Enemies*. New York: Penguin Random House.

Autor, David, David Dorn, Lawrence F. Katz, Christina Patterson, and John

Van Reenen. 2017. "Concentrating on the Fall of the Labor Share." *American Economic Review*. 107, no. 5: 180–185.

Azar, José, Sahil Raina, and Martin Schmalz. 2016. "Ultimate Ownership and Bank Competition." Working Paper. http://ssrn.com/abstract=2710252.

Azar, José, Ioana Marinescu, and Marshall I. Steinbaum. 2017. "Labor Market Concentration." NBER Working Paper No. 24147. http://www.nber.org/papers/w24147.pdf.

Azar, José, Martin C. Schmalz, and Isabel Tecu. 2018a. "Anti-Competitive Effects of Common Ownership." *Journal of Finance*. 73, no. 4.

Azar, José A., Ioana Marinescu, Marshall I. Steinbaum, and Bledi Taska. 2018b. "Concentration in US Labor Markets: Evidence from Online Vacancy Data." NBER Working Paper No. 24395. http://www.nber.org/papers/w24395.pdf.

Backus, Matthew R. 2014. "Why Is Productivity Correlated with Competition?" Working Paper. http://www8.gsb.columbia.edu/researcharchive/articles/15059.

Baer, Bill. 2015. "Cooperation, Convergence, and the Challenges Ahead in Competition Enforcement." Remarks at the Georgetown Law 9th Annual Global Antitrust Enforcement Symposium, Washington, D. C., September 29, 2015. https://www.justice.gov/opa/file/782361/download.

Bailey, Elizabeth E., and John C. Panzar. 1981. "The Contestability of Airline Markets During the Transition to Deregulation." *Law and Contemporary Problems*. 44, no. 1: 125–146.

Baker, Donald I., and Bennett Rushkoff. 1990. "The 1988 Justice Department International Guidelines: Searching for Legal Standards and Reassurance." *Cornell International Law Journal*. 23, no. 3: 405–440.

Baker, Jonathan B. 1988a. "The Antitrust Analysis of Hospital Mergers and the Transformation of the Hospital Industry." *Law and Contemporary Problems*. 51, no. 2: 93–164.

Baker, Jonathan B. 1988b. "Private Information and the Deterrent Effect of Antitrust Damage Remedies." *Journal of Law, Economics & Organization*. 4, no. 2, 385–408.

Baker, Jonathan B. 1989. "Identifying Cartel Policing Under Uncertainty: The U. S. Steel Industry, 1933 – 1939. " *Journal of Law abd Economics*. 32, no. 2, pt. 2: S47 – S76.

Baker, Jonathan B. 1991. "Per Se Rules in the Antitrust Analysis of Horizontal Restraints. " *Antitrust Bulletin*. 36, no. 4: 733 – 743.

Baker, Jonathan B. 1993. "Two Sherman Act Section 1 Dilemmas: Parallel Pricing, the Oligopoly Problem, and Contemporary Economic Theory. " *Antitrust Bulletin*. 38, no. 1: 143 – 219.

Baker, Jonathan B. 1994. "Predatory Pricing After Brooke Group: An Economic Perspective. " *Antitrust Law Journal*. 62, no. 3: 585 – 603.

Baker, Jonathan B. 1997. "Unilateral Competitive Effects Theories in Merger Analysis. " *Antitrust*. 11, no. 2: 21 – 26.

Baker, Jonathan B. 1999. "Econometric Analysis in FTC V. Staples. " *Journal of Public Policy & Marketing*. 18, no. 1: 11 – 21.

Baker, Jonathan B. 2001. "New Horizons in Cartel Detection. " *George Washington Law Review*. 69, no. 5/6: 824 – 828.

Baker, Jonathan B. 2002a. "Mavericks, Mergers and Exclusion: Proving Coordinated Competitive Effects Under the Antitrust Laws. " *New York University Law Review*. 77, no. 1: 135 – 203.

Baker, Jonathan B. 2002b. "A Preface to Post-Chicago Antitrust. " In *Post Chicago Developments in Antitrust Law*, edited by Roger van den Bergh, Roberto Pardolesi and Antonio Cucinotta, 60 – 75. Northampton, UK: Edward Elgar.

Baker, Jonathan B. 2003a. "The Case for Antitrust Enforcement. " *Journal of Economic Perspectives*. 17, no. 4: 27 – 50.

Baker, Jonathan B. 2003b. "Competitive Price Discrimination: The Exercise of Market Power Without Anticompetitive Effects. " *Antitrust Law Journal*. 70, no. 3: 643 – 654.

Baker, Jonathan B. 2003c. "Responding to Developments in Economics and the Courts: Entry in the Merger Guidelines. " *Antitrust Law Journal*. 71, no. 1: 189 – 206.

Baker, Jonathan B. 2003d. "Why Did the Antitrust Agencies Embrace Unilateral Effects?" *George Mason University Law Review*. 12, no. 1: 31–37.

Baker, Jonathan B. 2006. "Competition Policy as a Political Bargain." *Antitrust Law Journal*. 73, no. 2: 483–530.

Baker, Jonathan B. 2007a. "Beyond Schumpeter vs. Arrow: How Antitrust Fosters Innova-tion." *Antitrust Law Journal*. 74, no. 3: 575–601.

Baker, Jonathan B. 2007b. "Market Definition: An Analytical Overview." *Antitrust Law Journal*. 74, no. 1: 129–173.

Baker, Jonathan B. 2008a. "'Dynamic Competition' Does Not Excuse Monopolization." *Competition Policy International*. 4, no. 2: 243–251.

Baker, Jonathan B. 2008b. "Efficiencies and High Concentration: Heinz Proposes to Acquire Beech-Nut (2001)." In *The Antitrust Revolution*, edited by John E. Kwoka Jr. and Lawrence J. White, 157–177. 5th ed. New York: Oxford University Press.

Baker, Jonathan B. 2010a. "Market Concentration in the Antitrust Analysis of Horizontal Mergers." In *Antitrust Law and Economics*, edited by Keith N. Hylton, 234–260. 2nd ed. Cheltenham, UK: Edward Elgar. Corrected in a Working Paper available at http://ssrn.com/abstract=1092248.

Baker, Jonathan B. 2010b. "Preserving a Political Bargain: The Political Economy of the Non-Interventionist Challenge to Monopolization Enforcement." *Antitrust Law Journal*. 76, no. 3: 605–652.

Baker, Jonathan B. 2011. "Comcast/NBCU: The FCC Provides a Roadmap for Vertical Merger Analysis." *Antitrust*. 25, no. 2: 36–42.

Baker, Jonathan B. 2013a. "Economics and Politics: Perspectives on the Goals and Future of of Antitrust." *Fordham Law Review* 81, no. 5: 2175–2196.

Baker, Jonathan B. 2013b. "Exclusion as a Core Competition Concern." *Antitrust Law Journal*. 78, no. 3: 527–589.

Baker, Jonathan B. 2013c. "Antitrust Enforcement and Sectoral Regulation: The Competition Policy Benefits of Concurrent Enforcement in the Communications Sector." *Competition Policy International*. 9, no. 1: 1–8.

Baker, Jonathan B. 2014. "Channeling and Contending with Bill Kovacic." In *William E. Kovacic—Liber Amicorum: An Antitrust Tribute*, edited by Nicolas Charbit and Elisa Ramundo, vol. 2, 1 – 11. New York: Institute of Competition Law.

Baker, Jonathan B. 2015. "Taking the Error Out of 'Error Cost' Analysis: What's Wrong with Antitrust's Right." *Antitrust Law Journal*. 80, no. 1: 1 – 38.

Baker, Jonathan B. 2016a. "Evaluating Appropriability Defenses for the Exclusionary Conduct of Dominant Firms in Innovative Industries." *Antitrust Law Journal*. 80, no. 3: 431 – 461.

Baker, Jonathan B. 2016b. "Overlapping Financial Investor Ownership, Market Power, and Antitrust Enforcement: My Qualified Agreement with Professor Elhauge." *Harvard Law Review Forum*. 129: 212 – 232.

Baker, Jonathan B. 2016c. "Exclusionary Conduct of Dominant Firms, R&D Competition, and Innovation." *Review of Industrial Organization*. 48, no. 3: 269 – 287.

Baker, Jonathan B. 2017. "Market Power in the U. S. Economy Today." Washington Center for Equitablegrowth. http://equitablegrowth.org/research-analysis/market-power-in-the-u-s-economy-today/.

Baker, Jonathan B. 2019 (Forthcoming). "Cartel Ringmaster or Competition Creator? The Ebooks Case Against Apple (2013)." In *The Antitrust Revolution: Economics, Competition, and Policy*, edited by John E. Kwoka Jr. and Lawrence J. White. 7th ed. New York: Oxford University Press.

Baker, Jonathan B., and Timothy F. Bresnahan. 1992. "Empirical Methods of Identifying and Measuring Market Power." *Antitrust Law Journal*. 61, no. 1: 3 – 16.

Baker, Jonathan B., and Timothy F. Bresnahan. 2008. "Economic Evidence in Antitrust: Defining Markets and Mea-suring Market Power." In *Handbook of Antitrust Economics*, edited by Paolo Buccirossi, 1 – 42. Cambridge, MA: MIT Press.

Baker, Jonathan B., Mark Bykowsky, Patrick DeGraba, Paul LaFontaine, Eric Ralph, and William Sharkey. 2011. "The Year in Economics at the FCC, 2010 – 11: Protecting Competition Online." *Review of Industrial Organization*. 39, no. 4: 297 – 309.

Baker, Jonathan B., and Judith A. Chevalier. 2013. "The Competitive Consequences of Most-Favored-Nation Provisions." *Antitrust*. 27, no. 2: 20 – 26.

Baker, Jonathan B., Joseph Farrell and Carl Shapiro. 2008. "Merger to Monopoly to Serve a Single Buyer: Comment." *Antitrust Law Journal*. 75, no. 2: 637 – 646.

Baker, Jonathan B., and Steven C. Salop. 2001. "Should Concentration Be Dropped from the Merger Guidelines?" In American Bar Association Section of Antitrust Law, *Task Force Report: Perspectives on Fundamental Antitrust Theory*, 339 – 354. Chicago, IL: American Bar Association.

Baker, Jonathan B., and Steven C. Salop. 2001. 2015. "Antitrust, Competition Policy and Inequality." *Georgetown Law Journal Online*. 104: 1 – 28.

Baker, Jonathan B., and Fiona Scott Morton. 2018. "Antitrust Enforcement Against Platform MFNs." *Yale Law Journal*. 127, no. 7: 2176 – 2202.

Baker, Jonathan B., and Carl Shapiro. 2008a. "Detecting and Reversing the Decline in Horizontal Merger Enforcement." *Antitrust*. 22, no. 3: 29 – 36.

Baker, Jonathan B., and Carl Shapiro. 2008b. "Reinvigorating Horizontal Merger Enforcement." In *How the Chicago School Overshot the Mark: The Effect of Conservative Economic Analysis on U.S. Antitrust*, edited by Robert Pitofsky, 235 – 288. New York: Oxford University Press.

Baker, Laurence C., M. Kate Bundorf, and Daniel P. Kessler. 2017. "Does Multispecialty Practice Enhance Physician Market Power?" NBER Working Paper No. 23871. http://www.nber.org/papers/w23871.

Balkin, Jack M., and Sanford Levinson. 2006. "The Process of Constitutional Change: From Partisan Entrenchment to the National Security State" *Fordham Law Review*. 75, no. 2: 489 – 535.

Balmer, Thomas A. and Gregory J. Werden. 1981. "Antitrust Review of Proposed Administrative Actions." *Boston University Law Review*. 61, no. 1: 90 – 131.

Bamberger, Kenneth A. and Orly Lobel. 2017. "Platform Market Power." *Berkeley Technology Law Journal*. 32, no. 3: 1051 – 1092.

Barkai, Simcha. 2016. "Declining Labor and Capital Shares." University of

Chicago Stigler Center New Working Paper No. 2. http://home.uchicago.edu/~barkai/doc/BarkaiDecliningLaborCapital.pdf.

Bartels, Larry M. 2008. *Unequal Democracy: The Political Economy of the New Gilded Age*. Princeton: Princeton University Press.

Baumol, William J. 2002. *The Free-Market Innovation Machine. Analyzing the Growth Miracle of Capitalism*. Princeton: Princeton University Press.

Baumol, William J., John C. Panzar, and Robert D. Willig. 1988. *Contestablemarkets and the Theory of Industry Structure*. Rev. ed. San Diego: Harcourt Brace Jovanovich.

Baumol, William J., and Robert D. Willig. 1986. "Contestability: Developments Since the Book." *Oxford Economic Papers*. 38, Supp.: 9 – 36.

Beckner III, C. Frederick, and Steven C. Salop. 1999. "Decision Theory and Antitrust Rules." *Antitrust Law Journal*. 67, no. 1: 41 – 76.

Behrens, Peter. 2015. "The Ordoliberal Concept of 'Abuse' of a Dominant Position and its Impact on Article 102 TFEU." Paper presented at the 10th Annual ASCOLA Conference, Tokyo, Japan, September 9, https://ssrn.com/abstract=2658045.

Behrman, Bradley. 1980. "Civil Aeronautics Board." In *The Politics of Regulation*, edited by James Q. Wilson, 75 – 120. New York: Basic Books.

Belleflamme, Paul, Wing Man Wynne Lam, and Wouter Vergote. 2017. "Price Discrimination and Dispersion Under Asymmetric Profiling of Consumers." Aix-Marseille School of Economics Working Paper No. 2017 – 13. https://hal.archives-ouvertes.fr/halshs-01502452.

Benjamin, Stuart Minor, Howard A. Shelanski, James B. Speta, and Philip J. Weiser. 2012. *Telecommunications Law and Policy*. Durham: Carlina Academic Press.

Benmelech, Efraim, Nitta Bergman, and Hyunseob Kim. 2018. "Strong Employers and Weak Employees: How Does Employer Concentration Affect Wages?" NBER Working Paper No. 24307. http://www.nber.org/papers/w24307.pdf.

Bernheim, B. Douglas, and Michael D. Whinston. 1990. "Multimarket Contact and Collusive Behavior." *RAND Journal of Economics*. 21, no. 1: 1–26.

Bernheim, B. Douglas, and Erik Madsen. 2017. "Price Cutting and Business Stealing in Imperfect Cartels." *American Economic Review*. 107, no. 2: 387–424.

Bessen, James. 2016. "Accounting for Rising Corporate Profits: Intangibles or Regulatory Rents?" CATO Institute, September 21, 2016. https://www.cato.org/publications/research-briefs-economic-policy/accounting-rising-corporate-profits-intangibles.

Bessen, James. 2017. "Information Technology and Industry Concentration." Boston University Law and Economics Research Paper No. 17–41. https://papers.ssrn.com/sol3/papers.cfm?abstract_id=3044730.

Bivens, Josh, Lawrence Mishel, and John Schmitt. 2018. *It's Not Just Monopoly and Monopsony: How Market Power Has Affected American Wages*. Economic Policy Institute Report. https://www.epi.org/publication/its-not-just-monopoly-and-monopsony-how-market-power-has-affected-american-wages/.

Blake, Harlan M., and William K Jones. 1965. "In Defense of Antitrust." *Columbia Law Review*. 65, no. 3: 377–400.

Blinder, Alan S., and Jeremy B. Rudd. 2013. "The Supply-Shock Explanation of the Great Stagflation Revisited." In *The Great Inflation: The Rebirth of Modern Central Banking*, edited by Michael D. Bordo and Athanasios Orphanidees, 119–180. Chicago, IL: University of Chicago Press.

Bliss, Jeff. 2016. Disconnected: *How AT&T's Bid for T-Mobile USA Failed and Exposed the Limits of Corporate Power*. Washington: MLex Market Insight.

Blonigen, Bruce A., and Justin R. Pierce. 2016. "Evidence for the Effects of Mergers on Market Power and Efficiency." NBER Working Paper No. 22750. http://www.nber.org/papers/w22750.

Bloom, Nicholas, Brian Lucking, and John Van R2018. "Have R&D Spillovers Changed?" NBER Working Paper 24622. http://www.nber.org/papers/w24622.

Bloom, Nicholas, and John Van Reenen. 2010. "Why Do Management Practices Differ Across Firms and Countries?" *Journal of Economic Perspectives*. 24, no. 1: 203–224.

Blume, Marshall E., and Donald B. Keim. 2014. "The Changing Nature of Institutional Stock Investing." Working Paper. https://fnce.wharton.upenn.edu/profile/948/research.

Boik, Andre. 2018. "Predic and Identification in Two-Sided Markets." CESifo Working Paper No. 6857. https://papers.ssrn.com/sol3/papers.cfm?abstract_id=3104846.

Bolton, Patrick, Joseph F. Brodley, and Michael H. Riordan. 2000. "Predatory Pricing: Strategic Theory and Legal Policy." *Georgetown Law Journal*. 88, no. 8: 2239–2330.

Bone, Robert G. 2003. *Civil Procedure: The Economics of Civil Procedure*. New York: Foundation Press.

Borenstein, Severin, and Nancy L. Rose. 2014. "How Airline Markets Work… Or Do They? Regulatory Reform in the Airline Industry." In *Economic Regulation and Its Reform: What Have We Learned?* edited by Nancy L. Rose, 63–135. Chicago, IL: University of Chicago Press.

Bork, Robert. 1978. *The Antitrust Paradox: A Policy at War with Itself*. New York: Basic Books.

Bork, Robert H., and Ward S. Bowman, Jr. 1965. "The Crisis in Antitrust." *Columbia Law Review*. 65, no. 3: 363–376.

Bourreau, Marc, and Bruno Jullien. 2017. "Mergers, Investments and Demand Expansion." Toulouse School of Economics Working Paper No. 17-880. https://www.tse-fr.eu/sites/default/files/TSE/documents/doc/wp/2017/wp_tse_880.pdf.

Boudreaux, Donald J., Thomas J. DiLorenzo, and Stephen Parker. 1995. "Antitrust Before the Sherman Act." In *The Causes and Consequences of Antitrust: The Public Choice Perspective*, edited by Fred S. Mc Chesney and William F. Shugart II, 255–270. Chicago, IL: University of Chicago Press.

Braghieri, Luca. 2017. "Targeted Advertising and Price Discrimination in Intermediated Online Markets." Working Paper. https://papers.ssrn.com/sol3/papers.cfm?abstract_id=3072692.

Brand, Donald. 1988. *Corporatism and the Rule of Law: A Study of the National*

Recovery Administration. Ithaca: Cornell University Press.

Branham, J. Alexander, Stuart N. Soroka, and Christoper Wlezien. 2017. "When Do the Rich Win?" *Political Science Quarterly*. 132: 43 – 62.

Bresnahan, Timothy F. 1989. "Empirical Studies of Industries with Market Power." In *Handbook of Industrial Organization*, edited by Richard Schmalensee and Robert D. Willig, vol. 2, 1011 – 1057. New York: Elsevier.

Bresnahan, Timothy F. 1992. "Sutton's Sunk Costs and Market Structure: Price Competition, Advertising, and the Evolution of Concentration." *RAND Journal of Economics*. 23, no. 1: 137 – 152.

Bresnahan, Timothy F. 2010. "Monopolization and Fading Dominant Firm." In *Competition Law and Economics: Advances in Competition Policy Enforcement in the EU and North America*, edited by Abel M. Mateus and Teresa Moreira, 264 – 290. Cheltenham, UK: Edward Elgar.

Bresnahan, Timothy F., and Shane Greenstein. 1999. "Technological Competition and the Structure of the Computer Industry." *Journal of Industrial Economics*. 47, no. 1: 1 – 40.

Bresnahan, Timothy F., Ierie Y. Suslow. 1989. "Oligopoly Pricing with Capacity Constraints." *Annales D'Economie et de Statistique*. 15/16: 267 – 289.

Brinkley, Joel, and Steve Lohr. 2000. *U. S. v. Microsoft: The Inside Story of the Landmark Case*. New York: McGraw-Hill.

Bristol, Nellie. 2012. "Republican Presidential Candidates United on Healthcare." *Lancet*. 379, no. 9811: 107.

Brodley, Joseph F. 1987. "The Economic Goals of Antitrust: Efficiency, Consumer Welfare, and Technological Progress." *New York University Law Review*. 62, no. 5: 1020 – 1053.

Bryant, Peter G., and E. Woodrow Eckard. 1991. "Price Fixing: The Probability of Getting Caught." *Review of Economics and Statistics*. 73, no. 3: 531 – 536.

Byrne Edsall, Thomas. 1984. *The New Politics of Inequality*. New York: Norton.

Brynjolfsson, Erik, Daniel Rock, and Chad Syverson. 2017. "Artificial Intelligence and the Modern Productivity Paradox: A Clash of Expectations and Statistics." NBER Working Paper No. 24001. http://www.nber.org/papers/w24001.pdf.

Burns, Malcolm. 1986. "Predatory Pricing and the Acquisition Costs of Competitors." *Journal of Political Economy*. 94, no. 2: 266–296.

Caballero, Ricardo J., Emmanuel Farhi, and Pierre-Olivier Gourinchas. 2017. "Rents, Technical Change, and Risk Premia: Accounting for Secular Trends in Interest Rates, Returns on Capital, Earnings Yields, and Factor Shares." *American Economic Review*. 107, no. 5: 614–620.

Calkins, Stephen. 1986. "Summary Judgment, Motions to Dismiss, and Other Examples of Equilibrating Tendencies in the Antitrust System." *Georgetown Law Journal*. 74, no. 4: 1065–1162.

Calvano, Emilio, Giacomo Calzolari, Vincenzo Denicolò, and Sergio Pastorello. 2018. "Algorithmic Pricing: What Implications for Competition Policy?" Working Paper. https://ssrn.com/abstract=3209781.

Calzolari, Giacomo, and Vincenzo Denicolò. 2015. "Exclusive Contracts and Market Dominance." *American Economic Review*. 105, no. 11: 3321–3351.

Carlton, Dennis W., and Michael Waldman. 2002. "The Strategic Use of Tying to Preserve and Create Market Power in Evolving Industries." *RAND Journal of Economics*. 33, no. 2: 194–220.

Carlton, Dennis, Mark Israel, Ian Ma, and Eugene Orlov. 2017. "Are Legacy Airline Mergers Pro-or Anti-Competitive? Evidence from Recent U.S. Airline Mergers." Working Paper. https://ssrn.com/abstract=2851954.

Caro, Robert A. 2012. *The Years of Lyndon Johnson, The Passage of Power*. London, UK: The Bodley Head.

Carpenter, Daniel. 2014. "Detecting and Measuring Regulatory Capture." In *Preventing Regulatory Capture*, edited by Daniel Carpenter and David A. Moss, 57–68. New York: Cambridge University Press.

Carrier, Michael A. 1999. "The Rule of Reason: Bridging the Disconnect." *Brigham Young University Law Review*. 1999: 1265–1366.

Carrier, Michael A. 2012. "Why the 'Scope of the Patent' Test Cannot Solve the Drug Patent Settlement Problem." *Standford Technology Law Review.* 16, no. 1: 1–8.

Carrier, Michael A., and Carl Minniti. 2016. "Citizens Petitions: Long, Late-Filed, and At-Last Denied." *American University Law Review.* 66, no. 2: 305–352.

Carstensen, Peter C. 2015. "The Philadelphia National Bank Presumption: Merger Analysis in an Unpredictable World." *Antitrust Law Journal.* 80, no. 2: 219–268.

Chace, James. 2004. *1912: Wilson, Roosevelt, Taft and Debs—The Election That Changed the Country.* New York: Simon & Schuster.

Chamberlin, Edward. 1933. *The Theory of Monopolistic Competition.* Cambridge, MA: Harvard University Press.

Christiansen, Matthew R., and William N. Eskridge Jr. 2014. "Congressional Overrides of Supreme Court Statutory Interpretation Decisions, 1967–2011." *Texas Law Review.* 92, no. 6: 1317–1515.

Ciliberto, Federico, and Jonathan W. Williams. 2014. "Does Multimarket Contact Facilitate Tacit Collusion? Inference on Conduct Parameters in the Airline Industry." *RAND Journal of Economics.* 45, no. 4: 764–791.

Cohen, Wesley M. 2010. "Fifty Years of Empirical Studies of Innovative Activities and Performance." In *Handbook of the Economics of Innovation*, edited by Bronwyn H. Hall and Nathan Rosenberg, vol. 1, 129–213. New York: Elsevier.

Collard-Wexler, Allan, and Jan De Loecker. 2015. "Reallocation and Technology: Evidence from the US Steel Industry." *American Economic Review.* 105, no. 1: 131–171.

Collection. 2018. "Unlocking Antitrust Enforcement." *Yale Law Journal.* 127, no. 7: 1742–2203.

Competition and Markets Authority. 2017. *The Deterrent Effect of Competition Authorities' Work: Literature Review.* September 7. https://assets.publishing.service.gov.uk/government/uploads/system/uploads/attachment_data/file/642801/deterrent-effect-of-competition-authorities-work-lit-review.pdf.

The Conference Board. 2010. *The 2010 Institutional Investment Report*. http://ssrn.com/abstract=1707512.

Connor, John M. 2007. *Global Price Fixing: Our Customers Are Our Enemy*. New York: Springer.

Connor, John M., and Robert H. Lande. 2012. "Cartels as Rational Business Strategy: Crime Pays." *Cardozo Law Review*. 34, no. 2: 427–489.

Cooper, James C., Luke M. Froeb, Dan O'Brien, and Michael G. Vita. 2005a. "Vertical Antitrust Policy as a Problem of Inference." *International Journal of Industrial Organization*. 23, no. 7–8: 639–664.

Cooper, James C., Luke Froeb, Daniel P. O'Brien, and Steven Tschantz. 2005b. "Does Price Discrimination Intensify Competition? Implications for Antitrust." *Antitrust Law Journal*. 72, no. 2: 327–373.

Cooper, James C., and William E. Kovacic. 2010. "U.S. Convergence with International Competition Norms: Antitrust Law and Public Restraints on Competition." *Boston University Law Review*. 90, no. 4: 1555–1610.

Corts, Kenneth S. 1998. "Third-Degree Price Discrimination in Oligopoly: All-Out Competition and Strategic Commitment." *RAND Journal of Economics*. 29, no. 2: 306–323.

Cosman, Jacob, and Luis Quintero. 2018. "Market Concentration in Homebuilding." Working Paper. jacobcosman.ca/research/.

Counsel of Economic Advisers. 2016a. *Labor Market Monopsony: Trends, Consequences, and Policy Responses*. Issue Brief. https://obamawhitehouse.archives.gov/sites/default/files/page/files/20161025_monopsony_labor_mrkt_cea.pdf.

Counsel of Economic Advisers. 2016b. *Benefits of Competition and Indicators of Market Power*. Issue Brief. https://obamawhitehouse.archives.gov/sites/default/files/page/files/20160414_cea_competition_issue_brief.pdf.

Cowling, Keith, and Michael Waterson. 1976. "Price-Cost Margins and Market Structure." *Economica*. 43, no. 171: 267–274.

Crane, Daniel A. 2011. *The Institutional Structure of Antitrust Enforcement*. Oxford: Oxford University Press.

Crane, Daniel A. 2015. "Balancing Effects Across Markets." *Antitrust Law Journal*. 80, no. 2: 391-411.

Crane, Daniel A. 2018a. "Antitrust and Democracy: A Case Study from German Fascism." University Michigan Law & Economics Research Paper No. 18-009. https://papers.ssrn.com/sol3/papers.cfm?abstract_id=3164467.

Crane, Daniel A. 2018b. "Antitrust's Unconventional Politics." *University of Virginia Law Review Online*.

Crane, Daniel A., and Joshua D. Wright. 2009. "Can Bundled Discounting Increase Consumer Prices Without Excluding Rivals?" *Competition Policy International*. 5, no. 2: 209-220.

Crawford, Gregory S. 2000. "The Impact of the 1992 Cable Act on Household Demand and Welfare." *RAND Journal of Economics*. 31, no. 3: 422-449.

Crawford, Gregory S., Robin S. Lee, Michael D. Whinston, and Ali Yurukoglu. 2018. "The Welfare Effects of Vertical Integration in Multichannel Television Markets." *Econometrica*. 86, no. 3: 891-954.

Crawford, Susan. 2013. *Captive Audience: The Telecom Industry and Monopoly Power in the New Gilded Age*. New Haven: Yale University Press.

Creighton, Susan A., D. Bruce Hoffman, Thomas G. Krattenmaker, and Ernest A. Nagata. 2005. "Cheap Exclusion." *Antitrust Law Journal*. 72, no. 3: 975-995.

Crouzet, Nicolas, and Janice Eberly. 2018. "Undeng Weak Capital Investment: The Role of Market Concentration and Intangibles." Working Paper. https://www.kansascityfed.org/publications/research/escp/symposiums/escp-2018.

Cunningham, Colleen, Florian Ederer, and Song Ma. 2018. "Killer Acquisitions." Working Paper. http://faculty.som.yale.edu/songma/files/cem_killeracquisitions.pdf.

Cutler, David M., and Fiona Scott Morton. 2013. "Hospital, Market Share, and Consolidation." *Journal of the American Medical Association*. 310, no. 18: 1964-1970.

Dafny, Leemore, Kate Ho, and Robin S. Lee. 2016 "The Price Effects of Cross-Market Hospital Mergers." NBER Working Paper No. 22106. http://www.nber.

org/papers/w22106.

Dal Bó, Ernesto. 2006. "Regulatory Capture: A Review." *Oxford Review of Economic Policy*. 22, no. 2: 203 - 225.

Dansby, Robert E., and Robert D. Willig. 1979. "Industry Performance Gradient Indexes." *American Economic Review*. 69, no. 3: 249 - 260.

David, Paul. 1990. "The Dynamo and the Computer: A Historical Perspective on the Modern Productivity Paradox." *American Economic Review*. 80, no. 2: 355 - 361.

Davies, Stephen W., and Peter L. Ormosi. 2013. "The Impact of Competition Policy: What Are the Known Unknowns?" Center for Competition Policy Working Paper No. 13 - 7. http://competitionpolicy.ac.uk/documents/107435//-7+complete.pdf/fd9c-e6e-40fd-80aa-dbd147af8275.

Davis, Joshua P., and Robert H. Lande. 2013. "Toward an Empirical and Theoretical Assessment of Private Antitrust Enforcement." *Seattle University Law Review*. 36, no. 3: 1269 - 1335.

DeBow, Michael E. 1988. "What's Wrong with Price Fixing: Responding to the New Critics of Antitrust." *Regulation*. 12, no. 2: 44 - 50.

Deck, Cary A., and Bart J. Wilson. 2003. "Automated Pricing Rules in Electronic Posted Offer Markets." *Economic Inquiry*. 41, no. 2: 208 - 223.

Decker, Ryan A., John Haltiwanger, Ron S. Jarmin, and Javier Miranda. 2016. "Where Has All the Skewness Gone? The Decline in High-Growth (Young) Firms in the U.S." *European Economic Review*. 86: 4 - 23.

Decker, Ryan A., John Haltiwanger, Ron S. Jarmin, and Javier Miranda. 2017. "Declining Dynamism, Allocative Efficiency, and the Productivity Slowdown." *American Economic Review*. 107, no. 5: 322 - 326.

Decker, Ryan A., John Haltiwanger, Ron S. Jarmin, and Javier Miranda. 2018. "Changing Business Dynamism and Productivity: Shocks v. Responsiveness." NBER Working Paper No. 24236. http://www.nber.org/papers/w24236.pdf.

de Figueiredo, John M. 2004. "The Timing, Intensity, and Composition of Interest Group Lobbying: An Analysis of Structural Policy Windows in the States."

NBER Working Paper No. 10588. http：//www. nber. org/papers/w10588. pdf.

De Loecker, Jan, and Jan Eeckhout. 2017. "The Rise of Market Power and the Macroeconomic Implications." NBER Working Paper No. 23687. http：//www. nber. org/papers/w23687. pdf.

DeLong, J. Bradford. 2000. "Cornucopia：The Pace of Economic Growth in the Twentieth Century." NBER Working Paper No. 7602. http：//www. nber. org/papers/w7602. pdf.

Delrahim, Makan. 2017. Remarks at the USC Gould School of Law's Center for Transnational Law and Business Conference. https：//www. justice. gov/opa/speech/assistant-attorney-general-makan-delrahim-delivers-remarks-usc-gould-school-laws-center.

Demsetz, Harold. 1974. "Two Systems of Belief About Monopoly." In *Industrial Concentration：The New Learning*, edited by H. J. Goldschmid, H. M. Mann and J. F. Weston, 164 – 184. Boston：Little, Brown & Co.

Deng, Ai. 2017. "When Machines Learn to Collude：Lessons from a Recent Research Study on Artificial Intelligence." Working Paper. https：//ssrn. com/abstract = 3029662.

Deng, Ai. 2018. "What Do We Know About Algorithmic Tacit Collusion." Working Paper. https：//ssrn. com/abstract = 3171315.

Denicolò, Vincenzo, and Michele Polo. 2018. "The Innovation Theory of Harm：An Appraisal." Working Paper. https：//ssrn. com/abstract = 3146731.

Derthick, Martha, and Paul J. Quirk. 1985. *The Politics of Deregulation.* Washington, D. C. ：Brookings Institute.

Devlin, Alan, and Michael Jacobs. 2010. "Antitrust Error." *William and Mary Law Review.* 52, no. 1：75 – 132.

Dick, Andrew R. 1996. "When are Cartels Stable Contracts?" *Journal of Law and Economics.* 39, no. 1：241 – 83.

Díez, Federico J. , Daniel Leigh, and Suchanan Tambunlertchai. 2018. "Global Market Power and Its Macroeconomic Implications." IMF Working Paper No. WP/18/137. https：//www. imf. org/en/Publications/WP/Issues/2018/06/15/Global-

Market-Power-and-its-Macroeconomic-Implications-45975.

DiLorenzo, Thomas J. 2004. *How Capitalism Saved America*. New York: Crown Forum.

Dobbs, Richard, Tim Koller, Sree Ramaswamy, Jonathan Woetzel, James Manyika, Rohit Krishnan, and Nicolo Andreula. 2015. "The New Global Competition for Corporate Profits." McKinsey Global Institute. https://www.mckinsey.com/business-functions/strategy-and-corporate-finance/our-insights/the-new-global-competition-for-corporate-profits.

Dube, Arindrajit, Jeff Jacobs, Suresh Naidu, and Siddharth Suri. 2018. "Monop-sony in Online Labor Markets." NBER Working Paper No. 24416. http://www.nber.org/papers/w24416.pdf.

Easterbrook, Frank H. 1981. "Predatory Strategies and Counterstrategies." *University of Chicago Law Review*. 48, no. 2: 263–337.

Easterbrook, Frank H. 1984. "The Limits of Antitrust." *Texas Law Review*. 63, no. 1: 1–40. Easterly, William. 2001. *The Elusive Quest for Growth*. Cambridge, MA: MIT Press.

Edlin, Aaron S. 1997. "Do Guaranteed-Low-Price Policies Guarantee High Prices, and Can Antitrust Rise to the Challenge." *Harverd Law Review*. 111, no. 2: 528–575.

Edlin, Aaron S. 2002. "Stopping Above-Cost Predatory Pricing." *Yale Law Journal*. 111, no. 4: 941–991.

Edlin, Aaron, and Rebecca Haw. 2014. "Cartels by Another Name: Should Licensed Occupations Face Antitrust Scrutiny?" *University of Pennsylvania Law Review*. 162, no. 5: 1093–1164.

Edlin, Aaron, Catherine Roux, Armin Schmutzler, and Christian Thöni. 2017. "Hiding Unicorns? Experimental Evidence on Predatory Pricing Policies." University of Zurich Department of Economics Working Paper No. 258. https://ssrn.com/abstract=2997073.

Eichenwald, Kurt. 2001. *The Informant: A True Story*. New York: Random House.

Eggertsson, Gauti B., Jacob A. Robbins, and Ella Getz Wold. 2018. "Kaldor and Piketty's Facts: The Rise of Monopoly Power in the United States." NBER Working Paper No. 24287. http://www.nber.org/papers/w24287.pdf.

Ehrlich, Isaac, and Richard A. Posner. 1974. "An Economic Analysis of Legal Rulemaking." *Journal of Legal Studies*. 3, no. 1: 257–286.

Ellickson, Paul B. 2007. "Does Sutton Apply to Supermarkets?" *RAND Journal of Economics*. 38, no. 1: 43–59.

Ellison, Glenn. 1994. "Theories of Cartel Stability and the Joint Executive Committee." *RAND Journal of Economics*. 25, no. 1: 37–57.

Elzinga, Kenneth G., and David E. Mills. 2009. "Predatory Pricing in the Airline Industry: Spirit Airlines v. Northwest Airlines (2005)." In *The Antitrust Revolution: Economics, Competition, and Policy*, edited by John E. Kwoka Jr. and Lawrence J. White, 219–247. 5th ed. New York: Oxford University Press.

Emery, Fred. 1994. *Watergate: The Corruption of American Politics and the Fall of Richard Nixon*. New York: Times Books.

Engstrom, David Freeman. 2013. "Agencies as Litigation Gatekeepers." *Yale Law Journal*. 123, no. 3: 616–712.

Ennis, Sean, Pedro Gonzaga, and Chris Pike. 2017. "Inequality: A Hidden Source of Market Power." OECD. http://www.oecd.org/competition/inequality-a-hidden-cost-of-market-power.htm.

Ennis, Sean F., and Yunhee Kim. 2017. "Market Power and Wealth Distribution." In OECD and World Bank Group, *A Step Ahead: Competition Policy for Shared Prosperity and Inclusive Growth*, 133–154. http://dx.doi.org/10.1596/978-1-4648-0945-3.

Eskridge Jr., William N., and John Ferejohn. 2010. *A Republic of Statutes: The New American Constitution*. New Haven: Yale University Press.

Evans, David S. 2006. "Tying: The Poster Child for Antitrust Modernization." In *Antitrust Policy and Vertical Restraints*, edited by Robert W. Hahn, 65–88. Washington, D.C.: Brookings Institution.

Evans, David S., and Keith N. Hylton. 2008. "The Lawful Acquisition and Exercise of Monopoly Antitrust. " *Competition Policy International.* 4, no. 2: 220 – 241.

Evans, David S., and Michael D. Noel. 2005. "Defining Antitrust Markets When Firms Operate Two-Side Platforms. " *Columbia Business Law Review.* 2005 no. 3: 667 – 702.

Evans, David S., and Michael D. Noel. 2008. "The Analysis of Mergers That Involve Multisided Platform Businesses. " *Journal of Competition Law and Economics.* 4, no. 3: 663 – 695.

Evans, David S., and A. Jorge Padilla. 2005. "Designing Antitrust Rules for Assessing Unilateral Practices: A Neo-Chicago Approach. " *University of Chicago Law Review.* 72, no. 1: 73 – 98.

Evans, William N., Luke M. Froeb, and Gregory J. Werden. 1993. "Endogeneity in the Concentration-price Relationship: Causes, Consequences, and Cures. " *The Journal of Industrial Economics.* 41, no. 4: 431 – 438.

Evans, William N., and Ioannis N. Kessides. 1994. "Living by the 'Golden Rule': Multimarket Contact in the U. S. Airline Industry. " *Quarterly Journal of Economics.* 109, no. 2: 341 – 366.

Ezrachi, Ariel, and David Gilo. 2009. "Are Excessive Prices Really Self-Correcting?" *Journal of Competition Law and Economics.* 5, no. 2: 249 – 268.

Ezrachi, Ariel, and Maurice Stucke. 2016. *Virtual Competition.* Cambridge, MA: Harvard University Press.

Fahri, Emmanuel, and François Gourio. 2018 (Forthcoming). "Accounting for Macro-Finance Trends: Market Power, Intangibles, and Risk Premia. " *Brookings Papers on Economic Activity.* 2018, Fall.

Farrell, Joseph, Janis K. Pappalardo, and Howard Shelanski. 2010. "Economics at the FTC: Mergers, Dominant-Firm Conduct, and Consumer Behavior. " *Review of Industrial Organization.* 37, no. 4: 263 – 277.

Farnsworth, Ward. 2007. *The Legal Analyst: A Toolkit for Thinking About the Law.* Chicago, IL: University of Chicago Press.

Faull, Jonathan, and Ali Nikpay, eds. 2014. *The EU Law of Competition.* Oxford: Oxford University Press.

Federal Trade Commission. 2003. *To Promote Innovation: The Proper Balance of Competition and Patent Law and Policy.* https://www.ftc.gov/reports/promote-innovation-proper-balance-competition-patent-law-policy.

Federal Trade Commission. 2010. *Pay-for-Delay: How Drug Company Pay-Offs Cost Consumers Billions: A Federal Trade Commission Staff Study.* https://www.ftc.gov/reports/pay-delay-how-drug-company-pay-offs-cost-consumers-billions-federal-trade-commission-staff.

Federal Trade Commission, Bureau of Competition. 2017. *Agreements Filed with the Federal Trade Commission Under the Medicare Prescription Drug, Improvement, and Modernization Act of 2003.* https://www.ftc.gov/reports/agreements-filed-federal-trade-commission-under-medicare-prescription-drug-improvement-9.

Federico, Giulio, Gregor Langus, and Tommaso Valletti. 2017. "A Simple Model of Mergers and Innovation." *Economics Letters.* 157, Aug.: 136–140.

Federico, Giulio, Gregor Langus, and Tommaso Valletti. 2018. "Horizontal Mergers and Product Innovation." *International Journal of Industrial Organization.* 59: 1–23.

Feldman, Robin, Evan Frondorf, Andrew K. Cordova, and Connie Wang. 2017. "Empirical Evidence of Drug Pricing Games-A Citizen's Pathway Gone Astray." *Stanford Technology Law Review.* 20, no.1: 39–91.

Feldman, Robin, John Gray, and Giora Ashkenazi. 2018. "Empirical Evidence of Drug Companies Using Citizen Petition to Hold Off Competition." University of California Hastings Research Paper No. 269. https://ssrn.com/abstract=3116986.

Fichtner, Jan, Eelke M. Heemskerk, and Javier Garcia-Bernardo. 2017. "Hidden Power of the Big Three? Passive Index Funds, Re-Concentration of Corporate Ownership, and New Financial Risk." Working Paper. https://ssrn.com/abstract=2798653.

Fidrmuc, Jana P., Peter Roosenboom, and Eden Quixian Zhang. 2017. "Antitrust Merger Review Costs and Acquirer Lobbying." Working Paper. https://ssrn.com/abstract=3083503.

Field, Alexander J. 2017. "Ideology, Economic Policy, and Economic History:

Cohen and DeLong's *Concrete Economics.*" *Journal of Economic Literature.* 55, no. 4: 1526 – 1555.

First, Harry, and Eleanor M. Fox. 2015. "Philadelphia National Bank, Globaliza-tion, and the Public Interest." *Antitrust Law Journal.* 80, no. 2: 307 – 351.

First, Harry, and Spencer Weber Waller. 2013. "Antitrust's Democracy Deficit." *Fordham Law Review.* 81, no. 5: 2543 – 2574.

Fisher, Franklin M. 1985. "The Social Costs of Monopoly and Regulation: Posner Reconsidered." *Journal of Political Economy.* 93, no. 2: 410 – 416.

Foer, Franklin. 2017. *World Without Mind: The Existential Threat of Big Tech.* London, UK: Jonathan Cape.

Fudenberg, Drew, Richard Gilbert, Joseph Stiglitz and Jean Tirole. 1983. "Preemption, Leapfrogging, and Competition in Patent Races." *European Economic Review.* 33, no. 1: 3 – 31.

Fumagalli Chiara, and Massimo Motta. 2013. "A Simple Theory of Predation." *Journal of Law and Economics.* 56, no. 3: 595 – 631.

Furman, Jason, and Peter Orszag. 2015. "A Firm-Level Perspective on the Role of Rents in the Rise of Inequality." Working Paper. https://obamawhitehouse.archives.gov/sites/default/files/page/files/20151016_firm_level_perspective_on_role_of_rents_in_inequality.pdf.

Furman, Jason, and Peter Orszag. 2018. "Slower Productivity and Higher Inequality: Are They Related?" Peterson Institute for International Economics Working Paper 18 – 4. https://piie.com/publications/working-papers/slower-productivity-and-higher-inequality-are-they-related.

Gal, Michal S. 2018. "Algorithms as Illegal Agreements." *Berkeley Technology Law Journal.*

Gal, Michal, and Niva Elkin-Koren. 2017. "Algorithmic Consumers." *Harvard Journal of Law & Technology.* 30, no. 2: 309 – 353.

Ganapati, Sharat. 2017. "Oligopolies, Price, Output, and Productivity." Working Paper. https://ssrn.com/abstract=3030966.

Gans, Joshua. 2018. "Enhancing Competition with Data and Identity Portability."

Hamilton Project Policy Brief 2018 – 10. www.hamiltonproject.org/assets/files/Gans_20180611.pdf.

Garcés, Eliana. 2018. "Data Collection in Online Platform Businesses: A Perspective for Antitrust Assessment." *Competition Policy International*. https://www.competitionpolicyinternational.com/data-collection-in-online-platform-businesses-ective-for-antit-sessment/.

Garcia-Macia, Daniel, Chang-Tai Hsieh, and Peter J. Klenow. 2016. "How Destructive is Innovattion?" NBER Working Paper No. 22953. http://www.nber.org/papers/w22953.pdf.

Gavil, Andrew I. 2002. "A First Look at the Powell Papers: Sylvania and the Process of Change in the Supreme Court." *Antitrust*. 17, no.1: 8–13.

Gavil, Andrew I. 2007. "Antitrust Bookends: The 2006 Supreme Court Term in Historical Context." *Antitrust*. 22, no.1: 21–26.

Gavil, Andrew I., and Harry First. 2014. *The Microsoft Antitrust Cases: Competition Policy for the Twenty-First Century*. Cambridge, MA: MIT Press.

Gavil, Andrew I., William E. Kovacic, Jonathan B. Baker, and Joshua D. Wright. 2017. *Antitrust Law in Perspective*. 3rd ed. St. Paul: West Academic Publishing.

Gaynor, Martin, and Robert Town. 2012. "The Impact of Hospital Consolidation—Update." *Robert Wood Johnson Foundation*. http://www.rwjf.org/en/library/research/2012/06/the-impact-of-hospital-consolidation.html.

Gehrig, Thomas, Oz Shy, and Rune Stenbacka. 2011. "History-based price discrimination and entry in markets with switching costs: A welfare analysis." *European Economic Review* 55, no.5: 732–739.

Genesove, David, and Wallace P. Mullin. 2006. "Predation and Its Rate of Return: The Sugar Industry, 1887–1914." *RAND Journal of Economics*. 37, no.1: 47–69.

Ghosal, Vivek, and D. Daniel Sokol. 2018. "The Rise and (Potential) Fall of U.S. Cartel Enforcement." Working Paper. https://ssrn.com/abstract=3162867.

Gibson, James L., and Michael J. Nelson. 2017. "Reconsidering Positivity

Theory: What Roles Do Politicization, Ideological Disagreement, and Legal Realism Play in Shaping U. S. Supreme Court Legitimacy?" *Journal of Empirical Legal Studies*. 14, no. 3: 592 – 617.

Gilbert, Richard J. 2015. "E-books: A Tale of Digital Disruption." *Journal of Economic Perspectives*. 29, no. 3: 165 – 184.

Gilbert, Richard J. 2018. "Mergers and R&D Diversity: How Much Competition is Enough?" Working Paper. https://ssrn.com/abstract = 3190478.

Gilbert, Richard J. 2019 (Forthcoming) . "U. S. Federal Trade Commission Investigation of Google Search (2013) ." In *The Antitrust Revolution*, edited by John E. Kwoka Jr. and Lawrence J. White. 7th ed. New York: Oxford University Press.

Gilbert, Richard J. , and Hillary Greene. 2015. "Merging Innovation into Antitrust Agency Enforcement of the Clayton Act." *George Washington Law Review*. 83, no. 6: 1919 – 1947.

Gilbert, Richard, and Carl Shapiro. 1997. "Anittrust Issue in the Licensing of Intellectual Property: The Nine No-No's Meet the Nineties." *Brookings Papers: Microeconomics*. 1997, Microeconomics: 283 – 349.

Gilens, Martin. 2012. *Affluence & Influence: Economic Inequality and Political Power in America*. Princeton, NJ: Princeton University Press.

Gilens, Martin, and Benjamin I. Page. 2014. "Testing Theories of American Politics: Elites, Interest Groups, and Average Citizens." *Perspectives on Policy*. 12, no. 3: 564 – 581.

Ginsburg, Douglas H. 1991a. "Vertical Restraints: De Facto Legal Under the Rule of Reason." *Antitrust Law Journal*. 60, no. 1: 67 – 81.

Ginsburg, Douglas H. 1991b. "Antitrust as Antimonopoly." *Regulation*. 14, no. 3: 91 – 100.

Ginsburg, Douglas H. , and Joshua D. Wright. 2015. "Philadelphia National Bank: Bad Economics, Bad Law, Good Riddance." *Antitrust Law Journal*. 80, no. 2: 201 – 219.

Global Antitrust Institute. 2017. "Comment of the Global Antitrust Institute, Antonin Scalia Law School, George Mason University, on the Canadian Competition

Bureau's White Paper, 'Big Data and Innovation: Implications for Competition Policy in Canada. '" George Mason University Law and Economics Research Paper No. 17 – 44. https://gai.gmu.edu/wp-content/uploads/sites/27/2017/11/GAI-Comment-for-Canada-on-Big-Data-2.pdf.

Goolsbee, Austan, and Amil Petrin. 2004. "The Consumer Gains from Direct Broadcast Satellites and the Competition with Cable TV. " *Econometrica*. 72, no. 2: 351 – 381.

Gorton, Gary, and Andrew Metrick. 2012. "Getting up to Speed on the Financial Crisis: A One-Weekend-Reader's Guide. " Journal of Economic Literature. 50, no. 1: 128 – 150.

Granitz, Elizabeth, and Benjamin Klein. 1996. "Monopolization by 'Raising Rivals' Costs': The Standard Oil Case. " *Journal of Law and Economics*. 39, no. 1: 1 – 47.

Gramlich, Jacob, and Serafin Grundl. 2017. "Testing for Competitive Effects of Common Ownership. " Federal Reserve Board Finance and Economics Discussion Series No. 2017 – 029.

Green, Edward J. , and Robert H. Porter. 1984. "Noncooperative Collusion Under Imperfect Price Information. " *Econometrica*. 52, no. 1: 87 – 100.

Green, Mark. 1972. *The Closed Enterprise System: Ralph Nader's Study Group Report on Antitrust Enforcement.* New York: Bantam.

Greenwald, Bruce, and Judd Kahn. 2005. *Competition Demystified: A Radically Simplified Approach to Business Strategy.* New York: Penguin Random House.

Groll, Thomas, and Christopher J. Ellis. 2016. "Repeated Lobbying by Commercial Lobbyists and Special Interests. " CESifo Working Paper No. 5809. https://papers.ssrn.com/sol3/papers.cfm?abstract_id = 2764804.

Grullon, Gustavo, Yelena Larkin, and Roni Michaely. 2016. "Are U. S. Industries Becoming More Concentrated?" Working Paper. https://finance.eller.arizona.edu/sites/finance/files/grullon_11.4.16.pdf.

Gutiérrez, Germán, and Thomas Philippon. 2017a. "Declining Competition and Investment in the U. S. " NBER Working Paper No. 23583. http://www.nber.org/

papers/w23583. pdf.

Gutiérrez, Germán, and Thomas Philippon. 2017b. "Investment-Less Growth: An Empirical Investigation." NBER Working Paper No. 22897. http://www.nber.org/papers/w22897. pdf.

Gutiérrez, Germán, and Thomas Philippon. 2018. "How EU Markets Became More Competitive than US Markets: A Study of Institutional Drift." NBER Working Paper 24700. http://www.nber.org/papers/w24700.

Guzma, Jorge, and Scott Stern. 2016. "The State of American Entrepreneurship: New Estimates of the Quantity and Quality of Entrepreneurship for 15 US the States, 1999 – 2014." NBER Working Paper No. 22095. http://www.nber.org/papers/w22095. pdf.

Hacker, Jacob S., and Paul Pierson. 2005. *Off Center: The Republican Revolution and the Erosion of American Democracy.* New Haven: Yale University Press.

Hale, G. E., and Rosemary D. Hale. 1958. *Market Power: Size and Shape Under the Sherman Act.* Boston, MA: Little, Brown.

Hall, Andrew B., and Daniel M. Thompson. 2018. "Who Punishes Extremist Nominees? Candidate Ideology and Turning Out the Base in U. S. Elections." *American Political Science Review.* 112, no. 3: 509 – 524. https://doi.org/10.1017/S0003055418000023.

Hall, Robert E. 2018. "New Evidence on the Markup of Prices Over Marginal Costs and the Role of Mega-Firms in the US Economy." NBER Working Paper No. 24574. http://www.nber.org/papers/w24574. pdf.

Hamilton, Alexander. 1824. *Report of the Secretary of the Treasury on The Subject of Manufactures*, made the fifth of December, 1791. Philadelphia, PA: J. R. A. Skerrett.

Harrington Jr., Joseph E. 2018. "Developing Competition Law for Collusion by Autonomous Artificial Agents." Working Paper. https://www.competitionpolicyinternational.com/developing-competition-law-for-collusion-by-autonomous-price-setting-agents/.

Harrington Jr., Joseph E., and Yanhao Wei. 2017. "What Can the Duration of

Discovered Cartels Tell Us About the Duration of All Cartels?" *Economics Journal.* 127, September: 1977 – 2005.

Hastings, Justine S., and Richard Gilbert. 2005. "Market Power, Vertical Integration and the Wholesale Price of Gasoline." *Journal of Industrial Economics.* 53, no. 4: 469 – 492.

Hathaway, Ian, and Robert E. Litan. 2014. "Declining Business Dynamism in the United States: A Look at States and Metros." Brookings Economic Study. https://www.brookings.edu/search/? s = Hathaway + Litan.

Hatzitaskos, Kostis, Nicholas Hill, and Brad T. Howells. 2017. "Aetna-Humana and Algorithmic Market Definition in the Guidelines." *Antitrust Source.* 2017, October: 1 – 6.

Haw, Rebecca. 2012. "Adversarial Economics in Antitrust Litigation: Losing Academic Consensus in the Battle of the Experts." *Northwestern Law Review.* no. 3: 1261 – 1306.

Hawley, Ellis W. 1966. *The New Deal and the Problem of Monopoly.* New York: Fordham University Press.

Heilemann, John. 2001. *Pride Before the Fall: The Trials of Bill Gates and the End of the Microsoft Era.* New York: Harper Collins.

Hemphill, C. Scott. 2013. "Higher Profits as a Merger Defense: Innovation, Appropriability, and the Horizontal Merger Guidelines." In *European Competition Law Annua: 2010*, edited by Philip Lowe and Mel Marquis, 43 – 52. Oxford, UK: Hart Publishing.

Hemphill, C. Scott, and Marcel Kahan. 2018. "The Strategies of Anticompetitive Common Ownership." NYU Law and Economics Research Paper No. 18 – 29. https://ssrn.com/abstract = 3210373.

Hemphill, C. Scott, and Nancy Rose. 2018. "Mergers that Harm Sellers." *Yale Law Journal.* 127, no. 7: 2078 – 2109.

Hemphill, C. Scott, and Philip J. Weiser. 2018. "Beyond Brooke Group: Bringing Reality to the Law of Predatory Pricing." *Yale Law Journal.* 127, no. 7, 2048 – 2077.

Hemphill, C. Scott, and Tim Wu. 2013. "Parallel Exclusion." *Yale Law Journal*. 122, no. 5: 1182–1253.

Hill, Nicholas, Nancy L. Rose and Tor Winston. 2015. "Economics at the Antitrust Division 2014–15: Comcast/Time Warner Cable and Applied Materials/Tokyo Electron." *Review of Industrial Organization*. 47, no. 4: 425–435.

Hofstadter, Richard. 1955. *The Age of Reform*. New York: Knopf.

Hofstadter, Richard. 1964. "Whatever Happened to the Antitrust Movement?" In *The Paranoid Style In American Politics*, 188–237. New York: Knopf.

Holmes, Thomas J., and James A. Schmitz Jr. 2010. "Competition and Productivity: A Review of Evidence." *Annual Review of Economics*. 2: 619–642.

Hortaçsu, Ali, and Chad Syverson. 2007. "Cementing Relationships: Vertical Integration, Foreclosure, Productivity, and Prices." *Journal of Political Economy*. 115, no. 2: 250–301.

Horton, Thomas J. 2018. "Rediscovering Antitrust's Lost Values." *University of New Hampshire Law Review*. 16, no. 2: 179–242.

Houde, JeanFrançois. 2012. "Spatial Differentiation and Vertical Mergers in Retail Markets for Gasoline." *American Economic Review*. 102, no. 5: 2147–2182.

Hovenkamp, Herbert J. 2005. *The Antitrust Enterprise: Principle and Execution*. Cambridge, MA: Harvard University Press.

Hovenkamp, Herbert J. 2010. "The Obama Administration and § 2 of the Sherman Act." *Boston University Law Review*. 90, no. 4: 1611–1665.

Hovenkamp, Herbert J. 2013. "Implementing Antitrust's Welfare Goals." University of Iowa Legal Studies Research Paper No. 12–39. http://ssrn.com/abstract=2154499.

Hovenkamp, Herbert J. 2016. *Federal Antitrust Policy: The Law of Competition and Its Practice*. 5th ed. St. Paul, MN: West Academic.

Hovenkamp, Herbert J. 2018a. "Progressive Antitrust." *University of Illinois Law Review*. 2018, no. 1: 71–114.

Hovenkamp, Herbert J. 2018b. "Prophylactic Merger Policy." University of Pennsylvania Law School Research Paper No. 18–3. https://scholarship.law.

ipenn. edu/cgi/viewcontent. cgi? refer = https: //www. google. com/&httpsredir = 1&article = 2957&contenxt = faculty_scholarship.

Hovenkamp, Herbert J. 2018c. "Whatever Did Happen to the Antitrust Movement?" University of Pennsylvania Law School Research Paper No. 18 – 7. https: //ssrn. com/abstract = 3097452.

Hovenkamp, Herbert J. , and Carl Shapiro. 2018. "Horizontal Mergers, Market Structure, and Burdens of Proof. " *Yale Law Journal*. 127, no. 7: 1742 – 2203.

Hudson, Henry. 1890. "The Southern Railway & Steamship Association. " *Quarterly Journal of Economics*. 5, no. 1: 70 – 94.

Hylton, Keith N. , and Haizhen Lin. 2010. "Optimal Antitrust Enforcement, Dynamic Competition, and Changing Economic Conditions. " *Antitrust Law Journal*. 77, no. 1: 247 – 276.

Hylton, Keith N. , and Michael Salinger. 2001. "Tying Law and Policy: A Decision-Theoretic Approach. " *Antitrust Law Journal*. 69, no. 2: 469 – 526.

Hyytinen, Ari, Frode Steen, and Otto Toivanen. Forthcoming. "Cartels Uncovered. " *American Economic Journal: Macroeconomics*.

Ippolito, Pauline M. 1991. "Resale Price Maintenance: Empirical Evidence from Litigation. " *Journal of Law and Economics*. 34, no. 2: 263 – 294.

Irons, Peter. 1982. *The New Deal Lawyers*. Princeton, NJ: Princeton University Press.

Ittoo, Ashwin, and Nicolas Petit. 2017. "Algorithmic Pricing Agents and Tacit Collusion: A Technological Perspective. " Working Paper. http: //ssrn. com/abstract = 3046405.

Iyigun, Murat. 2012. "Are We There Yet? Time for Checks and Balances on New Institutionalism. " IZA Discussion Paper No. 6934. https: //ssrn. com/abstract = 2164663.

Jackson, Robert H. 1937a. "Should the Antitrust Laws Be Revised?" *United States Law Review*. 71, no. 10: 575 – 582.

Jackson, Robert H. 1937b. "The Struggle Against Monopoly. " *Georgia Bar Association Reports*. 1937: 203 – 214.

Jaffe, Adam B., and Josh Lerner. 2004. *Innovation and Its Discontents: How Our Broken Patent System Is Endangering Innovation and Progress, and What to Do About It.* Princeton, NJ: Princeton University Press.

James, Charles. 2002. "Interview with Charles James, Assistant Attorney General for Antitrust, U. S. Department of Justice." *Antitrust.* 16, no. 2: 12 – 18.

Joskow, Paul W., and Alvin K. Klevorick. 1979. "A Framework for Analyzing Predatory Pricing Policy." *Yale Law Journal.* 89, no. 2: 213 – 270.

Jullien, Bruno, and Yassine Lefouili. 2018. "Horizontal Mergers and Innovation." Working Paper. https://ssrn.com/abstract=3135177.

Kalman, Laura. 2010. *Right Star Rising: A New Politics, 1974 – 1980.* New York: W. W. Norton.

Kaplow, Louis. 1985. "Extension of Monopoly Power Through Leverage." *Columbia Law Review.* 85, no. 3: 515 – 556.

Kaplow, Louis. 2010. "Why (Ever) Define Markets?" *Havard Law Review* 124, no. 2: 437 – 517.

Kaplow, Louis. 2012. "Burden of Proof." *Yale Law Journal.* 121, no. 4: 738 – 859.

Kaplow, Louis. 2013. *Competition Policy and Price Fixing.* Princeton, NJ: Princeton University Press.

Kaplow, Louis. 2018a (In press). "Price-Fixing Policy." *International Journal of Industrial Organization.* https://doi.org/10.1016/j.ijindorg.2017.12.008.

Kaplow, Louis. 2018b. "Recoupment, Market Power, and Predartory Pricing." *Antitrust Law Journal.* 82, no. 1: 167 – 219.

Kaplow, Louis, and Carl Shapiro. 2007. "Antitrust." In *Handbook of Law and Economics*, edited by A. Mitchell Polinsky and Steven Shavell, 1073 – 1225. 2d ed. Amsterdam: Elsevier, North-Holland.

Karabarbounis, Loukas, and Brett Neiman. 2018. "Accounting for Factorless Income." NBER Working Paper No. 24404. http://www.nber.org/papers/w24404.pdf.

Katz, Michael L. 2018. "Exclusionary Conduct in Multisided Markets." In

OECD, *Rethinking Antitrust Tools for Multisided Platforms.* http：//www. oecd. org/ competition/rethinking-antitrust-tools-for-multisided-platforms. htm.

Katz, Michael L. , and Carl Shapiro. 1999. "Antitrust in Software Markets. " In *Competition, Innovation and the Microsoft Monopoly：Antitrust in the Digital Marketplace*, edited by Jeffrey A. Eisenach and Thomas M. Lenard, 29 – 81. Boston, MA：Kluwer Academic.

Katz, Michael L. , and Howard A. Shelanski. 2007. "Mergers and Innovation. " *Antitrust Law Journal.* 74, no. 1：1 – 85.

Katznelson, Ira. 2013. *Fear Itself：The New Deal and the Origins of Our Time.* New York：Liveright Publishing.

Kauper, Thomas E. 2008. "Influence of Conservative Economic Analysis on the Development of the Law of Antitrust. " In *How the Chicago School Overshot the Mark：The Effect of Conservative Economic Analysis on U. S. Antitrust*, edited by Robert Pitofsky, 40 – 50. New York：Oxford University Press.

Kaysen, Carl, and Donald F. Turner. 1959. *Antitrust Policy：An Economic and Legal Analysis.* Cambridge, MA：Harvard University Press.

Kearns Goodwin, Doris. 2013. *The Bully Pulpit.* New York：Simon & Schuster.

Keil, Jan. 2016. "The Trouble with Approximating Industry Concentration from Compustat. " University of the West Indies Department of Economics Working Paper. https：//ssrn. com/abstract = 2879035.

Kessler, Daniel P. , and Daniel L. Rubinfeld. 2007. "Empirical Study of the Civil Justice System. " In *Handbook of Law and Economics*, edited by A. Mitchell Polinsky and Steven Shavell, vol. 1, 343 – 401. Amsterdam：Elsevier, North-Holland.

Khan, Lina. 2017. "Amazon's Antitrust Paradox. " *Yale Law Journal.* 126, no. 3：710 – 805.

Khan, Lina, and Sandeep Vaheesan. 2017. "Market Power and Inequality：The Antitrust Counterrevolution and Its Discontents. " *Harvard Law & Policy Review.* 11：235 – 294.

Kirkwood, John B. 2014. "Collusion to Control a Powerful Customer：Amazon, E-Books, and Antitrust Policy. " *University of Miami Law Review.* 69, no. 1：1 – 63.

Kleiner, Morris M. , and Alan B. Krueger. 2013. "Analyzing the Extent and Influence of Occupational Licensing on the Labor Market. " *Journal of Labor Economics*. 31, no. 2: S173-S202.

Klick, Jonathan and Joshu D. Wright. 2008. *The Effects of Vertical Restraints on Output: Evidence from the Beer Industry*. Working Paper. http://. utexas. edu/law/wp/wp-content/uploads/centers/clbe/wright_effects_of_vertical-restraints. pdf.

Knee, Jonathan A. , Bruce C. Greenwald, and Ava Seave. 2009. *The Curse of the Mogul: What's Wrong with the World's Leading Media Companies*. New York: Penguin Random House.

Kobayashi, Bruce H. 2010. "The Law and Economics of Predatory Pricing. " In *Antitrust Law and Economics*, edited by Keith N. Hylton, 116 – 156. 2nd ed. Cheltenham, UK: Edward Elgar.

Kobayashi, Bruce H. , and Timothy J. Muris. 2012. "Chicago, Post-Chicago, and Beyond: Time to Let Go of the 20th Century. " *Antitrust Law Journal*. 78, no. 1: 147 – 172.

Kolasky, William J. 2001. "Lessons from Baby Food: The Role of Efficiencies in Merger Review. " *Antitrust*. 16, no. 1: 82 – 87.

Kolasky, William J. 2002a. "United States and European Competition Policy: Are There More Differences Than We Care to Admit?" Remarks at the European Policy Center, Brussels, Belgium, April 10. https://www. justice. gov/atr/speech/united-states-and-european-competition-policy-are-there-more-differences-we-care-admit.

Kolasky, William J. 2002b. "U. S. and EU Competition Policy: Cartels, Mergers, and Beyond. " Remarks at the Council for the United States and Italy Bi-Annual Conference, New York, NY, January 25. https://www. justice. gov/atr/speech/us-and-eu-competition-policy-cartels-mergers-and-beyond.

Kolasky, William J. 2011a. "The Election of 1912: A Pivotal Moment in Antitrust History. " *Antitrust*. 25, no. 3: 82 – 88.

Kolasky, William J. 2011b. "Theodore Roosevelt and William Howard Taft: Marching Toward Armageddon. " *Antitrust*. 25, no. 1: 97 – 104.

Kovacic, William E. 1982. "The Federal Trade Commission and Congressional

Oversight of Antitrust Enforcement." *Tulsa Law Journal.* 17, no. 4: 587 –671.

Kovacic, William E. 1989. "Failed Expectations: The Troubled Past and Uncertain Future of the Sherman Act as a Tool for Deconcentration." *Iowa Law Review.* 74, no. 5: 1105 –1150.

Kovacic, William E. 1999. "Designing Antitrust Remedies for Dominant Firm Misconduct." *Connecticut Law Review.* 31, no. 4: 1285 –1319.

Kovacic, William E. 2003. "The Modern Evolution of US Competition Policy Enforcement Norms." *Antitrust Law Journal.* 71, No. 2: 377 –478.

Kovacic, William E. 2007. "The Intellectual DNA of Modern US Competition Law for Dominant Firm Conduct: The Chicago/Harvard Double Helix." *Columbia Business Law Review.* 1, no. 1: 1 –80.

Kovacic, William E. 2009. "Assessing the Quality of Competition Policy: The Case of Horizontal Merger Enforcement." *Competition Policy International.* 5, no. 1: 129 –150.

Kovacic, William E. 2014. "Politics and Partisanship in U. S. Federal Antitrust Enforcement." *Antitrust Law Journal.* 79, no. 2: 687 –711.

Kovacic, William E., Robert C. Marshall, Leslie M. Marx, and Halbert L. White. 2011. "Plus Factors and Agreement in Antitrust Law." *Michigan Law Review.* 110, no. 3: 393 –436.

Kovacic, William E., Robert C. Marshall, and Michael J. Meurer. 2018. "Serial Collusion by Multi-Product Firms." Boston University School of Law, Law and Economics Research Paper No. 18 –18. https://ssrn.com/abstract=3235398.

Kovacic, William E., and Marc Winerman. 2015. "The Federal Trade Commission as an Independent Agency: Autonomy, Legitimacy, and Effectiveness." *Iowa Law Review.* 100, no. 5: 2085 –2113.

Kreps, David M., and Jose A. Scheinkman. 1983. "Quantity Precommitment and Bertrand Competition Yield Cournot Outcomes." *The Bell Journal of Economics* 14, no. 2: 326 –337.

Kühn, Kai-Uwe. 2015. "The Coordinated Effects of Mergers in Differentiated Products Markets." CEPR Discussion Paper No. 4769. https://cepr.org/active/

publications/discussion_papers/dp. php? dpno = 4769.

Kulick, Robert. 2017. "Ready-to-Mix: Horizontal Mergers, Prices, and Produc-tivity." Center for Economic Studies Working Paper No. 17 – 38. https://www2. census. gov/ces/wp/2017/CES-WP-17 – 38. pdf.

Kurz, Mordecai. 2017. "On the Formation of Capital and Wealth." SIEPR Working Paper No. 17 – 016. https://siepr. stanford. edu/research/publications/formation-capital-and-wealth-it-monopoly-power-and-rising-inequality.

Kutler, Stanley I. 1971. *Privilege and Create Destruction: The Charles River Bridge Case.* Philadelphia, PA: Lippincott.

Kutsoati, Edward, and George Norman. n. d. "Mutual Forbearance in a Differen-tiated Duopoly." Unpublished manuscript.

Kwoka, John. 1989. "The Private Profitability of Horizontal Mergers with Non-Cournot and Maverick Behavior." *International Journal of Industrial Organization.* 7, no. 3: 403 – 411.

Kwoka, John. 2015. *Mergers, Merger Control, and Remedies: A Retrospective Analysis of U. S. Policy.* Cambridge, MA: MIT Press.

Kwoka, John. 2017a. "Mergers, Merger Control, and Remedies: A Response to the FTC Critique." Working Paper. http://www. ios. neu. edu/j. kwoka/A%20Response%20to%20the%20FTC%20Critique%20of%20MMCR. pdf.

Kwoka, John. 2017b. "The Structural Presumption and the Safe Harbor in Merger Review: False Positives or Unwarranted Concerns?" *Antitrust Law Journal.* 81, no. 3: 837 – 872.

Kwoka, John, Kevin Hearle, and Philipe Alepin. 2016. "From the Fringe to the Fringe to the Forefront: Low Cost Carriers and Airline Price Determination." *Review of Industrial Organization.* 48, no. 3: 247 – 268.

Lamoreaux, Naomi R. 1985. *The Great Merger Movement in American Business, 1895 – 1904.* Cambridge: Cambridge University Press.

Lambert, Thomas A., and Michael Sykuta. 2013. "Why the New Evidence on Minimum Resale Price Maintenance Does Not Justify a Per Se or 'Quick Look' Approach." *CPI Antitrust Chronicle.* 11, no. 1: 2 – 10.

Lande, Robert H. 1982. "Wealth Transfers as the Origianl and Primary Concern of Antitrust: The Efficiency Interpretation Challenged." *Hastings Law Journal.* 34, no. 1: 65 – 151.

Lande, Robert H. 1989. "Chicago's False Foundation: Wealth Transfers (Not Just Efficiency) Should Guide Antitrust." *Antitrust Law Journal.* 58, no. 3: 631 – 644.

Lande, Robert H., and Joshua P. Davis. 2008. "Benefits from Private Antitrust Enforcement: An Analysis of Forty Cases." *University of San Francisco Law Review.* 42, no. 4: 879 – 918.

Landes, William M., and Richard A. Posner. 1980. "Market Power in Antitrust Cases." *Harvard Law Review.* 94, no. 5: 937 – 996.

Lando, Hendrik. 2006. "Does Wrongful Conviction Lower Deterrence?" *Journal of Legal Studies.* 35, no. 2: 327 – 337.

Lao, Marina. 2014. "Ideology Matters in the Antirust Debate." *Antitrust Law Journal.* 79, no. 2: 649 – 685.

Lao, Marina. 2018. "Erring on the Side of Antitrust Enforcement When in Doubt in Data-Driven Mergers." In *Douglas H. Ginsburg—Liber Amercorum: An Antitrust Professor on the Bench*, edited by Nicolas Charbit, Carolina Malhado and Ellie Yang, vol. 1, 497 – 530. New York: Institute of Competition Law.

Leary, Thomas B. 2002. "The Essential Stability of Merger Policy in the United States." *Antitrust Law Journal.* 70, no. 1: 105 – 142.

Lerner, Josh. 1995. "Pricing and Financial Resources: An Analysis of the Disk Drive Industry, 1980 – 88." *Review of Economics and Statistics.* 77, no. 4: 585 – 598.

Lehman, Ari. 2005. "Eliminating the Below-Cost Pricing Requirement from Predatory Pricing Claims." *Cardozo Law Review.* 27, no. 1: 343 – 386.

Levenstein, Margaret C. 1996. "Do Price Wars Facilitate Collusion? A Study of the Bromine Cartel Before World War I." *Explorations in Economic History.* 33, no. 1: 107 – 137.

Levenstein, Margaret C. 1997. "Price Wars and the Stability of Collusion: A

Study of the Pre-World War I Bromine Industry. " *Journal of Industrial Economics.* 45, no. 2: 117 – 137.

Levenstein, Margaret C. , and Valerie Y. Suslow. 2006. "What Determines Cartel Success?" *Journal of Economic Literature.* 44, no. 1: 43 – 95.

Levenstein, Margaret C. , and Valerie Y. Suslow. 2011. "Breaking Up is Hard to Do: Determinants of Cartel Duration. " *Journal of Law and Economics.* 54, no. 2: 455 – 492.

Levenstein, Margaret C. , and Valerie Y. Suslow. 2014. "How Do Cartels Use Vertical Restraints? Reflections on Bork's The Antitrust Paradox. " *Journal of Law and Economics.* 57, no. 3: S33-S50.

Lerner, Josh. 1995. "Pricing and Financial Resources: An Analysis of the Disk Drive Industry, 1980 – 88. " *Review of Economics and Statistics.* 77, no. 4: 585 – 598.

Lewis, William W. 2004. *The Power of Productivity: Wealth, Poverty, and the Threat to Global Stability.* Chicago, IL: University of Chicago Press.

Lieber, James B. 2000. *Rats in the Grain: The Dirty Tricks and Trials and Trials of Archer Daniels Midland, the Supermarket to the World.* New York: Four Walls Eight Windows.

Lindsay, Michael, Jaime Stilson, and Rebecca Bernhard. 2016. "Employers Beware: The DOJ and FTC Confirm that Naked Wage-Fixing and 'No-Poaching' Agreements are Per Se Antitrust Violations. " *Antitrust Source.* 2016, December: 1 – 12.

Liscow, Zachary D. 2018 (Forthcoming). "Is Efficiency Biased?" *University of Chicago Law Review.* https://papers.ssrn.com/sol3/papers.cfm? abstract_id = 3018796.

Lo, Andrew W. 2012. "Reading About the Financial Crisis: A Twenty-One Book Review. " *Journal of Economic Literature.* 50, no. 1: 151 – 178.

Lopatka, John E. , and William H. Page. 2002. " 'Obvious' Consumer Harm in Antitrust Policy: The Chicago School, the Post-Chicago School and the Courts. " In *Post-Chicago Developments in Antitrust Analysis*, edited by Roger van den Bergh, Roberto Pardolesi, and Antonio Cucinotta, 129 – 160. Northampton, UK: Edward Elgar.

Luco, Fernando, and Guillermo Marshall. 2018. "Vertical Integration with Multiproduct Firms: When Eliminating Double Marginalization May Hurt Consumers." Working Paper. https://ssrn.com/abstract=3110038.

Lynn, Barry C. 2010. *Cornered: The New Monopoly Capitalism and the Economics of Destruction.* Hoboken, NJ: John Wiley.

Lyon, Leverett S., Paul T. Homan, Lewis L. Lorwin, George Terborgh, Charles L. Dearing, and Leon C. Marshall. 1935. *The National Recovery Administration: An Analysis and Appraisal.* Washington, D. C.: Brookings Institution.

MacKay, Alexander, and David Aron Smith. 2014. "The Empirical Effects of Minimum Resale Price Maintenance on Prices and Output." Working Paper. https://ssrn.com/abstract=2513533.

Mahoney, Neale, Andre Veiga, and E. Glen Weyl, 2014. "Competition Policy in Selection Markets." *CPI Antitrust Chronicle.* 2014, no. 1: 2 – 9.

Makkai, Toni, and John Braithwaite. 1992. "In and Out of the Revolving Door: Making Sense of Regulatory Capture." *Journal of Public Policy.* 12, no. 1: 61 – 78.

Malmendier, Ulrike, Enrico Moretti, and Florian S. Peters. 2018. "Winning by Losing: Evidence on the Long-Run Effects of Mergers." *Review of Financial Studies.* 31, no. 8: 3212 – 3264. https://doi.org/10.1093/rfs/hhy009.

Mankiw, N. Gregory, and Michael D. Whinston. 1986. "Free Entry and Social Inefficiency." *RAND Journal of Economics.* 17, no. 1: 48 – 58.

Manne, Geoffrey A., and Joshua D. Wright. 2010. "Innovation and the Limits of Antitrust." *Journal of Competition Law and Economics.* 6, no. 1: 153 – 202.

Marinescu, Ioana, and Herbert Hovenkamp. 2018. "Anticompetitive Mergers in Labor Markets." University of Pennsylvania Faculty Scholarship 1965. https://scholarship.law.upenn.edu/faculty_scholarship/1965/.

Marshall, Robert C. 2017 "Unobserved Collusion: Warning Signs and Concerns." *Journal of Antitrust Enforcement.* 5, no. 3: 329 – 340

Mas-Colell, Andreu, Michael D. Whinston, and Jerry R. Green. 1995. *Microeconomic Theory.* New York: Oxford University Press.

Maskin, Eric, and Jean Tirole. 1987. "A Theory of Dynamic Oligopoly Ⅲ: Cournot Competition." *European Economic Review*. 31, no. 4: 847 – 868.

Mason, Lilliana. 2018. "Ideologues Without Issues: The Polarizing Consequences of Ideological Identities." *Public Opinion Quarterly*. 82, no. 1: 280 – 301.

Masur, Jonathan. 2011. "Patent Inflation." *Yale Law Journal*. 121, no. 3: 470 – 532.

May, James. 1989. "Antitrust in the Formative Era: Political and Economic Theory in Constitutional and Antitrust Analysis, 1880 – 1918." *Ohio State Law Journal*. 50, no. 2: 257 – 395.

May, James. 2007. "The Story of Standard Oil Co. v. United States." In *Antitrust Stories*, edited by Eleanor M. Fox and Daniel A. Crane, 7 – 59. New York: Foundation Press.

McAfee, R. Preston. 2002. *Competitive Solutions: The Strategist's Toolkit*. Princeton, NJ: Princeton University Press.

McChesney, Fred S. 2004. "Talking' Bout My Antitrust Generation." *Regulation*. 27, no. 3, 48 – 55.

McClellan, James. 1971. *Joseph Story and the American Constitution*. Norman: University of Oklahoma Press.

McGahan, Anita M. 1995. "Cooperation in Prices and Capacities: Trade Associations in Brewing After Repeal." *Journal of Law and Economics*. 38, no. 2: 521 – 559.

McGee, John. 1958. "Predatory Price-Cutting: The Standard Oil (N. J.) Case." *Journal of Law and Economics*. 1: 137 – 169.

McMurray, James. 2017. "Ideology as Opinion: A Spatial Model of Common-Value Elections." *American Economic Journal: Microeconomics* 9, no. 4: 108 – 149.

McSweeney, Terrell, and Brian O'Dea. 2017. "The Implications of Algorithmic Pricing for Coordinated Effects Analysis and Price Discrimination Markets in Antitrust Enforcement." *Antitrust*. 32, no. 1: 75 – 81.

Mehata, Mihir N., Suraj Srinivasan, and Wanli Zhao. 2017. "Political Influence and Merger Antitrust Reviews." Working Paper. https://ssrn.com/abstract =

2945020.

Mehra, Salil K. 2016. "Antitrust and the Robo-Seller: Competition in the Time of Algorithms." *Minnesota Law Review.* 100, NO. 4: 1323 – 1375.

Mehra, Salil K. 2017. "Robo-Seller Prosecutions and Antitrust's Error-Cost Framework." *CPI Antitrust Chronicle.* 2017, no. 2: 36 – 39.

Melamed, A. Douglas, and Carl Shapiro. 2018. "How Antitrust Law Can Make FRAND Commitments More Effective." *Yale Law Journal.* 127, no. 7: 2110 – 2141.

Meese, Alan J. 2012. "Standard Oil as Lochner's *Trojan Horse.*" *Southern California Law Review.* 85, no. 3: 783 – 813.

Mendonça, Sandro. 2013. "The 'Sailing Ship Effect': Reassessing History as a Source of Insight on Technical Change." *Research Policy.* 42. No. 10: 1724 – 1728.

Mikians, Jakub, László Gyarmati, Vijay Erramilli, and Nikolaos Laoutaris. 2012. "Detecting Price and Search Discrimination on the Internet." Proceedings of the 11th ACM Workshop on Hot Topics in Networks (HotNets' 12) Redmond, WA. 2012: 79 – 84.

Mikians, Jakub, László Gyarmati, Vijay Erramilli, and Nikolaos Laoutaris. 2013. "Crowd-assisted Search for Price Discrimination in E-Commerce: First Results." Proceedings of the 9th International Conference on emerging Networking Experiments and Technologies (CoNEXT' 13), Santa Barbara, CA. http://dx.doi.org/10.1145/2535372.2535415.

Miller, Nathan H., and Matthew C. Weinberg. 2017. "Understanding the Price Effects of the MillerCoors Joint Venture." *Econometrica.* 85, no. 6: 1763 – 1791.

Moeller, Sara P., Frederik P. Schilingemann, and René M. Stulz. 2006. "Wealth Destruction on a Massive Scale? A Study of Acquiring-Firm Returns in the Recent Merger Wave." *Journal of Finance.* 60, no. 2: 757 – 782.

Mokyr, Joel. 1990. *The Lever of Riches: Technological Creativity and Economic Progress.* New York: Oxford University Press.

Mokyr, Joel. 2002. *The Gifts of Athena: Historical Origins of the Knowledge Economy.* Princeton, NJ: Princeton University Press.

Motta, Massimo. 2004. *Competition Policy: Theory and Practice.* Cambridge:

Cambridge University Press.

Motta, Massimo, and Helder Vasconcelos. 2012. "Exclusionary Pricing in a Two-Sided Market." Centre for Economic Policy Research, Discussion Paper No. 9164. https://cepr.org/active/publications/discussion_papers/dp.php?dpno=9164.

Naidu, Suresh, Eric A. Posner, and E. Glen Weyl. 2018. "Antitrust Remedies for Labor Market Power." *Harvard Law Review.*

Nalebuff, Barry J. 2004. "Bundling as a Way to Leverage Monopoly." Yale School of Management Working Paper No. ES-36. http://ssrn.com/abstract=586648.

Neuchterlein, Jonathan E., and Philip J. Weiser. 2005. *Digital Crossroads: American Telecommunications Policy in the Internet Age.* Cambridge, MA: MIT Press.

Nevo, Aviv. 2014. "Mergers that Increase Bargaining Leverage." Remarks at the Stanford Institute for Economic Policy Research and Cornerstone Research Conference on Antitrust in Highly Innovative Industries. https://www.justice.gov/atr/speech/mergers-increase-bargaining-leverage.

Newham, Melissa, Jo Seldeslachts, and Albert Banal-Estanol. 2018. "Common Ownership and Market Entry: Evidence from the Pharmaceutical Industry." DIW Berlin Discussion Paper No. 1738. https://www.diw.de/documents/publikationen/73/diw_01.c.591375.de/dp1738.pdf.

Noel, Hans. 2013. *Political Ideologies and Political Parties in America.* New York: Cambridge University Press.

Noll, Roger G. 2005. "'Buyer Power' and Economic Policy." *Antitrust Law Journal.* 72, no. 2: 589–624.

North, Douglass C., John Joseph Wallis, and Barry R. Weingast. 2009. *Violence and Social Orders: A Conceptual Framework for Interpreting Recorded Human History.* Cambridge: Cambridge University Press.

Nourse, Victoria F. 2013. "Overrides: The Super-Study." *Texas Law Review* also see. 92: 205–216.

Oberlander, Jonathan. 2003. "The Politics of Medicare Reform." *Washington and Lee Law Review.* 60, no. 4: 1095–1136.

O'Brien, Daniel P. 2008. "The Antitrust Treatment of Vertical Restraints: Beyond the Possibility Theorems." In *The Pros and Cons of Vertical Restraints*, edited by Swedish Competition Authority, 40 – 101. http://www.konkurrensverket.se/en/research/seminars/the-pros-and-cons/vertical-restraints/.

O'Brien, Daniel P., and Keith Waehrer. 2017. "The Competitive Effects of Common Ownership: We Know Less Than We Think." *Antitrust Law Journal*. 81, no. 3: 729 – 777.

Olson, Mancur. 1982. The Rise and Decline of Nations. New Haven, CT: Yale University Press.

Orbach, Barak Y. 2010. "The Antitrust Consumer Welfare Paradox." *Journal of Competition Law and Economics*. 7, no. 1: 133 – 164.

Orbach, Barak Y. 2017. "Antitrust Populism." *New York University Journal of Law and Business*. 14, no. 1: 1 – 25.

Padilla, Jorge, Douglas Ginsburg, and Koren Wong-Ervin. 2018. "Antitrust Analysis Involving Intellectual Property and Standards: Implications from Economics." Working Paper. https://ssrn.com/abstract = 3119034.

Page, William H. 1995. "Legal Realism and the Shaping of Modern Antitrust." *Emory Law Journal*. 44, no. 1: 1 – 70.

Page, William H. 2008. "The Ideological Origins and Evolution of U. S. Antitrust Law." In *Issues in Competition Law and Policy*, edited by Wayne Dale Collins, vol. 1, no. 1: 1 – 17. Chicago, IL: ABA Section of Antitrust Law.

Page, William H. 2010. "Microsoft and the Limits of Antitrust." *Journal of Competition Law and Economics*. 6, no. 1: 33 – 50.

Page, William H. 2013. "Objective and Subjective Theories of Concerted Action." *Antitrust Law Journal*. 79, no. 1: 215 – 272.

Page, William H. 2015. "Signaling and Agreement in Antitrust Law." Working Paper, http://ssrn.com/abstract = 2620786.

Page, William H., and John E. Lopatka. 2007. *The Microsoft Case: Antitrust, High Technology, and Consumer Welfare*. Chicago, IL: University of Chicago Press.

Parente, Stephen L., and Edward C. Prescott. 2000. *Barriers to Riches*. Cambridge, MA: MIT Press.

Pate, R. Hewitt. 2004. "Antitrust in a Transatlantic Context—From a Cicada's Perspective." Remarks at the "Antitrust in a Transatlantic Context" Conference, Belgium, Brussels, June 7. Https://www.justice.gov/atr/speech/antitrust-transatlantic-context-cicadas-perspective.

Patel, Menesh S. 2018. "Common Ownership, Institutional Investors, and Antitrust." *Antitrust Law Journal*. 82, no. 1: 279 – 334.

Patterson, Mark R. 2017. *Antitrust Law in the New Economy*. Cambridge, MA: Harvard University Press.

Peltzman, Sam. 2014. "Industrial Concentration Under the Rule of Reason." *Journal of Law and Economics*. 57, no. 3: S101 – S120.

Peters, Craig T. 2003. "Evaluating the Performance of Merger Simulation: Evidence from the U.S. Airline Industry." Department of Justice Economic Analysis Group Discussion Paper No. 03 – 1. https://ssrn.com/abstract=399941.

Philippon, Thomas. 2018. "A Primer on Competition, Investment, and Growth." Working Paper. https://www.kansascityfed.org/publications/research/escp/symposiums/escp-2018.

Phillips-Fein, Kim. 2009. *Invisible Hands: The Making of the Conservative Movement from the New Deal to Reagan*. New York: Norton.

Piketty, Thomas. 2014. *Capital in the Twenty-First Century*. Cambridge, MA: Harvard University Press.

Pitofsky, Robert. 1979. "The Political Content of Antitrust." *University of Pennsylvania Law Review*. 127, no. 4: 1051 – 1075.

Pitofsky, Robert. 1987. "Does Antitrust Have a Future?" *Georgetown Law Journal*. 76, no. 2: 321 – 337.

Pitofsky, Robert, ed. 2008. *How the Chicago School Overshot the Mark: The Effect of Conservative Economic Analysis on U.S. Antitrust*. New York: Oxford University Press.

Porter, Michael E. 1980. *Competitive Strategy: Techniques for Analyzing Industries and Competitors*. New York: Simon & Schuster.

Porter, Robert H. 1993. "A Study of Cartel Stability: The Join Executive Committee, 1880 – 1886." *Bell Journal of Economics*. 14, no. 2: 301 – 314.

Posner, Richard A. 1973. "An Economic Approach to Legal Procedure and Judicial Administration." *Journal of Legal Studies*. 2, no. 2: 399 – 458.

Posner, Richard A. 1975a. "Antitrust Policy and the Supreme Court: An Analysis of the Restricted Distribution, Horizontal Merger and Potential Competition Decisions." *Columbia Law Review*. 75, no. 2: 282 – 327.

Posner, Richard A. 1975b. "The Social Costs of Monopoly and Regulation." *Journal of Political Economy*. 83, no. 4: 807 – 827.

Posner, Richard A. 1976. *Antitrust Law*. 1st ed. Chicago, IL: University of Chicago Press.

Posner, Richard A. 1979. "The Chicago School of Antitrust Analysis." *University of Pennsylvania Law Review*. 127, no. 4: 925 – 948.

Posner, Richard A. 1981. "The Next Step in the Antitrust Treatment of Restricted Distribution: Per Se Legality." *University of Chicago Law Review*. 48, no. 1: 6 – 26.

Posner, Richard A. 1999. "An Economic Approah to the Law of Evidence." *Stanford Law Review*. 51, no. 6: 1477 – 1546.

Posner, Richard A. 2001. *Antitrust Law*. 2nd ed. Chicago, IL: University of Chicago Press.

Prasad, Monica. 2006. *The Politics of Free Markets: The Rise of Neoliberal Economic Policies in Britain, France, Germany, & the United States*. Chicago, IL: University of Chicago Press.

Priest, George L. 2010. "The Limits of Antitrust and the Chicago School Tradition." *Journal of Competitive Law and Economics*. 6, no. 1: 1 – 9.

Rahman, K. Sabheel. 2018. "The New Utilities: Private Power, Social Infrastructure, and the Revival of the Public Utility Concept." *Cardozo Law Review*. 39, no. 5: 101 – 171.

Ramseyer, J. Mark, and Eric B. Rasmusen. 2014. "Exclusive Dealing: Before Bork, and Beyond." *Journal of Law and Economics*. 57, no. S3: S145-S160.

Reimers, Imke, and Joel Waldfogel. 2017. "Throwing the Books at Them:

Amazon's Puzzling Long Run Pricing Strategy." *Southern Economic Journal.* 83, no. 4: 869–885.

Rhee, Ki-Eun. 2017. "Price and Output Effects of Oligopoly Price Discrimination Under Best-Response Asymmetry." Kaist College of Business Working Paper No. KCB-WP-2017-013. https://papers.ssrn.com/sol3/papers.cfm?abstract_id=3005029.

Rill, James F., and Stacy L. Turner. 2014. "Presidents Practicing Antitrust: Where to Draw the Line." *Antitrust Law Journal.* 79, no. 2: 577–599.

Riordan, Michael H., and Steven C. Salop. 1995. "Evaluating Vertical Mergers: A Post-Chicago Approach." *Antitrust Law Journal.* 63, no. 2: 513–568.

Roback, Herbert. 1946. "Monopoly or Competition Through Surplus Plant Disposal? The Aluminum Case." *Cornell Law Quarterly.* 31 no. 3: 302–326.

Rodrik, Dani. 1998. "Why Do More Open Economies Have Bigger Governments?" *Journal of Political Economy.* 106, no. 5: 997–1032.

Rodrik, Dani. 2018. "Populism and the Economics of Globalization." *Journal of International Business Policy.* 1, no. 1–2: 12–33.

Röller, Lars-Hendrik, Johan Stennek, and Frank Verboven. 2006. "Efficiency Gains from Mergers." In *European Merger Control: Do We Need an Efficiency Defence*, edited by Fabienne Ilzkovitz and Roderick Meiklejohn. Cheltenham, UK: Edward Elgar.

Rosenberg, Nathan, and L. E. Birdzell Jr. 1986. *How the West Grew Rich: The Economic Transformation of the Industrial World.* New York: Basic Books.

Rossi-Hansberg, Esteban, Pierre-Daniel Sarte, and Nicholas Trachter. 2018. "Divergent Trends in National and Local Competition." NBER Working Paper No. 25066. http://www.nber.org/papers/w25066.

Rubinovitz, Robert N. 1993. "Market Power and Price Increases for Basic Cable Service Since Deregulation." *RAND Journal of Economics.* 24, no. 1: 1–18.

Rule, Charles F. 1986. "The Administration's Views: Antitrust Analysis after the Nine No-No's." *Antitrust Law Journal.* 55, no. 2: 365–372.

Rybincek, Jan M., and Joshua D. Wright. 2014. "Outside In or Inside Out?

Counting Merger Efficiencies Inside and Out of the Relevant Market." In *William E. Kovacic—Liber Amicorum: An Antitrust Tribute*, edited by Nicolas Charbit and Elisa Ramundo, vol. 2. New York: Institute of Competition Law.

Sagers, Chris. 2019 (Forthcoming). *Apple, Antitrust, and Irony*. Cambridge, MA: Harvard University Press.

Salant, Stephen. 1987. "Treble Damage Awards in Private Litigation for Price Fixing." *Journal of Political Economy*. 95, no. 6: 1326–1236.

Salcedo, Bruno. 2015. "Pricing Algorithms and Tacit Collusion." Working Paper. http://brunosalcedo.com/docs/collusion.pdf.

Salop, Steven C. 1986. "Practices That (Credibly) Facilitate Oligopoly Coordination." In *New Developments in the Analysis of Market Structure*, edited by Joseph E. Stiglitz and G. Frank Mathewson, 265–290. London, UK: MacMillan.

Salop, Steven C. 2008. "Economic Analysis of Exclusionary Vertical Conduct: Where Chicago Has Overshot the Mark." In *How the Chicago School Overshot the Mark: The Effect of Conservative Economic Analysis on U. S. Antitrust*, edited by Robert Pitofsky, 141–155. New York: Oxford University Press.

Salop, Steven C. 2010. "Question: What Is the Real and Proper Antitrust Welfare Standard? Answer: The True Consumer Welfare Standard." *Loyola Consumer Law Review*. 22, no. 3: 336–353.

Salop, Steven C. 2013. "Merger Settlements and Enforcement Policy for Optimal Deterrence and Maximum Welfare." *Fordham Law Review*. 81, no. 5: 2647–2681.

Salop, Steven C. 2014. "What Consensus? Ideology, Politics and Elections Still Matter." Antitrust Law Journal. 79, no. 2: 601–648.

Salop, Steven C. 2015. "The Evolution and Vitality of Merger Presumptions: A Decision-Theoretic Approach." *Antitrust Law Journal*. 80, no. 2: 269–306.

Salop, Steven C. 2017. "An Enquiry Meet for the Case: Decision Theory, Presumptions, and Evidentiary Burdens in Formulating Antitrust Legal Standards." Georgetown Law Faculty Publications and Other Works. https://scholarship.law.georgetown.edu/cgi/viewcontent.cgi?article=3025&context=facpub.

Salop, Steven C. 2018. "Invigorating Vertical Merger Enforcement." *Yale Law

Journal. 127, no. 7: 1962 – 1994.

Salop, Steven C., and Daniel P. Culley. 2016. "Revising the U. S. Vertical Merger Guidelines: Policy Issues and an Interim Guide for Practitioners." *Journal of Antitrust Enforcement.* 4, no. 1: 1 – 41.

Salop, Steven C., and R. Craig Romaine. 1999. "Preserving Monopoly: Economic Analysis, Legal Standards, and Microsoft." *George Mason Law Review.* 7, no. 3: 617 – 664.

Salop, Steven C., and Carl Shapiro. 2017. "Whither Antitrust Enforcement in the Trump Administration?" *The Antitrust Source.* 2017, February: 1 – 20.

Sanders, Elizabeth. 1999. *Roots of Reform: Farmers, Workers, and the American State, 1977 – 1917.* Chicago, IL: University of Chicago Press.

Sass, Tim R. 2005. "The Competitive Effects of Exclusive Dealing: Evidence from the U. S. Beer Industry." *Intnternational Journal of Industrial Organization.* 23, no. 3 – 4: 203 – 225.

Scherer, F. M. 1996. *Industry Structure, Strategy, and Public Policy.* New York: Pearson.

Schmalensee, Richard. 1989. "Inter-Industry Studies of Structure and Performance." In *Handbook of Industrial Organization*, edited by Richard Schmalensee and Robert D. Willig, vol. 2, 951 – 1009. New York: Elsevier.

Schmalz, Martin C. 2018 "Common Ownership, Concentration, and Corporate Conduct." *Annual Review of Financial Economics.*

Schwartz, Warren F. 2000. "Legal Error." In *Encyclopedia of Law and Economics*, edited by Boudewijn Bouckaert and Gerrit De Geest, vol. 1, 1029 – 1040. Cheltenham, UK: Edward Elgar.

Scott Morton, Fiona. 1997. "Entry and Predation: British Shipping Cartels 1879 – 1929." *Journal of Economics and Management Strategy.* 6, no. 4: 679 – 724.

Segal, Ilya R., and Michael D. Whinston. 2000. "Exclusive Contracts and Protection of Investments." *RAND Journal of Economics.* 31, no. 4: 603 – 633.

Segal, Ilya R., and Michael D. Whinston. 2006. "Public vs. Private Enforcement of Antitrust Law: A Survey." Stanford Law and Economics Olin Working Paper

No. 335. https://ssrn.com/abstract=952067.

Sertsios, Giorgo, Daniel Ferrés, Gaizka Ormazabal, and Paul Povel. 2016. "Capital Structure Under Collusion." Working Paper. https://ssrn.com/abstract=2877374.

Shapiro, Carl. 1989. "Theories of Oligopoly Behavior." In *Handbook of Industrial Organization*, edited by Richard Schmalensee and Robert D. Willig, vol. 1, 329–414. Amsterdam: Elsevier, North-Holland.

Shapiro, Carl. 1999. "Exclusivity in Network Industries." *George Mason Law Review*. 7, no. 3: 673–683.

Shapiro, Carl. 2012. "Competition and Innovation: Did Arrow Hit the Bull's Eye?" In *The Rate and Direction of Inventive Activity Revisited*, edited by Josh Lerner and Scott Stern, 361–410. Chicago, IL: University of Chicago Press.

Shapiro, Carl. 2018 (In press). "Antitrust in a Time of Populism." *International Journal of Industrial Organization*. https://doi.org/10.1016/j.ijindorg.2018.01.001.

Shapiro, Carl, and Hal R. Varian. 1999. *Information Rules: A Strategic Guide to the Network Economy*. Boston, MA: Harvard Business School Press.

Shelanski, Howard A. 2011. "The Case for Rebalancing Antitrust and Regulation." *Michigan Law Review*. 109, no. 5: 683–732.

Shelanski, Howard A. 2013. "Information, Innovation, and Competition Policy for the Internet." *University of Pennsylvania Law Review*. 161, no. 6: 1663–1705.

Shelanski, Howard, Samantha Knox, and Arif Dhilla. 2018. "Network Effects and Efficiencies in Multi-Sided Markets." In OECD, *Rethinking Antitrust Tools for Multi-Sided Platforms*. http://www.oecd.org/competition/rethinking-antitrust-tools-for-multi-sided-platforms.htm.

Shleifer, Andrei, and Robert W. Vishny. 1998. *The Grabbing Hand: Government Pathologies and Their Cures*. Cambridge, MA: Harvard University Press.

Singh, Vishal, and Ting Zhu. 2008. "Pricing and Market Concentration in Oligopoly Markets." *Marketing Science*. 27, no. 6: 1020–1035.

Snyder, Edward A., and Thomas E. Kauper. 1991. "Misuse of the Antitrust

Laws: The Competitor Plaintiff. " *Michigan Law Review.* 90, no. 3: 551 – 598.

Sokol, D. Daniel. 2014. "The Transformation of Vertical Restraints: Per Se Illegality, the Rule of Reason and Per Se Legality. " *Antitrust Law Journal.* 79, no. 3: 1003 – 1016.

Sowell, Thomas. 1987. *A Conflict of Visions: Ideological Origins of Political Struggles.* New York: Basic Books.

Srinivasan, Sridhar. 2018. " Patents v. Innovation: Evidence from Public Firms. " Working Paper. https://ssrn.com/abstract=3185148.

Stigler, George J. 1964. "A Theory of Oligopoly. " *Journal of Political Economy.* 72, no. 1: 44 – 61.

Stiglitz, Joseph E. 1987. " Technological Change, Sunk Costs, and Competition. " *Brookings Papers on Economic Activity.* 1987, no. 3: 883 – 937.

Stiglitz, Joseph E. 2012. *The Price of Inequality: How Today's Divided Society Endangers Our Future.* New York: W. W. Norton.

Stimson, James A. 2015. *Tides of Consent: How Public Opinion Shapes American Politics.* New York: Cambridge University Press.

Stole, Lars A. 2007. "Price Discrimination and Competition." In *Handbook of Industrial Organization*, edited by Mark Armstrong and Robert Porter, vol. 3, 2221 – 2299. Amsterdam: Elsevier, North-Holland.

Stucke, Maurice E. 2013. "Looking at the Monopsony in the Mirror. " *Emory Law Journal.* 62, no. 6: 1509 – 1562.

Stucke, Maurice E., and Ariel Ezrachi. 2015. "Artificial Intelligence and Collusion: When Computers Inhibit Competition. " Oxford Legal Studies Research Paper No. 18/2015. https://ssrn.com/abstract=2591874.

Stucke, Maurice E., and Allen P. Grunes. 2016. *Big Data and Competition Policy.* Oxford. Oxford University Press.

Sullivan, Lawrence A., Warren S. Grimes, and Christopher L. Sagers. 2000. *The Law of Antitrust: An Integrated Handbook.* St. Paul, MN: West Academic.

Sutton, John. 1991. *Sunk Costs and Market Structure: Price Competition, Advertising and the Evolution of Concentration.* Cambridge, MA: MIT Press.

Sutton, John. 1998. *Technology and Market Structure: Theory and History*. Cambridge, MA: MIT Press.

Svolik, Milan W. 2017. "When Polarization Trumps Civic Virtue: Partisan Conflict and the Subversion of Democracy by Incumbents." Unpublished Paper, Yale University. https://campuspress.yale.edu/svolik/files/2017/09/polarization3-15ap6tb.pdf.

Tabakovic, Haris, and Thomas Wollmann. 2018. "From Revolving Doors to Regulatory Capture? Evidence from Patent Examiners." NBER Working Paper No. w24638. https://ssrn.com/abstract=3185893.

Taplin, Jonathan. 2017. *Move Fast and Break Things: How Facebook, Google, and Amazon Cornered Culture and Undermined Democracy*. New York: Little, Brown.

Tarbell, Ida M. 1904. *The History of the Standard Oil Company*. New York: McClure, Phillips.

Teles, Steven M. 2008. *The Rise of the Conservative Legal Movement*. Princeton, NJ: Princeton University Press.

Telser, Lester G. 1960. "Why Should Manufacturers Want Fair Trade?" *Journal of Law and Economics*. 3: 86–105.

Traina, James. 2018. "Is Aggregate Market Power Increasing? Production Trends Using Financial Statements." Chicago Booth Stigler Center New Working Paper No. 17. https://papers.ssrn..com/sol3/papers.cfm?abstract_id=3120849.

Transportation Research Board, National Research Council. 1991. *Winds of Change: Domestic Air Transport Since Deregulation—Special Report 230*. Washington, D.C.: The National Academies Press.

Tucker, Catherine. 2018. "What Have We Learned in the Last Decade? Network Effects and Market Power." *Antitrust*. 32, no. 2: 77–81.

Turner, Donald F. 1969. "The Scope of Antitrust and Other Economic Regulatory Policies." *Harvard Law Review*. 82, no. 6: 1207–1244.

Tushnet, Mark. 2003. *The New Constitutional Order*. Princeton. NJ: Princeton University Press.

Ulfelder, Jay. 2010. *Dilemmas of Democratic Consolidation: A Game-Theory Approach. Boulder, CO: FirstForumPress.

U. S. Department of Justice and Federal Trade Commission. 2010. *Horizontal Merger Guidelines*. https://www.justice.gov/sites/default/files/atr/legacy/2010/08/19/hmg-2010.pdf.

Van Reenen, John. 2018. "Increasing Differences Between Firms: Market Power and the Macro-Economy." Working Paper. https://www.kansascityfed.org/publications/research/escp/symposiums/escp-2018.

Vaheesan, Sandeep, and Frank A. Pasquale. Forthcoming. "The Politics of Professionalism: Reappraising Occupational Licensure and Competition Policy." *Annual Review of Law and Social Science*. https://papers.ssrn.com/sol3/papers.cfm?abstract_id=2881732.

Vance, Sarah S. 2006. "A Primer on the Class Action Fairness Act of 2005." *Tulane Law Review*. 80, no. 5–6: 1617–1644.

Vickers, John. 2010. "Competition Policy and Property Rights." *The Economic Journal*. 120, No. 554 (Conference Papers): 375–392.

Vita, Michael, and F. David Osinski. 2018. "John Kwoka's Mergers, Merger Control, and Remedies: A Critical Review." *Antitrust Law Journal*. 82, no. 1: 361–388.

Wald, Douglas L., and Deborah L. Feinstein. 2004. "Merger Enforcement in Innovation Markets: The Latest Chapter—Genzyme/Novazyme." *Antitrust Source*. 2004, July: 1–11.

Waller, Spencer Weber. 2004. "The Antitrust Legacy of Thurman Arnold." *St. John's Law Review*. 78, no. 3: 569–613.

Waller, Spencer Weber. 2019 (Forthcoming). "Antitrust and Democracy." Florida State University Law Review. 45. Walzer, Michael. 1983. *Spheres of Justice*. Oxford: Blackwell.

Ward, Patrick R. 2017. "Testing for Multi-sided Platform Effects in Market Definition." *University of Chicago Law Review*. 84, no. 4: 2059–2102.

Wells, Wyatt. 2002. *Antitrust & the Formation of the Postwar World*. New York: Columbia University Press.

Weiman, David F., and Richard C. Levin. 1994. "Preying for Monopoly? The Case of Southern Bell Telelphone Company, 1894 – 1912." *Journal of Political Economy*. 102, no. 1: 103 – 126.

Weiss, Leonard W. 1989. "Conclusions." In *Concentration and Price*, edited by Leonard W. Weiss, 266 – 284. Cambridge, MA: MIT Press.

Wen, Wen, and Feng Zhu. 2017. "Threat of Platform-Owner Entry and Complementor Responses: Evidence from the Mobile App Market." NET Institute Working Paper No. 16 – 10. https://ssrn.com/abstract=2848533.

Werden, Gregory J. 1988. "The Divergence of SIC Industries from Antitrust Markets: Some Evidence from Price Fixing Cases." *Economics Letters*. 28, no. 2: 193 – 197.

Werden, Gregory J. 2004. "Economic Evidence on the Existence of Collusion: Reconciling Antitrust Law with Oligopoly Theory." *Antitrust Law Journal*. 71, no. 3: 719 – 800.

Werden, Gregory J. 2017. "Cross-Market Balancing of Competitive Effects: What is the Law, and What Should it Be." *Journal of Corporation Law*. 43, no. 1: 119 – 142.

Werden, Gregory J., and Luke Froeb. 2018. "Don't Panic: A Guide to Claims of Increasing Concentration." *Antitrust Magazine*. https://papers.ssrn.com/sol3/papers.cfm?abstract_id=3156912.

Werden, Gregory J., Scott D. Hammond, and Belinda A. Barnett. 2011. "Deterrence and Detection of Cartels: Using All the Tools and Sanctions." *Antitrust Bulletin*. 56, no. 2: 207 – 234.

White, Lawrence J. 1988. "Litigation and Economic Incentives." *Research in Law and Economics*. 11: 73 – 90.

White, Lawrence J. 1991. *The S&L Debacle: Public Policy Lessons for Bank and Thrift Regulation*. New York: Oxford University Press.

White, Lawrence J., and Jasper Yang. 2017. "What Has Been Happening to Aggregate Concentration in the U.S. Economy in the 21st Century." Working Paper. https://ssrn.com/abstract=2953984.

Wickelgren, Abraham L. 2012. "Determining the Optimal Antitrust Standard: How to Think About Per Se Versus Rule of Reason." *Southern California Law Review.* 85, no. 3, Postscript: 52 – 59.

Widiss, Deborah A. 2014. "Identifying Congressional Overrides Should Not Be This Hard." *Texas Law Review* also see. 92: 145 – 169.

Wiebe, Robert H. 1959. "The House of Morgan and the Executive, 1905 – 1913." *The American History Review.* 65: 49 – 60.

Wiebe, Robert H. 1967. *The Search for Order, 1877 – 1920.* New York: Hill and Wang.

Williamson, Oliver E. 1968. "Economies as an Antitrust Defense: The Welfare Tradeoffs." *American Economic Review.* 58, no. 1: 18 – 36.

Wilson, James Q. 1980. *The Politics of Regulation.* New York: Basic Books.

Winerman, Marc. 2003. "The Origins of the F. T. C. : Concentration, Cooperation, Control, and Competition." *Antitrust Law Journal.* 71, no. 1: 1 – 97.

Winston, Clifford. 1993. "Economic Deregulation: Days of Reckoning for Microeconomists." *Journal of Economic Literature.* 31, no. 3: 1263 – 1289.

Winters, Jeffrey A. 2011. *Oligarchy.* Cambridge: Cambridge University Press.

Wolff, Edward, N. 2014. "Household Wealth Trends in the United States, 1962 – 2013." NBER Working Paper No. 20733. http://www.nber.org/papers/w20733.pdf.

Wollmann, Thomas. 2018. "Stealth Consolidation: Evidence From an Amendment to the Hart-Scott-Rodino Act." Working Paper. http://faculty.chicagobooth.edu/thomas.wollmann/docs/Stealth_Consolidation_Wollmann.pdf.

Wright, Joshua D. 2009. "Overshot the Mark? A Simple Explanation of the Chicago School's Influence on Antitrust." *Competition Policy International.* 5, no. 1: 1 – 34.

Wright, Joshua D. 2012a. "Abandoning Antitrust's Chicago Obsession: The Case for Evidence-Based Antitrust." *Antitrust Law Journal.* 78, no. 1: 241 – 271.

Wright, Joshua D. 2012b. "Moving Beyond Naïve Foreclosure Analysis." *George Mason Law Review.* 19, no. 5: 1163 – 1198.

Xie, Jin, and Joseph Gerakos. 2018. "Institutional Cross-holdings and Generic Entry in the Pharmaceutical Industry." Working Paper. http://abfer.org/media/abfer-events-2018/annual-conference/accounting/AC18P5001_Institutional_Cross-holdings_and_Generic_Entry.pdf.

Zaller, John R. 1992. *The Nature and Origins of Mass Opinion*. Cambridge: Cambridge University Press.

Zhu, Feng, and Qihong Liu. 2018. "Competing with Complementors. An Empirical Look at Amazon.com." *Strategic Management Journal*. 39, no. 10: 2618–2642.

Zingales, Luigi. 2012. *A Capitalism for the People: Recapturing the Lost Genius of American Prosperity*. New York: Basic Books.

Zitzewitz, Eric W. 2003. "Competition and Long-Run Productivity Growth in the U.K. and U.S. Tobacco Industries, 1879–1939." *Journal of Industrial Economics*. 51, no. 1: 1–33.

致　谢

我曾就读的高中惯例会派一支顶尖的队伍参加全市智力竞赛。队伍中有三名成员，每名成员擅长不同的领域：数学与自然科学、时事与历史、文学与人文。在选拔赛中，我曾在全部三个领域中均位列第二，于是成了第一候补队员。我想我是因为兴趣广泛而未能成功入选。

就像智力竞赛一样，本书涵盖了诸多学术领域。但不同的是，这本书是对这些领域的综合，所以，融汇多学科是一种优势。在写作过程中，我非常幸运，因为这些学科顶尖学者的知识和洞见令我受益良多。

我最应当感谢的是 Andy Gavil 和 Steve Salop，他们非常慷慨地为本书付出时间、贡献专业知识。从这个项目伊始，他们就和我展开探讨，就撰写的内容发表意见，为我提供了难以数计的珍贵建议。我还想对 Dan Crane、Paul de Sa、Rich Gilbert 和 Jon Sallet 表达谢意，他们阅读了本书的初稿并给出意见。此外，我要感谢 Tim Bresnahan、Carl Shapiro 和 Robert Tsai，和他们的讨论让我收获颇丰；感谢 American University Washington College of Law 对本项目的支持，让我享受学术休假从而得以专心写作；感谢 Sarah Pugh 和 Jonathan Wright 出色的研究助理工作；感谢 Simon Waxman 提升了本书的表述；感谢 Thomas LeBien 所给予的始终如一、剑及履及、见识练达的编辑支持。本书第 5 章曾以"从'错误成本'分析中剔除'错误'：反垄断的权利怎么了"为题，发表于 *Antitrust Law Journal* 80, no. 1（2015），收入本书时经美国律师协会（ABA）同意做了一些小的修改。本书第 1 章的部分内容曾以"当今美国经济中市场势力的公平增长"为题，于 2017 年 3 月由华盛顿中心发表，也已获得授权收入本书。

最后，郑重感谢各位正式、非正式指导过我的人，Tim Bresnahan、Dick Bower、Gary Chamberlain、Bruce Lewis、Bon Pitofsky、Mitch Polinsky、Steve Salop、Joe Stiglitz 和 Bobby Willig。Bobby 可能都不记得了，他二十年前就帮我想出了书名《反垄断新范式》。